卡尔纳克神庙(埃及)

卡尔纳克神庙拉美西斯二世雕像(埃及)

卢克索神庙(埃及)

悉尼歌剧院(澳大利亚)

金字塔和狮身人面像(埃及)

圣剑寺(柬埔寨)

吴哥窟(柬埔寨)

吴哥古迹(柬埔寨)

泰姬陵(印度)

胡马雍陵(印度)

顾特卜塔(印度)

维也纳历史中心(奥地利)

法塔赫布尔·西格里(印度)

马六甲古城(马来西亚)

布拉格历史中心(捷克)

布达佩斯(匈牙利)

罗马斗兽场(意大利)

圣天使城堡(意大利)

维罗纳竞技场(意大利)

巴黎塞纳河(法国)

佛罗伦萨韦奇奥桥(老桥)(意大利)

蓝山(澳大利亚)

贝加尔湖(俄罗斯)

下龙湾(越南)

长城(中国)

天坛(中国)

北京故宫(中国)

网师园(中国)

五台山(中国)

龙门石窟(中国)

云南石林(中国)

九寨沟(中国)

世界文化与自然遗产概论

An Introduction to the World Cutural and Natural Heritage

（第二版）

孙克勤　编著

中国地质大学出版社有限责任公司
ZHONGGUO DIZHI DAXUE CHUBANSHE YOUXIAN ZEREN GONGSI

内容简介

本书介绍了有关世界遗产的相关知识和最新进展，论述了世界遗产的产生、发展和现状。本书还介绍了世界遗产组织设立的状况，探讨了世界遗产的管理、保护和可持续发展。世界遗产知识涉及自然科学和社会科学，包括地理学、生态学、环境学、生物学、地质学、建筑学、旅游学、历史学、考古学、宗教、美学、文学艺术等领域。从教学和科研出发，书中对世界文化与自然遗产作了进一步分析和归类，对全球各大洲的一些世界遗产的属性、特征、分布及功能作了介绍，构建了以世界文化与自然遗产为学科的教学体系。

本书可作为高等院校学生学习世界遗产知识的教材，也可供从事世界遗产管理和保护的科研人员参考，同时也适用于对世界遗产感兴趣的各界人士阅读。

图书在版编目(CIP)数据

世界文化与自然遗产概论/孙克勤编著. —武汉：中国地质大学出版社有限责任公司，2012.5(2022.6重印)

ISBN 978-7-5625-2737-4

Ⅰ.①世…
Ⅱ.①孙…
Ⅲ.①名胜古迹-概况-世界②自然保护区-概况-世界
Ⅳ.①K917②S759.991

中国版本图书馆CIP数据核字(2012)第010408号

世界文化与自然遗产概论(第二版) 孙克勤 **编著**

责任编辑：谌福兴 潘 娜 责任校对：张咏梅

出版发行：中国地质大学出版社有限责任公司(武汉市洪山区鲁磨路388号) 邮政编码：430074
电话：(027)67883511 传真：67883580 E-mail：cbb @ cug.edu.cn
经 销：全国新华书店 http://www.cugp.cug.edu.cn

开本：787毫米×1 092毫米 1/16 字数：680千字 印张：26.25
版次：2005年3月第1版 2012年5月第2版 印次：2022年6月第4次印刷
印刷：湖北睿智印务有限公司 印数：13001—14000册

ISBN 978-7-5625-2737-4 定价：64.80元

前 言

自1972年11月联合国教科文组织在巴黎通过了《保护世界文化和自然遗产公约》(*Convention Concerning the Protection of the World Cultural and Natural Heritage*)以来，截止到2011年6月19日至6月29日在法国巴黎召开的第35届世界遗产大会，全球被联合国教科文组织世界遗产委员会批准的世界遗产有936项，其中文化遗产725项、自然遗产183项和混合遗产(文化和自然双重遗产)28项，分布在153个缔约国中。截止到2012年3月，已经有189个国家加入本公约，成为缔约国。世界遗产大会每年召开一次，截止到2011年已召开了35届。

联合国教科文组织公布的《人类非物质文化遗产代表作名录》:2001年第一批19项、2003年第二批28项、2005年第三批43项、2009年第四批76项、2010年第五批47项、2011年第六批19项。截止到目前，全球被列入《人类非物质文化遗产代表作名录》的非物质文化遗产已达232项。此外，还包括急需保护的非物质文化遗产名录27项和被认为最能体现公约的非物质文化遗产保护计划、项目和活动8项。

世界遗产是指具有突出普遍价值的文化和自然遗产，是大自然和人类留下的最珍贵的遗产。世界遗产分为自然遗产、文化遗产、文化和自然双重遗产(混合遗产)和文化景观遗产。此外，还包括非物质文化遗产。世界遗产是人类历史、文化与文明的象征，开展世界遗产教学是为了加强公众对遗产保护的意识，增进对世界遗产知识的认识，开发教育资源。联合国教科文组织对世界遗产教育非常重视，世界遗产委员会在宣言中敦促各国政府积极制定行动计划，采取行之有效的措施来规范和指导有关世界遗产保护的青少年教育，鼓励各国教育机构把世界遗产保护列入教学日程，设置专门的课程以普及遗产保护的知识。世界遗产是全人类的共同财富，通过充分开发其教育功能，提高社会公众的基本素质，探究人类智慧和文明，为人类与自然的可持续发展奠定坚实的基础。一个国家拥有世界文化与自然遗产的数量越多，就越标志着这个国家拥有历史悠久的文化和丰富多彩的自然环境，同时还反映出公众对世界遗产的保护意识和素质。在我国对公众进行世界遗产教育，正在逐渐成为当前学校教育的一项重要内容。

保护好独一无二的世界遗产，是人类共同的责任。世界遗产的保护反映了人类的文明与进步，申报世界遗产的最终目的是为了更好地保护世界遗产资源的真实性和完整性。自《保护世界文化和自然遗产公约》诞生和世界遗产组织成立以来，其意义在于成功地保护了一大批世界遗产资源，为人类文明史保留下众多的弥足珍贵的财富，促进了世界遗产地的文化和科学研究与交流，推动了全球旅游业的发展。世界遗产不仅可以带动地区的旅游、经济、社会和环境效益的发展，更是科研和教育的基地，是探究人类智慧、文明轨迹和自然奥秘的知识源泉。世界遗产的主要价值体现在科学、教育、文化、旅游等方面。利用世界遗产进行科学考察和传播历史文化知识是其价值的真正体现。

近年来，由于数字遗产(Digital Heritage)概念的提出，三维数字化技术在对文化遗产的三维数据获取、建模，以及文物保存、考古绘图、虚拟修复和数字展示等方面得以应用。利用空间信息技术开展世界遗产的监测和保护工作，是一个全新的跨学科领域，必将在推动世界遗产保护和管理方面发挥积极作用。在联合国教科文组织颁布的《保护世界文化和自然遗产公约》(*Convention Concerning the Protection of the World Cultural and Natural Hertitage*)、《执行世界遗产公约的操作指南》(*Operational Guidelines for the Implementation of the World Heritage Convention*)、《全球战略》(*Global Strategy*)等相关纲领性文件的指导下，全球的世界遗产保护和管理战略正在向多元化、科技化和综合化发展。

本书采撷的信息截止至2011年第35届世界遗产大会。在世界遗产研究与教学中，力求理论与实践相结合。多年来，笔者不仅考察过我国所有的世界遗产地，也曾赴美国、印度、法国、德国、比利时、荷兰、意大利、芬兰、瑞典、挪威、丹麦、梵蒂冈、卢森堡、摩纳哥、新加坡、蒙古、俄罗斯、越南、柬埔寨、泰国、马来西亚、埃及、韩国、南非、匈牙利、斯洛伐克、捷克、奥地利、澳大利亚、新西兰等国，考察了许许多多世界遗产地，将国内外考察获得的第一手资料，包括自己收集的资料、撰写的论文和拍摄的图片用于本书撰写之中。书中所示世界遗产地的照片均由本书作者实地拍摄。在撰写本书的过程中，笔者还查阅了国内外相关文献，特别是联合国教科文组织世界遗产中心网址(http://whc. unesco. org)发布的有关世界遗产方面的信息和文件。此外，还参考了国内相关书刊、报纸和网站发布的资料。在这里，本书作者向相关作者一并表示感谢。

由于世界遗产内容丰富，涉及自然科学和社会科学诸多分支，限于作者的能力和水平，错误之处在所难免，敬请专家和读者给予指正。

作　者

2011年7月于北京

目　　录

第一章 绪 论

人类创造了辉煌的物质文明和精神文明，但随着世界范围现代化进程的加速，文化遗产和自然遗产受到了严重的威胁。为了保护人类共同的宝贵财富，1972 年 11 月联合国教科文组织在巴黎通过了《保护世界文化和自然遗产公约》(*Convention Concerning the Protection of the World Cultural and Natural Heritage*)（以下简称《公约》），对文化和自然遗产的标准作了明确规定，同时还确定了实施《公约》的指导方针。这个《公约》是联合国教科文组织在全球范围内制定和实施的一项具有广泛和深远影响的国际准则和文件。《公约》的主要任务之一是确定世界范围内的文化与自然遗产，以便国际社会将其作为人类共同遗产加以保护。

第一节 世界遗产概述

一、世界遗产的产生、发展及现状

20 世纪初，人们在埃及阿斯旺建起大坝时，努比亚遗址就面临被淹没的危险。20 世纪 50 年代，埃及政府决定重建阿斯旺高坝(Aswan High Dam)，为了控制尼罗河洪水和为国家提供水利发电。按照这个计划，阿布·辛拜勒神庙(Abu Simbel Temples)面临着被淹没的境地。阿布·辛拜勒神庙是古埃及文明的宝贵财富，如不采取相关保护措施，努比亚遗址将永远长埋于尼罗河水面下。1959 年，应埃及和苏丹两国政府的要求，联合国教科文组织(The United Nations Educational, Scientific and Cultural Organization)(UNESCO)发起了一个国际保护行动，争取到 50 个国家的支持，筹集了 8 000 万美元，最终将阿布·辛拜勒和菲莱神庙(Abu Simbel and Philae Temples)完整切割迁至安全地带并重新组合，这表明国际合作共同保护杰出的文化遗产的重要性。这次成功的国际合作最终促使了 1972 年《保护世界文化和自然遗产公约》的诞生。该《公约》的宗旨在于促进各国和各民族之间的合作，为保护遗产作出积极的贡献。

截止到第 35 届世界遗产大会(2011 年 6 月 19 日至 6 月 29 日)，全球被联合国教科文组织世界遗产委员会批准的世界遗产有 936 项，其中文化遗产 725 项、自然遗产 183 项和混合遗产(文化和自然双重遗产)28 项，分布在 153 个缔约国中。

联合国教科文组织公布的《人类非物质文化遗产代表作名录》：2001 年第一批 19 项、2003 年第二批 28 项、2005 年第三批 43 项、2009 年第四批 76 项、2010 年第五批 51 项、2011 年第六批 19 项。截止到 2011 年，全球被列入《人类非物质文化遗产代表作名录》的非物质文化遗产已达 232 项。此外，还包括急需保护的非物质文化遗产名录 27 项和被认为最能体现公约的非物质文化遗产保护计划、项目和活动 8 项。

截止到 2012 年 3 月,已经有 189 个国家加入本公约,成为缔约国。世界遗产大会每年召开一次,截止到 2011 年已召开了 35 届。

世界遗产具有明确的定义和供会员国(缔约国)提名及遗产委员会审批遵循的标准。关于文化遗产和自然遗产的定义和标准在联合国教科文组织世界遗产文件《公约》和《执行世界遗产公约的操作指南》(*Operational Guidelines for the Implementation of the World Heritage Convention*)中都作了详细的阐述。

二、世界遗产的意义

世界遗产是文化与自然的产物,是人类历史、文化与文明的象征,代表着最有价值的人文景观和自然景观,为人类共同的宝贵财富。世界遗产具有科学价值、美学价值、历史文化价值和旅游价值。世界遗产所具有的丰富内涵是社会科学和自然科学取之不尽、用之不竭的知识源泉。

世界遗产具有无可替代的独特价值,作为文化遗产的世界遗产反映出文化多样化的重要性,包括艺术创新、科学发现和技术发明,体现为风格各异的历史名城、建筑群、文物、名胜古迹、考古遗址等,是人类智慧的结晶。世界遗产的主要价值体现在科学、文化、教育、美学、旅游等方面。利用世界遗产进行科学考察和传播历史文化知识是其价值的真正体现(孙克勤,2008)。

周口店北京人遗址是目前世界上发现的古人类化石最丰富的遗址之一。它的发现为人类进化理论提供了有利的证据。周口店北京人遗址的发现与研究,解决了 19 世纪发现爪哇人以来围绕科学界近半个世纪的"直立人"究竟是猿还是人的争论。

拉萨布达拉宫是集行政、宗教、政治事务于一体的综合性建筑。它由白宫和红宫及其附属建筑组成,依山垒砌,群楼重叠,殿宇嵯峨,气势雄伟,有横空出世、气贯苍穹之势,是藏族古建筑艺术的精华,被誉为"高原圣殿"。布达拉宫自公元七世纪起就成为达赖喇嘛的冬宫,象征着西藏佛教和历代行政统治的中心。这座被誉为"世界屋脊明珠"的布达拉宫,是集建筑、历史、文化艺术和宗教于一身的宫堡式建筑群和文物巨库,是我国古代建筑中的杰作,是藏民传统的优秀建筑艺术,具有极高的历史、艺术和科学价值。

孔子是世界上最伟大的哲学家之一、中国儒家学派的创始人。曲阜的孔庙、孔林和孔府以丰厚的文化积淀、悠久的历史、宏大的规模、丰富的文物珍藏而著称,因其在中国历史和世界东方文化中的显著地位被联合国教科文组织列为世界文化遗产,被世人尊崇为"世界三大圣城"之一。曲阜孔庙、孔林和孔府既是中国古代推崇儒家思想的象征和标志,也是研究中国历史、文化、艺术的重要实物。孔林对于研究中国历代政治、经济、文化的发展以及丧葬风俗的演变也有着不可替代的作用。

2006 年,殷墟作为文化遗产被联合国教科文组织列入《世界遗产名录》。殷墟位于我国河南省安阳市,是中国第一个有文献记载并为考古发掘所证实的商代都城遗址。在这里先后出土了数量惊人的甲骨文、青铜器、玉器、陶器、骨器等精美文物,全面、系统地展现出3 300年前中国商代都城的风貌,为这一人类文明史上重要历史阶段的存在提供了坚实证据。殷墟作为中国重要的考古遗址是最早的都城遗址,对中国历史的影响一直延续至今。

作为文化遗产的罗马历史中心,这座"永恒之城"时至今日已有 2 700 多年的悠久历史,留下了许许多多的名胜古迹,宛如一座露天博物馆。每一座矗立的千年建筑和废墟遗址都记录着深远浩大的历史，都是艺术巨匠的大手笔。佛罗伦萨遍布着许许多多博物馆、美术馆、宫殿、教堂等古建筑，向世人展示这座艺术之都的永恒的魅力，为世人留下了丰厚的文化遗产。巴西的首都巴西利亚，作为最年轻的世界遗产城市，以充满现代理念的城市格局、构思新颖别致的建筑和寓意丰富的艺术雕塑，体现了现代人类的创新精神和丰富的想象力，堪称现代城市建设的典范和城市规划史上的里程碑，是现代城市规划的楷模。

庞贝是古罗马时期世界上最美丽繁华的城市之一，是连接古罗马帝国与世界各地的海上通商贸易往来的要地。公元 79 年 8 月 24 日，那不勒斯湾地区的维苏威火山突然爆发，火山碎屑物质和火山灰把山下的庞贝城全部掩埋于地下，一座原本充满生机的城市顷刻之间被极其灼热的岩浆和火山灰凝固，瞬间即成了一座死亡之城，生与死犹如昙花一现。直到 16 世纪这个古城遗址才被人们发现，得以重见天日。意大利的庞贝古城遗址是世界上最负盛名的考古遗址发掘地之一，它再现了古罗马时期的文化、经济和生活。

自然遗产反映出动植物种群的多样性，对于动植物的生存发展，特别是对于保护濒危动植物种群的栖息地，具有重要意义和价值。自然遗产对于研究生命起源、地球科学、生态系统、生物多样性以及人类与自然和谐和可持续发展具有重要的意义。

我国的云南三江并流保护区以其独特的地质构造、生物多样性、神奇的自然景观、丰富的自然资源而载入世界自然遗产史册。云南三江并流保护区被联合国教科文组织世界遗产委员会列为世界自然遗产，其重要的意义在于它集地球演化、生态、生物多样性等为一体，具有极高的科学研究价值。

九寨沟的自然资源极为丰富，植物多达 2 576 种，脊椎动物 170 种，鸟类约 141 种，还有 17 种珍稀动物，其中大熊猫、金丝猴、扭角羚等都是国家一级保护动物，具有极高的科学研究价值。武陵源具有完整的生态系统和众多的野生珍稀动植物物种资源，对研究野生动物与生态系统的关系具有重要的科学价值。作为文化和自然双重遗产的泰山，不但具有地质学、生物学和生态学方面的研究价值，而且在历史、文化和美学方面也具有重要的研究价值。

作为世界自然遗产的厄瓜多尔的加拉帕戈斯群岛被称作“生物进化的天然博物馆”。加拉帕戈斯群岛上的生物因其独特的生物进化而闻名于世。著名生物学家达尔文于 1835 年到这里考察，岛上的生物多样性激发他撰写《物种起源》这一经典巨著。一个多世纪以来，对加拉帕戈斯群岛生物多样性和生物进化方面的研究一直为国际生物学界所关注。加拉帕戈斯群岛也是研究生物多样性的重要科研基地。

加拿大落基山脉公园，位于加拿大西南部的艾伯塔省和不列颠哥伦比亚省，由班夫、贾斯珀、库特奈和约霍国家公园，以及罗布森山、阿西尼博因山和汉伯省立公园组成。公园遍布着山峰、冰川、湖泊、瀑布、峡谷和石灰岩溶洞，构成了一道蔚为壮观的高山景观。著名的伯吉斯页岩化石遗址里的软体海洋动物化石也在这里被发现。1909 年发现于加拿大落基山脉库特奈国家公园中寒武统的伯吉斯页岩动物群，距今约 5.15 亿年，是当时世界上最早的脊索动物，被认为是寒武纪生物大爆发最具代表性的动物化石。加拿大落基山脉库特奈国家公园伯吉斯页岩动物化石已成为研究寒武纪生物大爆炸的一个重要窗口，人们通过考察化石遗址，领略生物演化的奥秘。

加拿大艾伯塔省恐龙公园除了秀丽的风景之外，还有许多极为重要的称之为“爬行动物时代”的化石，特别是大约 35 种恐龙化石，可以追溯到 7 500 万年以前，是迄今为止世界上发现的中生代白垩纪晚期恐龙化石的最大产地。这座恐龙公园仍保持着远古时代的自然状态，这里已成为探索7 500万年前世界的知识窗口,是了解史前生物恐龙的奥秘之地。

加拿大的格罗斯莫讷公园展现了一个大陆漂移演变的罕见的例证,包括深部的洋壳和裸露地表的地幔岩石。格罗斯莫讷国家公园不仅有奇特而绚丽的自然风光,而且拥有许许多多特殊的地质现象,这些地质现象为大陆漂移学说和板块构造学说提供了宝贵的证据。澳大利亚的麦夸里岛现在的位置是印度—澳大利亚构造板块与太平洋板块汇聚上升的地方,在这里可以看见世界上独一无二的地幔岩石上升暴露出海平面的情景。这些岩石包括枕状玄武岩和其他喷出岩。这处世界自然遗产是洋壳上升至海平面的极好例证,为海底扩张提供了地质学证据。

俄罗斯的贝加尔湖位于西伯利亚东南部,占地315万hm^2,是世界上最古老的和最深的湖泊。它拥有占世界总数20%的淡水储量,是世界著名的淡水生态系统,而且还是世界上种类最多和最独特的淡水动物群的地区之一,对于进化科学具有不可估量的价值。

乌布苏(乌威斯努尔)盆地是蒙古与俄罗斯共有的一处世界自然遗产。这里的山川、森林、草原和沙漠是许多野生动物和一些濒危物种赖以生存的重要栖息地。这一地区由于其独特的气候和水文条件而对国际科学研究具有重要意义,已被选定作为国际地圈生物圈计划(IGBP)研究全球气候变暖现象的观测点。

英国的巨人之路及其海岸位于北爱尔兰安特林高原(Antrim Plateau)边缘海岸玄武岩悬崖的山脚下,它由大约40 000个巨大的黑色玄武岩圆柱组成,从大海中伸出来。这一奇观就如同传说中的巨人跨过海峡到达苏格兰。300多年来,这些岩层的地质学研究大大推动了地球科学的发展。研究表明这一引人注目的景观是在古近纪(大约50~60Ma前)由火山活动形成的。

萨多纳地质构造带位于瑞士东北部,这一区域覆盖了32 850hm^2的山地,其中包括7座海拔在3 000m以上的山峰。该地区是展现大陆碰撞形成造山运动的突出范例,构造运动在这里形成了极好的地质剖面。自18世纪以来,这里就一直是一处重要的地质科学研究区域。

瑞士圣乔治山呈金字塔型,海拔1 096m,位于提奇诺州南部。这一遗产地被认为是三叠纪(245~230Ma以前)海洋生物最好的记录。这个地区保存着各种各样、数目众多和保存完好的化石,为研究海相三叠纪的生物演化提供了化石证据。

南非的弗里德堡陨石坑距离约翰内斯堡(Johannesburg)西南方约120km,可以追溯到20.23亿年前,是迄今为止地球上发现的最古老的陨石坑。它的半径为190km,也是面积最大和撞击最深的陨石坑。弗里德堡陨石坑丰富了地球科学的研究内容,为探索地球和其他星球的演化提供了证据。

鲸鱼谷位于埃及首都开罗西南约150km的法尤姆省(Faiyum Province)。这里的鲸类属于最古老的、现已绝迹的古鲸亚目。这些化石反映了主要的进化历程之一:鲸由早期的陆生动物进化为海洋哺乳动物。这是世界上反映这一进化阶段的最重要的遗址①。

自《公约》诞生和世界遗产组织成立以来,其意义在于成功地保护了一大批世界著名的文化和自然遗产,包括非物质文化遗产,为人类文明史保留下众多的弥足珍贵的财富,促进了世界遗产地的文化和科学研究与交流,推动了全球旅游业的发展(孙克勤,2007)。

保护世界文化与自然遗产的最终目的是为了人类的发展,是现在和未来社会、科学、经济

①http://whc.unesco.org/en/list/1186

和文化生活的一部分,开发世界遗产教育资源应利用保护和展示文化与自然遗产所涉及的各个研究领域所取得的科学和技术进步方面的成果。世界遗产不仅可以带动地区的旅游、经济、社会和环境效益的发展,更是科研和教育的基地,是探究人类智慧、文明轨迹和自然奥秘的知识源泉。

2011 年 7 月 24 日,联合国教科文组织国际自然与文化遗产空间技术中心(HIST)在北京成立。未来这个中心将在世界遗产地的监测、保护和管理方面为联合国教科文组织及成员国提供技术支持。这是联合国教科文组织(UNESCO)在全球设立的第一个基于空间技术的世界遗产研究与培训机构,利用空间信息技术开展自然与文化遗产的监测和保护工作,是一个全新的跨学科领域,必将在推动世界遗产保护等方面发挥积极作用。联合国教科文组织国际自然与文化遗产空间技术中心研究方向主要有 4 个方面:开发世界遗产科技平台;通过卫星遥感、航空遥感技术为遗产地建模存档;通过空间技术监测和评估世界遗产;通过空间技术监测受气候变化影响的遗产地。

第二节 世界遗产和世界遗产学的定义

世界遗产是指具有突出普遍价值的文化与自然遗产,是大自然和人类留下的最珍贵的遗产,需要作为整个人类遗产的一部分加以保护。世界遗产是人类历史、文化与文明的结晶,代表着最有价值的人文景观和自然景观,是人类共同的宝贵财富。世界遗产分为文化遗产、自然遗产、混合遗产(文化和自然双重遗产)和文化景观遗产。此外,为了保护不是以物质形态存在的人类遗产,联合国教科文组织还公布了“非物质文化遗产”。

世界遗产学是研究世界遗产的产生、特征、管理、保护和可持续发展的学科。世界遗产学的研究对象涉及文化遗产、自然遗产、混合遗产、文化景观遗产和非物质文化遗产。

一、文化遗产

文化遗产是指具有突出的历史学、考古学、美学、科学、人类学、艺术价值的文物、建筑物、遗址等。

《保护世界文化和自然遗产公约》对世界文化遗产的定义如下:

(1)文物。从历史、艺术或科学角度看具有突出普遍价值的建筑物、碑雕和碑画,具有考古性质成分或结构的铭文、窟洞以及联合体。

(2)建筑群。从历史、艺术或科学角度看在建筑式样、分布均匀或与环境景色结合方面,具有突出普遍价值的单立或连接的建筑群。

(3)遗址。从历史、审美、人种学或人类学角度看,具有突出普遍价值的人类工程或自然与人的联合工程以及考古遗址等。

二、自然遗产

自然遗产是指具有科学和保护或美学价值的地质、物质、生物结构、濒危动植物栖息地及自然资源保护区等。

《公约》对自然遗产的定义如下:

(1)从审美或科学角度看,具有突出普遍价值的由物质和生物结构或这类结构群组成的自

然面貌;

(2)从科学或保护角度看,具有突出普遍价值的地质和自然地理结构以及明确划为受威胁的动物和植物生境区;

(3)从科学、保护或自然美角度看,具有突出普遍价值的天然名胜或明确划分的自然区域。

三、文化景观遗产

文化景观这一概念是 1992 年 12 月在美国圣菲召开的联合国教科文组织世界遗产委员会第 16 届会议时提出并纳入《世界遗产名录》中的。

文化景观代表“自然与人类的共同作品”。文化景观的选择应基于它们自身的突出普遍价值,其明确划定的地理—文化区域的代表性及其体现此类区域的基本而具有独特文化因素的能力。它通常体现持久的土地使用的现代化技术及保持或提高景观的自然价值,保护文化景观有助于保护生物多样性。

四、非物质文化遗产

1972 年 11 月联合国教科文组织在巴黎通过了《保护世界文化和自然遗产公约》。该《公约》将对人类的整体有特殊意义的文物古迹、风景名胜及自然风光和文化及自然景观列入世界遗产名录。但是,这个《公约》不适用于非物质遗产。因此,在 1972 年世界遗产公约获得通过之后,一部分会员国提出在联合国教科文组织内制订有关民间传统文化非物质遗产各个方面的国际标准文件。因此,在 1989 年 11 月联合国教科文组织第 25 届大会上通过了关于民间传统文化保护的建议。

联合国教科文组织 1997 年 11 月第 29 次全体会议上通过一项关于“人类口头与非物质遗产代表作”决议。联合国教科文组织执委会第 154 次会议指出:由于“口头遗产”和“非物质遗产”是不可分的,因此在以后的鉴别中,在“口头遗产”的后面加上“非物质”的限定。执委会在第 155 次会议上制定了关于由联合国教科文组织宣布为人类口头及非物质遗产杰出作品的评审规则。

2003 年 10 月,联合国教科文组织又通过了《保护非物质文化遗产公约》(*Convention for the Safeguarding of the Intangible Cultural Heritage*)。在此公约中用“非物质文化遗产”的新概念来替代“口头与非物质遗产”,并设立《人类非物质文化遗产代表作名录》。

在本公约中将“非物质文化遗产”定义为:被各社区、群体,有时是个人,视为其文化遗产组成部分的各种实践、观念表述、表现形式、知识和技能及相关的工具、实物、手工艺品和文化场所。这种非物质文化遗产世代相传,在各社区和群体适应周围环境以及与自然和历史的互动中,被不断地再创造,为这些社区和群体提供认同感和持续感,从而增强对文化多样性和人类创造力的尊重。在本公约中,只考虑符合现有的国际人权文件,各社区、群体和个人之间相互尊重的需要和顺应可持续发展的非物质文化遗产。

第三节 世界遗产标志和世界遗产委员会历次会议

一、世界遗产标志

世界遗产标志(见下图)象征着世界文化与自然遗产及其相互关系。标志中心的正方形代表人类创造，外部的圆圈代表大自然，两者密切相连，表明了人类与自然的和谐关系。整个标志呈圆形，既象征全世界，也象征对世界遗产的保护。

世界遗产标志

世界遗产标志是由迈克尔·奥里弗(Michel Olyff)设计，于1978年在第2届世界遗产委员会会议上被采纳。

二、世界遗产委员会历次会议

世界遗产委员会会议每年召开一次，截止至2011年已召开了35届，见表1-1。

表1-1 世界遗产委员会历次会议

届次	地点	日期
第1届	法国巴黎	1977年6月27日—7月1日
第2届	美国华盛顿	1978年9月5日—9月8日
第3届	埃及卢克索	1979年10月22日—10月26日
第4届	法国巴黎	1980年9月1日—9月5日
第5届	澳大利亚悉尼	1981年10月26日—10月30日
第6届	法国巴黎	1982年12月13日—12月17日
第7届	意大利佛罗伦萨	1983年12月5日—12月9日
第8届	阿根廷布宜诺斯艾利斯	1984年10月29日—11月2日
第9届	法国巴黎	1985年12月2日—12月6日
第10届	法国巴黎	1986年11月24日—11月28日
第11届	法国巴黎	1987年12月7日—12月11日
第12届	巴西巴西利亚	1988年12月5日—12月9日
第13届	法国巴黎	1989年12月11日—12月15日
第14届	加拿大班夫	1990年12月7日—12月12日
第15届	突尼斯迦太基	1991年12月9日—12月13日
第16届	美国圣菲	1992年12月7日—12月14日
第17届	哥伦比亚卡塔纳赫	1993年12月6日—12月11日
第18届	泰国普吉	1994年12月12日—12月17日
第19届	德国柏林	1995年12月4日—12月9日
第20届	墨西哥梅里达	1996年12月2日—12月7日
第21届	意大利那不勒斯	1997年12月1日—12月6日
第22届	日本京都	1998年11月30日—12月5日
第23届	摩洛哥马拉喀什	1999年11月29日—12月4日
第24届	澳大利亚凯恩斯	2000年12月27日—12月30日
第25届	芬兰赫尔辛基	2001年12月11日—12月16日
第26届	匈牙利布达佩斯	2002年6月24日—6月29日
第27届	法国巴黎	2003年6月30日—7月6日
第28届	中国苏州	2004年6月28日—7月7日
第29届	南非德班	2005年7月10日—7月17日
第30届	立陶宛维尔纽斯	2006年7月8日—7月16日
第31届	新西兰基督城	2007年6月23日—7月2日
第32届	加拿大魁北克城	2008年7月2日—7月10日
第33届	西班牙塞维利亚	2009年6月22日—6月30日
第34届	巴西巴西利亚	2010年7月25日—8月3日
第35届	法国巴黎	2011年6月19日—6月29日

第四节 世界遗产的组织设立

联合国教科文组织的全称为联合国教育、科学和文化组织。1945年11月在英国伦敦会议上通过了教科文组织的组织法,总部设在巴黎。教科文组织的宗旨是“通过教育、科学及文化来促进各国之间的合作,以增进对正义、法治及联合国宪章所确认的世界人民不分种族、性别、语言、宗教均享有人权与自由的普遍尊重,对世界和平与安全作出贡献。”

一、联合国教科文组织世界遗产委员会(UNESCO World Heritage Committee)

1972年11月16日,联合国教科文组织大会第17届会议在巴黎通过了《保护世界文化和自然遗产公约》(以下简称《公约》)。为了落实《公约》的各项规定,1976年11月,联合国教科文组织世界遗产委员会(UNESCO World Heritage Committee)在内罗毕举行的第一届公约成员国大会上正式成立。委员会是联合国教科文组织的下设机构,负责《公约》的实施。

在联合国教科文组织内,要建立一个保护具有突出普遍价值的文化和自然遗产的政府间委员会,称为“世界遗产委员会”。联合国教科文组织世界遗产委员会是政府间组织,由21个成员国组成,负责《公约》的实施。委员会内由7名成员构成世界遗产委员会主席团,主席团每年举行两次会议,筹备委员会的工作。委员会每年在不同的国家举行一次世界遗产大会,主要决定哪些遗产可以录入《世界遗产名录》,对已列入名录的世界遗产的保护工作进行监督指导。

世界遗产委员会承担4项主要任务。

(1)在挑选录入《世界遗产名录》的文化和自然遗产地时,负责对世界遗产的定义进行解释。在完成这项任务时,该委员会将得到国际古迹遗址理事会(ICOMOS)和国际自然及自然资源保护联盟(IUCN)的帮助。这两个组织将仔细审查各缔约国对世界遗产的提名,并针对每一项提名写出评估报告。国际文物保护与修复研究中心(ICCROM)也对该委员会提出建议,例如文化遗产方面的培训和文物保护技术的建议。

(2)审查世界遗产保护状况报告。当遗产得不到适当的处理和保护时,该委员会让缔约国采取特别性保护措施。

(3)经过与有关缔约国协商,该委员会作出决定把濒危遗产列入《濒危世界遗产名录》。

(4)管理世界遗产基金。对为保护遗产而申请援助的国家给予技术和财力援助。

世界遗产委员会设立的“世界遗产基金”,是一项保护具有突出普遍价值的世界文化和自然遗产基金,称为“世界遗产基金”。资金来源包括:缔约国义务捐款和自愿捐款,其他国家、联合国教科文组织、联合国系统其他组织、其他政府间组织、公共或私立机构或个人的捐款、赠款或遗赠,基金款项所得利息,募捐的资金和本基金组织的活动的所得收入,基金条例所认可的所有其他资金。对基金的捐款不得带有政治条件,在不影响任何自愿补充捐款的情况下缔约国每两年定期向世界遗产基金纳款等。

联合国教科文组织还专门设置了世界遗产中心(World Heritage Centre),又称为“公约执行秘书处”。该中心协助缔约国具体执行《公约》,对世界遗产委员会提出建议,执行世界遗产委员会的决定。

联合国教科文组织世界遗产委员会为了提高保护、评审、监测、技术援助等工作的水平,还特别约请了3个国际上有权威的专业机构:世界自然及自然资源保护联盟、国际古迹遗址理事会、国际文物保护与修复研究中心作为其专业咨询机构。凡遗产的考察、评审、监测、技术培训、财政与技术援助等均由这几个机构派出专家予以帮助。

二、世界自然保护联盟(The World Conservation Union)

世界保护联盟(The World Conservation Union)(IUCN,原为国际自然及自然资源保护联盟 International Union for the Conservation of Nature and Natural Resources),主要负责自然遗产方面的工作。该组织成立于1948年,总部设在瑞士的格朗,主要任务是促进和鼓励人类对自然资源的保护与永续利用。

三、国际古迹遗址理事会(ICOMOS)

国际古迹遗址理事会(The International Council on Monuments and Sites)(ICOMOS),主要负责文化遗产方面的工作。该组织成立于1965年,总部设在法国巴黎,是国际上唯一从事文化遗产保护理论、方法、科学技巧的运用和推广的非政府国际机构。

四、国际文物保护与修复研究中心(ICCROM)

国际文物保护与修复研究中心(The International Centre for the Study of the Preservation and Restoration of Cultural Property)(ICCROM),主要负责文化遗产方面的技术培训、研究、宣传和为专家服务的工作。该组织成立于1956年,总部设在意大利罗马,是国际上文化遗产领域从事培训、专家服务、文献资料与研究的专门机构。

第五节 世界遗产的申报、遴选和评定

一、世界遗产的申报

一个国家一旦签署了《公约》,成为了缔约国,并保证对本国文化与自然遗产进行保护,就可以开始为把本国遗产列入《世界遗产名录》而进行提名,由该国政府将提名呈交给联合国教科文组织。首先,一个国家必须决定可以提名哪些遗产地,这个筛选的过程往往被称为识别。

《公约》要求各缔约国先把它们各自具有突出普遍价值的遗产地列出清单,然后,把经筛选有可能成为世界遗产者作为暂定名单呈报联合国教科文组织世界遗产中心。

当一个缔约国决定把某地提名为世界遗产时,该国必须填写特制的提名表格。特别要提及的是,各国必须按照世界遗产委员会制定的标准,说明为什么某地独具重要性而要求列入《世界遗产名录》,而且还要说明该处目前的保护和管理状况。如能提供该处与其他同类遗产的比较分析情况将会更好。文化遗产申报文件提交国际古迹遗址理事会评审,自然遗产文件提交世界保护联盟评审,混合遗产申请文件同时向以上两个组织提交。国际古迹遗址理事会和世界保护联盟派遣专家分别对申报国进行现场考察和评估,并提交评价报告向世界遗产委员会推荐,世界遗产委员会再作出是否入选的决定。

根据世界遗产委员会制定的《执行世界遗产公约的操作指南》,关于《世界遗产名录》提名的申报格式如下:

(1)遗产状况;

(2)提名理由;

(3)描述;

(4)管理;

(5)影响遗产的因素;

(6)监测;

(7)文献资料;

(8)代表缔约国签名。

上述每一项各包括许多细则。

二、世界遗产的遴选

由世界遗产委员会制定的《执行世界遗产公约的操作指南》对文化遗产规定了6项标准。凡提名列入《世界遗产名录》的文化遗产项目,必须符合下列一项或几项标准方可获得批准。

1. 文化遗产的遴选标准

i 代表一种人类创造性的天才杰作。

ii 展示在一定时期内或世界某一文化区域内,在建筑或技术、纪念物艺术、城镇规划或景观设计方面的人类价值的重要转变。

iii 能为一种现存的或已消逝的文化传统或文明提供一种独特的或至少是特殊的见证。

iv 作为一种类型的建筑物或建筑或工艺组合的杰出范例,或展示人类历史上一个或几个重要阶段的景观。

v 代表一种或几种文化的传统人类居住地或使用地的一个突出范例,尤其当它在不可逆转的变化影响下已变得易于损坏时。

vi 与具特殊普遍意义的事件或现行传统、思想、信仰、文学艺术作品有直接或实质的联系(只有在某些特殊情况下或该项标准与其他标准一起使用时才成立)。

(vii)包括最显著的自然现象或特殊的自然美景和具美学价值的地区。

(viii)代表地球演化史中重要阶段的突出范例,包括生命记录、地形发展过程中所进行的重要地质过程或具有重要的地貌或自然地理特征。

(ix)代表进化过程中所进行的重要生态和生物过程以及陆地、淡水、沿海和海洋生态系统与植物和动物群落的发展的突出范例。

(x)在生物多样性保护方面具有最重要意义的生物栖息地,从科学和保护方面的观点来看,包括那些含有突出普遍价值的濒危物种的栖息地。

列入《世界遗产名录》的自然遗产项目必须符合上述一项或几项标准并获得批准。

2. 自然遗产的遴选标准

由世界遗产委员会制定的《执行世界遗产公约的操作指南》(*Operational Guidelines for the Implementation of the World Heritage Convention*)对自然遗产规定了4项标准。根据2005年2月2日联合国教科文组织世界遗产委员会发布的新版本《执行世界遗产公约的操作指南》,自然遗产的4条遴选标准顺序有所调整,见表1-2。

表 1-2 世界遗产遴选标准变化对比表

世界遗产指南	文化标准(Cultural criteria)						自然标准(Natural criteria)			
2002 年操作指南	i	ii	iii	iv	v	vi	i	ii	iii	iv
2005 年操作指南	i	ii	iii	iv	v	vi	viii	ix	vii	x

资料来源:联合国教科文组织世界遗产网 http://whc.unesco.org/en/criteria/

三、世界遗产的评定

世界遗产的评定标准主要依据《公约》第一、第二条规定以及《执行世界遗产公约的操作指南》对文化与自然遗产规定的相应遴选标准。遗产项目要列入《世界遗产名录》,必须经过严格的考核和审批程序。

每年举行一次的世界遗产委员会会议将对申请列入名单的遗产项目进行审批,其主要依据是该委员会此前委托有关专家对各国提名的遗产地进行实地考察而提出的评价报告。

《凯恩斯决定》是 2000 年在澳大利亚凯恩斯召开的第 24 届世界遗产委员会会议上作出的,其核心内容是:限制已有较多世界遗产的国家申报,一国一年只能申报一项;对没有世界遗产项目的缔约国的申报给予特别支持。时隔 4 年之后,包括中国在内的许多国家的专家都认为,这一决定并不能有效解决世界遗产战略所期望的代表性和平衡性,它不利于更多的世界遗产的保护。2004 年,第 28 届世界遗产委员会会议通过《苏州决定》,将公约缔约国原先每年只能申报一项世界遗产的《凯恩斯决定》修改为:从 2006 年起,一个缔约国每年可最多申报两项世界遗产,其中至少有一项是自然遗产。《苏州决定》规定,自 2006 年起,世界遗产委员会每年受理的新申报项目从此前的 30 个增加到 45 个,包括往届会议推迟审议的项目、扩展项目、跨国联合申报项目和紧急申报项目。决定指出,这一修订仍然是一个"试验性和过渡性"的措施。

第二章 中国的世界遗产

中国作为一个历史悠久、文化灿烂的国家,拥有众多的名胜古迹、雄伟的古代建筑、壮观的名山奇峰、纵横交错的河流,文化遗产与自然遗产资源丰富。

我国于1985年加入《世界遗产公约》成为缔约国后,1987年拥有了第一批世界遗产,其中文化遗产5项,即周口店北京人遗址、长城、北京故宫、敦煌莫高窟、秦始皇陵;混合遗产1项,即泰山。截止到2011年6月,我国已有41项遗产被列入《世界遗产名录》,其中文化遗产29项,自然遗产8项,混合遗产4项。

截至2010年保护非物质文化遗产政府间委员会第五次会议,我国共有昆曲、古琴音乐等28个项目入选联合国教科文组织《人类非物质文化遗产代表作名录》。羌年、中国木拱桥传统营造技艺、黎族传统纺染织绣技艺、麦西来甫、中国帆船水密舱壁制作技艺、中国木版活字印刷术6个项目被列入《急需保护的非物质文化遗产名录》,我国成为世界上非物质文化遗产入选项目最多的国家。

中国是拥有世界遗产类别最齐全的国家之一,包括文化遗产、自然遗产、文化与自然双重遗产、文化景观遗产和非物质文化遗产。

中国的世界遗产涉及的内容颇为广泛,古人类遗址(周口店北京人遗址)、皇宫(北京和沈阳明清故宫)、皇家园林(北京颐和园、承德避暑山庄及周围寺庙)、皇家陵园(秦始皇陵和明清皇家陵寝)、皇家祭坛(北京天坛)、古墓葬(高句丽王城、王陵和贵族墓葬)、防御工程(长城)、古典园林(苏州古典园林)、古城(平遥古城、丽江古城和澳门)、古村落(皖南古村落——西递和宏村、福建土楼、开平碉楼和古村落)、考古遗址(殷墟)、古建筑群(武当山古建筑群、庐山国家公园、拉萨布达拉宫、登封"天地之中"历史建筑群、曲阜孔庙、孔林和孔府)、古建筑和水利工程(青城山和都江堰灌溉系统)、洞窟和石刻(莫高窟、大足石刻、龙门石窟和云冈石窟)、文化景观(五台山和杭州西湖文化景观)、地质景观(云南三江并流保护区、中国南方喀斯特和中国丹霞)、风景名胜区(九寨沟风景名胜区、武陵源风景名胜区、黄龙风景名胜区和三清山国家公园)、生物保护区(四川大熊猫栖息地)、文化和自然景观(泰山、黄山、武夷山、峨眉山和乐山大佛)等。

北京拥有众多的历史文化遗迹,长城、北京故宫、颐和园、天坛、周口店北京人遗址和十三陵均已被列入《世界遗产名录》。北京是世界上拥有世界遗产项目最多的城市。

我国苏州的九处园林作为"苏州古典园林"而被列入《世界文化遗产名录》。1997年以拙政园、留园、网师园、环秀山庄为典型例证的苏州古典园林,列入了联合国教科文组织《世界遗产名录》。2000年又将沧浪亭、狮子林、艺圃、耦园、退思园作为"苏州古典园林"扩展项目列入《世界遗产名录》。苏州古典园林以其意境深远、构筑精致、艺术高雅、文化内涵丰富而成为具有历史、文化、艺术和科学价值的珍贵的世界文化遗产。

中国拥有4项混合遗产,即泰山、黄山、武夷山、峨眉山和乐山大佛,在遗产数量上与澳大利亚的文化与自然双重遗产持平,是世界上拥有双重遗产最多的国家之一。

四川省的世界自然遗产最为丰富，包括九寨沟风景名胜区、黄龙风景名胜区、四川大熊猫栖息地。此外，还包括青城山和都江堰灌溉系统（文化遗产）、峨眉山和乐山大佛（混合遗产）。

第一节 世界文化遗产

北京和沈阳明清故宫
Imperial Palaces of the Ming and Qing Dynasties in Beijing and Shenyang

国家：中国
洲名：亚洲
时间：1987 年列入《世界遗产名录》，2004 年扩展
标准：i，ii，iii，iv
属性：文化遗产
功能：皇宫

世界遗产委员会评价：
1987 年收录：
紫禁城是五个多世纪最高权力的中心，拥有景观园林和许多建筑群（近 10 000 个含有家具和艺术品的房间），成为明清时代中国文明无价的历史见证。
扩展：
沈阳清代故宫由 114 座建筑物组成，建于 1625—1626 年和 1783 年期间。沈阳清代故宫拥有一座重要的图书馆，见证了统治中国最后朝代的建立，后来这座故宫成为了北京故宫陪都宫殿。这一非凡的建筑物为清代的历史和中国北方满族和其他宗族的文化传统提供了重要的历史见证。
Brief Description
Site inscribed in 1987
Seat of supreme power for over five centuries, the Forbidden City, with its landscaped gardens and many buildings (nearly 10 000 rooms contains furniture and works of art), constitutes a priceless testimony to Chinese civilization during the Ming and Qing dynasties.
Extension:
The Imperial Palace of the Qing Dynasty in Shenyang consists of 114 buildings, constructed between 1625—1626 and 1783. It contains an important library and testifies to the foundation of the last dynasty that ruled China. This palace then became auxiliary to the Imperial Palace in Beijing. This remarkable architectural edifice offers important historical testimony to the history of the Qing Dynasty and to the cultural traditions of the Manchu and other tribes in the north of China①.

北京故宫，是世界上规模最大、保存最完好的古代皇宫建筑群，是中国古代建筑最高水平

①http://whc.unesco.org/en/list/439

的体现。北京故宫,始建于明朝永乐四年(1406年),建成于永乐十八年(1420年),历经14年时间建成,是明清两朝的皇宫,称紫禁城,1925年始称故宫。故宫一直是中国统治阶级的政治和文化中心,从明代永乐(朱棣)开始到清代最后一个皇帝宣统(溥仪),先后有24位皇帝曾在此居住,统治全国长达491年。

故宫占地面积72hm^2,建筑面积15hm^2,故宫四周以城墙环绕,城墙四角各有一座结构精巧的角楼,城墙外有护城河。故宫辟有四门,南面有午门,为故宫正门,北有神武门(玄武门),东面东华门,西为西华门。故宫建于北京城的中央,以南北为中轴线,坐北朝南,充分体现了皇权至上的封建统治思想。历史上,故宫因火灾和其他原因曾多次重建,但基本格局没有改变。整个皇宫分外朝和内廷两大部分。外朝是国家权力活动场所,以太和殿、中和殿、保和殿三大殿为中心,文华殿和武英殿为两翼,是皇帝举行重大典礼的地方,是封建皇权的象征。内廷是皇帝处理日常政务和起居之地,有乾清宫、交泰宫、坤宁宫、御花园及东西六宫等建筑。此外,东侧有宁寿宫区域,西侧有慈宁宫区域。北京故宫是世界上现存最大、最完整的古代宫殿建筑群。

北京故宫

北京故宫建筑集明清两代建筑艺术之大成,是我国最大的古建筑群,是中国古代建筑艺术的精华。故宫内存有大量的历史文物和珍宝,是我国收藏最好和最丰富的文物博物院。故宫博物院是在明清两代皇宫——紫禁城的基础上建立的一座集古代建筑、宫殿收藏和历代文化艺术为一体的大型综合性博物馆。故宫博物院开辟有珍宝馆、钟表馆、绘画馆、陶瓷馆、青铜器馆、石鼓馆、戏曲馆、古代玉器馆等。今天的故宫博物院院藏文物150万件(套),其中包括:青铜器、玉器、金银器、陶瓷器、牙竹木雕、丝织刺绣、文房四宝、绘画书法、家具等,代表了中国历史文化艺术的最高水准,是中国最丰富的文化和艺术宝库。

沈阳故宫,位于沈阳市旧城中心,四周为高大宫墙,南面正中为大清门,总占地面积六公顷,共有各类建筑100余座。沈阳故宫始建于1625年,是清朝入关前清太祖努尔哈赤、清太宗皇太极创建的皇宫,又称盛京皇宫,清朝入主中原后改为陪都宫殿和皇帝东巡行宫。沈阳故宫作为清朝入关前的盛京皇宫和入关后的陪都宫殿历经300多年的沧桑岁月。万历四十四年(1616年)努尔哈赤以今新宾满族自治县境内的赫图阿拉山城为国都,定国号"大金"、建元"天命",登基称汗王,创立了"后金"地方政权。天命十一年(1625年)三月,努尔哈赤把国都迁到沈阳城,并开始在这座新都城兴建汗王宫殿。1626年8月,68岁的努尔哈赤病逝,其第八子皇太极继承王位，改年号为“天聪”，并继续修建宫殿，至天聪六年(1632 年)，皇宫主体部分基本修建完成，共有各式宫殿楼阁 30 多座、100 余间，成为皇太极临朝理政和与后妃们居住的地方。天聪十年(1636 年)四月，皇太极在这座皇宫中正式登基称帝，将国号“大金”改为“大清”，改年号“天聪”为“崇德”，由“汗王”改称“皇帝”，把原来的后金汗国变成了大清帝国。清入关前沈阳宫殿最终完成，因在此之前皇太极将都城沈阳改称“盛京”，所以此宫殿也被称为“盛京皇宫”。

大政殿

崇德八年(1643 年)八月，皇太极病逝，由其第九子福临继承皇位。次年(顺治元年，1644 年)清朝入关，将都城迁至北京，建立全国性政权，尊盛京(沈阳)为“陪都”，这里的宫殿也随之成为“陪都宫殿”。此后，沈阳故宫仍然受到特殊的保护，设有专门机构负责守卫、管理和修缮。康熙十年(1671 年)、二十一年(1682 年)、三十七年(1698 年)，清入关后的第二代皇帝圣祖玄烨，先后 3 次东巡盛京，谒祭永陵、福陵和昭陵，都曾驾临沈阳故宫在此举行典礼。乾隆八年(1743 年)、十九年(1754 年)、四十三年(1778 年)、四十八年(1783 年)，清高宗弘历共 4 次东巡谒陵驻跸沈阳故宫。嘉庆十年(1805 年)、二十三年(1818 年)和道光九年(1829 年)，东巡盛京的皇帝又 3 次住进沈阳故宫，使这座宫殿直到清朝末年始终保持着“皇家禁地”的神圣地位。

1926 年，在这里建立了“东三省博物馆”，后来又相继称为“奉天故宫博物馆”、“国立沈阳博物院”。中华人民共和国成立后，沈阳故宫又先后改称“沈阳博物馆”和“沈阳故宫博物院”。整座皇宫楼阁林立，殿宇巍然，雕梁画栋，富丽堂皇。沈阳故宫按照建筑布局和建造先后，可以分为 3 个部分：东路为努尔哈赤时期建造的大政殿(见上图)与十王亭；中路为清太宗时期续建的大中阙，包括大清门、崇政殿、凤凰楼以及清宁宫、关睢宫、衍庆宫、启福宫等；西路则是乾隆年间增建的文溯阁和嘉荫堂。

沈阳故宫以鲜明的满族特色著称于世。沈阳故宫于 2004 年在第 28 届世界遗产委员会会议上被联合国教科文组织世界遗产委员会作为北京明清故宫的扩展项目列入《世界遗产名录》。北京、沈阳两座故宫构成了中国仅存的两大完整的明清皇宫建筑群。

秦始皇陵
Mausoleum of the First Qin Emperor

国家:中国
洲名:亚洲
时间:1987 年列入《世界遗产名录》
标准:i, iii, iv, vi
属性:文化遗产
功能:帝王陵园

世界遗产委员会的评价:

毫无疑问,如果不是1974年被发现,这座考古遗址中的成千件的陶俑将依旧沉睡于地下。秦始皇,这个第一个统一中国的皇帝,殁于公元前210年,葬于陵墓的中心,陵墓周围为著名的陶俑所环绕,复杂的设计反映了都城咸阳的城市布局。那些略小于人形的陶俑形态各异,连同他们的战马、战车和武器,成为现实主义的完美杰作,同时也保留了极高的历史价值。

Brief Description

No doubt thousands of statues still remain to be unearthed at this archaeological site, which was not discovered until 1974. Qin (d. 210 B. C.), the first unifier of China, is buried, surrounded by the famous terracotta warriors, at the centre of a complex designed to mirror the urban plan of the capital, Xianyang. The small figures are all different; with their horses, chariots and weapons, they are masterpieces of realism and also of great historical interest①.

秦始皇陵位于陕西省临潼县骊山脚下的下河村附近,面积 $500m^2$,是中国历史上第一个统一中国的皇帝秦始皇的陵墓。秦始皇陵是秦始皇于公元前246年至公元前208年营建的。据史书记载:秦始皇嬴政从13岁即位不久就开始营建陵园,动用了70万名工匠,工程之浩大、气魄之宏伟、陪葬物之丰富居历代帝王陵之首。秦始皇陵是最大的皇帝陵,也是中国历史上第一个皇帝陵园。

秦始皇陵土陵冢高43m,底边周长1 700多米,筑有内外两重夯土城垣,象征都城的皇城和宫城。内城略呈方形,周长3 890m,除北面开两门外,其余三面各开一门;外城为长方形,周长6 294m,四面各开一门。陵墓地宫中心是安放秦始皇棺椁的地方,陵墓四周有陪葬坑和墓葬400多个。历年来已有5万多件重要历史文物出土。

秦始皇兵马俑坑是秦始皇陵的陪葬坑。秦始皇兵马俑陪葬坑坐西向东,分别为一号坑、二号坑和三号坑,三坑呈品字形排列。兵马俑是仿秦宿卫军制作,与真人同大小,组成步、弩、车、骑4个兵种。陶武士俑形态各异、表情逼真,体现了秦代高超的雕塑技艺水平。兵马俑的发现被誉为"世界第八大奇迹"。

---

①http://whc.unesco.org/en/list/441

周口店北京人遗址
Peking Man Site at Zhoukoudian

国家：中国
洲名：亚洲
时间：1987 年列入《世界遗产名录》
标准：iii，vi
属性：文化遗产
功能：古人类遗址

世界遗产委员会的评价：

遗址位于北京西南 42km 处，这里的科研工作仍然在进行中。到目前为止，这一研究促使了北京猿人遗迹的发现，他们生活在中更新世，同时发现有各种各样的生活物品，以及可以追溯到公元前 18 000—11 000 年的新人遗迹。这处遗址不仅是有关史前亚洲大陆人类社会的一个罕见的证据，而且也阐明了人类进化的进程。

Brief Description

Scientific work at the site, which lies 42 km south west of Beijing, is still underway. So far, it has led to the discovery of the remains of *Sinanthropus Pekinensis*, who lived in the Middle Pleistocene, along with various objects, and remains of *Homosapiens* dating as far back as 18 000 to 11 000 B. C. The site is not only an exceptional reminder of the prehistorical human societies of the Asian continent, but also illustrates the process of evolution①.

周口店北京人遗址位于北京市房山区周口店龙骨山，距北京城约 42km。"北京人"洞穴的堆积层厚达 40 多米，大致形成于距今 70 万到 23 万年前，"北京人"大约在距今 70 万到 20 万年间在此居住，长达 50 万年。地质年代属于中更新世早期。

1918 年 2 月的一天，瑞典地质学家安特生(Johann Gunnar Andersson)被告知有一些化石采自周口店，他当时担任中国政府农商部矿政顾问。1921 年，安特生和奥地利古生物学家师丹斯基(Otto Zdansky)曾在周口店采集到一些动物化石，其中包括两枚古人类牙齿的化石，其中一枚为上臼齿(upper molar)。1926 年，安特生报道了采自周口店的两枚早期人类牙齿化石，当时这一消息震惊了科学界。加拿大人类学家步达生(Davidson Black)仔细研究了发现于 1921 年的上臼齿化石，将这一标本置于人科（*Hominidae*），建立一新属和一新种，即 *Sinanthropus Pekinensis Black and Zdansky*。这一拉丁学名已废弃，现改为 *Homo erectus Pekinensis*(直立人北京亚种)。

1929 年 12 月 2 日，我国古生物学家裴文中领导的考古小组发现了北京人头盖骨化石、石器和用火遗迹，成为震惊世界的重大考古发现。1933 年，研究人员在周口店遗址还发现距今约 2 万年前的山顶洞人化石和文化遗物，经测定山顶洞洞内堆积物年代为距今 4 万年至 1 万年。1937 年，由于日本帝国主义全面发动侵华战争，使北京人遗址的发掘工作被迫中断。随之而来的连年战乱，于 1941 年遗失了自 1927 年以来发现的全部北京人和山顶洞人的化石标

① http://whc.unesco.org/en/list/449

古人类遗址

博物馆

本(除个别已发表的牙齿化石保存在瑞典外),至今下落不明,这一事件成为20世纪考古史上的世界之谜。第一个头盖骨是1929年由裴文中领导的考古小组发掘出来的。至1936年,考古学家们又陆续发现头盖骨5具、头骨残片9块、面骨6块、下颌骨14块、牙齿147颗、股骨断片7块、肱骨两块、锁骨1块、月骨1块,分别来自40多个不同年龄和性别的古人类个体。解放后又先后发现头盖骨1具、下颌骨1块、牙齿6颗、肱骨、胫骨等。

北京人男性身高约1.56m,女性身高约1.44m,头骨顶部低平,前额后倾,头盖骨最宽处在两外耳门附近,骨壁厚度为9.7mm,平均脑容量为1 059ml,只有现代人的1/3。这些特征多与猿类接近。下颌骨的齿槽缘前倾,颏部后缩,齿列齐平,与人类较接近。四肢骨的大小、形状、比例和肌肉附着点基本上具有现代人的形式。他们群居洞穴,狩猎为生,使用的工具是石器和骨器,已会用火。

1973年,考古学家在这一地区还发现了距今约10万年前的"新洞人"化石。经科学家测定,新洞堆积物的年代大约距今20万至10万年,属晚更新世初期。

北京周口店遗址自1927年发掘以来,共发现27个具有科研价值的化石地点,出土了近200件人类化石(代表40个古人类个体)、数万件石器和多处灰烬层及近百种动物化石,是世界上同时期古人类遗址中材料最丰富、最系统和最具有学术价值的遗址之一。

北京人及其文化的发现与研究,解决了19世纪爪哇人发现以来围绕科学界近半个世纪的"直立人"究竟是猿还是人的争论。北京人遗址是目前世界上发现的古人类化石最丰富的遗址之一,它的发现,为人类进化理论提供了有力的证据。周口店北京人遗址的资料可以为全球同期史前人类的演化、行为、生态和环境对比研究提供更为精确的科学数据(孙克勤,2012)。

2003年7月7日,中国科学院和北京市政府联合举行新闻发布会宣布,中国科学家在北京周口店田园洞内新发现古人类化石。经初步鉴定,该人类化石为晚期智人,距今约2.5万年。因此,田园洞正式被确立为第27个化石地点。专家认为,田园洞内古人类化石的发现,为研究晚更新世晚期周口店乃至华北地区的古环境提供了重要的新资料,对东亚地区现代人演化研究具有重要意义。此次发现是北京地区山顶洞人时期仅存的人类化石实证,也弥补了山顶洞人化石丢失的缺憾。此次发现可向世人证明,作为世界文化遗产的周口店北京人遗址仍蕴藏着丰富的科学资源和继续发掘的巨大潜力。

长城
The Great Wall

国家：中国
洲名：亚洲
时间：1987 年列入《世界遗产名录》
标准：i，ii，iii，iv，vi
属性：文化遗产
功能：防御工程

世界遗产委员会的评价：

公元前 220 年，在秦始皇的统治下，将较早期的一些断续的防御工事修筑连接成一个完整的用以来抵抗来自北方侵略的防御系统。建筑工事持续至明代(1368—1644 年)，从那时起长城就成为世界上最大的军事建筑物。它的历史和战略价值与它的建筑意义相媲美。

Brief Description

In 220 B. C. , under Qin Shi Huang, sections of earlier fortifications were joined together to form a united defence system against invasions from the north. Construction continued up to the Ming dynasty (1368—1644), when the Great Wall became the world's largest military structure. Its historic and strategic importance is matched only by its architectural significance①.

八达岭长城

嘉峪关

万里长城是中国古代的伟大建筑，始建于 2 000 多年前的春秋战国时期，现存的长城，修建于明代，东起山海关，西到嘉峪关，全长 6 000 多千米，通称万里长城。公元前 221 年，秦始皇统一中国后，将统一前北方互相争斗的诸侯小国各自建造的长城衔接起来，形成穿山越岭的北方边界的屏障，用来抵御来自北方的侵略。战国以来，有 20 多个诸侯国和封建王朝修筑过

①http://whc.unesco.org/en/list/438

长城。最早是楚国,为防御北方游牧民族或敌国开始修建长城,随后,齐、燕、魏、赵、秦等国基于相同的目的也开始修筑自己的长城。秦统一六国后,秦始皇派著名大将蒙恬北伐匈奴,把各国长城连起来,绵延万余里,称为万里长城。秦始皇为了修筑长城动用了30万人,创造了人类建筑史上的奇迹。长城的修建客观上起到了防止匈奴南侵和保护中原经济文化发展的积极作用。

长城的主体工程是绵延万里的高大城墙,大都建在山岭最高处,构筑险峻、气势雄伟,是世界上修建时间最长和工程最大的军事性防御工程。长城是中华民族古老文化的丰碑和智慧的结晶,是人类文明史上最伟大的建筑工程之一。

在长城景观中,北京八达岭长城、慕田峪长城、司马台长城、河北山海关、甘肃嘉峪关也都是著名的长城游览胜地。嘉峪关初建于明洪武五年(1372年),由内城、外城、罗城、瓮城、城壕和南北两翼长城组成,是明代万里长城的西端起点,也是长城沿线保存最为完好、规模最为壮观的古代军事城堡,有"天下第一雄关"之美誉,被海外探险家誉为"东方最完美的城堡"。

莫高窟
Mogao Caves

国家:中国
洲名:亚洲
时间:1987年列入《世界遗产名录》
标准:i, ii, iii, iv, v, vi
属性:文化遗产
功能:考古遗址和宗教建筑遗址

世界遗产委员会的评价:

莫高窟地处丝绸之路的一个战略要地。它不仅是贸易的中转站,同时也是宗教、文化和知识的交汇处。莫高窟的492个小石窟和洞穴庙宇,以其雕像和壁画闻名于世,展示了延续千年的佛教艺术。

Brief Description

Situated at a strategic point along the Silk Route, at the crossroads of trade as well as religious, cultural and intellectual influences, the 492 cells and cave sanctuaries in Mogao are famous for their statues and wall paintings, spanning 1 000 years of Buddhist art①.

敦煌莫高窟,又称"千佛洞",位于甘肃省敦煌市东南25km处的鸣沙山东麓断崖上,上下五层,高低错落,鳞次栉比。石窟南北长1 600m。石窟创建于前秦建元二年(东晋太和元年,即366年)。莫高窟现存壁画45 000多平方米,彩塑2 400多身,唐宋木结构窟檐5座。藏经洞是莫高窟第17洞,洞内藏有从晋至宋代的文书和文物多达50 000余件。莫高窟是一处由建筑、绘画、雕塑组成的博大精深的综合艺术殿堂,是世界上现存规模最宏大、保存最完好的佛教艺术宝库。这里也是闻名世界的"丝绸之路"的交通枢纽。

①http://whc.unesco.org/en/list/440

敦煌壁画中所描绘的当时的一些社会生活场景，反映了我国古代狩猎、耕作、纺织、交通、作战以及音乐舞蹈等生产活动和社会活动各个方面的内容。壁画中各类人物形象，保留了大量的历代各族人民的衣冠服饰资料。敦煌艺术的大量壁画和彩塑为研究我国美术史提供了丰富的实物资料。

敦煌莫高窟分南北两个部分，目前作为景点开放的是南区，北区尚未开放。对北区的全面考古发掘始于1998年，考古人员发掘最新确认的莫高窟北区崖面共保存有洞窟248个。此外，考古人员在莫高窟北区还发现了许多重要的文物。

莫高窟

武当山古建筑群
Ancient Building Complex in the Wudang Mountains

国家：中国

洲名：亚洲

时间：1994年列入《世界遗产名录》

标准：i，ii，vi

属性：文化遗产

功能：道教建筑

世界遗产委员会的评价：

构筑这组世俗和宗教建筑物核心的宫殿和庙宇体现了中国元、明、清建筑和艺术成就。古建筑群坐落在沟壑纵横、风景如画的湖北省武当山麓，在明代期间（14—17世纪）逐渐形成规模，其中的道教建筑可以追溯到公元7世纪。这些建筑代表了近千年的中国艺术和建筑的最高水平。

Brief Description

The palaces and temples which form the nucleus of this group of secular and religious buildings exemplify the architectural and artistic achievements of China's Yuan, Ming and Qing dynasties. Situated in the scenic valleys and on the slopes of the Wudang mountains in Hubei Province, the site, which was built as an organized complex during the Ming dynasty (14th to 17th century), contains Taoist buildings from as early as the 7th century. It represents the highest standards of Chinese art and architecture over a period of nearly 1 000 years①.

武当山，坐落于湖北省丹江口市境内，又名太和山，古时称"玄岳"、"太岳"。武当山是我国著名的道教圣地。主峰天柱峰，海拔1 612m，四周有72峰耸立，24水环流，奇峰叠翠，景色秀丽。

唐、宋、元、明、清各代在武当山均有构筑。武当山古建筑始建于唐代贞观年间（627—649年），唐太宗李世民在此敕建五龙祠。武当山古建筑在宋朝也有所建设，元代进一步扩大修建

①http://whc.unesco.org/en/list/705

武当山古建筑群

武当山

规模。明代是武当山发展的鼎盛时期,明成祖朱棣封武当山为“大岳”,世宗朱厚熜更封之为“治世玄岳”,地位在“五岳”诸山之上,这一时期在武当山兴建了大批建筑。据史载,明成祖朱棣崇奉道教,在北京紫禁城、太庙、社稷坛、天坛等基本完工后,于明永乐十年(1412 年)即命人率 20 万人进驻武当山,大兴土木,以 12 年之功,建成 9 宫、9 观、36 庵堂、72 岩庙的庞大建筑群。到明嘉靖三十一年(1552 年)“治世玄岳”牌坊建成,武当山建筑群基本成形。

经过数百年的历史沧桑,许多宫观已成瓦砾,现存的武当山古建筑群主要包括太和宫、南岩宫、紫霄宫、遇真宫 4 座宫殿,玉虚宫、五龙宫两座宫殿遗址,元和观和复真观两观。另外,武当山还有庵堂、岩庙等共计 200 余处。

武当山古建筑群现存建筑规模之大、规制之高、构造之严谨、装饰之精美,在中国道教建筑中是绝无仅有的,在世界上也属罕见,是古代建筑史上的一个伟大创举。

曲阜孔庙、孔林和孔府

Temple and Cemetery of Confucius and the Kong Family Mansion in Qufu

国家:中国

洲名:亚洲

时间:1994 年列入《世界遗产名录》

标准:i, iv, vi

属性:文化遗产

功能:祭祀庙宇、家族墓地和公府宅第

世界遗产委员会的评价:

公元前 6 世纪到公元前 5 世纪,伟大的哲学家、政治家和教育家孔子的庙宇、墓地和府邸位于山东省的曲阜。孔庙是公元前 478 年为纪念孔子而兴建的,几个世纪以来几经摧毁和重建,时至今日,已经发展成 100 多座建筑物。孔林里不仅容纳了孔子的坟墓,而且有 10 万多孔氏后人埋葬于此。当初小小的孔宅如今已经扩建成一个庞大显赫的府邸,整个宅院包括了

152 座建筑物。曲阜的古建筑群之所以具有独特的艺术和历史特色，得益于 2 000 多年来中国历代帝王对孔子的大力推崇。

Brief Description

The temple, cemetery and family mansion of Confucius, the great philosopher, politician and educator of the 6th to 5th century B. C. , are located at Qufu, in Shandong Province. Built to commemorate him in 478 B. C. , the temple has been destroyed and reconstructed over the centuries; today it comprises more than 100 buildings. The cemetery contains Confucius' tomb and the remains of more than 100 000 of his descendants. The small house of the Kong family developed into a gigantic aristocratic residence, of which 152 buildings remain. The Qufu complex of monuments has retained its outstanding artistic and historic character due to the devotion of successive Chinese emperors over more than 2 000 years[①].

孔子，是我国古代最著名的哲学家、政治家、教育家及儒家学派的创始人。孔庙位于山东省曲阜市南门内，是祭祀孔子的庙宇。孔庙始建于公元前 478 年，孔子去世后第二年，鲁哀公将其故宅改建为庙。此后历代帝王不断加封孔子，扩建庙宇，到清代，雍正帝下令大修，扩建成现在的规模。庙内共有九进院落，以南北为中轴，分左、中、右三路，有殿、堂、坛、阁 460 多间，门坊 54 座，“御碑亭”13 座，拥有各种建筑 100 余座、460 余间，占地面积约95 000m^2。主要建筑有金元碑亭，明代奎文阁、杏坛、德侔天地坊等，清代重建的大成殿、寝殿等。其中，孔庙的主体建筑是大成殿。孔庙保存汉代以来历代碑刻 1 044 块，有封建皇帝追谥、加封、祭祀孔子和修建孔庙的记录，也有帝王将相、文人学士谒庙的诗文题记。孔庙是中国现存规模仅次于故宫的古建筑群，堪称中国古代大型祠庙建筑的典范。

孔庙大成殿

孔林是延续年代最久、保存最完整的家族墓地。孔林又称至圣林，在曲阜城北门外，是孔子和他的后代子孙们的家族墓地。林内古木参天，碑碣林立，内有坟冢十余万座。孔子的坟墓

① http://whc.unesco.org/en/list/704

封土高 6m。整个孔林延用 2 500 年,延续时间之久,墓葬之多,保存之完好,举世罕见。

孔府是孔子嫡长孙居住的府第。孔府分前后九进院落,中、东、西三路布局,占地 200 余亩,有房舍 480 余间。官衙和住宅建在一起,是一座典型的封建贵族庄园,衙署大堂用于接受皇帝颁发的圣旨,或处理家族内事务。孔府后院有一座花园,幽雅清新,布局别具匠心,堪称园林佳作。孔府是衙宅合一、园宅结合的范例。孔府藏有大量的历史档案、传世文物,历代服饰和用具等都极其珍贵。

孔府

孔林

承德避暑山庄及周围寺庙
Mountain Resort and its Outlying Temples, Chengde

国家:中国
洲名:亚洲
时间:1994 年列入《世界遗产名录》
标准:ii, iv
属性:文化遗产
功能:皇家园林和宗教寺庙

世界遗产委员会的评价:

避暑山庄,是清王朝的夏宫,位于河北省境内,建于公元 1703 年到 1792 年。它是由众多宫殿、政务、仪式建筑物构成的一个庞大建筑群。建筑风格各异的庙宇和皇家园林同周围的湖泊、牧场和森林巧妙地融为一体。避暑山庄不仅具有极高的美学价值,而且还保留着中国封建社会末期罕见的历史遗迹。

Brief Description

The Mountain Resort (the Qing dynasty's summer palace), in Hebei Province, was built between 1703 and 1792. It is a vast complex of palaces and administrative and ceremonial buildings. Temples of various architectural styles and imperial gardens blend harmoniously into a landscape of lakes, pastureland and forests. In addition to its aesthetic interest, the Mountain Resort is a rare historic vestige of the final development of feudal society in China①.

承德避暑山庄，坐落于河北省承德市中心区以北、武烈河西岸一带狭长的谷地上。在历史上，承德避暑山庄是清朝皇帝的夏季行宫，是我国皇家行宫中规模最宏大的一座宫苑。这里地处要势，风景优美，气候宜人，北可俯视关内，外可控蒙古各部，因此为清朝皇帝选中，修建作为北巡围猎的行宫。它始建于康熙四十二年(1703 年)，于乾隆五十五年(1790 年)竣工，占地 $564hm^2$，是我国现存最大的皇家园林。建成的避暑山庄新增加 36 景和山庄外的外八庙。

避暑山庄塞湖

避暑山庄主殿

避暑山庄主要分为宫殿区和苑景区两部分：宫殿区位于山庄南部，宫室建筑林立，布局严整，包括正宫、松鹤斋、万壑松风和东宫四组建筑。正宫是清代皇帝在山庄时处理政务、休息和举行重大典礼的地方。

殊像寺

须弥福寿之庙

苑景区又分湖泊区、平原区和山峦区。宫殿区北面为湖泊区。湖泊区集南方园林之秀和北方园林之雄，区内湖泊总称“塞湖”。

避暑山庄周围 12 座建筑风格各异的寺庙，其中的 8 座由清政府直接管理，故被称为“外八庙”，名称分别为：溥仁寺、溥善寺(已毁)、普乐寺、安远庙、普宁寺、须弥福寿之庙、普陀宗乘之

①http://whc.unesco.org/en/list/703

庙和殊像寺。外八庙以汉式宫殿建筑为基调，吸收了蒙、藏、维等民族建筑艺术特征，创造了中国多样统一的寺庙建筑风格。

避暑山庄集中国古代造园艺术和建筑艺术之大成，是具有创造力的杰作。作为中国清朝的第二个政治中心，曾发生过一系列重要事件，这里的文物古迹成为中国多民族统一国家最后形成的历史见证。

拉萨布达拉宫
Historic Ensemble of the Potala Palace, Lhasa

国家：中国
洲名：亚洲
时间：1994 年列入《世界遗产名录》，2000 和 2001 年扩展
标准：i, iv, vi
属性：文化遗产
功能：王宫

世界遗产委员会的评价：

布达拉宫自公元 7 世纪起就成为达赖喇嘛的冬宫，象征着西藏佛教和历代行政统治的中心。布达拉宫是由白宫和红宫及其附属建筑物组成，建在拉萨河谷中心海拔 3 700m 高的红山之上。大昭寺是一组极具特色的建筑群，也建于公元 7 世纪。罗布林卡，是达赖喇嘛的夏宫，建于公元 18 世纪，是西藏艺术的杰作。这三处建筑群以其华丽的装饰与和谐的构筑加之它们在历史和宗教上的影响，显得格外美丽而新颖。

Brief Description

The Potala Palace, winter palace of the Dalai Lama since the 7th century, symbolizes Tibetan Buddhism and its central role in the traditional administration of Tibet. The complex, comprising the White and Red Palaces with their ancillary buildings, is built on Red Mountain in the centre of Lhasa Valley, at an altitude of 3 700m. Also founded in the 7th century, the Jokhang Temple Monastery is an exceptional Buddhist religious complex. Norbulingka, the Dalai Lama's former summer palace, constructed in the 18th century, is a masterpiece of Tibetan art. The beauty and originality of the architecture of these three sites, their rich ornamentation and harmonious integration in a striking landscape, add to their historic and religious interest①.

布达拉宫位于西藏自治区拉萨市中心红山上，海拔 3 763.5m，主楼 13 层，高度为 115.7m，建筑面积约 138 025m^2。布达拉宫是宫堡式建筑群，始建于公元 7 世纪的吐蕃王朝松赞干布时期。从 17 世纪中叶到 1959 年，布达拉宫一直作为历代达赖喇嘛生活起居和从事政教活动的场所，是西藏地方政教合一的统治中心。在这漫长的岁月中，布达拉宫收藏和保留了极为丰富的各类历史文物、宗教法器、雕塑、佛塔、典籍等数以万计的珍品。布达拉宫内部墙面

①http://whc.unesco.org/en/list/707

绘有精美壁画，是名副其实的艺术之宫。布达拉宫是我国古代建筑中的杰作，是藏民传统的优秀建筑艺术，具有很高的历史、艺术和科学价值。

布达拉宫

布达拉宫金顶

大昭寺位于拉萨市区八角街，建于公元7世纪，是西藏最古老的宗教寺院，距今已有1 300多年的历史。主殿高4层，上覆金顶，辉煌壮观。大昭寺是西藏重大佛事活动的中心。大昭寺作为布达拉宫扩展项目于2000年被列入《世界遗产名录》。

罗布林卡位于拉萨市西郊拉萨河畔，始建于公元18世纪中叶，是历代达赖喇嘛处理政务和进行宗教活动的夏宫。罗布林卡作为布达拉宫扩展项目于2001年被列入《世界遗产名录》。

庐山国家公园
Lushan National Park

国家：中国
洲名：亚洲
时间：1996年列入《世界遗产名录》
标准：ii, iii, iv, vi
属性：文化遗产
功能：文化景观

世界遗产委员会的评价：

江西庐山是中华文明的发祥地之一。这里的佛教和道教庙观与代表理学观念的白鹿洞书院一起以其独特的方式融会在具有突出价值的自然美景之中，激发了无数艺术家以美学的态度看待自然，开拓中华文化。

Brief Description

Mount Lushan, in Jiangxi, is one of the spiritual centres of Chinese civilization. Buddhist and Taoist temples, along with landmarks of Confucianism, where the most eminent masters taught, blend effortlessly into a strikingly beautiful landscape which has inspired countless artists who developed the aesthetic approach to nature found in Chinese culture[①].

①http://whc.unesco.org/en/list/778

庐山位于中国中部江西省九江市南，北濒长江，东接鄱阳湖。山体总面积 30 200hm²。全山共 90 多座山峰，最高峰为大汉阳峰，海拔 1 474m。群峰间散布有许多壑谷、岩洞、瀑布、溪涧，地形地貌复杂多样。庐山风光以“奇、秀、险、雄”闻名于世，素有“匡庐奇秀甲天下”之美誉，众多的奇峰怪石壑谷瀑泉岩洞等，形成了奇特瑰丽的山岳景观，主要有 12 个景区、37 个景点、230 个景物景观。主要景点包括五老峰、三叠泉、含鄱口、龙首崖、芦林湖、大天池、花径、如琴湖、锦绣谷、仙人洞、小天池等。“飞流直下三千尺，疑是银河落九天”，这是唐代诗人李白对庐山瀑布的描写。

庐山

美庐别墅

庐山早有“神仙之庐”的传说，水气缭绕的万顷江湖，使庐山夏日清凉，雨水充沛，云雾弥漫。庐山处于亚热带季风区，雨量充沛，气候温和宜人，年降水量可达 1 950～2 000mm，而山下的九江则为 1 400mm 左右，故山中温差大，云雾多，千姿百态，变幻无穷。庐山的年平均雾日多达 191 天，弥漫的云气为庐山平添了许多迷人秀色和神秘色彩。

庐山生物资源丰富，生态系统完整，植被覆盖率达到 80％以上，有植物 3 000 余种。良好适宜的自然条件，使庐山植被丰富，呈垂直地带性分布。

庐山有独特的第四纪冰川遗迹，有河流、湖泊、坡地、山峰等多种地貌类型。庐山是第四纪强烈上升的断块山，周围断层颇多，形成了多种地貌，表现出极高地质科学价值。2004 年，庐山被列入世界地质公园。

创建于公元 940 年的庐山白鹿洞书院，曾被誉为“海内书院第一”，“天下书院之首”，是中国古代教育和理学的中心学府，是我国宋代最高学府之一。宋代著名的理学大师朱熹曾在此讲学。白鹿洞书院历史悠久，以其深远的学术文化底蕴而影响着一代代的学子。公元 386 年，佛教名僧慧远在庐山建寺讲学，创建了东林寺，这里成为了中国南方的佛教中心。庐山是历代名人和文人墨客游览观赏之地，陶渊明、李白、白居易、陆游等都曾造访于此。庐山是一座集风景、文化、宗教、教育、政治为一体的千古名山，自然与文化积淀非常深厚。

庐山是闻名中外的避暑胜地，这里还荟萃了各种风格迥异的建筑杰作，至今保存完好的国际别墅群，著名的有美庐别墅、歇尔曼别墅等。庐山还是一座政治名山，20 世纪 30 年代，庐山成为国民政府的“夏都”。新中国成立后，中共中央在庐山召开了三次重要会议，留下了许多珍贵文物，极具历史价值。

这里需要指出的是，自 1996 年庐山国家公园（Lushan National Park）作为文化遗产被联合国教科文组织世界遗产委员列入《世界遗产名录》以来，在我国一直被几乎所有的媒体、期刊和书籍记述为是中国的第一个"文化景观"遗产，但是庐山国家公园并没有包括在联合国教科文组织世界遗产中心(World Heritage Centre)公布的文化景观遗产之中(见 http://whc.unesco.org/en/culturallandscape)。

此外，Aplin(2007)在总结列入《世界遗产名录》中的文化景观时曾列出截至 2006 年 7 月的文化景观遗产，其中并没包括庐山国家公园(Lushan National Park)。Akagawa 和 Sirisrisak(2008)研究了亚太地区的文化景观遗产，也没有提及中国的庐山。

韩锋(2007)提出，无论是在联合国教科文组织的官方文化景观网站上，还是在国际古迹遗址理事会文化景观科学委员会(ICOMOS - IFLA International Scientific Committee on Cultural Landscape)的网站上，都不见庐山的踪影。韩锋(2010)再一次对庐山是文化景观遗产提出质疑，认为"庐山似乎并不是一个被国际社会认可的典型的世界遗产文化景观"。

Taylor(2009)对文化景观进行了深刻阐述，认为"文化景观是人类历史的印迹"，他列表总结了亚太地区世界遗产名录上的文化景观名单也未见中国的庐山。

丽江古城
Old Town of Lijiang

国家：中国
洲名：亚洲
时间：1997 年列入《世界遗产名录》
标准：ii，iv，v
属性：文化遗产
功能：古城

世界遗产委员会的评价：

古城丽江，把经济和战略重地与崎岖的地势完美地融合在一起，保留了完美和真实的古城风貌。古城的建筑在许多世纪多元文化的相互融合之中显得格外引人注目。丽江还拥有至今仍在有效发挥作用的极其复杂而又独具匠心的古代供水系统。

Brief Description

The Old Town of Lijiang, which is perfectly adapted to the uneven topography of this key commercial and strategic site, has retained a historic townscape of high quality and authenticity. Its architecture is noteworthy for the blending of elements from several cultures that have come together over many centuries. Lijiang also possesses an ancient water - supply system of great complexity and ingenuity that still functions effectively today①.

丽江古城位于云南省西北部丽江纳西族自治县，坐落于玉龙雪山下的高原台地上，是纳西、白、傈僳、彝、普米、苗、藏、壮、回等民族的聚地，因金沙江流经其境，"金生丽水"，故名丽江。丽江市的老城区大研古镇，相传因形似一方大砚而得名。这里自古以来已有人类生息繁衍。

①http://whc.unesco.org/en/list/811

早在10万年前,就有旧石器时代晚期智人“丽江人”在这里活动。战国时期丽江属秦国蜀郡,西汉置遂久县,唐代先后归属吐蕃与南诏,宋时臣服大理国,到元至元八年(1217年),设丽江宣慰司,始称丽江。明代设丽江军民府,清雍正元年设丽江府,民国时期设丽江县。1949年7月成立丽江人民政府,1961年4月改设丽江纳西族自治县。1986年,丽江被国务院公布为中国历史文化名城。

丽江古城

古城老街

这里地处滇、川、藏交通要道,古时候频繁的商旅活动,促使当地人丁兴旺,很快成为远近闻名的集市和重镇。丽江古城始建于宋末元初。明代地理学家徐霞客(1587—1641年),在《滇游日记》中描述当时丽江城“民房群落,瓦屋栉比”。明末古城居民达千余户,可见城镇营建已颇具规模。

丽江古城街铺五花石,房屋青砖灰瓦,木架结构,庭院花香鸟鸣。主街傍河,小巷临渠,门前即桥,河畔垂柳拂水,清澈的泉水穿街流巷。“家家流水,户户垂杨”的诗情画意,是丽江古城的真实写照。丽江民居极富民族特色,平面布局有三坊一照壁、四合五天井、前后院、一进多院等多种形式。作为古城主要居民的纳西族拥有悠久丰富的传统文化,闻名遐迩的东巴文化、纳西古乐、白沙壁画等便是其重要的内涵。

这里的民族风情和文化绚丽多彩,在晚唐时期,纳西族就创造了神奇古老的东巴文化,东巴文化主要包括东巴文字、东巴经、东巴绘画、东巴音乐、东巴舞蹈、东巴法器和各种祭祀仪式。广泛流传在纳西族民间的纳西古乐,典雅、清纯、空灵,被称为中国古典音乐的“活化石”。丽江一带迄今流传着一种图画象形文字“东巴文”,这种纳西族先民用来记录东巴教经文的独特文字,是世界上唯一活着的图画象形文。如今分别收藏在中国以及欧美一些国家图书馆、博物馆中的数以万卷的东巴经古籍,记录着纳西族千百年辉煌的历史文化。

丽江古城是一座历史文化名城,它集中体现了地方历史文化和民族风俗风情,体现了当时社会进步的本质特征。丽江古民居是中华民族宝贵建筑遗产的重要组成部分。丽江古城集中体现了纳西族独特的人居环境、地方历史文化和民族民俗风情,其博大精深的文化内涵,为研究城市建筑史、民族发展史等提供了宝贵的资料。

平遥古城
Ancient City of Ping Yao

国家：中国
洲名：亚洲
时间：1997 年列入《世界遗产名录》
标准：ii, iii, iv
属性：文化遗产
功能：历史城市

世界遗产委员会的评价：

平遥是一个保存极为完好的汉族城市的范例，建于 14 世纪。城市格局反映了 5 个多世纪以来，封建中国在建筑风格和城镇规划方面的变迁。平遥是 19 世纪至 20 世纪初期当时整个中国金融业的中心，这里同银行业相关的一些庄严的建筑物见证了这一切。

Brief Description

Ping Yao is an exceptionally well - preserved example of a traditional Han Chinese city, founded in the 14th century. Its urban fabric shows the evolution of architectural styles and town planning in Imperial China over five centuries. Of special interest are the imposing buildings associated with banking, for which Ping Yao was the major centre for the whole of China in the 19th and early 20th centuries①.

平遥古城位于山西省中部，始建于西周宣王时期(公元前 827 年—前 782 年)，自秦朝实行“郡县制”以来，平遥一直是中国最基层的一级城市——县治所在地，延续至今。平遥距今已有 2 700 多年的历史，是中国目前唯一保存下来的明清时代县城原型，现存的古城总面积为 2.25km^2，城墙、街道、民居、店铺、寺庙等建筑，向人们展示了明清时期文化、社会、经济、建筑等发展的历史风貌。城中有始建于北魏的城墙，最早的金融票号“日升昌”旧址，体现古代县城礼序程式的街市格局，展现浓厚地方风格的 3 700 多座民居。平遥民居基本保持原有格局，布局严谨，轴线明确，左右对称。现在城内的大部分寺庙建筑、县衙署、100 多条街巷，形式与格局大体未变，都保留了原来的历史形态，街道两旁的店铺多为 17 世纪至 19 世纪的建筑。这些古色古香的建筑原汁原味地勾勒出明清时期市井繁华的风貌。

古城平面呈方形，东、西、北墙方直，南墙随中都河之势蜿蜒而筑。平遥古城的城墙保存完好，城墙高为 6～10m，墙顶净宽 3～6m，周长 6 163m。环周有 72 座敌楼，3 000 个垛口，象征着孔子的三千弟子、七十二贤人。在这里，起着军事防御作用的城墙，与孔子联系在了一起，体现的正是古人所说的“文武之道，一张一弛”、“文以辅国，武以卫国”。平遥素有“龟城”之称，取意于永久和吉祥。古城共有 6 座城门，南北各一，东西各二，每座城门均为重门瓮城，瓮城顶建重檐木构城楼，城墙四隅筑有角楼。

镇国寺、双林寺与古城墙并称为平遥三宝。镇国寺位于平遥城东北 12km，该寺的万佛殿

①http://whc.unesco.org/en/list/812

平遥古城城楼

平遥古城老街

建于五代(10 世纪),殿内五代时期的五代彩塑和元、明时期的壁画,具有很高的艺术和美学价值。双林寺位于距平遥古城 6km 的桥头村,建于北齐武平二年(571 年),历代多有修葺,现在保存下来的多为明、清时期的古建筑。双林寺以彩塑艺术精湛而著称,殿内保存有宋、元、明、清历代大小彩塑 2 052 尊,大者数米,小者仅几十厘米,形式多样,造型精美,令人叹为观止。

平遥古城是按照汉民族传统规划思想和建筑风格建设起来的城市。平遥古城众多的文化遗存,代表了中国古代城市在不同历史时期的建筑形式、施工方法和用材标准,也集中体现了明清时期汉民族的历史文化特色。平遥双林寺中佛教、道教、儒教等庙宇建筑都围绕中轴线有机布置,这种三教同奉的现象,就是兼容并包的三晋文化的一个体现。平遥民居是迄今汉民族地区保存最完整的古代民居,具有较高的艺术价值和美学价值。平遥完整地体现了 17 世纪至 19 世纪的历史面貌,为明清建筑艺术的历史博物馆。其古建筑及文物古迹,在数量和品位上均属国内罕见,对研究中国古代城市变迁、城市建筑、人类居住形式和传统文化的发展具有极为重要的历史、艺术和科学价值。

苏州古典园林
Classical Gardens of Suzhou

国家:中国

洲名:亚洲

时间:1997 年列入《世界遗产名录》,2000 年扩展

标准:i, ii, iii, iv, v

属性:文化遗产

功能:古典园林

世界遗产委员会的评价:

没有哪些园林能比苏州历史城市的九大园林更能体现出中国古典园林设计的自然微缩景观。它们通常被公认是这一流派的杰作。这些建于 11 世纪至 19 世纪的园林,以其精雕细琢的设计,折射出中国文化中源于自然而又超越自然的深邃意境。

Brief Description

Classical Chinese garden design, which seeks to recreate natural landscapes in miniature, is nowhere better illustrated than in the nine gardens in the historic city of Suzhou. They are generally acknowledged to be masterpieces of the genre. Dating from the 11th—19th century, the gardens reflect the profound metaphysical importance of natural beauty in Chinese culture in their meticulous design①.

苏州位于江苏省南部,是一座具有 2 500 年历史的文化古城,是著名的园林城市。苏州园林历史悠久,可追溯至公元前 6 世纪春秋时吴国的离宫别苑,私家园林始于东晋,盛于宋、元、明、清。苏州古典园林以其意境深远、构筑精致、艺术高雅、文化内涵丰富而成为具有历史、文化、艺术和科学价值的珍贵的世界文化遗产。1997 年,以拙政园、留园、网师园、环秀山庄为典型例证的苏州古典园林被列入《世界遗产名录》。2000 年,世界遗产委员会又将沧浪亭、狮子林、艺圃、耦园和退思园作为苏州古典园林扩展项目列入《世界遗产名录》。现存名园十余处,闻名遐迩的有拙政园、留园、网师园、环秀山庄、沧浪亭、狮子林、艺圃、耦园、退思园等。

拙政园:位于苏州娄门内,始建于明代正德四年(1509 年),是苏州最大的一处园林,也是苏州园林的代表作,享有"江南名园精华"的盛誉。拙政园以水为主,山径水廊、起伏曲折,亭台楼阁临水而筑。全园分东、中、西三个部分,中园是其主体和精华所在。远香堂是中园的主体建筑,其他一切景点均围绕远香堂而建。

留园:坐落在苏州市阊门外,廊壁有历代书法家的石刻 300 余方。园内的冠云峰高约 9m,玲珑剔透,有"江南园林峰石之冠"的美誉。

拙政园

网师园

网师园:位于苏州城东南葑门十全街,始建于南宋。园中有屋宇、亭廊、泉石、花草,体现了苏州庭园布置的精粹。网师园的亭台楼榭无不面水,处处有水可倚,布局紧凑,以精巧见长。

环秀山庄:位于景德路,原为五代钱氏金谷园故址,几经易手,多次扩建,清道光始称环秀山庄,又名颐园。环秀山庄面积不大,环秀山庄园景以山为主,池水辅之,池水缭绕,绿树掩映,步移景易,有"独步江南"之美誉。

沧浪亭:位于苏州城南三元坊内,是苏州最古老的一处园林,园内以山石为主景,迎面一座土山,山顶有一沧浪石亭。山下凿有水池,山水之间以一条曲折的复廊相连,清幽古朴。

狮子林:位于苏州市园林路,始建于元代。园内石峰林立,形态似狮子,故名"狮子林"。园

① http://whc.unesco.org/en/list/813

内以假山著称,洞穴岩壑,曲折盘旋。园内廊壁嵌有宋代四大名家书法手笔。

艺圃:位于苏州市阊门内,始建于明代。园内景致宜人、风格质朴,较好地保存了建园初期的格局,具有很高的历史与艺术价值。全园以约占五分之一的池水为中心,池水有以土堆成的假山,并以湖石叠成绝壁,意趣盎然,为园中的主要景观。

耦园:位于苏州市内仓街小新巷,始建于清代初年。主体建筑是一组重檐楼厅建筑,其东南角有小院三处,总称为“城曲草堂”。西园面积较小,以书斋“织帘老屋”为中心,分隔为前后两个小院,前院有湖石假山逶迤,后院有湖石花坛,园内假山、花木、湖石等,意趣盎然。耦园内最著名的景观称“黄石假山”,修筑于城曲草堂楼厅之前。园内池水随假山向南延伸,水上架有曲桥,池南端有阁跨水而筑,称“山水阁”,隔山与城曲草堂相对,形成了以山为主体的优美景区。

退思园:位于吴江同里镇东溪街。全园简朴淡雅,水面过半,景色宜人。退思园集清代园林建筑之长,园内的每一处建筑既可独自成景,又与另一景观相对应,具有步移景异之妙,堪称江南古典园林中的经典之作。

苏州古典园林以其意境深远、构筑精致、古朴典雅、文化内涵丰富而著称。苏州园林是文化意蕴深厚的“文人写意山水园”。古代的造园者都有很高的文化修养,能诗善画,造园时多以画为本,以诗为题,通过凿池堆山、栽花种树,创造出具有诗情画意的景观,被称为是“无声的诗,立体的画”。这些充满着书卷气的诗文题刻与园内的建筑、山水、花木自然和谐地揉合在一起,使园林的一山一水、一草一木均折射出深邃的文化内涵。

北京颐和园
Summer Palace, an Imperial Garden in Beijing

国家:中国
洲名:亚洲
时间:1998 年列入《世界遗产名录》
标准:i, ii, iii
属性:文化遗产
功能:皇家园林

世界遗产委员会的评价:

北京颐和园,始建于1750年,1860年在战火中严重损毁,1886年在原址上重新进行了修缮,是中国景观园林设计中的杰作。自然山峦和开阔的湖面与人工景观如亭台、长廊、殿堂、庙宇和桥一起构成了一个具有突出美学价值的和谐整体。

Brief Description

The Summer Palace in Beijing - first built in 1750, largely destroyed in the war of 1860 and restored on its original foundations in 1886 - is a masterpiece of Chinese landscape garden design. The natural landscape of hills and open water is combined with artificial features such as pavilions, halls, palaces, temples and bridges to form a harmonious ensemble of outstanding aesthetic value①.

颐和园位于北京城西北郊，原是清代皇家花园和行宫，乾隆十五年(1750 年)建清漪园。1860 年，清漪园被英、法联军烧毁。公元 1886—1895 年，慈禧太后挪用海军军费进行重建，历时十年，并改名为颐和园。颐和园占地 290hm^2，主要由万寿山和昆明湖组成，水面面积约占四分之三。颐和园内有亭、台、楼、阁、廊、榭等不同形式的建筑 3 000 多间。

全园大体分为三个区域：以仁寿殿为中心的政治活动区，以乐寿堂、玉澜堂和宜芸馆为主体的生活居住区，以万寿山和昆明湖等组成的风景游览区。

佛香阁

佛香阁：是颐和园的主体建筑，建在约 21m 高的石台基上；阁高 40m，有 8 个面、3 层楼、4 重屋檐；阁内有 8 根巨大铁梨木擎天柱，结构复杂，为古典建筑精品。

万寿山：位于颐和园，高 58.59m。据说乾隆为了庆祝其母的 60 大寿将先前的瓮山改名为万寿山。

昆明湖：碧水荡漾，景色宜人，6 座不同形式的拱桥掩映其中。17 孔桥横卧湖上，长 150m，宽 8m，造型十分优美。

昆明湖

颐和园的长廊长约 728m，长廊中绘有彩画 8 000 多幅，为世界长廊之最。颐和园体现出的铸造雕刻技术也是一流水平，如昆明湖东岸的巨大镇水铁牛，形态逼真，背上还铸有铭文；湖北岸的巨大石舫，雕梁画栋，精彩无比。

颐和园整个景区规模宏大，集中了中国古典建筑的精华，是中国园林建筑艺术的杰作，也是世界上最著名的皇家园林之一。

①http://whc.unesco.org/en/list/880

北京天坛

Temple of Heaven: an Imperial Sacrificial Altar in Beijing

国家:中国

洲名:亚洲

时间:1998 年列入《世界遗产名录》

标准:i, ii, iii

属性:文化遗产

功能:皇家祭坛

世界遗产委员会的评价:

天坛,建于 15 世纪上半叶,坐落在园林当中,四周古松环抱,是一组无与伦比的祭祀建筑群。无论在整体布局还是单一建筑上,天坛都反映出以中国宇宙观为核心的天地之间的关系,还体现出帝王在这一关系中所起的独特作用。

Brief Description

The Temple of Heaven, founded in the first half of the 15th century, is a dignified complex of fine cult buildings set in gardens and surrounded by historic pine woods. In its overall layout and that of its individual buildings, it symbolizes the relationship between earth and heaven—the human world and God's world—which stands at the heart of Chinese cosmogony, and also the special role played by the emperors within that relationship①.

天坛,位于北京城区的东南部,建于明朝永乐十八年(1420 年),是明朝和清朝皇帝祭天大典的祭坛,占地 273hm^2,是世界上最大的祭天建筑群。明代初年,祭天地都在这里举行,名为天地坛。明嘉靖九年(1530 年)改行"天地分祀",在北京城的北、东、西郊建造地坛、日坛、月坛,分祀地、日、月,"天地坛"也改称"天坛"。1530 年,在北京北郊另建方泽坛,实行天地分祭,从此这里专门用于祭天,成为名副其实的天坛。天坛设计之精、建筑之巧、风格之奇,在世界古建筑中实属罕见。

天坛坛域北呈圆形,南为方形,寓意"天圆地方",四周环筑坛墙两道,把全坛分为内坛和外坛两部分。主要建筑集中于内坛,分为南北两部分,南部为"圜丘坛",中心建筑是圜丘;北部是"祈谷坛",中心建筑是祈年殿。南北两坛由一条长 360m 高出地面的砖砌甬道——丹陛桥相连,组成长 1 200m 的天坛建筑轴线。

天坛内有祈年殿、皇乾殿、圜丘、皇穹宇、无梁殿、长廊等建筑。天坛内还有回音壁、三音石、七星石等名胜古迹。

祈年殿:是天坛的主体建筑,每年皇帝都在这里举行祭天仪式,祈祷风调雨顺、五谷丰登。祈年殿呈圆形,直径 32m,祈年殿高 38m,是一座有鎏金宝顶的三重檐的圆形大殿,殿檐颜色深蓝,是用蓝色琉璃瓦铺砌的,因为天是蓝色的,以此来象征天。祈年殿是一座宏伟而又极具民族风格的独特建筑,鎏金宝顶三层出檐的圆形攒尖式屋顶,覆盖着象征"天"的蓝色琉璃瓦,层

①http://whc.unesco.org/en/list/881

层向上收缩，檐下的木结构用和玺彩绘，坐落在汉白玉石基座上，远远望去，色彩对比强烈而和谐，上下形状统一而富于变化。它的外部是三层高阁，内部则是层层相叠而环接的穹顶式，仿佛像砖砌的券殿，但又没有一砖一石，全部采用木结构，28 根大柱支撑着整个殿顶的重量。内外楹柱各 12 根，中间四根楹柱叫通天柱或龙井柱，高 18.5m，大头直径 1.2m，殿顶中央是“九龙藻井”。

祈年殿

圜丘坛：是皇帝祭天活动的场所，故又称“祭天台”、“拜天台”、“祭台”。圜丘坛始建于嘉靖九年(1530 年)，清乾隆十四年(1749 年)扩建。圜丘坛为一座三层圆形石坛，坛周长 534m，坛高 5.2m，分上、中、下三层，各层栏板望柱及台阶数目均用阳数(又称“天数”，即九的倍数)。坛面除中心石是圆形外，外围各圈均为扇面形，数目也是阳数。每层都有汉白玉栏板望柱，均为 9 的倍数。顶层中心的圆形大理石板称作天心石，站在其上呼喊或敲击，声波会被近旁的栏板反射，形成回音。

皇穹宇：位于圜丘坛外壝北侧，坐北朝南，圆形围墙，南面设三座琉璃门，主要建筑有皇穹宇和东西配殿，是供奉圜丘坛祭祀神位的场所。祭天时使用的祭祀神牌都存放在这里。它始建于嘉靖九年(1530 年)，初名泰神殿，嘉靖十七年(1538 年)起改称皇穹宇。乾隆十七年(1752 年)重修后为鎏金宝顶单檐攒尖顶建筑，用蓝色琉璃瓦铺设屋顶，象征青天。回音壁就是皇穹宇的围墙，墙高 3.72m，厚 0.9m，直径 61.5m，周长 193.2m。墙壁是用磨砖对缝砌成的，墙头覆着蓝色琉璃瓦。在皇穹宇殿前到大门中间的石板路上，由北向南的三块石板叫做三音石。

天坛的规划设计、建筑技艺和环境的营造均着力创造一种人和“天”对话的理想氛围，强烈的表现出古人对“天”的崇敬。天坛作为古代祭坛建筑，有着极高的历史价值、科学价值和艺术价值。天坛内还保存有大量的祭祀用品、祭祀服饰等珍贵文物，是研究中国古代祭祀文化的宝贵历史资料。

大足石刻
Dazu Rock Carvings

国家:中国
洲名:亚洲
时间:1999 年列入《世界遗产名录》
标准:i, ii, iii
属性:文化遗产
功能:石刻艺术

世界遗产委员会的评价:

大足地区的险峻山崖上保存着绝无仅有的系列石刻,其时代可追溯从公元 9 世纪到 13 世纪。这些石刻以其艺术品质卓越、题材丰富多变而著称,从世俗到宗教,鲜明地反映了中国这一时期的日常生活。它们为这一时期佛教、道教和儒教的和睦相处提供了杰出的证据。

Brief Description

The steep hillsides of the Dazu area contain an exceptional series of rock carvings dating from the 9th to the 13th century. They are remarkable for their aesthetic quality, their rich diversity of subject matter, both secular and religious, and the light that they shed on everyday life in China during this period. They provide outstanding evidence of the harmonious synthesis of Buddhism, Taoism and Confucianism①.

大足石刻位于我国重庆市的大足县境内,最初开凿于初唐永徽年间(649 年),历经晚唐、五代(907—959 年),兴盛于两宋(960—1279 年),延续于明清时期(14—19 世纪),其中以佛教造像为主,儒、道教造像并列,是中国晚期石窟造像艺术的代表,集中国石刻艺术精华之大成,与云冈石窟、龙门石窟和敦煌莫高窟齐名,具有很高的历史、艺术、宗教、科学研究价值。

大足石刻保存了以佛教为主的宗教石刻一百多处,公布了的各级文物保护单位 77 处,共有造像 1 030 个龛窟,6 万余尊,其中以北山、宝顶山、南山、石篆山、石门山五处的石刻最为著名和集中。大足石刻讲究石雕,工艺精湛,因此其造像均为精雕细刻,美轮美奂。大足石刻的造像内容也十分丰富,既有佛教、道教和儒家"三教并列"的造像,也有历史人物的大型雕刻。其中,以佛教造像比重最大,占造像总数的 60%以上。佛教造像主要集中在宝顶山和北山等处,道教造像主要集中在南山、半边庙等处。

大足石刻以其规模宏大、雕刻精美、题材多样、内涵丰富、保存完整而著称于世。它集中国佛教、道教、儒家"三教"造像艺术的精华,对中国石刻艺术的创新与发展作出了重要贡献,具有前代石窟不可替代的历史、艺术和科学价值。

---

①http://whc.unesco.org/en/list/912

大足石刻

青城山和都江堰灌溉系统
Mount Qingcheng and the Dujiangyan Irrigation System

国家：中国
洲名：亚洲
时间：2000 年列入《世界遗产名录》
标准：ii，iv，vi
属性：文化遗产
功能：风景名胜区和古代水利工程

世界遗产委员会的评价：

都江堰灌溉系统始建于公元前 3 世纪。这一系统至今仍控制着岷江的水体，并将其输送到成都平原肥沃的农田。青城山是道教的发源地之一，以一系列的古代庙宇而著称。

Brief Description

Construction of the Dujiangyan irrigation system began in the 3rd century B. C. This system still controls the waters of the Minjiang River and distributes it to the fertile farmland of the Chengdu plains. Mount Qingcheng was the birthplace of Taoism, which is celebrated in a series of ancient temples①.

青城山位于四川省都江堰市西南 15km 处，位于都江堰渠首工程南侧，为邛崃山脉的分支。青城山是中国著名的道教名山和国家重点风景名胜区，分青城前山和青城后山。前山景

①http://whc.unesco.org/en/list/1001

色优美,文物古迹众多;后山自然景物原始而华美,如世外桃源,绮丽而又神秘。青城山是道教的发源地之一,以一系列的古代庙宇而著称,素有“洞天福地”、“人间仙境”、“青城天下幽”之誉。青城山有全国最集中的道教宫观建筑群,始于晋,盛于唐。全山的道教宫观以天师洞为核心,包括建福宫、上清宫、祖师殿、圆明宫、老君阁、玉清宫、朝阳洞等10余座。青城山的各宫观中都保存了从东汉、隋唐、五代、宋元明清至近代的许多文物古迹、造像、摩崖石刻等。

都江堰是我国著名的古代水利工程,位于四川省成都平原西部的岷江上,今都江堰市城西。古时属都安县境内而名为都安堰,宋元后称都江堰。在都江堰建成以前,岷江江水常泛滥成灾。公元前256年,秦国蜀郡太守李冰和他的儿子吸取前人的治水经验,率领当地人民兴建水利工程。都江堰建成后,成都平原沃野千里,成为“天府之国”。今灌区内已建成干渠、分干渠38条,总长2 163km,支干渠566条,总长5 777km,大型水库3座,中小型水库347座,灌溉着600多平方公里的良田。都江堰建堰2 250多年来,依旧保存完好,经久不衰,发挥着巨大的效益,成为一项举世瞩目的伟大工程,被誉为“独奇千古”的“镇川之宝”。

都江堰

宝瓶口

都江堰水利工程依自然之势修建而成,分水堤、引水口和泄洪堤三大主要部分,而民间则形象地称这三处设施为鱼嘴、宝瓶口和飞沙堰,其设计具有相当的防震性。鱼嘴是在岷江江心修筑的分水堤坝,形似大鱼卧伏江中,它把岷江分为内江和外江,内江用于灌溉,外江用于排洪。宝瓶口是内江的进水口,形似瓶颈。飞沙堰溢洪道是在分水堤坝中段修建的泄洪道,洪水期不仅泄洪水,还利用水漫过飞沙堰流入外江水流的漩涡作用,有效地减少了泥沙在宝瓶口前后的淤积。都江堰水利工程科学地解决了江水的自动分流、自动排沙、自动排水和引水的难题,收到了行水灌田和防洪抗灾的功效,是世界水利工程史上的一大奇观。

明清皇家陵寝

Imperial Tombs of the Ming and Qing Dynasties

国家:中国

洲名:亚洲

时间:2000年列入《世界遗产名录》,2003年和2004年扩展

标准:i, ii,iii,iv, vi

属性:文化遗产

功能:帝王陵园

世界遗产委员会的评价

明清皇家陵寝依照风水理论,精心选址,将数量众多的传统建筑设计和装饰的建筑物安置于地下,是人类改变自然的产物。它们见证了封建中国5个多世纪的世界观与权力观。

Brief Description

The Ming and Qing imperial tombs are natural sites modified by human influence, carefully chosen according to the principles of geomancy (Feng-shui) to house numerous buildings of traditional architectural design and decoration. They illustrate the continuity over five centuries of a world view and concept of power specific to feudal China①.

明显陵

明显陵位于中国湖北省钟祥市东北7.5km的松林山,是嘉靖皇帝朱厚熜的父亲恭睿献皇帝和母亲章圣皇太后的合葬墓。明显陵始建于明正德十四年(1519年),嘉靖四十五年(1566年)建成。明显陵其围陵面积183hm²,其中陵寝部分占地52hm²。整个陵园双城封建,外逻城长3 600余米,墙高6m,墙体厚1.8m,红墙黄瓦、金碧辉煌,蜿蜒起伏于山峦叠嶂之中,雄伟壮观,是我国历代帝王陵墓中遗存最为完整的城墙孤品。陵园由内外逻城、前后宝城、方城明楼、祾思殿、陵恩门、神厨、神库、陵户、军户、神宫监、功德碑楼、新红门、旧红门、内外明塘、九曲御河、龙形神道等30余处规模宏大的建筑群组成,其布局构思巧夺天工,殿宇楼台龙飞凤舞,工艺浮雕精美绝伦,一陵双冢举世罕见,是我国古代建筑艺术中的瑰宝。明显陵原始建筑和环境风貌保存完好,建筑规模宏大,陵寝结构独特,文化内涵丰厚,堪称中国帝陵的璀璨明珠。

明显陵

神道

明孝陵

明孝陵位于南京市东郊紫金山南麓独龙阜玩珠峰下、茅山西侧。明朝开国皇帝朱元璋和皇后马氏合葬于此。明孝陵从洪武十四年(1381年)正式动工,至永乐三年(1405年)建成,历时25年。明孝陵是我国现存古代最大的皇家陵寝之一,至今已有600多年历史。明孝陵依山而建,坐北朝南,主体建筑可以分为前后两个部分。前面为神道,自下马枋至棂星门;后面为陵

①http://whc.unesco.org/en/list/1004

寝,在棂星门东北方。孝陵环以城,城周 22.5km,自下马坊至明楼纵深 2.62km。陵区内的主体建筑为方城、明楼、宝城、宝顶、马坊、大金门、神功圣德碑、神道、石像路石刻等,都是明代建筑遗存,保持了陵墓原有建筑的真实性和空间布局的完整性。明孝陵作为明清皇家陵寝扩展项目于 2003 年被列入《世界遗产名录》。

明孝陵

明十三陵

明十三陵位于北京昌平境内的天寿山麓,是明朝(1368—1644 年)13 位皇帝的陵墓群。十三陵是世界上埋葬皇帝最多的墓葬群。陵区三面环山,蟒山、虎峪雄踞两侧,体系完整、规模宏大、气势磅礴,体现了“天造地设”和“天人合一”的完美境界。十三陵有成祖朱棣的长陵、仁宗朱高炽的献陵、宣宗朱瞻基的景陵、英宗朱祁镇的裕陵、宪宗朱见深的茂陵、孝宗朱佑樘的泰陵、武宗朱厚照的康陵、世宗朱厚熜的永陵、穆宗朱载垕的昭陵、神宗朱翊钧的定陵、光宗朱常洛的庆陵、熹宗朱由校的德陵和思宗朱由检的思陵。十三陵以地面建筑宏伟的长陵和已发掘的地下宫殿定陵最为著名。十三陵作为明清皇家陵寝扩展项目于 2003 年被列入《世界遗产名录》。

长陵:长陵位于天寿山主峰南麓,是明朝第三位皇帝明成祖朱棣(1360—1424)和皇后徐氏的合葬陵寝。长陵始建于永乐七年(1409 年),宣德二年(1427 年)竣工,占地约 12hm²。主要建筑有陵门、神厨、祾恩门、祾恩殿、棂星门、宝城、明楼、地宫等。长陵在十三陵中建筑规模最大,营建时间最早,地面建筑也保存得最为完好。

献陵:献陵位于天寿山西峰之下,是明朝第四位皇帝仁宗昭朱高炽和皇后张氏的陵寝。朱高炽(1378—1425 年)是明成祖朱棣的长子,于明永乐二十二年(1424 年)即位,年号洪熙。

景陵:景陵位于天寿山东峰(又名黑山)之下,是明朝第五位皇帝宣宗章朱瞻基与皇后孙氏的合葬陵寝。朱瞻基(1398—1435 年),仁宗长子,洪熙元年(1425 年)六月即位,年号宣德。

裕陵:裕陵位于天寿山西峰石门山南麓,是明朝第六位皇帝英宗朱祁镇和皇后钱氏、周氏的合葬陵墓。朱祁镇(1427—1464 年),宣宗长子,9 岁即位,年号正统、天顺。裕陵由石供器、

长陵

裕陵

献陵

永陵

宝城和明楼等组成，陵制简朴。

茂陵：茂陵位于裕陵右侧的聚宝山下，是明朝第八位皇帝宪宗朱见深和王氏、纪氏、邵氏三位皇后的合葬陵寝。朱见深，英宗长子，18 岁时即位，年号成化。

泰陵：泰陵位于笔架山东南麓，这里又称“施家台”或“史家山”，是明朝第九位皇帝孝宗敬朱祐樘和皇后张氏的合葬陵寝。朱祐樘(1470—1505 年)，17 岁时继承皇位，年号弘治。

康陵：康陵位于天寿山金岭(莲花山)东麓，是明朝第十位皇帝武宗朱厚照和皇后夏氏的合葬陵寝。朱厚照(1491—1521 年)，是孝宗和皇后张氏的嫡长子，14 岁时继承皇位，在位 16 年，年号正德。

永陵：永陵位于阳翠岭南麓，是明朝第十一位皇帝世宗朱厚熜及陈氏、方氏、杜氏三位皇后的合葬陵寝。朱厚熜(1507—1566 年)，宪宗孙，以堂弟身份即位，年号嘉靖。

昭陵：昭陵位于大峪山东麓，是明朝第十二帝穆宗庄皇帝朱载垕(年号隆庆)和三位皇后的合葬陵寝。昭陵陵园建筑面积为 35 000m^2，现存有完整的祾恩门、祾恩殿及其东西配殿、方城、明楼、宝顶等。

定陵：定陵位于十三陵陵区的大峪山东麓，是明朝第十三个皇帝朱翊钧和他的两位皇后——孝靖皇后与孝端皇后的合葬陵墓。万历十一年(1583 年)朱诩钧趁祭陵之便，带领文武官员、术士、钦天监等在天寿山亲自选定陵址，确定建陵规制。定陵建于万历十二年至万历十八年(1584—1590年),用时6年,耗银800余万两,占地约$18hm^2$。定陵规模宏大,仅当年役使的军卒、工匠就达30 000余人。主要建筑有祾恩门、祾恩殿、宝城、明楼、地宫等。定陵地下宫殿是十三陵中目前唯一被发掘的皇家陵寝。

定陵

定陵御路石雕

1956年5月19日,经国务院批准,发掘工作队开始对中国皇陵进行第一次发掘。最开始,考古人员是发现了宝城西南侧墙上露出了一处券门,于是就正对着券门开了第一条探沟,到了底部发现了用城砖砌成的隧道。沿着隧道的方向在明楼西面开了第二条探沟,在这条探沟的挖掘过程中,碰到了刻有"此石至金刚墙前皮十六丈深三丈五尺"字样的小石碑,从而得到了打开地宫的正确方向。考古人员沿着这个方向,又开了第三条探沟,最终找到了石隧道。考古人员经过一年多的艰苦发掘,终于在石隧道的尽端发现了金刚墙。他们将"金刚门"拆开,即进入地下宫殿的隧道券,玄宫打开前,门内顶有石条,石条上墨书"玄宫七座门自来石俱未验"十一字。考古人员用自制的"拐钉钥匙"打开了石门。中国古代帝王神秘莫测的地下宫殿终于重见天日,在玄宫的后室(玄宫的主室,又称"皇堂")发现三口巨大的朱红色棺椁静静地排列在棺床上,里面分别是明朝第十三位皇帝朱翊钧和他的两位皇后——孝靖皇后与孝端皇后。然而尸体已全部腐烂,留下来的只是骨架。棺椁周围有26只楠木制的陪葬箱子,里面是无数的金银玉器和成匹的罗纱织锦。

玄宫的中室设有3座汉白玉石雕成的宝座,分属万历皇帝和两位皇后。宝座前有黄色琉璃五供,即一个香炉,两个烛台,两个花瓶;五供前各有一口青花云龙大瓷缸,缸里装有香油、铜瓢、灯芯,这就是当时所称的"长明灯",亦称"万年灯",但是由于关门后玄宫缺氧,所以长明灯并没有长明。

定陵出土的文物达3 000多件,出土了一大批珍贵的文物和工艺品,如金冠、凤冠、丝织品、服装、木俑、金器、玉器、瓷器、首饰等,弥足珍贵,是研究明代工艺的珍品。定陵皇家陵寝建筑和出土的3 000余件文物不仅反映了我国明代礼制习俗和丧葬文化,也为研究当时的政治、经济和文化提供了宝贵的资料。定陵皇家陵寝集陵墓、宫殿、园囿于一体,凝聚了我国古代人民在建筑艺术领域上的精华,具有极其重要的历史价值、艺术价值和科学价值,是中华民族和全人类的宝贵文化遗产。

庆陵:位于北京昌平天寿山陵内黄山寺二岭南麓,是明朝第十四位皇帝光宗朱常洛和皇后郭氏、王氏、刘氏的合葬陵寝。朱常洛(1582—1620年),神宗长子,万历四十八年(1620年)即位,年号泰昌。

德陵：位于潭峪岭西麓，是明朝第十五位皇帝熹宗朱由校和皇后张氏的合葬陵寝。朱由校（1605—1627 年），光宗长子，15 岁即位，年号天启。朱由校病逝时年仅 23 岁。

思陵：思陵位于陵区西南隅的鹿马山南麓，是明朝末代皇帝思宗朱由检和皇后周氏、皇贵妃田氏的合葬陵墓。朱由检（1610—1644 年），光宗第五子，于天启七年（1627 年）即位，年号崇祯。

清东陵

清东陵位于河北省遵化市西北昌瑞山南麓，葬有清代顺治、康熙、乾隆、咸丰和同治五位清朝皇帝，再加上孝庄、慈安、慈禧、妃嫔等的陵园，清东陵从顺治十八年（1661 年）首建顺治皇帝的孝陵开始，到光绪三十四年（1908 年）最后建成慈禧皇太后的菩陀峪定东陵为止，营建活动延续了 247 年。这些陵寝包括皇帝陵 5 座、皇后陵 4 座、妃园寝 5 座、公主园寝 1 座，共计埋葬了 14 位皇后和 136 位妃嫔。最早的建筑物距今已近 400 年，不仅反映了从清初到清末陵寝规制演变的全部过程，同时也从一个侧面记录了清王朝盛衰兴亡的历史。

孝陵：顺治皇帝的孝陵是清东陵的第一座陵寝，坐落在昌瑞山主峰南麓，居中而建。孝陵地宫里共葬 3 人，即顺治皇帝、孝康章皇后和孝献皇后。孝陵始建于顺治十八年（1661 年），康熙三年（1664 年）竣工。孝陵规模宏大，体系完备，为清代皇陵之冠。

清东陵

孝陵

景陵：康熙皇帝的景陵位于清东陵主陵——顺治皇帝孝陵东侧约 1km 处，北靠昌瑞山，南望象山。景陵始建于康熙十五年（1676 年），完工于康熙二十年。康熙皇帝和他的 4 位皇后和 1 位皇贵妃，即孝城仁皇后、孝昭仁皇后、孝懿仁皇后、孝恭仁皇后和敬敏皇贵妃落葬于此。

裕陵：乾隆皇帝的裕陵位于昌瑞山南麓的胜水峪，裕陵地宫内葬乾隆皇帝，孝贤、孝仪两位皇后，慧贤、哲悯、淑嘉三位皇贵妃，共计 6 人。裕陵始建于乾隆八年（1743 年），嘉庆五年（1800 年）竣工。整个陵寝由圣德神功碑亭、五孔桥、石像生、牌楼门、神道牌亭、三路三孔桥、隆恩门、配殿、隆恩殿、玉带桥、陵寝门、二柱门、石祭台、方城、明楼、宝顶、地宫等建筑组成。

定陵：咸丰皇帝的定陵位于清东陵的平安峪，在清东陵的最西端。定陵的地宫内安葬着咸丰皇帝和孝德显皇后萨克达氏。

惠陵：同治皇帝的惠陵位于陵区最东南的双山峪，始建于光绪元年，光绪三年（1877 年）竣工。同治皇帝在位 13 年，亲政不足两年，终年 19 岁，是清王朝最短命的一位皇帝。

清西陵

清西陵坐落在河北省易县距县城15km处的永宁山,始建于雍正八年(1730年),完工于民国四年(1915年)。陵区内有泰陵(雍正)、昌陵(嘉庆)、慕陵(道光)、崇陵(光绪)4座皇帝陵,3座后陵,3座妃园寝,4座王爷和公主园寝。14座陵寝中,葬有4位皇帝、9位皇后、57位妃嫔、两位公主、6位阿哥。清西陵是中国现存最完整、距今最近、保存最原始、集清代皇家建筑之大成的帝王陵墓群。

泰陵:雍正皇帝的泰陵,位于永宁山主峰之下,始建于雍正八年(1730年),居于陵区的中心位置,是西陵中建筑最早、规模最大的一座。泰陵埋葬着雍正及他的皇后孝敬宪、皇贵妃敦肃。主体建筑自最南端的火焰牌楼开始,过一座五孔石拱桥,是2.5km长的泰陵神路,沿神路往北至宝顶,依次排列着石牌坊、大红门、具服殿、大碑楼、七孔桥、望柱、石像生、龙凤门、三路三孔桥、小碑亭、神厨库、东西朝房、东西班房、隆恩门、焚帛炉,东西配殿、隆恩殿、三座门、二柱门、方城、明楼、宝顶等建筑。

清西陵

泰陵

昌陵:嘉庆皇帝的昌陵位于泰陵西侧,内葬仁宗嘉庆皇帝和孝淑睿皇后,建于嘉庆四年到八年(1799—1803年)。

慕陵:道光皇帝的慕陵位于清西陵界内昌陵以西的龙泉峪,始建于道光十一年(1831年),道光十六年(1836年)竣工,葬有道光皇帝、孝穆成皇后、孝慎成皇后和孝全成皇后。

崇陵:崇陵是光绪皇帝的陵墓,也是我国最后一座帝王陵墓。宣统元年(1909年)破土兴建,民国四年(1915年)竣工,陵址名叫金龙峪。崇陵内葬德宗光绪皇帝和孝定景皇后叶赫那拉氏。

盛京三陵

位于辽宁省的盛京三陵(永陵、福陵和昭陵),也称"关外三陵",是开创满清皇室基业的祖先陵墓。盛京三陵作为明清皇家陵寝扩展项目于2004年被列入《世界遗产名录》。

永陵:坐落在新宾满族自治县城西21km启运山脚下的苏子河畔,永陵镇西北1km处。永陵建于公元1598年,是大清皇帝爱新觉罗氏族的祖陵,是清太祖努尔哈赤的父亲、祖父、曾祖、远祖、伯父、叔叔等皇室亲族的陵墓。陵内葬着努尔哈赤的六世祖猛哥帖木尔(儿)、曾祖福满、祖父觉昌安、父亲塔克世及伯父礼敦、叔父塔察篇古。1648年,清世祖福临追封猛哥帖木尔为"肇祖原皇帝",福满为"兴祖直皇帝",觉昌安为"景祖翼皇帝",塔克世为"显祖宣皇帝"。永陵由下马碑、前宫院、方城、宝城等部分组成。启运殿是永陵的主体建筑。整个陵寝占地

1.1万余平方米。永陵与沈阳福陵、昭陵并称为“关外三陵”。永陵是东北著名的清代“关外三陵”之首，有“关外第一陵”之称，也是现存比较完整的古代帝王陵建筑。

永陵

福陵：是清太祖努尔哈赤与皇后叶赫那拉氏的陵墓，是清朝命名的第一座皇陵。陵区坐落在沈阳市东北11km处，俗称东陵。福陵始建于后金天聪三年（1629年），崇德元年（1636年）大清建国，定陵号为“福陵”，竣工于清顺治八年（1651年）。福陵现存古建筑32座（组），古建筑以神道为中轴线对称分布，平面规整，层次分明，是一处融满汉民族特色于一体的皇陵建筑群。

福陵

昭陵

昭陵：是清太宗皇太极和孝端文皇后博尔济吉特氏的陵墓。昭陵始建于清崇德八年（1643年），同年葬太宗皇太极于陵内，顺治元年（1644年）定陵号称昭陵，顺治七年（1650年）孝端文皇后入葬。昭陵竣工于清顺治八年（1651年）。昭陵占地$48hm^2$，现存建筑38座（组），陵内殿宇密布，门、坊、碑、亭林立，彰显出皇家陵园的雄伟和壮丽。昭陵是盛京三陵中规模最大、结构最完整的皇家陵园，因坐落在沈阳市北端，故又称北陵。作为清朝兴起之初营造技术水平的代表建筑，昭陵基本沿袭了明代的皇陵规制，建筑形式又融入了满族兴起时期的地方特色和民族特色，是一座独具风格的清代皇家陵寝建筑群。

明清皇家陵寝的选址和规划设计充分运用了中国传统的风水理论，着力体现“天人合一”

的宇宙观,将人的精神融铸于大自然之中,造成一种崇高、伟大、永恒不朽的意象。这些礼制和陵墓体现了封建社会的最高丧葬制度,以及千百年来封建社会的宇宙观、生死观、道德观和社会风习,凝聚了我国古代人民在建筑艺术领域的精华,具有极其重要的历史价值、艺术价值和科学价值。

龙门石窟
Longmen Grottoes

国家:中国
洲名:亚洲
时间:2000 年列入《世界遗产名录》
标准:i, ii, iii
属性:文化遗产
功能:石窟

世界遗产委员会的评价:

龙门的石窟和佛龛展现了中国北魏晚期至唐代(公元 493—907 年)期间最具规模和最令人难忘的收藏品。这些艺术品,完全是以佛教题材而塑造的,代表了中国石刻艺术的高峰。

Brief Description

The grottoes and niches of Longmen contain the largest and most impressive collection of Chinese art of the late Northern Wei and Tang Dynasties (493—907). These works, entirely devoted to the Buddhist religion, represent the high point of Chinese stone carving[①].

龙门石窟

①http://whc.unesco.org/en/list/1003

龙门石窟位于河南省洛阳市南郊12km处,龙门峡谷东西两崖的峭壁间。这里两山对峙,伊水于山间北流,远望犹如一座天然门阙,史称“伊阙”。龙门石窟始凿于北魏孝文帝迁都洛阳前后,后历经东魏、西魏、北齐、隋、唐等朝代连续大规模的营造,从而在这里形成了南北长达1km的石窟遗存,有佛龛2 345个、碑刻题记两千五百余处、佛塔六十余座、造像10万余尊。

龙门石窟融会了中国古代建筑、雕塑、壁画之精华,其中佛像雕刻美轮美奂、巧夺天工,充分体现了我国古代劳动人民的聪明智慧和精湛的技艺。龙门石窟同甘肃的敦煌莫高窟、山西大同的云冈石窟并称为中国古代佛教石窟艺术的三大宝库,具有相当高的历史价值和艺术价值。

皖南古村落——西递和宏村
Ancient Villages in Southern Anhui - Xidi and Hongcun

国家:中国
洲名:亚洲
时间:2000年列入《世界遗产名录》
标准:iii, iv, v
属性:文化遗产
功能:古村落

世界遗产委员会的评价:

西递和宏村这两个传统的村落在很大程度上仍然保持着那些在上个世纪已经消失或改变了的乡村面貌。它们的街道规划、建筑物、装饰和供水系统完备的民居都是独一无二的遗存范例。

Brief Description

The two traditional villages of Xidi and Hongcun preserve to a remarkable extent the appearance of nonurban settlements of a type that largely disappeared or was transformed during the last century. Their street plan, their architecture and decoration, and the integration of houses with comprehensive water systems are unique surviving examples[①].

黟县位于安徽省南部,始建于公元前221年。“五岳归来不看山,黄山归来不看岳”。大自然的鬼斧神工,造就了黄山的奇秀美景,而黄山的佳山丽水,又孕育出徽州灿烂夺目的徽派文化。地处黄山西南麓的黟县是徽商和徽文化的发祥地之一,因群山阻隔,历代免遭战乱,徽商遗留下来的大量明清时期的古民居、祠堂、牌坊、庙宇、园林、桥梁、亭台楼阁等古建筑被奇迹般地保存下来。这些徽州古民居建筑就是徽派古文化百花园中最艳丽的一朵奇葩。皖南黟县的古村落堪称我国古村落的典范,这里有被称为中国明清民居博物馆的西递村,它是一个以血缘关系为纽带,以商业力量支撑起来的聚族而居的村落。这里有设计奇特的牛形古村落——宏村,既以古民居著称于世,又以人工水系蜚声中外;这里还分布有南屏、关麓、屏山、卢村、塔川等闻名遐迩的古村落。唐代大诗人李白曾写下“黟县小桃源,烟霞百里间,地多灵草木,人尚古

① http://whc.unesco.org/en/list/1002

衣冠”这脍炙人口的诗句。黟县美丽的自然环境、独特的风貌和别致的民居使这里成为拍摄电视剧和电影的基地,《菊豆》、《卧虎藏龙》、《走出蓝水河》、《历史的天空》、《徽州女人》等多部影视剧都曾把这里作为拍摄的外景地。除此以外,歙县、绩溪、泾县等地也分布着一些特色的古村落。

西递村

西递,原名西川,位于黟县东南部,距黟县县城 8km。西递村是一处以胡姓聚居的古村落,始建于北宋(960—1279 年),距今已有 900 多年的历史。该村东西长 700m,南北宽 300m。西递村四面环山,两条溪流流经此村,素有“桃花源里人家”之称。走近西递村,首先映入眼帘的便是在村口傲然屹立、雕凿精湛的“胡文光牌坊”。胡文光牌坊建于明万历六年(1578 年),已有 400 多年的历史,为三间四柱五楼的青石牌坊,峥嵘巍峨,结构精巧,是胡氏家族地位显赫的象征。早年,西递原有十三道这样的牌坊雄列村口,可见当年气势有何等恢弘。不幸的是在“文革”中有 12 座牌坊被毁之一旦。四品朝列大夫胡文光因政绩显著而被明神宗皇帝恩准在家乡建此牌坊以“光宗耀祖流芳百世”。村中街巷沿溪而设,均用青石铺地,街巷两旁的古建筑淡雅朴素,巷道、溪流、建筑布局相宜。一幢幢古民居层楼叠院,鳞次栉比;家家青石门坊,粉墙青瓦,飞檐翘角;高墙深巷,曲径通幽,古朴典雅。西递村现存明、清古民居 120 多幢,祠堂 3 幢,包括凌云阁、刺史牌楼、瑞玉庭、桃李园、东园、西园、大夫第、敬爱堂、履福堂、膺福堂、青云轩等,建筑错落有致,石雕、砖雕、木雕点缀其间,堪称徽派古民居建筑艺术之典范。无论是精雕细刻的门楼、漏窗、楼台亭阁,还是色彩斑斓的彩绘和壁画,都体现了中国古代艺术之精华。“西递村古民居布局之工,结构之巧,装饰之美,营造之精,文化内涵之深”,为国内古民居建筑群所罕见,是徽派民居中的一颗明珠。

西递“胡文光牌坊”

西递古民居

西园建于清道光四年(1824 年),原为河南开封知府胡文照故居。院落大门是砖砌的八字门楼,古朴典雅,气度非凡。院落内住宅为 3 个三进单元的相连建筑,由带有砖雕漏窗的内墙隔成前、中、后三院。二进院落住宅大门两侧墙上各嵌有一个石雕漏窗,左边为“松石图”,右边为“竹梅图”,构思生动,雕刻精湛。东园建于清雍正二年(1724 年),原为胡文照的祖居。东园包括正厅、前厅和凉厅三进厅堂。桃李园建于清咸丰四年(1854 年),为徽商胡元熙故居。桃李园占地面积 $294m^2$,为 3 间三进二楼结构。前厅幽雅别致,中厅内有“楼上井”,后厅左右两侧的板壁上各装有 6 块木雕屏门,为漆雕的欧阳修《醉翁亭记》全文,出自书法家黄元治手笔。

敬爱堂始建于明万历二十八年，后毁于火灾，明末重建，清初落成，建筑面积 1 800 余平方米。敬爱堂后厅高悬一斗大的“孝”字，系南宋大理学家朱熹所书。细看此字，字中有画，画中有字，上部像一个仰面拱手跪地作揖的孝子，而后面则像一个猴子的嘴脸。寓意人要敬老爱幼，否则会退化为猴子。瑞玉庭建于咸丰三年(1853 年)。房子的原主人是一位徽商，其室内装饰和布局体现了主人的身份和追求。履福堂建于清康熙年间(1684 年)，为 3 间三楼结构的古民居。此宅原为著名书画家和鉴赏家胡积堂的祖居。履福堂是西递村中一座典型的书香宅第，厅堂陈挂着许多楹联。青云轩建于同治年间，是一便厅(又叫书厅)的单元建筑，便厅居中，二楼结构，两侧为平房。便厅的满月形门和院落花圃交相辉映，可谓“花好月圆”。厅堂正中的地面上置一小圆洞，上放石盖，寒冬掀盖，洞气送暖，酷暑掀盖，凉风送爽。原来地下有洞道相通，用恒温的地气来调节室内的温度，其设计可谓独具匠心。大夫第建于清康熙三十年(1691 年)，大门上首嵌砌砖雕“大夫第”三字，大厅宽敞明亮，上方为一天井，天井四周格扇饰以木雕。追慕堂建于清乾隆五十八年(1794 年)，是胡氏支祠，供奉有胡家先祖牌位。

据考西递村胡氏祖上的发迹，还是离不开文化的底蕴。他们大都是先儒后商，或叫弃儒从商，因此也被称为“儒商”。由于他们大多熟读经书，博古通今，在商场中善于“深谋远虑，运筹帷幄，以一获十”。胡氏 24 世祖胡贯三一人就经营有 36 家典当、二十余家钱庄，生意遍及长江中下游各大商埠，资产折白银五百余万两，财力居当时江南巨富的第六位，连乾隆、嘉庆、道光三朝宰相曹振镛都将自己的千金小姐下嫁到西递胡贯三家为媳，财势之大可想而知了。西递村充满了“田园诗”般的韵味儿，清代诗人曹文植有“咏西递”诗描绘它：“青山云外深，白屋烟中出。双溪左右环，群木高下密。曲径如弯弓，连墙若比栉。自如桃源来，墟落此第一。”西递保存有完好的徽派建筑群，它就像是一个被现代社会遗忘的旧梦，远离都市喧嚣之外的西递向人们呈现一种朴素的民间生活。

登高俯瞰全村，鳞次栉比的明清古建筑群如同一艘扬帆的古船。村落空间上错落有致，建筑色调朴素淡雅，体现了皖南古村落在人居环境营造方面的杰出才能和成就，具有很高的历史、文化、艺术和科学价值。

宏村

宏村始建于南宋绍兴年间(1131—1162 年)，距今已有 800 多年的历史。宏村位于黟县县城东北 11km 处，原为汪姓聚居之地。宏村是一座“牛形村”，整个村庄从高处看，宛若一头斜卧山前溪边的青牛。巍峨苍翠的雷岗为牛首，参天古木是牛角，错落有致的民居为牛躯，九曲十弯的水圳(清泉)是“牛肠”，半月形池塘(月沼)为“牛胃”，南湖是“牛肚”，村西溪水上架起 4 座木桥，作为“牛脚”。引清泉为“牛肠”，从一家一户门前流过，使得村民“家家门巷有清渠”，“牛肠”在流入村中被称为“牛胃”的月塘后，经过过滤，复又绕屋穿户，流向村外被称作是“牛肚”的南湖，再次过滤流入河床，如此水系，堪称中国古代村落建筑艺术之一绝。这种别出心裁的村落水系设计，不仅为村民生产、生活用水和消防用水提供了方便，而且调节了气温和环境。古宏村人规划、建造的牛形村落和人工水系，是当今“建筑史上一大奇观”。湖光山色与层楼叠院和谐共处，自然景观与人文内涵交相辉映，是宏村区别于其他民居建筑布局的特色，成为当今世界历史文化遗产一大奇迹。宏村人为防火灌田，独运匠心开仿生学之先河，建造出堪称“中国一绝”的人工水系。村中各户皆有水道相连，汩汩清泉从各户潺潺流过，层楼叠院与湖光山色交相辉映，处处是景，步步入画。

全村现保存完好的明清古民居有 140 余幢，包括承志堂、敬修堂、东贤堂、三立堂、叙仁堂

宏村南湖

宏村月沼

等。这些建筑古朴典雅,意趣横生,体现了传统徽派建筑风格的极致。村中数百幢古民居鳞次栉比,其间的“承志堂”是黟县保护最完美的古民居,其正厅横梁、斗拱、花门、窗棂上的木刻,工艺精湛、层次繁复、人物众多,堪称徽派“三雕”艺术中的木雕精品。南湖书院的亭台楼阁与湖光山色交辉相映,深具传统徽派建筑风格。整个村落古朴民居与湖光山色交相辉映,有“中国画里的乡村”之美誉,反映了悠久历史所留下的广博而深邃的文化底蕴。

承志堂:建于清咸丰五年(1855 年),是清末大盐商汪定贵住宅。整栋建筑为木结构,内部砖、石、木雕装饰富丽堂皇,总占地面积约 2 100m^2,建筑面积 3 000 余平方米,是一幢保存完整的大型民居建筑。全宅有 9 个天井,大小房间 60 间,136 根木柱,大小门窗 60 个。全屋分内院、外院、前堂、后堂、东厢、西厢、书房厅、鱼塘厅、厨房、马厩等。承志堂最令人叹为观止的是它的支柱、额坊、拱棚、门窗等无处不附以精美绝伦的雕饰,既富丽堂皇,又气势非凡。

月沼:建于明永乐年间(1403—1424 年)。当时宏村出了个汪思齐,他发现村中有一泓天然泉水,冬夏泉涌不息。汪思齐三次聘请海阳县(今休宁)的风水先生何可达,并招揽族内高辈能人,制定了扩大宏村基址及村落全面规划牛形水系蓝图,引西溪水绕村屋,其牛肠水圳九曲十弯,又把水引入村中心天然井泉处建月沼池塘,蓄水供防火、饮用等。后裔汪升平等人投资万余金,继续凿圳、挖掘成半月形池塘,完成了前人未完成的“月沼”,这就是月塘。如今,月塘已成为宏村一道靓丽风景,吸引无数的游人前往观赏。

南湖:位于宏村南,建于明万历丁未年(1607 年)。宏村村落经永乐年间到万历年间,楼舍连栋,高低错落,人口繁衍,仅靠月塘蓄水已不够用,村民们又在万历年丁未年将村南百亩良田凿深数丈,周围四旁砌石立岸,仿西湖平湖秋月式样,建成南湖。整个湖面倒影浮光,水天一色,远峰近宅,映入湖中,显得幽深、雅静,情趣无比。

南湖书院:明末,宏村人在南湖北畔建六所私塾,人称“椅湖六院”。清嘉庆十九年(1814年),将依湖六院合并重建,取名以文家塾,亦名南湖书院,是所具有传统徽派建筑风格的古书院,由志道堂、文昌阁、启蒙阁、会文阁、望湖楼、祗园六部分组成。“志道堂”系先生讲学之场所;“文昌阁”奉设孔子文位,供学生瞻仰膜拜;“启蒙阁”乃启蒙读书之处;“会文阁”供学子阅鉴四书五经;“望湖楼”为教学闲暇观景休息之地;“祗园”则为内苑。书院前临一湖碧水,后依连栋楼舍,粉墙黛瓦、碧水蓝天、交相辉映,显得格外古朴而别致。南湖书院为宏村培养出许多杰出人物,其中有民国初年的国务总理兼财政总长汪大燮、清末内阁中书汪康年、清代诗人汪乘恩、汪彤雯等。

皖南古村落是我国民间传统文化的集中体现，作为乡土建筑的精华，具有很高的文物价值，生动地展现了民族文化的丰富多样，鲜明地折射出中国悠久的历史和民族文化的传统，成为了解中国历史和文化的一个重要窗口。遍布华夏的古村落向人们展示了其古老、神秘、幽静和独特的民俗文化和异彩纷呈的民间艺术。这些古村落是中华建筑艺术的经典之作，是民间文化的载体，是浪漫的中国田园诗。在这里人们可以看到传统文化艺术在民间生活各个角落的渗透，体现着不同时代的历史风貌，寄托人们对美好生活的向往和追求。

云冈石窟
Yungang Grottoes

国家：中国
洲名：亚洲
时间：2001 年列入《世界遗产名录》
标准：i，ii，iii，iv
属性：文化遗产
功能：石窟

世界遗产委员会的评价：

云冈石窟，位于山西省大同市，有洞窟 252 个，造像 51 000 余尊，代表了公元 5 世纪至 6 世纪时中国杰出的佛教石窟艺术。其中的昙曜五窟，布局和设计严谨统一，是中国佛教艺术巅峰时期的经典杰作。

Brief Description

The Yungang Grottoes, in Datong city, Shanxi Province, with their 252 caves and 51 000 statues, represent the outstanding achievement of Buddhist cave art in China in the 5th and 6th centuries. The Five Caves created by Tan Yao, with their strict unity of layout and design, constitute a classical masterpiece of the first peak of Chinese Buddhist art①.

云冈石窟位于中国北部山西省大同市以西 16km 处的武周山南麓，集中了大批的佛像雕刻群。石窟始凿于北魏兴安二年(453 年)，由当时的佛教高僧昙曜奉旨开凿，大部分完成于北魏迁都洛阳之前(494 年)，造像工程则一直延续到正光年间(520—525 年)。石窟依山而凿，东西绵亘约 1km。现存主要洞窟 45 个，大小窟龛 252 个，石雕造像 51 000 余躯，最大者达 17m，最小者仅几厘米。云冈石窟与甘肃敦煌莫高窟、河南龙门石窟并称“中国三大石窟群”，也是世界闻名的石雕艺术宝库之一。云冈石窟的造像气势宏伟，内容丰富多彩，堪称公元 5 世纪中国石刻艺术之冠，被誉为中国古代雕刻艺术的宝库。

①http://whc.unesco.org/en/list/1039

云冈石窟

高句丽王城、王陵和贵族墓葬
Capital Cities and Tombs of the Ancient Koguryo Kingdom

国家:中国

洲名:亚洲

时间:2004年列入《世界遗产名录》

标准:i, ii, iii, iv, v

属性:文化遗产

功能:王城、王陵和贵族墓葬

世界遗产委员会的评价:

遗址包括3座城市和40座陵墓的考古遗址:五女山城、国内城和丸都山城,14座王陵和26座贵族墓葬。所有这些都属于从公元前37年至公元668年统治中国北方和朝鲜半岛北半部的王朝为代表的高句丽文化。五女山城是唯一被部分发掘的遗址。国内城在集安现代城市之内,在高句丽都城迁都至平壤之后仍起支撑都城的作用。丸都山城,是高句丽王朝的都城之一,含有许多遗迹,包括1座大宫殿和37座陵墓。有些陵墓有精致的顶篷,其设计顶部空间大,无支柱,却同样能支撑其上的石头或土墩的重载。

Brief Description

The site includes archaeological remains of 3 cities and 40 tombs: Wunu Mountain City, Guonei City and Wandu Mountain City, 14 tombs are imperial, 26 of nobles. All belong to the Koguryo culture, named after the dynasty that ruled over parts of northern China and the northern half of the Korean Peninsula from 37 B. C. to 668 A. D.. Wunu Mountain City is only partly excavated. Guonei City, within the modern city of Ji'an, played the role of a supporting capital after the main Koguryo capital moved to Pyongyang. Wandu Mountain City, one of the capitals of the Koguryo Kingdom, contains many vestiges including a large palace and 37 tombs. Some of the tombs have elaborate ceilings, designed to roof wide spaces without columns and carry the heavy load of a stone or earth tumulus (mound) which was placed above them①.

高句丽政权始于公元前 37 年，止于公元 668 年，曾是中国东北地区影响较大的少数民族政权之一。辽宁省桓仁县和吉林省集安市是高句丽政权早中期的政治、文化、经济中心所在，也是高句丽文化遗产分布最集中的地区，其中的王城、王陵和贵族墓葬弥足珍贵。

辽宁桓仁五女山城

吉林集安丸都山城

在王城中，五女山城是中国古代东北地区少数民族高句丽创建的第一个都城。它的规模宏大，体系完备，保存也较为完整。城内分布多处高句丽早期的重要建筑遗址及生活、军事遗迹，文化内涵十分丰富。五女山山城承袭了中国北方民族构筑山城的传统，但在选址布局、城墙筑法、石料加工等方面，具有很大的突破和创新。国内城、丸都山城是高句丽早中期(1—5世纪)的都城，其特点是平原城与山城相互依附共为都城。国内城是为数不多的地表保存有石筑城墙的平原城类型都城遗址。丸都山城的布局因山形走势而巧妙构思、合理规划，实现了自然景观与人类创造的完美结合。

高句丽王陵

高句丽贵族墓葬

① http://whc.unesco.org/en/list/1135

古墓群中以太王陵、将军坟为代表的大型高句丽王陵以及大量的王室贵族墓葬，是高句丽建筑的经典之作。它不仅可以从不同侧面反映高句丽的历史发展进程，也是高句丽留给人类弥足珍贵的文化和艺术宝库。

澳门历史中心
Historic Centre of Macao

国家：中国
洲名：亚洲
时间：2005 年列入《世界遗产名录》
标准：ii，iii，iv，vi
属性：文化遗产
功能：历史城市

世界遗产委员会的评价：

澳门，是一处在国际贸易发展中具有战略意义的港口城市，从 16 世纪中叶到 1999 年回归中国主权以前一直是处在葡萄牙统治之下。澳门历史中心拥有众多的葡萄牙和中国式建筑物，包括历史街区、住宅、宗教和公众建筑，为东西方美学、文化、建筑和工艺的融合提供了独特的证据。这里还有一处要塞和一座中国最古老的灯塔。这里是中西方国际贸易活动最早和持续最长的见证之一。

Brief Description

Macao, a lucrative port of strategic importance in the development of international trade, was under Portuguese administration from the mid 16th century until 1999, when it came under Chinese sovereignty. With its historic street, residential, religious and public Portuguese and Chinese buildings, the historic centre of Macao provides a unique testimony to the meeting of aesthetic, cultural, architectural and technological influences from East and West. The site also contains a fortress and a lighthouse, which is the oldest in China. The site bears testimony to one of the earliest and longest-lasting encounters between China and the West based on the vibrancy of international trade①.

澳门毗临南海，东望香港，紧邻珠海，由澳门半岛和氹仔、路环岛组成。澳门以前是一个小渔村。相传在 16 世纪中叶，第一批葡萄牙人抵达澳门时，询问居民当地的名称，居民误以为指庙宇，答称“妈阁”，葡萄牙人以其音直译为“Macau”，这便是澳门葡文名称。

澳门素有“东方蒙地卡罗”、“不夜城”、“购物天堂”之称。澳门是一座国际性的旅游城市，名胜古迹众多，博彩行业兴旺，中西文化荟萃。漫步在历史城区，比比皆是的历史建筑，悠扬顿挫的钟声，香火鼎盛的庙宇，前卫的艺术展览，让游人流连忘返。跨海友谊、澳氹和西湾三座大桥更是神来之笔，使天堑变通途。这座城市文化气息十分浓厚，各种艺术和民间节庆活动常年不断，特别是环城“格兰披治”赛车、赛马和赛狗，刺激、惊险，动感十足。

① http://whc.unesco.org/en/list/1110

大三巴牌坊

议事亭前地

澳门历史悠久,有着中华文化一脉相承的传统,而400多年来的风雨沧桑,使这座城市成为东西方文化荟萃之地,形成了今日澳门"华洋共处、中西合璧"的社会和城市结构。无论是在中国还是在世界历史上,作为中西文明沟通的桥梁的澳门,在政治、军事、文化和宗教诸多领域都发挥过不可替代的积极作用,为不同民族的相互认识、交流与尊重作出了不可磨灭的贡献。澳门历经中西文化400多年的交融,形成了独具特色的文化氛围,是东西方文化荟萃之地,现代化的高楼大厦、东方色彩的寺院庙宇、文艺复兴时期建筑风格的天主教堂和欧洲中世纪古堡式的炮台,融东西方文明于一体,被誉为"中国近代第一城"。1999年12月20日,中国政府实行"一国两制",对澳门恢复行使主权。

400多年以来,澳门一直是中西文化的大熔炉,东西文化的融合与共存留下了许多珍贵的历史遗产,使澳门成为一座独特的世纪城市。"澳门历史中心"是以旧城区为核心的历史街区,覆盖范围包括妈阁庙前地、亚婆井前地、岗顶前地、议事亭前地、大堂前地、板樟堂前地、耶稣会纪念广场、白鸽巢前地等多个广场空间,以及妈阁庙、港务局大楼、郑家大屋、圣老楞佐教堂、圣若瑟修院及圣堂、岗顶剧院、何东图书馆、圣奥斯定教堂、民政总署大楼、三街会馆(关帝庙)、仁慈堂大楼、大堂(主教座堂)、卢家大屋、玫瑰堂、大三巴牌坊、哪吒庙、旧城墙遗址、大炮台、圣安多尼教堂、东方基金会会址、基督教坟场、东望洋炮台(含东望洋灯塔及圣母雪地殿圣堂)等20多处历史建筑。

妈阁庙:建于1488年,距今已有500多年历史,是澳门最古老的庙宇。它依山面海,沿崖而筑,飞檐叠阁,古木森郁,山间岩石上还有历代摩崖石刻数十处。妈阁庙包括"神山第一"殿、正觉禅林、弘仁殿、观音阁等建筑。早期称娘妈庙、天妃庙或海觉寺,后定名为"妈祖阁",俗称"妈阁庙"。

港务局大楼:建于1874年,原称摩尔兵营,俗称水师厂,由意大利人卡苏杜(Cassuto)设计,是当时由印度来澳门的警察的营地,现为港务局的办公大楼。

亚婆井前地:亚婆井的葡文意思是"山泉"。这里以前是澳门主要的水源,又靠近内港,是葡萄牙人在澳门最早的聚居点之一。

郑家大屋:是一院落式大宅,约建于1881年,是中国近代著名思想家郑观应的故居。建筑虽主要以中国形制构建,但却处处体现中西结合之特色,中式建筑手法主要表现为屋顶、梁架结构等,而室内的天花板、门楣、外墙则颇具西方特色。

圣老楞佐教堂:建于16世纪中叶,是澳门三大古教堂之一。华人称之为“风顺堂”,有祈求“风调雨顺”之意。教堂外观的特征是在欧洲古典的基础上带有巴洛克风格,整个建筑美轮美奂。

圣若瑟修院及圣堂:圣若瑟修院于1728年由耶稣会士创办,在200多年的办学过程中,圣若瑟修院培养了许多中国和东南亚各地的教会人才。与修院毗邻的圣若瑟修院圣堂于1758年落成,具有巴洛克建筑风格特色。

岗顶前地:岗顶前地古称磨盘山,该地段虽然不大,但自然环境清幽典雅,人文景观荟萃,著名的建筑物有圣奥斯定教堂、岗顶剧院、圣若瑟修院、何东图书馆等,街区弥漫着浓郁的欧陆情调。

岗顶剧院:原称伯多禄五世剧院,建于1860年,但当时只建成主体部分,至1873年才加建具新古典主义建筑特色的正立面。它是中国第一座西式剧院,供上演戏剧和举办音乐会所用,也是当年葡萄牙人社群举行重要活动的场所。

何东图书馆:建于1894年,原主人为官也夫人(D. Carolina Cunha)。香港富商何东爵士于1918年购入该大楼,作为夏天来澳门消暑的别墅。何东逝世后,其后人根据他生前的遗嘱,将大楼赠与澳门政府作为公共图书馆之用。1958年,图书馆正式对外开放。

圣奥斯定教堂:该教堂是由西班牙奥斯定会修士于1591年创建。

民政总署大楼:建于1784年,前身为市政厅,后曾多次重修,目前的规模是1874年重修时形成的,具有明显的南欧建筑艺术风格。一楼的图书馆于1929年启用,以葡国玛弗拉修道院的图书馆(Biblioteca do Convento de Mafra)为设计蓝本,装饰和家具陈设具有浓厚的古典气息。这里还收藏了17世纪至20世纪50年代的外文古籍。

民政总署

议事亭前地:议事亭前地一直是澳门的市中心,两侧建筑建于19世纪末20世纪初。1993年,前地一带铺设黑白色碎石地面,并砌成波浪形图案,衬托周围的典雅建筑,交相辉映,尽显前地一带浓郁的南欧风情。

三街会馆(关帝庙):三街会馆所处地原为昔日澳门之繁荣市区“荣宁坊”。会馆初设时只是商人议事的场所,后因馆中设有关帝神殿和财帛星君殿,庙宇成为会馆的主要功能。

仁慈堂大楼:仁慈堂于1569年由澳门首任主教贾尼路创立,负责慈善救济工作,故名“仁慈堂”。仁慈堂开办了中国第一个西式医院,并设立了育婴堂、麻风院、老人院、孤儿院等机构。仁慈堂大楼修建于18世纪中叶,至1905年形成今天的面貌,具有新古典主义建筑风格。

大堂(主教座堂):大堂约建于1622年。主祭坛空间深远,设计简明,饰以彩色玻璃窗。祭坛下面掩埋着16和17世纪的主教和圣徒遗骨。

卢家大屋:位于大堂巷7号住宅,是澳门著名商人卢九家族的旧居。据屋内壁画显示,约于1889年落成。卢家大屋是用厚青砖建造的中式两层建筑,是典型的中式大宅,也是晚清时期粤中民居温婉纤细建筑风格的典型。

玫瑰堂:由道明会士创建于1587年,是该会在中国的第一座教堂。教堂最初是用木板搭建，华人称之为“板樟庙”。又因教堂供奉玫瑰圣母，故又称“玫瑰堂”。整座教堂富丽堂皇，其巴洛克建筑风格的祭坛更是典雅精致。教堂旁的“圣物宝库”收藏了 300 多件澳门天主教珍贵文物。

大三巴牌坊：大三巴牌坊是天主之母教堂(即圣保禄教堂)正面前壁的遗址。圣保禄教堂创建于 1580 年，1595 和 1601 年先后两次失火，1835 年一场大火将圣保禄教堂烧毁，仅剩下教堂的正面前壁、大部分地基和教堂前的石阶。本地人因教堂前壁形似中国的传统牌坊，将之称为大三巴牌坊。这座中西合璧的石壁在全世界的天主教教堂中是独一无二的。圣保禄教堂附属于圣保禄学院，该学院于 1594 年成立，1762 年结束，是远东地区第一所西式大学。大三巴牌坊已经成了澳门的标志。

哪吒庙：位于大三巴牌坊后右侧，创建于 1888 年，改建于 1901 年，庙内供奉哪吒。整个建筑小巧别致。

旧城墙遗址：葡萄牙人在澳门建城墙，最早可追溯至明朝隆庆三年(1569 年)。当时整个澳门城除西部内港外，北部、东部和南部均建有城墙，并在一些要塞处建有炮台。

大炮台：大炮台始建于 1617 年，至 1626 年建成，名为圣保禄炮台，澳门居民多称为“大炮台”。炮台占地约 10 000m^2，呈不规则四边形，是当时澳门防御系统的核心，构成了一个覆盖东西海岸的宽大炮火防卫网。大炮台也有 300 多年历史，一直是军事禁区，20 多年前才被辟为旅游区，澳门气象台于 1966 年也迁至此。到该处游览，不仅可凭吊古炮台遗迹，而且因为它高踞岛中央，向四面八方望去，可以纵览全澳。

圣安多尼教堂：建于 1558—1560 年，是澳门三大古老教堂之一。澳门早期的教堂大多经历烈火洗礼，圣安多尼教堂也不例外。今天，我们看到的教堂是 1930 年重修后的规模。葡萄牙人的婚礼多在此举行，因此华人将其称为“花王堂”。

圣安多尼教堂内景

东方基金会会址：建于 18 世纪 70 年代，原址是葡国皇室贵族俾利喇(Manuel Perreira)的别墅。该建筑可能是澳门首幢别墅式花园的豪华住宅。20 世纪 60 年代后曾改作贾梅士博物院，现为东方基金会会址。

基督教坟场：建于 1821 年，原称东印度公司坟场，是澳门第一座基督新教坟场。坟场内的马礼逊小教堂是澳门第一座基督教传道所，其造型仿罗马建筑风格，为基督教新教教堂在澳门早期的典型实例。

东望洋炮台(含东望洋灯塔及圣母雪地殿圣堂)：东望洋炮台建造于 1637 年，位于澳门半岛最高峰东望洋山之巅，可俯瞰整个半岛。炮台上建有一座灯塔和小教堂。东望洋灯塔建于 1865 年，塔高 13m，分 4 层，用来观察来往船只的情况，是中国海岸第一座现代灯塔，其所在地面位置之坐标值亦为澳门于世界地图上之地理定位。灯塔一侧的小教堂名为圣母雪地殿，建于 1626 年，教堂内的拱顶和墙身绘有彩色壁画，其绘画技巧融合中西艺术，是澳门众多教堂中独一无二的。

这片区域是昔日华洋共处的旧城区，至今基本上保持原貌，开创了许多“中国之最”。如最早一批天主教堂建筑、最古老的教堂遗址、最古老的西式炮台群、最古老的修道院、最古老的基督教坟场、第一座西式剧院、第一座现代化灯塔、第一所西式大学、西式医院等等。这个大范围的建筑群,体现了中西文化融会交流的特点。

经过几个世纪的变迁以及城市发展的需要,这里依然保持原貌,大量的历史建筑分布在旧城区各处,成为澳门珍贵的文化遗产;难得的是,这些遗产并未因发展的规划而遭受破坏,反而在前人的保护下,使东西方文化互相碰撞交融,形成澳门独树一帜的文化氛围。中国人和葡萄牙人更在这里合力营造共同的社区生活,除了展示建筑艺术特式外,还展现了中葡两国人民不同宗教、文化以及生活习惯的融和与相互尊重。

殷墟

Yin Xu

国家:中国
洲名:亚洲
时间:2006 年列入《世界遗产名录》
标准:ii, iii, iv, vi
属性:文化遗产
功能:考古遗址

世界遗产委员会的评价:

殷墟考古遗址位于安阳市,距北京以南约 500km,是商代晚期(公元前 1300—1046 年)的一座古都城。它见证了早期中国文化、工艺和科学的黄金时代和中国青铜时代的繁盛时期。许多的王陵和宫殿作为晚期中国建筑物的原型,在这一遗址中已被发掘出来。遗址包括宫殿和王室祖先圣陵区(1 000m×650m),拥有 80 多座房基,是保留完整的商代王室家族成员唯一的陵墓。在遗址中发现的大量华丽的埋葬品见证了商代手工业的先进技艺水平,是中国的国宝之一。许多含有牛肩胛骨和龟甲的地坑被发现。这些甲骨文为世界最古老的文字系统、古代信念和社会体系提供了宝贵证据。

Brief Description

The archaeological site of Yin Xu, close to Anyang City, some 500 km south of Beijing, is an ancient capital city of the late Shang Dynasty (1300 to 1046 BC). It testifies to the golden age of early Chinese culture, crafts and sciences, a time of great prosperity of the Chinese Bronze Age. A number of royal tombs and palaces, prototypes of later Chinese architecture, have been unearthed on the site. The site includes the Palace and Royal Ancestral Shrines Area (1 000m×650m), with more than 80 house foundations, and the only tomb of a member of the royal family of the Shang Dynasty to have remained intact, the Tomb of Fu Hao. The large number and superb craftsmanship of the burial accessories found there bear testimony to the advanced level of Shang handicraft industry, and form now one of the national treasures of China. Numerous pits containing bovine shoulder blades and turtleback have been found in Yin Xu. Inscriptions on these oracle bones bear invaluable testimony to the development of one of the world's oldest writing systems, ancient beliefs and social systems[1].

殷墟位于我国河南省安阳市，横跨洹河南北两岸，是中国第一个有文献记载并为考古发掘所证实的商代都城遗址，是中国历史上有文献可考最早的古代都城遗址。在这里先后出土了数量惊人的甲骨文、青铜器、玉器、陶器、骨器等精美文物，全面、系统地展现出 3 300 年前中国商代都城的风貌，为人类文明史上重要历史阶段的存在提供了坚实证据。

殷墟宫殿宗庙遗址

殷墟王陵遗址

殷墟宫殿宗庙遗址位于洹水南岸，在这里发现了 80 余座宫殿、宗庙、祭坛等夯土基址，出土大量的甲骨文、青铜器、玉器等文物，是中国最早的文字甲骨文的发现地。

殷墟王陵遗址位于洹水北岸，在这里相继发现了 13 座王陵、2 000 多座陪葬墓、祭祀坑和车马坑，出土了数量众多、制作精美的青铜器、玉器、石器、陶器等，是举世闻名的司母戊鼎出土地。

作为盛极一时的都邑，殷墟遗址主要分布着宫殿遗址、王陵遗址、洹北商城遗址、手工业作坊、众多的居民点等。历年出土的文物中，甲骨文、青铜器、玉器、车马坑久负盛名。

开平碉楼和村落
Kaiping Diaolou and Villages

国家：中国

洲名：亚洲

时间：2007 年列入《世界遗产名录》

标准：ii, iii, iv

属性：文化遗产

功能：民居和村落

世界遗产委员会的评价：

开平碉楼和村落是以开平防御性的多层塔楼村落建筑碉楼为特色，展现了中西方建筑和装饰形式的复杂与奢华的融合。它们反映了 19 世纪晚期和 20 世纪早期开平侨民在南亚、澳

①http://whc.unesco.org/en/list/1114

大利亚和北美一些国家发展中的重要作用。名录此次收录的有四组碉楼群和20座最具特征的碉楼。这些建筑物分为3种形式:由若干户人家建造的公共塔楼用于临时避难、由富有人家个人建造的居民塔楼和瞭望塔楼。这些建筑物还可分为石楼、夯土楼、砖楼、混凝土楼,代表了中西方建筑风格的完美结合。碉楼保持与周边景观的和谐关系,见证了明代以来以应对当地盗匪活动为目的的地方建筑传统的最后繁荣。

Brief Description

Kaiping Diaolou and Villages feature the Diaolou, multi－storeyed defensive village houses in Kaiping, which display a complex and flamboyant fusion of Chinese and Western structural and decorative forms. They reflect the significant role of emigrant from Kaiping in the development of several countries in South Asia, Australasia and North America, during the late 19th and early 20th centuries. There are four groups of Diaolou and twenty of the most symbolic ones are inscribed on the List. These buildings take three forms: communal towers built by several families and used as temporary refuge, residential towers built by individual rich families and used as fortified residences, and watch towers. Built of stone, pise, brick or concrete, these buildings represent a complex and confident fusion between Chinese and Western architectural styles. Retaining a harmonious relationship with the surrounding landscape, the Diaolou testify to the final flowering of local building traditions that started in the Ming period in response to local banditry.

开平碉楼位于广东省开平市,是中国乡土建筑的一个特殊类型,是一种集防卫、居住和中西建筑艺术于一体的多层塔楼式建筑。开平碉楼最晚在明代后期已经产生,到19世纪末20世纪初发展成为表现中国华侨历史、社会形态与文化传统的一种独具特色的群体建筑形式。这一类建筑群规模宏大、品类繁多、造型别致,分布在开平市周边的乡村,其特色是中西合璧的民居,此外,还有古希腊、古罗马、伊斯兰等风格的建筑。

开平碉楼的兴起,与开平的地理环境和过去的社会治安密切相关。开平地势低洼,河网密布,而过去水利失修,每遇台风暴雨,常有洪涝之忧,加上其所辖之境,原为新会、台山、恩平、新兴四县边远交界之地,向来有"四不管"之称,社会秩序较为混乱。因此,清初即有乡民建筑碉楼,作为防涝和防匪之用。

清朝末年和民国时期,美国、加拿大等国实施排华政策,迫使开平华侨只能将传宗接代的愿望寄托在家乡。他们把建房、买田、娶亲看作是在外拼搏的最高人生目标,不断将自己积蓄的血汗钱寄回开平,从而为开平碉楼与村落的建设提供了充实的资金支持。19世纪末到20世纪40年代以前便成为开平碉楼与村落发展的兴盛时期。

福建土楼

Fujian Tulou

国家:中国

洲名:亚洲

时间:2008年列入《世界遗产名录》

标准:iii, iv, v

属性:文化遗产

功能:民居

世界遗产委员会的评价:

福建土楼位于福建省西南部内陆地区,距台湾海峡120多千米,是15世纪至20世纪建造的46座建筑遗产。土楼分布在稻田、茶园和烟田中,是泥土做的房子。土楼高达几层,从内部来看,建筑样式呈圆形或方形,每座土楼可住800人。土楼可用于防御。环绕着一个中心开放式庭院,只在第一层有通向外面的唯一一个入口和几个窗口。这种房屋起到乡村单元的功能,整个家族住在一起,也被称为“家庭小王国”或“喧闹的小城市”。土楼的特征是有高大坚固的泥墙,顶上是瓦片铺就的屋顶和宽大的悬垂屋檐。大部分精细结构的建筑可追溯到17世纪或18世纪。这些建筑由下到上分别居住各自的家庭,每个家庭各自占据每层两至三个房间。与其简朴的外观形成对照,土楼的内部则被建造得非常舒适,通常装饰华丽。土楼作为建筑传统和功能相结合的罕见范例被收录,代表了公共生活和防御性组织的一种特殊类型,并且,从它们与环境的和谐关系来看,土楼也是人类居住区的一个杰出范例。

Brief Description

Fujian Tulou is a property of 46 buildings constructed between the 15th and 20th centuries over 120 km in southwest of Fujian Province, inland from the Taiwan Strait. Set amongst rice, tea and tobacco fields, the Tulou are earthen houses. Several storeys high, they are built along an inward-looking, circular or square floor plan as housing for up to 800 people each. They were built for defence purposes around a central open courtyard with only one entrance and windows to the outside only above the first floor. Housing a whole clan, the houses functioned as village units and were known as “a little kingdom for the family” or “bustling small city”. They feature tall fortified mud walls capped by tiled roofs with wide over-hanging eaves. The most elaborate structures date back to the 17th and 18th centuries. The buildings were divided vertically between families with each disposing of two or three rooms on each floor. In contrast with their plain exterior, the inside of the Tulou were built for comfort and were often highly decorated. They are inscribed as exceptional examples of a building tradition and function exemplifying a particular type of communal living and defensive organization, and, in terms of their harmonious relationship with their environment, an outstanding example of human settlement①.

成为世界文化遗产的46座福建土楼由六群四楼组成,包括福建省永定县的高北土楼群、洪坑土楼群、初溪土楼群和衍香楼、振福楼,南靖县的田螺坑土楼群、河坑土楼群及和贵楼、怀远楼,华安县的大地土楼群。土楼主要分布在福建西部和南部崇山峻岭中,以其独特的建筑风格和悠久的历史文化著称于世。土楼依形状分,可分为圆楼、方楼、五凤楼。另外还有变形的凹字形、半圆形和八卦形,其中,以圆楼与方楼最常见,也常常两种形状并存。

福建土楼产生于宋元时期,经过明代早、中期的发展,明末、清代、民国时期逐渐成熟,并一直延续至今。福建土楼依山就势,布局合理,适应聚族而居的生活和防御的要求,巧妙地利用

---

①http://whc.unesco.org/en/list/1113

山间狭小的平地和当地的生土、木材、鹅卵石等建筑材料,是一种自成体系,具有节约、坚固、防御性强的特点,又极富美感的建筑类型。土楼建筑的另一特色是结构极为规范,房间的规格大小一致。大多数土楼均只有一个大门供出入,楼内均有天井,犹如一座坚固的城堡,易于防盗和防匪。由于墙壁较高较厚,既可防潮保暖,又可隔热纳凉。

福建土楼是世界上独一无二的山区大型夯土民居建筑,堪称"天、地、人"三方结合的缩影和建筑艺术杰作。数十户、几百人同住一楼,反映客家人聚族而居、和睦相处的家族传统。因此,一部土楼史,便是一部乡村家族史。

登封"天地之中"历史建筑群

Historic Monuments of Dengfeng in"The Centre of Heaven and Earth"

国家:中国

洲名:亚洲

时间:2010 年列入《世界遗产名录》

标准:iii, vi

属性:文化遗产

功能:古建筑

世界遗产委员会的评价:

嵩山被认为是中国具有神圣意义的中岳。在海拔 1 500m 的嵩山脚下,距河南省登封市不远,有 8 座占地共 40km² 的建筑群和遗址,其中包括 3 座汉代古阙、中国最古老的宗教建筑遗址——寺庙、周公测景台与登封观星台。这些建筑物历经 9 个朝代修建而成,它们不仅以不同的方式展示了天地之中的概念,还体现了嵩山作为虔诚的宗教中心的力量。登封历史建筑群是包括一些用于祭祀、科学、技术和教育的中国古代建筑的最好范例。

Brief Description

Mount Songshan is considered to be the central sacred mountain of China. At the foot of this 1 500 - metre high mountain, close to the city of Dengfeng in Henan Province and spread over a 40 square kilometre circle, stand eight clusters of buildings and sites, including three Han Que gates, remains of the oldest religious edifices in China — temples, the ZhouGong Sundial Platform and the Dengfeng Observatory. Constructed over the course of nine dynasties, these buildings are reflections of different ways of perceiving the centre of heaven and earth and the power of the mountain as a centre for religious devotion. The historical monuments of Dengfeng include some of the best examples of ancient Chinese buildings devoted to ritual, science, technology and education[①].

登封"天地之中"历史建筑群,包括周公测景台、观星台、嵩岳寺塔、汉三阙(太室阙、少室阙和启母阙)、中岳庙、嵩阳书院、会善寺和少林寺建筑群(包括常住院、塔林和初祖庵)。

周公测景台:位于河南省登封市告成镇周公祠前,通高 3.91m,由石圭和石表两部分组成。

---

①http://whc.unesco.org/en/list/1305

据清乾隆二十年(1755年)碑文记载，为东周所建，今已不存。现存测景台为唐天文学家一行在改革历法、进行天文测景时所建。周公测景台是我国现存时代最早和保护较好的天文台，它是我国古代测量日影，验证时令季节计年的一种天文仪器。

观星台：位于登封告成镇周公祠内。观星台由台身与石圭、表槽组成。台身上小下大，形似覆斗；台面呈方形，用水磨砖砌造；台高9.46m，连台顶小屋通高12.62m；台下边宽16m多，上边约为下边的一半。在台身北面，设有两个对称的出入口，筑有砖石踏道和梯栏，盘旋簇拥台体，使整个建筑布局显得庄严巍峨。台顶各边有明显收缩，并砌有矮墙(女儿墙)，台顶两端小屋中间，由台底到台顶，有凹槽的"高表"。在凹槽正北是36块青石平铺的石圭(俗称量天尺)，石圭通长31.19m。观星台建于元代至元十三年(1276年)，距今已有700多年的历史，它是我国现存最古老的天文台。

嵩岳寺

中岳庙

嵩岳寺塔：位于登封市城西北5km处嵩山南麓峻极峰下嵩岳寺内，建于北魏正光年间(520—525年)，是中国现存年代最早的砖塔，也是世界上最早的筒体建筑，距今已有1 470多年的历史。嵩岳寺塔塔高37.6m，底层直径10.16m，内径5m，壁体厚2.5m，由基台、塔身、15层叠涩砖檐和宝刹组成。嵩岳寺塔为砖筑密檐式塔，整个塔室上下贯通，呈圆筒状。

汉三阙包括太室阙、少室阙和启母阙。

太室阙：位于登封市嵩山南麓中岳庙前500m处，是中岳庙前的神道阙，建于东汉安帝元初五年(118年)。阙身用长方形石块垒砌而成。阙身以雕刻方法刻出了人物、车马出行、马技、剑舞以及动物等画像50余幅。

少室阙：位于登封市嵩山南麓6km的少室山下，是汉代少室山庙的神道阙，约建于东汉元初五年至延光二年(118—123年)。少室阙较为完整，东西两阙的结构基本相同，两阙一南一北，相互对峙，东阙高3.37m，西阙通高3.75m，两阙相距6.75m。阙身由正阙和副阙两部分组成。阙身保存较完整的画像有60余幅，内容主要包括车马出行、驯象、月宫、动物图案等。

启母阙：位于登封市嵩山南麓，距城区2km。启母阙是启母庙前的神道阙，建于汉安帝延光二年(123年)。启母阙与太室阙、少室阙并称"中岳汉三阙"。阙身用长方形石块垒砌而成。阙身的四周雕刻有宴饮、车马出行、百戏、驯象、猎兔、虎逐鹿等画像60余幅。

中岳庙：位于太室山南麓，距登封市城东4km。东周元年(公元前770年)周平王封嵩山为中岳，创建太室祠(中岳庙的前身)。北魏改太室祠为嵩岳庙，成为道教活动的场所。唐玄宗初年敕建,并易名为中岳庙至今。中岳庙是历代帝王和大臣封禅祭祀中岳嵩山的场所。中岳庙院占地面积约 $11hm^2$,是中国五岳之中现存规模最大、最完整的一组道教古建筑群,现存殿宇、楼阁、宫亭、台廊、碑楼等建筑 400 余间。中岳庙沿中轴线从南向北,由低而高,依次为名山第一、遥参亭、天中阁、配天作镇坊、崇圣门、化三门、峻极门、迎神门、中岳大殿、寝殿和御书楼,中轴线两侧有 6 座宫院,构成了中岳庙规模宏大的古建筑群。庙内还有东汉至清代的金石铸器 119 件,汉到清代的古柏 331 株。

嵩阳书院

会善寺

嵩阳书院:位于嵩山南麓,距登封市城北 3km 处。嵩阳书院始建于北魏太和八年(484 年),初名嵩阳寺。宋景祐二年(1035 年)重修太室书院后,赐额更名为嵩阳书院。书院保持了清代建筑布局,南北长 128m,东西宽 78m,占地面积 9 $984m^2$,现存清代建筑 25 座。中轴建筑共分五进院落,由南向北依次为大门、先圣殿、讲堂、道统祠和藏书楼,中轴线两侧配房相连,共有古建筑 106 间。

会善寺:位于登封市嵩山太室之西南麓积翠峰下。会善寺始建于北魏孝文帝时期(471—499 年),唐代增建殿宇、戒坛、塔,规模宏大,高僧辈出。寺内现存元、明、清时期建筑 9 座。

少林寺建筑群主要包括:常住院(即人们通称的少林寺)、塔林和初祖庵。

常住院:少林寺位于登封市城西北少室山南麓。少林寺主体为常住院,中轴线建筑共七进院,由南向北依次是山门、天王殿、大雄宝殿、法堂、方丈院、立雪亭、千佛殿。常住院始建于北魏太和十九年(495 年),寺内现存明、清建筑 30 余座。

塔林:位于少林寺西约 300m 处的山脚下。塔林为历代和尚的墓地,占地约 21 000 多平方米,是国内最大的塔林,有砖、石和砖石混合结构的各类墓塔。塔林保存着公元 689 年至 1803 年间的古塔 241 座和现代塔两座,有单层单檐塔、单层密檐塔、印度窣堵坡塔和各式喇嘛塔等。塔林式样繁多,造型各异,有正方形、长方形、六角形、八角形、圆形等。

初祖庵:位于登封市少林寺西北约 2km 处。初祖庵建于宋代(960—1279 年),为纪念禅宗祖师达摩而修建,庵院主体建筑有山门、大殿和千佛阁。山门,创建年代无考,现山门为 1986 年按旧制重建。大殿始建于北宋宣和七年(1125 年),历代每有修葺,大殿面阔三间,进深三间,全部用八角石柱承重。千佛阁为明代初祖庵住持所建,内供达摩,并供观音菩萨像。庵院内尚有碑石 40 多通。

登封"天地之中"历史建筑群历经汉、魏、唐、宋、元、明、清,绵延不绝,是中国时代跨度最长、建筑种类最多、文化内涵最丰富的古代建筑群。

少林寺

塔林

第二节 世界自然遗产

武陵源风景名胜区
Wulingyuan Scenic and Historic Interest Area

国家:中国
洲名:亚洲
时间:1992年列入《世界遗产名录》
标准:vii
属性:自然遗产
功能:自然景观

世界遗产委员会的评价:

这一壮观的地区位于中国湖南省境内,连绵26 000多公顷,以3 000余座狭长的砂岩柱和砂岩峰为主,大部分都在两百多米高。在峰峦之间,沟壑、峡谷纵横,溪流、潭和瀑布随处可见,还有大约40个溶洞和两座天然大石桥。除了惊人的美景外,这一地区还以许多本地的濒危动植物物种而引人注目。

Brief Description

A spectacular area stretching over more than 26 000ha in China's Hunan Province, the site is dominated by more than 3 000 narrow sandstone pillars and peaks, many over 200 meters high. Between the peaks lie ravines and gorges with streams, pools and waterfalls, some 40 caves, and two large natural bridges. In addition to the striking beauty of the landscape, the region is also noted for the fact that it is home to a number of endangered plant and animal species①.

武陵源风景名胜区,位于湖南省西北部武陵源山脉中段,隶属张家界市,由张家界国家森

① http://whc.unesco.org/en/list/640

林公园和索溪峪、天子山自然保护区组成,总面积 26 400hm²。武陵源的景观类型主要为石英砂岩峰林景观。此外,还有众多的喀斯特景观、峡谷景观、高山湖泊景观等,到处是石柱石峰、断崖绝壁、古树名木、云气烟雾、流泉飞瀑、珍禽异兽,风光秀美,堪称人间奇迹。景区以"奇峰、幽谷、秀水、深林、溶洞"享有盛誉,称为武陵源"五绝"。武陵源的风景整体宏大、景观丰富、气势磅礴。景区主要景观为石英砂岩峰林地貌,共有 3 103 座奇峰,峰体分布在海拔 500~1 100m,高度由几十米至 400m 不等,许多砂岩峰超过 200m 以上。石峰姿态万千,蔚为壮观,加之沟壑纵横,溪涧密布,森林茂密,淳朴的田园风光,更是美不胜收。武陵源水景类型齐全,溪、泉、湖、瀑、潭异彩纷呈,有"秀水八百"之称。

武陵源天子山的云涛雾海,神秘莫测,千变万化,烟云幻变,连绵浩瀚,波澜壮阔,犹如梦幻境界。最高峰天子峰,面北而峙,海拔 1 260m。立峰凭眺,台地错列,石峰嶙峋,云雾缭绕,峰、峡、瀑、林遍布千山万壑。金鞭溪因溪畔有一金鞭岩而得名,全长约 7.5km,是武陵源最美的一条溪流。溪流穿行在峰峦幽谷之间,蜿蜒曲折,秀美清幽。

溶洞主要集中于索溪峪河谷北侧及天子山东南缘,总数达数十个,其中最为著名的是索溪峪的"黄龙洞",景观奇异,是武陵源最为著名的游览胜地之一。黄龙洞地处武陵源核心景区的东端,为典型的喀斯特岩溶地貌,现已探明总面积 48hm²,全长 15km,垂直高度 140m,内分两层旱洞,两层水洞。黄龙洞洞中有洞、洞中有河,由石灰质溶液凝结而成的石钟乳、石笋、石花、石柱、石瀑等洞穴景观,以高阔的洞天、幽深的暗河、悬空的瀑布和密集的石笋等特征,使其仿佛一座神奇的地下宫殿。

武陵源内众多的野生珍稀动、植物物种及高等植物有 3 000 余种,其中木本植物有 107 科,包括 250 属和 700 余种。水杉、银杏、珙桐、龙虾花等珍稀植物比比皆是。陆生脊椎动物 50 科 116 种、哺乳动物 34 种、爬行动物 17 种、两栖动物 12 种、鸟类 53 种①。景区内珍稀动物有大鲵、亚洲黑熊、云豹、豹等。雉鸡、穿山甲、猕猴等珍禽异兽出没于丛林和山洞之中。

石英砂岩峰林是武陵源奇绝超群、蔚为壮观的奇观,堪称大自然中最为杰出的作品。武陵源拥有众多的砂岩峰林、水景、溶洞和生物资源,为一个特殊的生态地域,具有极其重要的科研价值。

九寨沟风景名胜区

Jiuzhaigou Valley Scenic and Historic Interest Area

国家:中国

洲名:亚洲

时间:1992 年列入《世界遗产名录》

标准:vii

属性:自然遗产

功能:自然景观

世界遗产委员会的评价:

九寨沟位于四川省北部,连绵超过 72 000hm²,蜿蜒的九寨沟山谷海拔可达 4 800 多米,因

①http://whc.unesco.org/archive/advisory_body_evaluation/640.pdf

而形成了一系列多种多样的森林生态系。它壮丽的景观因一系列狭长的圆锥状喀斯特地貌和壮观的瀑布而特别引人入胜。大约 140 种鸟类也栖息在山谷中，还有许多濒危动、植物物种，包括大熊猫和四川扭角羚。

Brief Description

Stretching over 72 000ha in the northern part of Sichuan Province, the jagged Jiuzhaigou valley reaches a height of more than 4 800 m, thus comprising a series of diverse forest ecosystems. Its superb landscapes are particularly interesting for their series of narrow conic karst land forms and spectacular waterfalls. Some 140 bird species also inhabit the valley, as well as a number of endangered plant and animal species, including the giant panda and the Sichuan takin①.

九寨沟自然风景区位于四川省阿坝藏族羌族自治州九寨沟县境内，因沟内有盘信、彭布、故洼、盘亚、则查洼、黑角寨、树正、荷叶、扎如 9 个藏族村寨而得名。占地面积 72 000hm²，大部分为森林覆盖。九寨沟位于青海—西藏和扬子板块的边缘，地质背景复杂，碳酸盐岩分布广泛，褶皱断裂发育，新构造运动强烈，地壳抬升幅度大，形成了多种多样的地貌，发育了大规模喀斯特作用的钙华沉积，由于冰川、水文和构造活动，形成形态各异的冰斗、U 形谷、悬谷、喀斯特等地貌。九寨沟以高原钙华湖群、钙华瀑群和钙华滩流等水景为主体的奇特风貌。九寨沟主沟呈"Y"字形，由则树正沟、查洼沟和日则沟 3 条沟组成，总长 50 余千米。在青山环抱的"Y"字形山沟内，分布着许多湍流、滩流、瀑布和大小湖泊 100 多处。湖泊之间有 17 个瀑布群、11 段激流、5 处钙华滩流，形成以高山湖泊群和瀑布群以及钙华滩流为特色的自然景观。著名的景点有剑竹海、熊猫海、镜海、五花海、犀牛海、芳草海、箭竹海瀑布、珍珠滩瀑布、诺日朗瀑布、树正瀑布、树正海、卧龙瀑布、火花海、芦苇海、长海、上下季节海等。

九寨沟集湖、瀑、滩、流、雪峰、森林为一体，是体现原始美、自然美的风景名胜区。九寨沟的景观，类多景异，湖、瀑、滩、泉一应俱全，异彩纷呈。九寨沟四周为群山环抱，森林茂密，景色奇幻，集湖泊、瀑布、深林、雪峰于一体，有"人间仙境"和"童话世界"之美誉。

九寨沟风光

剑竹海瀑布

①http://whc.unesco.org/en/list/637

九寨山水,天然原始,四季景色变幻无穷,尤其是秋季,沿湖连绵数十里彩林美不胜收。九寨沟的地下水富含大量的碳酸钙质,湖底、湖堤、湖畔水边均可见乳白色碳酸钙形成的结晶体;而来自雪山、森林的活水泉又异常洁净,加之梯形状的湖泊层层过滤,其水色愈加透明,能见度高达 20m。翠海、叠瀑、彩林、雪峰、藏情,被誉为九寨沟“五绝”。诺日朗瀑布宽 320m,高 24.5m,为中国最宽的瀑布,位于九寨沟中部,为九寨沟的象征。

九寨沟山水

九寨沟景色

九寨沟为多种自然要素交汇地区,山地切割较深,高差悬殊,植物垂直带谱明显,植物资源丰富,现有天然森林近 3 万公顷,有高等植物 2 576 种,其中国家保护植物 24 种,低等植物 400 余种,藻类达 40 余种,植被类型多样,拥有不同气候带的地带性植被类型。植物区系成分十分丰富,还包括许多古老植物和孑遗植物,如独叶草、星叶草、箭竹等。

九寨沟野生珍稀动物资源丰富,主要包括脊椎动物 170 种、鸟类 141 种,还有 17 种珍稀动物。其中一类保护动物有大熊猫、四川扭角羚、金丝猴等;二类保护动物有毛冠鹿、白唇鹿、小熊猫、猕猴、大天鹅等;三类保护动物有鬃羚、斑羚、蓝马鸡、血雉等。

珍珠滩瀑布

五彩池

九寨沟作为我国西南地区一个独特的自然资源高度整合并集中分布的地区,具有非常高的美学、生物学、生态学等科学研究价值。

黄龙风景名胜区
Huanglong Scenic and Historic Interest Area

国家：中国
洲名：亚洲
时间：1992 年列入《世界遗产名录》
标准：vii
属性：自然遗产
功能：自然景观

世界遗产委员会的评价：

黄龙风景名胜区位于四川省西北部，是由众多雪盖峰和中国最东边的冰川组成的山谷。除了山脉景观和各种不同的森林生态系统之外，还有壮观的石灰岩岩层、瀑布和温泉。这一地区还有许多濒危动物种群，包括大熊猫和四川疣鼻金丝猴。

Brief Description

Situated in the northwest of Sichuan Province, the Huanglong valley is made up of snow capped peaks and the easternmost of all the Chinese glaciers. In addition to its mountain landscape, diverse forest ecosystems can be found, as well as spectacular limestone formations, waterfalls and hot springs. The area also has a population of endangered animals, including the giant panda and the Sichuan golden snub－nosed monkey①.

黄龙风景名胜区位于四川省西北部，隶属阿坝藏族羌族自治州松潘县，海拔在 3 000m 以上，是中国最高的风景名胜区之一。风景区由黄龙景区和牟尼沟景区两部分组成。

黄龙风景名胜区总面积为 70 000hm^2，其中黄龙景区面积 60 000hm^2，牟尼沟景区面积 10 000$hm^2$②。最高峰为岷山主峰雪宝鼎，海拔 5 588m，终年积雪，是中国存有现代冰川的最东点。黄龙风景名胜区主要景观集中于长约 3.6km 的黄龙沟，沟内遍布碳酸钙华沉积，并呈梯田状排列，仿佛是一条金色巨龙。黄龙风景名胜区以彩池、雪山、峡谷、森林而著称于世，其间镶嵌着形态各异的池、湖、滩、瀑、泉、洞等各种景观，五彩缤纷，绚丽多姿，有“世界奇观、人间瑶池”之美誉。

黄龙地区地貌总体特征是山雄峡峻，其特点是峡谷深切，崖壁陡峭；枝状江源，南直北曲。黄龙高程范围在海拔 1 700～5 588m，一般峰谷相对高差千米以上，3 700～4 000m 以上多为冰蚀地貌，气势磅礴，雄伟壮观。黄龙多喀斯特峡谷，空间多变，崖峰峻峭，黄龙地区海拔3 000 m 以上，广泛发育着清晰的第四纪冰川遗迹，其中以岷山主峰雪宝鼎地区最为典型。本区古生界岩石类型以碳酸盐岩为主，厚度达 4 000m 以上；中生代以碎屑沉积的各种沉积岩为主，沉积厚度至少达 1 000m；新生代沉积是冲积砾石、冰碛和碳酸盐沉积物组成。

黄龙以规模宏大、类型繁多、结构奇巧、色彩丰艳的地表钙华景观为主景，在中国风景名胜区中独树一帜，成为中国一绝。黄龙钙华景观，类型齐全，钙华池、钙华滩、钙华扇、钙华湖、钙

①http://whc.unesco.org/en/list/638

②http://whc.unesco.org/archive/advisory_body_evaluation/638.pdf

黄龙

黄龙彩池

钙华瀑布

钙华池

华塌陷湖、钙华瀑布、钙华洞穴、钙华泉、钙华台、钙华盆景等一应俱全，是一座名副其实的天然钙华博物馆。黄龙沟连绵分布钙华段长达 3 600m，最长钙华滩长 1 300m，最宽 170m；彩池多达 3 400 余个。彩池规模大小不一，形状各异，波光粼粼，晶莹透亮，在光线照射下形成五光十色、彩色斑斓的“五彩池”，犹如瑶池仙境，为黄龙景区一大秀丽景观。

黄龙气候垂直分带明显，特点是高山湿润寒冷，河谷干燥温凉，冬季漫长，温度变化大，日照充足。黄龙的植被处于东部湿润森林区向青藏高寒高原亚高山针叶林草甸草原灌丛区的过渡地带，属东亚、喜马拉雅、北半球亚热带和热带四个植物区系的交汇地带，垂直带谱明显，植物种类丰富，植被类型复杂，群落结构和森林生态系统完整，森林覆盖率为 65.8%。

牟尼沟景区位于松潘县城西南 10 余公里，但通往两地的蜿蜒山路却有几十千米，主要为原始大森林分布区。牟尼沟的景点分布在扎嘎沟和二道海沟之中，扎嘎沟有著名的扎嘎瀑布。扎嘎瀑布是一个高约 104m、宽 35m 的台阶式钙华瀑布，大瀑布从山崖中飞流而下，溅起巨大的水花，声若雷鸣，极为壮观，为中国最大的钙华瀑布。二道海沟为牟尼沟风景区北部景段，分布有天鹅湖、百花湖、犀牛群湖等，四周为郁郁葱葱的原始森林，蓝天、白云倒映湖中，湖光山色，景色宜人。

黄龙风景名胜区拥有许多珍贵的动植物资源及高等植物达 1 500 种，多为中国特有的，包括四川落叶松、岷山冷杉、红杉、云杉、独叶草、星叶草等；区内栖息着哺乳动物59种、鸟类155种、爬行动物5种、两栖动物5种、鱼类两种[①]。区内珍稀动物有大熊猫、四川疣鼻金丝猴、四川扭角羚、小熊猫、白唇鹿、褐熊、亚洲黑、盘羊、豹等。

黄龙风景名胜区不仅分布有独一无二、举世无双的地表钙华景观，而且还具有我国最东部的现代冰川保存区，另外还分布有大熊猫等珍稀动物，这些都成为了黄龙风景名胜区独具特色之处。另外黄龙作为一个生态过渡带，各类资源交汇的地区，在地质、地貌、动植物各方面都具有独特性，构成了一个完整的自然生态区。黄龙风景名胜区风景奇特、地质现象复杂、生物资源丰富，具有重要的科学价值和美学价值。

云南三江并流保护区

Three Parallel Rivers of Yunnan Protected Areas

国家：中国

洲名：亚洲

时间：2003年列入《世界遗产名录》

标准：vii，viii，ix，x

属性：自然遗产

功能：地质景观和自然保护区

世界遗产委员会的评价：

三江并流国家公园由8个保护区的地理片区组成，位于云南省西北山区，占地170万公顷，是亚洲长江(金沙江)、湄公河和萨尔温江上游地段的三条大江在此区域并行，由北向南，途经3 000m深的陡谷和6 000多米高的冰蚀峰。这里是中国生物多样性的中心，也是世界上温带生物多样性最丰富的区域之一。

Brief Description

Consisting of eight geographical clusters of protected areas within the boundaries of the Three Parallel Rivers National Park, in the mountainous north-west of Yunnan Province, the 1.7 million hectare site features sections of the upper reaches of three greatest rivers of Asia: the Yangtze (Jinsha), Mekong and Salween run roughly parallel, north to south, through steep gorges which, in places, are 3 000m deep and are bordered by glaciated peaks more than 6 000m high. The site is an epicentre of Chinese biodiversity. It is also one of the richest temperate regions of the world in terms of biodiversity[②].

遴选标准：

标准vii：

极好的自然现象或自然美景和美学意义。

金沙江、澜沧江和怒江深而平行的峡谷体现了该区域突出的自然特征，而三条江的大截面

① http://whc.unesco.org/archive/advisory_body_evaluation/638.pdf

② http://whc.unesco.org/en/list/1083

正好处于该区域的边界外围;不过,河谷是这个地区主要的风景。区域中随处可见高山,与梅里冰蚀峰、白马雪山和哈巴雪山一起构成了一道壮观的空中风景线。闽咏卡冰川是一个颇为引人注目的自然现象,海拔高度从卡瓦吉布山(6 740m)下降到 2 700m,据说是北半球中在这一低纬度(北纬 28°)下降最低的冰川。其他一些突出的风景地貌是高山喀斯特(特别是怒江峡谷上方月亮山风景区内的"月亮石")和由高山丹霞砂岩风化而成的"龟甲"。

标准 viii:

这一遗产突出的价值在于它展示了 5 000 万年前印度板块与欧亚板块碰撞的地质历史、古特提斯海的闭合以及喜马拉雅山和西藏高原的隆起。这些过去曾是亚洲地表演变的主要地质事件,而且它们现在还在不断发展着。这一区域内各种岩石类型记录了这一历史。此外,在这一高山带中包括了世界上山脉中一些典型的喀斯特分布区、花岗岩和丹霞砂岩地貌。

标准 ix:

三江并流区域中激动人心的生态过程是地质、气候和地形作用的共同结果。最初,处于活动造山带内的这一区域导致了从火成岩(四种类型)到各种沉积岩,包括灰岩、砂岩和砾岩的一个广泛的岩基分布区。一个特殊的地形特征分布区,从峡谷到喀斯特再到冰蚀峰,是与构造板块"碰撞点"的位置相关。而后,这一区域曾是更新世的残遗种保护区并位于生物地理的会聚带(如具有温带和热带分子);作为高度生物多样性的演化的物质基础则是现阶段的事情。沿近 6 000m 垂直陡坡呈景观多样性,季风气候影响着该区域的绝大部分,从而提供了另一个有利的生态促进因素,使得古北极区温带生物群落的整个分布区得到发展。

标准 x:

生物多样性和濒危物种。

云南省西北部是中国生物多样性最丰富的地区,也是世界上温带生物多样性最丰富的区域。这一地区包括了横断山脉中的绝大部分自然栖息地,是地球上生物多样性资源保护区中的最重要的残留区之一。这一地区具有突出的地形和气候多样性,它正好处于东亚、东南亚和西藏高原的生物地理区的会合处,是植物和动物运移的南北通道(特别是在冰期期间),所有这一切使得这一地区形成了独一无二的景观。尽管人类在这一地区居住了数千年,但这一地区仍然保持着高度的自然特征。作为大量的稀有和濒危动植物的最后残留的栖息地,该地区具有突出普遍价值。

Justification for Inscription

Criterion (vii):

Superlative natural phenomena or natural beauty and aesthetic importance

The deep, parallel gorges of the Jinsha, Lancang and Nu Jiang are the outstanding natural feature of the site; while large sections of the three rivers lie just outside the site boundaries, the river gorges are nevertheless the dominant scenic element in the area. High mountains are everywhere, with the glaciated peaks of the Meili, Baima and Haba Snow Mountains providing a spectacular scenic skyline. The Minyongqia Glacier is a notable natural phenomenon, descending to 2 700 meters altitude from Mt Kawagebo (6 740 meters), and is claimed to be the glacier descending to the lowest altitude for such a low latitude (28° N) in the northern hemisphere. Other outstanding scenic landforms are the alpine karst (especially the "stone moon" in the Moon Mountain Scenic Area above the Nu Jiang Gorge) and the "tortoise shell" weathering of the alpine Danxia[①].

Criterion (viii):

The property is of outstanding value for displaying the geological history of the last 50 million years associated with the collision of the Indian Plate with the Eurasian Plate, the closure of the ancient Tethys Sea, and the uplifting of the Himalaya Range and the Tibetan Plateau. These were major geological events in the evolution of the land surface of Asia and they are on-going. The diverse rock types within the site record this history and, in addition, the range of karst, granite monolith, and Danxia sandstone landforms in the alpine zone include some of the best of their type in the mountains of the world[②].

Criterion (ix):

The dramatic expression of ecological processes in the Three Parallel Rivers site has resulted from a mix of geological, climatic and topographical effects. First, the location of the area within an active orographic belt has resulted in a wide range of rock substrates from igneous (four types) through to various sedimentary types including limestones, sandstones and conglomerates. An exceptional range of topographical features - from gorges to karst to glaciated peaks - is associated with the site being at a "collision point" of tectonic plates. Add the fact that the area was a Pleistocene refugium and is located at a biogeographical convergence zone (i. e. with temperate and tropical elements) and the physical foundations for evolution of its high biodiversity are all present. Along with the landscape diversity with a steep gradient of almost 6 000 meters vertical, a monsoon climate affects most of the area and provides another favourable ecological stimulus that has allowed the full range of temperate Palearctic biomes to develop[③].

Criterion (x):

Biodiversity and threatened species Northwest

Yunnan is the area of richest biodiversity in China and may be the most biologically diverse temperate region on earth. The site encompasses most of the natural habitats in the Hengduan Mountains, one of the world's most important remaining areas for the conservation of the earth's biodiversity. The outstanding topographic and climatic diversity of the site, coupled with its location at the juncture of the East Asia, Southeast Asia, and Tibetan Plateau biogeographical realms and its function as a N-S corridor for the movement of plants and animals (especially during the ice ages), marks it as a truly unique landscape, which still retains a high degree of natural character despite thousands of years of human habitation. As the last remaining stronghold for an extensive suite of rare and endangered plants and animals, the site is of outstanding universal value[④].

---

①http://whc.unesco.org/en/list/1083

②http://whc.unesco.org/en/list/1083

③http://whc.unesco.org/en/list/1083

④http://whc.unesco.org/en/list/1083

三江并流保护区位于云南省西北部境内,因怒江(下游为缅甸的萨尔温江)、澜沧江(下游为境外的湄公河)和金沙江(下游为长江)自北向南并行170余公里,故名"三江并流"。三江穿越于横断山脉的担当力卡山、高黎贡山、怒山和云岭等崇山峻岭间,形成"三江并流而不交汇"的奇特的自然奇观。澜沧江与金沙江最短直线距离为66km,澜沧江与怒江的最短直线距离不到19km。三江并流保护区包括云南丽江地区、迪庆藏族自治州和怒江傈僳族自治州,由高黎贡山、白马(白茫)-梅里雪山、哈巴雪山、千湖山、红山、云岭、老君山、老窝山八大片区组成。该区域有众多的雪山、冰山、冰川、高山湖泊、开阔的高原以及典型的高山峡谷地貌。

三江并流保护区拥有世界上最丰富的地质景观。印度板块与欧亚板块碰撞,引发了横断山脉的急剧挤压、隆升、切割,高山与大江交替展布,形成世界上独有的三江并行奔流的自然奇观。除独有的三江并流世界奇观外,这里又集雪山峡谷、高山湖泊、冰川、草甸、丹霞地貌等自然景观于一体。三江并流保护区是全世界单位面积内生态系统类型最丰富的地区,也是世界上生物多样性最丰富的地区之一。保护区有高等植物210余科,1 200余属,6 000种以上,其中45个地方性属,2 700个中国特有种。保护区拥有中国20%以上的高等植物,8.5%的植物是中国稀有和濒危物种。国家稀有和濒危保护植物34种,其中12种是稀有的,22种是濒危的。保护区内动物种类占中国动物总数的25%以上,哺乳动物173种(81个地方性种)、鸟类414种(22个地方性种)、爬行动物59种(27个地方性种)、两栖动物36种(25个地方性种)、鱼类76种(35个地方性种)[①]。

三江并流保护区代表了地球演化事件的重要区域、特殊的地质构造、典型的生态演变过程、奇特的自然景观、生物多样性以及珍稀和濒危动植物的主要栖息地,构成了独特的世界奇观。三江并流保护区符合世界自然遗产全部四项遴选标准而于2003年被联合国教科文组织世界遗产委员会列入《世界遗产名录》。

四川大熊猫栖息地
Sichuan Giant Panda Sanctuaries

国家:中国
洲名:亚洲
时间:2006年列入《世界遗产名录》
标准: x
属性:自然遗产
功能:生物保护区

世界遗产委员会的评价:

四川大熊猫栖息地生活着全球30%以上的濒危大熊猫,位于邛崃山脉和夹金山山脉,占地面积为924 500hm^2,拥有7个自然保护区和9个风景区。栖息地构成了来自第三纪古热带森林的孑遗物种的最大的连续生境,也是大熊猫生存繁衍最重要的区域。栖息地还是其他全

①http://whc.unesco.org/archive/advisory_body_evaluation/1083.pdf

球濒危动物(如红熊猫、雪豹和云豹)的家园。栖息地是世界上植物最丰富的区域,拥有1 000多属和约6 000种,超出了热带雨林的范围。

Brief Description

Sichuan Giant Panda Sanctuaries, home to more than 30% of the world's highly endangered pandas, covers 924 500ha with seven nature reserves and nine scenic parks in the Qionglai and Jiajin Mountains. The sanctuaries constitute the largest remaining contiguous habitat of the giant panda, a relict from the paleo - tropic forests of the Tertiary Era. It is also the species' most important site for captive breeding. The sanctuaries are home to other globally endangered animals such as the red panda, the snow leopard and clouded leopard. They are among the botanically richest sites of any region in the world, outside the tropical rain forests, with over 6 000 species of flora in over 1 000 genera ①.

大熊猫栖息地

四川大熊猫栖息地是保持生物多样性和生态完整性的重要区域。这里生活着全世界30%以上的野生大熊猫,是全球最大和最完整的大熊猫栖息地。有关专家认为,栖息地的整体保护将有助于改善大熊猫栖息地"破碎化"、"岛屿化"现象,扩大熊猫的基因库,确保生态系统的真实性和完整性。

①http://whc.unesco.org/en/list/1213

中国南方喀斯特
South China Karst

国家:中国
洲名:亚洲
时间:2007年列入《世界遗产名录》
标准:vii, viii
属性:自然遗产
功能:喀斯特

世界遗产委员会的评价:

中国南方喀斯特地区主要分布在云南、贵州和广西壮族自治区,占地面积超过50万平方公里。它是全球湿热带到亚热带喀斯特景观最壮观的范例之一。石林被誉为自然奇观,是一处世界级遗址,同其他喀斯特石峰景观相比,石林更加形态各异。荔波的锥形和塔形喀斯特地貌,构成了独特而美丽的景观,连同这些喀斯特类型一起也被列入这一世界级遗址中。武隆喀斯特入选,是因其巨大的崩塌漏斗(天坑)、天生桥和洞穴。

Brief Description

The South China Karst region extends over a surface of half a million km^2 lying mainly in Yunnan, Guizhou and Guangxi provinces. It represents one of the world's most spectacular examples of humid tropical to subtropical karst landscapes. The stone forests of Shilin are considered superlative natural phenomena and a world reference with a wider range of pinnacle shapes than other karst landscapes with pinnacles, and a higher diversity of shapes and changing colours. The cone and tower karsts of Libo, also considered the world reference site for these types of karst, form a distinctive and beautiful landscape. Wulong Karst has been inscribed for its giant dolines (sinkholes), natural bridges and caves①.

喀斯特即岩溶地貌,是发育在以石灰岩和白云岩为主的碳酸盐岩上的地貌。中国喀斯特具有面积大、地质演化复杂、地貌多样、生物多样性丰富等特点。中国南方喀斯特主要可分为3个区域:云南石林喀斯特、贵州荔波喀斯特和重庆武隆喀斯特,以石林的剑状、锥状和塔状喀斯特,荔波的森林喀斯特,武隆的天坑、天然桥、溶洞、洞穴堆积为代表,总面积达146 016hm^2,核心区面积47 588 hm^2,缓冲区面积98 428$hm^2$②。这一区域集中了中国最具代表性的喀斯特地形地貌,以"雄、奇、险、秀、幽、奥、旷"著称。中国南方喀斯特面积占整个中国喀斯特面积的55%。

云南石林是世界上唯一保存和展示分别形成于早二叠世、晚白垩世-古新世、始新世-渐新世、中新世-现今4个时期石林喀斯特的地区(梁永宁,2007)。贵州荔波喀斯特寒武纪-三叠纪碳酸盐岩沉积达8 000多米,晚古生代以来复杂的地质演化形成了典型和最具代表性的锥状喀斯特地貌(梁永宁,2007)。熊康宁等(2008)指出,武隆喀斯特完整地展示了整个峡谷喀斯特

①http://whc.unesco.org/en/list/1248
②http://whc.unesco.org/en/list/1248

的发育演化系统，包括地下河、崩塌漏斗（天坑）、天生桥、洞穴、峡谷等诸多要素，完整地体现了峡谷喀斯特的演化过程，也反映出自古近纪以来整个峡谷喀斯特系统的演化历史。

云南石林

武隆天坑

武隆天生桥

云南石林喀斯特有植物 889 种、哺乳动物 42 种、鸟类 87 种、鱼类 12 种、爬行动物和两栖动物 44 种。贵州荔波喀斯特有植物 1 532 种、哺乳动物 59 种、鸟类 137 种、鱼类 43 种、爬行动物和两栖动物 75 种。重庆武隆喀斯特有植物 558 种、哺乳动物 46 种、鸟类 174 种、鱼类 64 种、爬行动物和两栖动物 48 种[①]。

①http://whc.unesco.org/archive/advisory_body_evaluation/1248.pdf

三清山国家公园
Mount Sanqingshan National Park

国家:中国
洲名:亚洲
时间:2008 年列入《世界遗产名录》
标准:vii
属性:自然遗产
功能:自然景观

世界遗产委员会的评价:

三清山国家公园位于江西省东北部怀玉山脉的西端(中国中部以东),占地 22 950hm²,以其罕见的自然景色而入选,集造型奇特的石柱和山峰为一体,包括 48 座花岗岩山峰和 89 个花岗岩石柱,其中许多类似人类或动物的轮廓。海拔 1 817m 的怀玉山自然美景作为一处不断变化和引人入胜的景观,在花岗岩、植被和特殊气象条件形成的云海和彩虹的映衬下显得更加多姿多彩。这一地区由于受亚热带季风和海洋性气候影响,在亚热带景观之上形成了一个温带森林岛。三清山国家公园也以森林、瀑布(有些高达 60m)、湖泊和泉为特征。

Brief Description

Mount Sanqingshan National Park, a 22 950ha property located in the west of the Huaiyu mountain range in the northeast of Jiangxi Province (in the east of central China) has been inscribed for its exceptional scenic quality, marked by the concentration of fantastically shaped pillars and peaks: 48 granite peaks and 89 granite pillars, many of which resemble human or animal silhouettes. The natural beauty of the 1 817metres high Mount Huaiyu is further enhanced by the juxtaposition of granite features with the vegetation and particular meteorological conditions which make for an ever - changing and arresting landscape with bright halos on clouds and white rainbows. The area is subject to a combination of subtropical monsoonal and maritime influences and forms an island of temperate forest above the surrounding subtropical landscape. It also features forests and numerous waterfalls, some of them 60metres in height, lakes and springs①.

三清山国家公园位于江西省东北部上饶市境内,是一处大型白垩纪花岗岩山岳型风景名胜区。景区内千峰竞秀、万壑奔流、古木茂盛、珍禽栖息,以奇峰怪石、高山栈道、古树名花、流泉飞瀑、云海雾涛、道教建筑闻名天下。

三清山总面积 22 950hm²,缓冲区面积 16 850hm²②。三清山最高峰玉京峰,海拔 1817m。三清山因山有三峰,名为玉京、玉华、玉虚,宛如道教玉清、上清、太清三位最高尊神列坐山巅而得名。三清山是扬子和华夏板块的结合带,记录了 10 亿多年的地质演化史。三清山由于处在造山运动频繁而剧烈的地带,因此断层密布,节理发育,山体不断抬升,又经大自然长期风化侵

①http://whc.unesco.org/en/list/1292

②http://whc.unesco.org/archive/advisory_body_evaluation/1292.pdf

蚀和重力崩解作用，形成了奇峰矗天、幽谷千仞的山岳绝景奇观。三清山东险、西奇、北秀、南绝，美在古朴自然，奇在形神兼备。

三清山

三清山还拥有多种生态系统，具有丰富的生物多样性。三清山的植物有 2 373 种，有许多孑遗、珍稀和濒危物种。在动物种类中，脊椎动物 401 种、哺乳类 67 种、鸟类 226 种、爬行类 49 种、两栖类 23 种和鱼类 36 种①。

三清山又是一座具有 1 600 余年历史的道教名山，古代文化遗产得到完好的保存，共有宫、观、殿、府、坊、台、塔等 200 多处古建筑，集中了道教古建筑的精华。历代宫观建筑与雄险奇秀的自然景观融为一体，异彩纷呈，钟灵琉秀，故有“天下第一仙峰，世上无双福地”之誉。

中国丹霞
China Danxia

国家：中国
洲名：亚洲
时间：2010 年列入《世界遗产名录》
标准：vii，viii
属性：自然遗产
功能：地质景观

①http://whc.unesco.org/archive/advisory_body_evaluation/1292.pdf

世界遗产委员会的评价:

中国丹霞是指发育的红色陆相沉积层由内力(包括隆起)和外力(包括风化和侵蚀)共同作用下而形成的各种地貌景观的总称。这一遗址包括中国西南部亚热带地区的6个地区。它们的共同特点是壮观的红色悬崖以及一系列侵蚀地貌,包括雄伟的天然岩柱、岩塔、沟壑、峡谷和瀑布。这里跌宕起伏的地貌对保护亚热带常绿阔叶林和许多动植物物种,包括约400种稀有或濒危物种起到了重要作用。

Brief Description

China Danxia is the name given in China to landscapes developed on continental red terrigenous sedimentary beds influenced by endogenous forces (including uplift) and exogenous forces (including weathering and erosion). The inscribed site comprises six areas found in the sub-tropical zone of south-west China. They are characterized by spectacular red cliffs and a range of erosional landforms, including dramatic natural pillars, towers, ravines, valleys and waterfalls. These rugged landscapes have helped to conserve sub-tropical broad-leaved evergreen forests, and host many species of flora and fauna, about 400 of which are considered rare or threatened①.

贵州赤水:赤水丹霞是青年早期丹霞地貌的代表,其面积达1 000多平方公里,是全国面积最大、发育最美丽壮观的丹霞地貌。区内峡谷、绝壁、溪流、飞瀑遍布,为青年早期高原峡谷型丹霞的代表。赤水丹霞是以侏罗纪、白垩纪红色岩层地貌为特征。

福建泰宁:泰宁位于福建省西北部。泰宁盆地记录了白垩纪以来华南板块东部大陆边缘活动带的演化历史。泰宁丹霞以独特的崖壁洞穴群、密集的深切峡谷曲流和原始的沟谷生态为特征,为青年期低海拔高原峡谷型丹霞地貌的代表。

湖南崀山:崀山位于湘西南新宁县境内,构成崀山丹霞地貌的岩层是形成于晚白垩世的陆相红色碎屑岩(砾岩、砂砾岩)。崀山丹霞以密集式分布的丹霞峰林为特点,是壮年期丹霞峰林地貌的代表。

广东丹霞山:丹霞山位于广东省韶关市仁化县和浈江区内,发育在南岭褶皱带中央的构造盆地中,是中国丹霞地貌的命名地。丹霞山以赤壁丹崖为其地貌特征,是壮年中晚期簇群式峰林型丹霞的代表。

江西龙虎山:龙虎山位于江西省鹰潭市西南20km处。地质构造上属于中生代断陷盆地,以突出的侵蚀残余峰丛、峰林、孤峰、残丘组合为特征,是壮年晚期—老年早期疏散峰林宽谷型丹霞的代表。

浙江江郎山:江郎山位于浙江省江山市江郎乡境内,素有"雄奇冠天下,秀丽甲东南"之誉。江郎山地貌上呈突出的孤峰;地形底部大部分是古代剥夷面。江郎山代表了老年期孤峰型丹霞地貌特征。

①http://whc.unesco.org/en/list/1335

第三节　混合遗产

泰山
Mount Taishan

国家：中国
洲名：亚洲
时间：1987 年列入《世界遗产名录》
标准：i, ii, iii, iv, v, vi, vii
属性：自然遗产和文化遗产
功能：自然景观和人文景观

世界遗产委员会的评价：

神圣的泰山，两千年来一直是帝王朝拜的对象，那里的艺术杰作与自然景观完美地融合在一起。泰山一直是中国艺术家和学者灵感的源泉，象征着古代中国的文明和信仰。

Brief Description

The sacred Mount Taishan ("shan" means "mountain") was the object of an imperial cult for nearly 2 000 years, and the artistic masterpieces found there are in perfect harmony with the natural landscape. It has always been a source of inspiration for Chinese artists and scholars and symbolizes ancient Chinese civilizations and beliefs①.

泰山位于山东省中部，跨越泰安和济南两市，占地面积 25 000$hm^2$②，海拔高度 1 532.7m。泰山，古时称岱山、岱宗，春秋时改为泰山，称为东岳，位居五岳之首。泰山雄伟挺拔、山势陡峻、峰峦突兀、山峦叠起、气势非凡，以"奇、险、秀、幽、奥、旷"的自然景观和遍布的名胜古迹而著称。玉皇顶是泰山的主峰，因峰顶有玉皇庙而得名。东有观日亭，可观旭日东升。西有观河亭，可远眺黄河。东南平坦处为平顶峰，有"五岳独尊"、"登峰造极"等大字石刻。岱庙是历代帝王到泰山举行封禅大典的地方，是位于山下泰安城中轴线上的主体建筑，前连通天街，后接盘道，形成山城一体。泰山，不但在地质学和历史文化方面具有研究价值，而且还具有很高的艺术价值和美学价值。泰山日出是壮观而动人心弦的，是岱顶奇观之一，随着旭日东升，黎明前的黑暗在瞬息间变幻出层出不穷、斑斓夺目的色彩，令人叹为观止。

泰山地区在太古代经历了剧烈的地壳抬升和沉降，这一地区的前寒武纪片麻岩群是华北地台的基底——泰山杂岩，即太古界泰山群，其绝对年龄为 25 亿年左右，是我国最古老的地层之一。北部上升幅度小，盖层保存着典型的华北地台上发育的古生代地层。泰山北侧张夏—崮山地区的寒武纪地层是我国北方寒武纪地层标准剖面，含有丰富的海相化石三叶虫，是我国的地层和古生物研究历史最长、最详细的地层剖面之一。

---

①http://whc.unesco.org/en/list/437

②http://whc.unesco.org/en/list/437

泰山自然资源丰富，植物989余种[1]，植被覆盖率为78%，常绿乔木有银杏、油松、赤松、栓皮栎、侧柏、刺槐、梓树等。泰山百年树龄以上的古树名木有34个树种，共有1万多株。泰山有动物200余种，鸟类122种[2]。

泰山

泰山人文历史悠久，文化遗产丰厚，是佛教和道教两教之圣地，也是历代帝王朝拜之山。从秦皇汉武，到清代帝王，或封禅，或祭祀，绵延不断，并且在泰山上下建庙塑神，刻石题字。文人雅士更对泰山仰慕备至，千百年来，纷纷前来游历，做诗记文。泰山宏大的山体上留下了众多的古建筑群和碑碣石刻。

泰山以历史悠久、雄伟壮丽而著称于世，泰山的自然景观和人文景观融为一体，是一座天然的历史和艺术博物馆，被誉为中华民族精神文化的缩影。泰山以符合文化遗产的全部6条遴选标准和1条自然遗产标准而被列入《世界遗产名录》。

黄山
Mount Huangshan

国家：中国

洲名：亚洲

时间：1990年列入《世界遗产名录》

标准：ii，vii，x

属性：自然遗产和文化遗产

功能：自然景观和人文景观

世界遗产委员会的评价：

黄山，在中国历史上文学艺术的鼎盛时期(16世纪中叶的“山水”风格)曾受到广泛的赞誉，以“中国第一奇山”而闻名。今天，它以其同样的魅力吸引着无数的游客、诗人、画家和摄影家来此造访，以其由花岗岩山峰构成的壮观景色和浮现在云海中的磐石而著称。

Brief Description

Huangshan, known as “the loveliest mountain of China”, was acclaimed through art and literature during a good part of Chinese history (e. g. the Shanshui mountain and water’ style of the mid - 16th century). Today it holds the same fascination for visitors, poets, painters and photographers who come on pilgrimage to the site, which is renowned for its

---

①http://whc.unesco.org/archive/advisory_body_evaluation/437.pdf

②http://whc.unesco.org/archive/advisory_body_evaluation/437.pdf

magnificent scenery made up of many granite peaks and rocks emerging out of a sea of clouds①.

黄山位于中国安徽省南部，地处黄山市、黟县、休宁、歙县等市县之间，是我国最著名的山岳风景区之一。黄山占地面积 15 400hm^{2}②。区内峰林地貌独特，山体险峻，玲珑巧石，万姿千态，变幻莫测的烟云，使自然美景千变万化，构成奇、伟、幻、险的奇观。主峰周围千米以上的山峰有 70 余座。风景区内共有自然景点 400 余处。黄山古称黟山，以奇松、怪石、云海、温泉"四绝"闻名中外，号称"天下第一奇山"，素有"五岳归来不看山，黄山归来不看岳"之美誉。黄山千峰竞秀，万壑峥嵘，峡谷幽深，溪涧纵横，树木葱茏。黄山著名胜景有二湖、三瀑、十六泉、二十四溪、三十大峰、三十六小峰，尽得造化之神奇，令人心驰神往。景区内奇峰耸立，险峻雄伟，其中莲花峰、天都峰、光明顶三大主峰，海拔均在 1 800m 以上。黄山经历了漫长的造山运动和地壳抬升，以及冰川的洗礼和自然风化的作用，形成其气势磅礴的峰林地带，成为黄山特有的地质景观。

黄山有丰富的动植物资源，是生物的宝库，这里植物覆盖率达到 80%以上，植物种类达 1 650 种之多。属于国家一类保护的有水杉，二类保护的有银杏等 8 种，是中国南方的植物资源宝库。黄山还生存着大量的野生动物，脊椎动物 300 种、哺乳动物 48 种、鸟类 170 种、爬行类 38 种、两栖类 20 种和鱼类 24 种③。

黄山迎客松

黄山不仅自然资源丰富，还具有深厚的文化底蕴。黄山古名黟山，唐代时，相传古代轩辕黄帝曾在这里修真炼丹，得道升天，于是在天宝六年(747 年)，由唐玄宗亲自下令，改名为黄山。黄山的历史文化沉积丰厚，历代遗留的寺庙、亭阁、盘道、古桥和摩崖石刻共 200 多处，散布在名峰秀水之间。黄山以博大的情怀，将各历史时期、各社会阶层的各种文化意识和行为融为一体，在其自然景观与人文景观之间，形成了特定的黄山文化。

峨眉山和乐山大佛
Mount E'mei Scenic Area, including Leshan Giant Buddha Scenic Area

国家：中国
洲名：亚洲
时间：1996 年列入《世界遗产名录》
标准：iv, vi, x
属性：自然遗产和文化遗产

①http://whc.unesco.org/en/list/547
②http://whc.unesco.org/en/list/547
③http://whc.unesco.org/archive/advisory_body_evaluation/547.pdf

功能:自然景观和人文景观

世界遗产委员会的评价:

公元1世纪,中国第一座佛教寺院建于四川省峨眉山巅美丽的环境之中。其他寺庙的增加使这一地区成为佛教的圣地之一。许多世纪以来,文化财富大量积淀,最著名的是乐山大佛,它是8世纪时人们在一座山坡上雕凿出来的,俯瞰着三江汇合处。佛像身高71m,是世界最大的佛像。峨眉山还以其异常多种多样的植被而著称,从亚热带植被到亚高山松林可谓应有尽有。有些树木的年龄已逾千年。

Brief Description

The first Buddhist temple in China was built here in Sichuan Province in the 1st century A.D. in the beautiful surroundings of the summit Mount Emei. The addition of other temples turned the site into one of Buddhism's holiest sites. Over the centuries, the cultural treasures grew in number. The most remarkable is the Giant Buddha of Leshan, carved out of a hillside in the 8th century and looking down on the confluence of three rivers. At 71 meters high, it is the largest Buddha in the world. Mount Emei is also notable for its exceptionally diverse vegetation, ranging from subtropical to subalpine pine forests. Some of the trees there are more than 1 000 years old①.

峨眉山

峨眉山,位于四川省峨眉山市西南,最高峰海拔3 099m,遗产地占地面积15 400hm^2。它特殊的地理位置,独特的地质构造,形成了峨眉山海拔高、面积大、景点层次丰富、植物繁茂的特色。峨眉山以其秀丽的自然风光和传奇般的佛教圣地而闻名于世。峨眉山山脉绵延曲折、千岩万壑、瀑布溪流、奇秀清雅,故有"峨眉天下秀"之美称,身临其境,使人感到超然于尘世之外,身心俱净化澄澈。

①http://whc.unesco.org/en/list/779

佛教传入峨眉山已有 2 000 年历史，峨眉山与五台山、九华山、普陀山并称为中国佛教四大名山。在过去漫长的历史岁月中，峨眉山不仅积累了丰富的佛教文化瑰宝，也遗存了大量珍贵的文物。景区内现存寺庙近 30 处，其中规模大、历史悠久的主要寺庙约 10 余处，如报国寺、万年寺、仙峰寺等。峨眉山，千百年来以其独具特色的魅力，吸引着无数的文人、学者和僧人前来游山礼佛、说法传经、赋诗作画、述文记游，创造了璀璨的峨眉山文化，闻名海内外。

峨眉山植物种类极为丰富，现已知拥有高等植物 242 科，3 200 种①，约占中国植物物种总数的十分之一，在这些植物中药用植物达 1 600 多种②。峨眉山具有世界上最典型、保存最好的亚热带植被类型，具有原始的、完整的亚热带森林垂直带，从低至高由常绿阔叶林—常绿与落叶阔叶混交林—针阔叶混交林—亚高山针叶林形成了完整的森林垂直带谱，构成了峨眉山自然景观的多样性。峨眉山的野生动物丰富，包括哺乳动物 51 种、鸟类 256 种、爬行动物 34 种、两栖动物 33 种和鱼类 60 种③。

乐山大佛

乐山大佛景区位于乐山市区东南的凌云山，大佛坐落在栖鸾峰，依山开凿而成。乐山大佛始建于公元 713 年，历时 90 年。佛像通高 71m，座身高 59.96m，为世界最大的佛像。乐山大佛面临三江激流：岷江、青衣江、大渡河三江汇流处，背负九峰凝翠，神情庄严肃穆，气势恢宏。乐山大佛景区内有秦离堆，汉崖墓，唐代佛、塔、寺，还有宋代抗元九顶城和明清建筑群等。人文景观与自然景观融为一体，交相辉映，令人心旷神怡。

武夷山
Mount Wuyi

国家：中国

---

①http://whc.unesco.org/archive/advisory_body_evaluation/779.pdf

②http://whc.unesco.org/archive/advisory_body_evaluation/779.pdf

③http://whc.unesco.org/archive/advisory_body_evaluation/1292.pdf

洲名:亚洲

时间:1999年列入《世界遗产名录》

标准:iii, vi, vii, x

属性:自然遗产和文化遗产

功能:自然景观和人文景观

世界遗产委员会的评价:

武夷山是中国东南部最著名的生物多样性保护区,也是许多古代孑遗物种的保护区,其中许多生物为中国所特有。九曲溪两岸峡谷秀美,寺院庙宇众多,但其中许多已成为废墟。这一地区为新儒教的发展和传播提供了环境,自11世纪以来,一直对东亚的文化产生深远的影响。公元前1世纪时,汉朝统治者在程村附近建立了一处大行政首府。巨大的围墙环绕着一处极具价值的考古遗址。

Brief Description

Mount Wuyi is the most outstanding area for biodiversity conservation in southeast China and a refuge for a large number of ancient, relict species, many of them endemic to China. The serene beauty of the dramatic gorges of the Nine Bend River, with its numerous temples and monasteries, many now in ruins, provided the setting for the development and spread of neo – Confucianism, which has been influential in the cultures of East Asia since the 11th century. In the 1st century B. C. a large administrative capital was built at nearby Chengcun by the Han dynasty rulers. Its massive walls enclose an archaeological site of great significance①.

武夷山,坐落于福建省北部武夷山市西南,位于福建和江西两省的交界处,呈东北—西南走向,长约540km。武夷山核心区99 975hm²,缓冲区27 888hm²②。武夷山自然保护区是我国东南现存面积最大、保留最为完整的中亚热带森林生态系统,区内峰峦林立,原始森林茂密,其景色融雄浑、古朴、隽秀于一体,而且有着极为丰富的生物资源。武夷山以秀水、奇峰、幽谷、险壑等诸多美景及悠久的历史文化和众多的文物古迹而享有盛誉。武夷山属中亚热带季风气候区,区内峰峦叠嶂,高差悬殊,良好的生态环境和特殊的地理位置,使其成为地理演变过程中许多动植物的"天然避难所",生物物种资源极其丰富。武夷山已知植物有3 728种,已知的动物种类有脊椎动物475种、哺乳动物71种、鸟类256种、爬行动物73种、两栖动物35种和鱼类40种③。

武夷山风景的精华在九曲溪,溪水碧清,折复绕山,曲折萦回的九曲溪贯穿于丹崖群峰之间,宛如玉带将三十六峰、九十九岩连为一体,构成"一溪贯群山"的独特自然美景。武夷山中最著名的一些山峰和高插于悬崖峭壁上的神秘悬棺都在九曲溪边。景区内还有遇林亭、宋代瓷窑遗址、武夷宫等游览景点,极具人文价值。

武夷山不仅山水奇秀迷人,而且历史文化悠久,人文景观丰富。武夷山古越人的架壑船

①http://whc.unesco.org/en/list/911

②http://whc.unesco.org/en/list/911

③http://whc.unesco.org/archive/advisory_body_evaluation/1292.pdf

棺、汉代的古城墟、宋代的古瓷窑遗址、元代的御茶园等，使武夷山成为人们访古探奇、寻幽览胜之地。

第四节　文化景观遗产

五台山
Mount Wutai

国家：中国
洲名：亚洲
时间：2009 年列入《世界遗产名录》
标准：ii，iii，iv，vi
属性：文化遗产
功能：文化景观

世界遗产委员会的评价：

五台山由五座台顶组成，是一处佛教圣山。文化景观多达 53 处寺院，包括佛光寺的东大殿，为唐代等级最高的木结构建筑，拥有众多真人般大小的泥塑。它也以拥有明代代表佛教故事的 500 罗汉雕像的殊像寺为特征，这些场面恰似立体的山水画。总的来说，此遗址的建筑展示了佛教建筑方面的成就，发展和影响了 1 000 多年以来中国的宫殿建筑。按字义，五台山，即五座平台式山峰，是中国北方最高的山峰，它以 5 座山峰开阔无树和边部险峻而著称。自公元 1 世纪到 20 世纪初寺庙就被建在这一遗址上。

Brief Description

With its five flat peaks, Mount Wutai is a sacred Buddhist mountain. The cultural landscape numbers 53 monasteries and includes the East Main Hall of Foguang Temple, the highest surviving timber Building of the Tang Dynasty with life－size clay sculptures. It also features the Ming Dynasty Shuxiang Temple with a huge complex of 500 statues representing Buddhist stories woven into three dimensional pictures of mountains and water. Overall, the buildings on the site present a catalogue of the way Buddhist architecture developed and influenced palace building in China over more than one millennium. Mount Wutai, literally, the five terrace mountain, is the highest mountain in northern China and is remarkable for its morphology characterized by precipitous sides with five open treeless peaks. Temples have been built on the site since the 1st century AD to the early 20th century①.

五台山位于山西省东北部，跨五台县、繁峙县、代县、原平市、定襄县，西南距省会太原市 230km。核心区面积 18 415hm^2，缓冲区面积 42 312$hm^2$②。五台山与四川峨眉山、安徽九华山、浙江普陀山共称“中国佛教四大名山”。五台山居中国四大佛教名山之首，以浓郁的佛教文

①http://whc.unesco.org/en/list/1279
②http://whc.unesco.org/en/list/1279

化闻名海内外。五台山由东西南北中五大高峰组成,东台海拔 2 795m,因其东望明霞,如波似海,故称望海峰;南台海拔 2 485m,细草杂花,灿若铺锦,故称锦绣峰;西台海拔 2 773m,月坠峰巅,宛如悬系,称挂月峰;北台海拔 3 058m,云浮山腰,巅摩斗杓,称叶斗峰,是五台山最高峰;中台 2 895 米,石翠岩碧,碧霭浮空,称翠岩峰,是五台的中心。五台山气候寒冷,台顶终年有冰,盛夏天气凉爽,故又称清凉山,为避暑胜地。

五台山是地球上最早露出水面的升迁陆地之一。它的孕育,可以追溯到 26 亿年前的太古代。到了震旦纪,又经历了著名的"五台隆起"运动,形成了华北地区最为壮观的山地。第四纪时期,冰川覆盖了五台山,留下了弥足珍贵的冰缘地貌。五台山地层完整丰富,特别是前寒武纪地层,是地质科考的重点地区。五台山由古老结晶岩构成,北部切割深峻,五峰耸立,峰顶平坦如台,故称五台。五峰之外称台外,五峰之内称台内,台内以台怀镇为中心。

台怀镇是寺庙集中分布的地方,是五台山佛事活动和经济生活的中心。相传五台山是文殊师利菩萨讲经弘法的场所。历史上,印度、尼泊尔、朝鲜、日本、蒙古、斯里兰卡等国的佛教信徒,来此朝圣求法的甚多。五台山是当今中国唯一兼有汉地佛教和藏传佛教的佛教道场。每逢盛夏,海内外游人香客前来游览观光、烧香拜佛,络绎不绝。

五台山

显通寺

五台山是中国佛教寺庙建筑建造最早的地方之一,自东汉永平(58—75 年)年间起,历代修造的寺庙鳞次栉比,佛塔摩天,殿宇巍峨,金碧辉煌,是中国历代建筑荟萃之地。雕塑、石刻、壁画、书法遍及各寺,均具有很高的艺术价值。唐代全盛时期,五台山共有寺庙数百余座,经历几次变迁,寺庙建筑遭到破坏。目前台内外尚有寺庙数十座,其中南禅寺和佛光寺是中国现存最早的两座木结构建筑。显通寺、塔院寺、菩萨顶、殊像寺、罗睺寺被列为"五台山五大禅寺"。五台山著名的寺院有南禅寺、佛光寺、显通寺、塔院寺、菩萨顶、罗睺寺、殊像寺、碧山寺、金阁寺、广宗寺、广仁寺、黛螺顶、南山寺、龙泉寺、碧山寺、岩山寺、圆照寺等。

显通寺:位于台怀镇中心地,是五台山历史最古老、规模最大的寺庙,也是五台山佛教中享有盛名的五大禅寺之一和十大青庙之首。该寺始建于东汉永平年间(58—76 年),原名大孚灵鹫寺。北魏时期扩建,因寺有花园,故名"花园寺"。唐代武则天以新译《华严经》中记载有五台山,乃更名为"大华严寺"。明太祖朱元璋重修,又赐额"大显通寺"。显通寺历史悠久、殿宇宏伟、高僧辈出、香火鼎盛,是一处著名的古刹。显通寺中轴线分明,配殿左右对称,主要建筑有观音殿、大文殊殿、大雄宝殿、无量殿、千钵文殊殿、铜殿和藏经楼。此外,显通寺还有钟楼、配殿等。

塔院寺：是以塔命名的佛教寺院，在显通寺南侧，原是显通寺的一部分，为五台山五大禅寺之一，也是十大青庙之一。塔院寺最为引人注目的是大白塔，状如覆钵，造型优美，通高75.3m，元代大德六年(1302年)由尼泊尔匠师阿尼哥设计建造。塔院寺的大白塔被看作是五台山的标志。寺院坐北朝南，分为左、中、右三个院落，左为文殊发塔院，中为方丈院，右为大白塔院。

塔院寺

罗睺寺

罗睺寺：位于台怀镇显通寺和广仁寺之间。罗睺寺始建于唐代，原名为落佛寺，清代取佛典中释迦牟尼的儿子罗睺罗修成正果的故事，罗睺是罗睺罗的简称，用其作为寺名，意即这里是普度众生的地方。该寺是五台山五大禅寺之一。罗睺寺呈长方形布局，中轴线上的主要建筑有天王殿、文殊殿、大佛殿、藏经殿等。罗睺寺最为著名的是寺内的一对唐代石狮。

菩萨顶

龙泉寺牌坊

菩萨顶：位于显通寺北侧的灵鹫峰上。菩萨顶始建于北魏孝文帝时期(471—499年)，称为真容院。明永乐初年(1403年)改建为“大文殊寺”，俗称菩萨顶。明万历九年(1581年)又予重修。菩萨顶原为青庙(和尚庙)，清康熙四十四年(1705年)，菩萨顶改住喇嘛，遂成黄庙(喇嘛庙)。菩萨顶坐北朝南，依山而建，占地面积37 160m^2，分山下和山上两部分。山下建有佛字影壁，山门前平台上建有木牌楼、东塔、西塔等；山上为寺的主体。平台之上立着一座四柱三门的木牌楼,上有康熙帝手书的“灵峰圣境”横匾。中轴线上有五进院落,主要建筑有天王殿、大雄宝殿、大文殊殿、文殊堂、藏经楼。寺东主要建有牌亭和东方丈院;寺西主要建有西方丈院和行宫院。全寺计有殿堂、楼阁、禅房、僧舍等建筑62座。

清康熙、乾隆两帝巡礼五台山时多宿于菩萨顶,因此对其格外重视,亲自书写碑文,赐予特权,使菩萨顶在五台山众多诸寺中一度享有特殊地位。

龙泉寺:位于台怀镇西南5km处的九龙岗,始建于宋代,民国初期重建。龙泉寺原为杨家将家庙,因这里由九道山岭环抱,泉水清澈见底,谓之龙泉,寺因此而得名。龙泉寺有一座汉白玉石牌坊,是五台山文物中最出名的石刻牌坊。它共有三门四柱,牌坊中央雕刻着“佛光普照”四个大字,其上方的竖扁上刻有“峻凌霄汉”四字。牌坊上还刻有蛟龙和各种图案,雕工精湛,形态各异,玲珑剔透,生动逼真。龙泉寺坐北朝南,依山势而建,由东西并列的三座主要院落组成。东院为佛殿院,中轴线上建有山门、天王殿、观音殿、大雄宝殿,两侧为钟鼓楼和配殿。中院为塔院,中轴线上建有山门、过厅、祖师殿,院内建有普济禅师墓塔。西院由山门、文殊殿和东西厢组成,院中央建有岫净文公和尚墓塔。

南山寺:始建于元代,寺内现存元代至元五年(1268年)所立石碑记载,当时称“大万圣佑国寺”。清光绪年间再行修建,称为“极乐寺”。该寺位于台怀镇南3km、海拔1 700m的山腰上,依山建有7层殿宇,下三层名为极乐寺,中间一层名为善德堂,上三层称作佑国寺。寺内的石雕和泥塑内容包括佛教传说、道教典故以及林木花草等图案,堪称五台山一绝。南山寺规模宏大,亭台楼阁,错落有致。该寺建筑样式别具一格,石雕精美,堪称建筑艺术的典范。

殊像寺:位于台怀镇西南距塔院寺不足1 000m处,因寺内供奉文殊菩萨而得名。该寺始建于东晋初年,唐代重建,元代和明代再度重建。寺内正中为大文殊殿,殿阔5间,其内供奉有一尊文殊菩萨的雕像,高9.87m。文殊殿的墙壁上还塑造了500罗汉的故事,人物众多,场面宏大。

佛光寺:位于五台县城东北32km的佛光新村。该寺始建于北魏孝文帝时期(471—499年),寺内现存的东大殿建于唐大中十一年(857年),仅次于建于唐建中三年(782年)的南禅寺正殿。寺内所保存的唐代建筑、雕像、壁画和题记被誉为“世间瑰宝”。佛光寺坐东朝西,寺内现有殿、堂、楼、阁等120余间,其中东大殿为唐代建筑,文殊殿为金代建筑,其余的均为明清时期的建筑。佛光寺祖师塔,建于北魏时期,是五台山最古老的塔。

南禅寺:位于五台县东冶镇李家庄村。南禅寺始建于唐建中三年(782年)。现存寺庙坐北朝南,南北长60m,东西宽51m,总体呈长方形,由两个院落组成,右为殿堂院,左为禅舍。南禅寺大殿即正殿,又名大佛殿,为该寺的主体建筑,面阔三间,进深三间,宽深见方,均为11m。全殿由台基、屋架和屋顶三部分组成。座基方整宽广,几乎占了整个院落的一半,气势不凡。整个大殿建筑的坚实、质朴、苍古、秀雅,反映了唐代建筑的风格,是我国现存最古老的一座唐代木结构建筑。大殿内保存有精美绝伦的唐代雕塑。寺内还有3座石狮和1座石塔。

黛螺顶:坐落在台怀镇清水河对岸的陡峭山脊上。黛螺顶始建于明成化年间(1465—1487年),明万历年间和清康熙、乾隆年间都曾重修。清乾隆十五年(1750年)改为大螺顶,至乾隆五十一年(1786年),才改为现名。登黛螺顶的山路有两条,一条沿北端的山脊而上,一条沿南端的山脊而上,两条山路从山脚下分开,到山顶寺前交会,如括弧形。黛螺顶寺院占地3 000m^2,计有殿堂和僧舍20余间。过牌楼,进山门,见院内的山门背后立有石碑两块:一块立于明万历二十年(1592年)仲秋,上书“五台山重建佛顶庵碑记”;另一块立于清康熙岁次辛未

(1691年)仲秋，上书“青峰顶造像建亭记”。看来，黛螺顶又名青峰顶，佛顶庵是黛螺顶寺宇的另一种称法。寺内有天王殿、旃坛殿、五文殊殿、大雄宝殿等。

1982年，五台山列入第一批国家级风景名胜区名单。2000年，五台山被评为国家4A级旅游区。2003年，五台山被推选为“中华十大名山”之一。2005年，五台山被列入“国家地质公园”。2009年，五台山作为文化遗产被联合国教科文组织世界遗产委员会列入《世界遗产名录》。

杭州西湖文化景观
West Lake Cultural Landscape of Hangzhou

国家：中国
洲名：亚洲
时间：2011年列入《世界遗产名录》
标准：ii，iii，vi
属性：文化遗产
功能：文化景观

世界遗产委员会的评价：

杭州西湖文化景观由西湖及三面环绕的山峰组成。自公元9世纪以来，西湖的湖光山色激发无数诗人、学者、艺术家创作的灵感。景区内遍布庙宇、亭台、宝塔、园林，其间点缀着奇花异木、岸堤岛屿，为江南的杭州城增添了无限美景。数百年来，西湖对中国其他地区乃至日本和韩国的园林设计都产生了影响，在景观营造的文化传统中，西湖是对天人合一这一理想境界的最佳阐释。

Brief Description

The West Lake Cultural Landscape of Hangzhou, comprising the West Lake and the hills surrounding its three sides, has inspired famous poets, scholars and artists since the 9th century. It comprises numerous temples, pagodas, pavilions, gardens and ornamental trees, as well as causeways and artificial islands. These additions have been made to improve the landscape west of the city of Hangzhou to the south of the Yangtze river. The West Lake has influenced garden design in the rest of China as well as Japan and Korea over the centuries and bears an exceptional testimony to the cultural tradition of improving landscapes to create a series of vistas reflecting an idealised fusion between humans and nature①.

西湖位于浙江省杭州市西边，旧称武林水、钱塘湖、西子湖，宋代始称西湖。杭州西湖风景区以西湖为中心，分为湖滨区、湖心区、北山区、南山区和钱塘区。西湖的美在于晴中见潋滟，雨中显空蒙。无论雨雪晴阴，在落霞、烟雾下都能成景；在春花、秋月、夏荷、冬雪中各具美态，被誉为人间天堂。

西湖不但独擅山水秀丽之美、林壑幽深之胜，而且还有丰富的文物古迹、优美动人的神话传说，自然、人文、历史、艺术巧妙地融合在一起。杭州西湖历史悠久，拥有国家、省、市文物保

---

①http://whc.unesco.org/en/list/1334

西湖

护单位100余处,博物馆、纪念馆20余座,古迹遍布。

中国的世界遗产名录

文化遗产

1987,2004 北京和沈阳明清故宫 Imperial Palaces of the Ming and Qing Dynasties in Beijing and Shenyang
1987 秦始皇陵 Mausoleum of the First Qin Emperor
1987 周口店北京人遗址 Peking Man Site at Zhoukoudian
1987 长城 The Great Wall
1987 莫高窟 Mogao Caves
1994 武当山古建筑群 Ancient Building Complex in the Wudang Mountains
1994 曲阜孔庙、孔林和孔府 Temple and Cemetery of Confucius and the Kong Family Mansion in Qufu
1994 承德避暑山庄及周围寺庙 Mountain Resort and its Outlying Temples, Chengde
1994,2000,2001 拉萨布达拉宫 Historic Ensemble of the Potala Palace, Lhasa
1996 庐山国家公园 Lushan National Park
1997 丽江古城 Old Town of Lijiang
1997 平遥古城 Ancient City of Ping Yao
1997,2000 苏州古典园林 Classical Gardens of Suzhou
1998 北京颐和园 Summer Palace, an Imperial Garden in Beijing
1998 北京天坛 Temple of Heaven: an Imperial Sacrificial Altar in Beijing
1999 大足石刻 Dazu Rock Carvings
2000 青城山和都江堰灌溉系统 Mount Qingcheng and the Dujiangyan Irrigation System
2000,2003,2004 明清皇家陵寝 Imperial Tombs of the Ming and Qing Dynasties
2000 龙门石窟 Longmen Grottoes
2000 皖南古村落——西递和宏村 Ancient Villages in Southern Anhui - Xidi and Hongcun
2001 云冈石窟 Yungang Grottoes

2004 高句丽王城、王陵和贵族墓葬 Capital Cities and Tombs of the Ancient Koguryo Kingdom
2005 澳门历史中心 Historic Centre of Macao
2006 殷墟 Yin Xu
2007 开平碉楼和村落 Kaiping Diaolou and Villages
2008 福建土楼 Fujian Tulou
2010 登封"天地之中"历史建筑群 Historic Monuments of Dengfeng in "The Centre of Heaven and Earth"

自然遗产

1992 武陵源风景名胜区 Wulingyuan Scenic and Historic Interest Area
1992 九寨沟风景名胜区 Jiuzhaigou Valley Scenic and Historic Interest Area
1992 黄龙风景名胜区 Huanglong Scenic and Historic Interest Area
2003 云南三江并流保护区 Three Parallel Rivers of Yunnan Protected Areas
2006 四川大熊猫栖息地 Sichuan Giant Panda Sanctuaries
2007 中国南方喀斯特 South China Karst
2008 三清山国家公园 Mount Sanqingshan National Park
2010 中国丹霞 China Danxia

混合遗产(文化与自然双重遗产)

1987 泰山 Mount Taishan
1990 黄山 Mount Huangshan
1996 峨眉山和乐山大佛 Mount E'mei Scenic Area, including Leshan Giant Buddha Scenic Area
1999 武夷山 Mount Wuyi

文化景观遗产

2009 五台山 Mount Wutai
2011 杭州西湖文化景观 West Lake Cultural Landscape of Hangzhou

非物质文化遗产

2001 昆曲 Kun Qu Opera
2003 古琴音乐 The Guqin and its Music
2005 新疆维吾尔木卡姆 The Uyghur Muqam of Xinjiang
2005 蒙古族长调民歌 Urtiin Duu: Traditional Folk Long Song (与蒙古国共有)
2009 雕版印刷技艺 China engraved block printing technique
2009 中国书法 Chinese calligraphy
2009 中国剪纸 Chinese paper-cut
2009 中国传统木结构营造技艺 Chinese traditional architectural craftsmanship for timber-framed structures
2009 中国朝鲜族农乐舞 Farmers' dance of China's Korean ethnic group
2009 格萨(斯)尔 Gesar epic tradition
2009 侗族大歌 Grand song of the Dong ethnic group
2009 花儿 Hua'er
2009 玛纳斯 Manas
2009 蒙古族歌唱艺术:呼麦 Mongolian art of singing: Khoomei
2009 南音 Nanyin

2009 热贡艺术 Regong arts
2009 中国传统桑蚕丝织技艺 Sericulture and silk craftsmanship of China
2009 端午节 The Dragon Boat festival
2009 妈祖信俗 The Mazu belief and customs
2009 中国篆刻 The art of Chinese seal engraving
2009 南京云锦织造技艺 The craftsmanship of Nanjing Yunjin brocade
2009 龙泉青瓷传统烧制技艺 The traditional firing technology of Longquan celadon
2009 宣纸传统制作技艺 The traditional handicrafts of making Xuan paper
2009 藏戏 Tibetan opera
2009 西安鼓乐 Xi'an wind and percussion ensemble
2009 粤剧 Yueju opera
2010 中国京剧 Peking opera
2010 中医针灸 Acupuncture and moxibustion of traditional Chinese medicine
2011 中国皮影戏 Chinese shadow puppetry

急需保护的非物质文化遗产

2009 羌族农历新年 Qiang New Year festival
2009 黎族传统纺染织绣技艺 Traditional Li textile techniques: spinning, dyeing, weaving and embroidering
2009 中国传统木拱桥营造技艺 Traditional design and practices for building Chinese wooden arch bridges
2010 麦西来甫 Meshrep
2010 中国帆船水密舱壁制作技艺 The watertight-bulkhead technology of Chinese junks
2010 中国木版活字印刷术 Wooden movable type printing of China
2011 赫哲族伊玛堪说唱 Hezhe Yimakan storytelling

第三章　世界文化遗产

作为文化遗产的世界遗产反映出文化多元性，体现在风格各异的历史名城、建筑群、文物、名胜古迹、考古遗址等方面，这些优秀的世界文化遗产是艺术创新、科学发现和技术发明，是人类智慧的结晶。

截止到2011年第35届世界遗产委员会会议，世界遗产委员会公布的全球文化遗产共有725项。

第一节　世界文化遗产的定义、标准和分类

1. 文化遗产的定义

文化遗产是指具有突出的历史学、考古学、美学、科学、人类学及具艺术价值的文物、建筑物、遗址等。

《公约》规定，属于下列各类内容之一者，可列为文化遗产。

(1)文物：从历史、艺术或科学角度看，具有突出普遍价值的建筑物、碑雕和碑画，具有考古性质成分或结构、铭文、窟洞以及联合体。

(2)建筑群：从历史、艺术或科学角度看，在建筑式样、分布均匀或与环境景色结合方面，具有突出普遍价值的单立或连接的建筑群。

(3)遗址：从历史、审美、人种学或人类学角度看，具有突出普遍价值的人类工程或自然与人联合工程以及考古遗址等地方。

2. 文化遗产的标准

由世界遗产委员会制定的《执行世界遗产公约的操作指南》对文化遗产规定了6项标准。凡提名列入《世界遗产名录》的文化遗产项目，必须符合下列一项或几项标准方可获得批准。

(i)代表一种人类创造性的天才杰作。

(ii)展示在一定时期内或世界某一文化区域内，在建筑或技术、纪念物艺术、城镇规划或景观设计方面的人类价值的重要转变。

(iii)能为一种现存的或已消逝的文化传统或文明提供一种独特的或至少是特殊的见证。

(iv)作为一种类型的建筑物或建筑或工艺组合的杰出范例，或展示人类历史上一个或几个重要阶段的景观。

(v)代表一种或几种文化的传统人类居住地或使用地的一个突出范例，尤其当它在不可逆转的变化影响下已变得易于损坏时。

(vi)与具特殊普遍意义的事件或现行传统、思想、信仰、文学艺术作品有直接或实质的联系(只有在某些特殊情况下或该项标准与其他标准一起使用时才成立)。

3. 文化遗产的分类

根据文化遗产的定义和标准,本书可按其功能分为下列主要类型:

(1)历史城市;
(2)现代都市;
(3)乡村聚落;
(4)皇宫和王宫;
(5)广场;
(6)园林;
(7)宗教建筑(教堂、修道院和寺庙);
(8)皇家陵园和墓地;
(9)防御工事(城堡、要塞和长城);
(10)古人类遗址;
(11)考古遗址;
(12)农业景观;
(13)工业景观;
(14)水利工程(运河和桥梁);
(15)铁路运输;
(16)历史建筑(古建筑、宗教建筑遗址、古城遗址等);
(17)石窟和岩画;
(18)其他。

第二节　世界文化遗产分述

一、历史城市

城市是现代文明的标志,是经济、政治、科技、文化和教育的中心。纵观世界历史,一个国家工业化、现代化的过程,也是逐步实现城市化的过程。当今世界上,许多著名城市在现代化建设中,都采取严格措施保护文化遗产,从而使城市现代化建设与文化遗产浑然一体、交相辉映,既显示现代文明的崭新风貌,又保留历史与文化的奇光异彩。城市是一个国家或一个地区的政治、经济、文化中心,是物质财富、精神财富最为集中之地,在人类文明发展史上占有十分重要的地位。城市是人类创造的一种文化景观,具有丰富的文化内涵。当今世界上,许多著名城市在现代化建设中,都采取严格措施保护历史文化遗产,从而使城市现代化建设与历史文化遗产浑然一体、交相辉映,既显示现代文明的崭新风貌,又保留历史文化的奇光异彩。在世界遗产名录中,被列入的世界历史名城和名镇就有100多座。然而,具有5 000年悠久历史的中国,除了于2005年被联合国教科文组织世界遗产委员会列入世界文化遗产名录的澳门历史中心(Historic Centre of Macao)以外,我国现在能得以保存下来的世界文化遗产城市只有山西的平遥古城和云南的丽江古城这样的县级小城。在中国,随着城市化进程的快速发展,许多文物古迹被拆除了,像北京、西安、南京这样一些历史悠久的古都,已很难再有旧城和新城之分。

在意大利罗马旧城内,几乎看不到新楼,每一座矗立的千年建筑、废墟遗址都记录着深远浩大的历史，都是艺术巨匠的大手笔，市内街道都是青石块砌成的，宏伟的宫殿、教堂、博物馆等建筑物雕梁画栋，精美大理石雕像和喷泉遍地分布。整个城市简直就是一座巨大的露天博物馆，记录着古罗马的光辉历史。罗马新城区在面积上比旧城区大许多，而且街道宽阔整洁、现代化摩天大楼拔地而起，商店鳞次栉比，极具现代化风貌，但是游人寥寥无几，与旧城区游人如织的情景形成强烈的反差。在欧洲，许多城市都有新城和旧城之分，目的是为了保护旧城的历史文物、名胜古迹和原有的风貌。

被联合国教科文组织世界遗产委员会列入世界文化遗产的主要历史城市：巴黎塞纳河畔（Paris, Banks of the Seine）（法国）、里昂历史区（Historic Site of Lyons）（法国）、斯特拉斯堡——大岛（Strasbourg - Grande île）（法国）、阿维尼翁历史中心（Historic Centre of Avignon）（法国）、波尔多——月亮港（Bordeaux, Port de la Lune）（法国）、罗马历史中心、城内罗马教廷管辖区和圣保罗教区（Historic Centre of Rome, the Properties of the Holy See in that City Enjoying Extraterritorial Rights and San Paolo Fuori le Mura）（与梵蒂冈共有）（意大利）、佛罗伦萨历史中心（Historic Centre of Florence）（意大利）、威尼斯及其潟湖（Venice and its Lagoon）（意大利）、那不勒斯历史中心（Historic Centre of Naples）（意大利）、锡耶纳历史中心（Historic Centre of Siena）（意大利）、皮恩察市历史中心（Historic Centre of the City of Pienza）（意大利）、维罗纳市（City of Verona）（意大利）、梵蒂冈城（Vatican City）（梵蒂冈）、维也纳历史中心（Historic Centre of Vienna）（奥地利）、布鲁日历史中心（Historic Centre of Brugge）（比利时）、托莱多历史城市（Historic City of Toledo）（西班牙）、伯尔尼老城（Old City of Berne）（瑞士）、爱丁堡的旧城和新城（Old and New Towns of Edinburgh）（英国）、华沙历史中心（Historic Centre of Warsaw）（波兰）、布达佩斯，包括多瑙河沿岸、布达城堡地区和安德拉什大街（Budapest, including the Banks of the Danube, the Buda Castle Quarter and Andrássy Avenue）（匈牙利）、布拉格历史中心（Historic Centre of Prague）（捷克）、圣彼得堡历史中心和建筑群（Historic Centre of Saint Petersburg and Related Groups of Monuments）（俄罗斯）、大城历史城市和有关历史城镇（Historic City of Ayutthaya and Associated Historic Towns）（泰国）、伊斯坦布尔历史区（Historic Areas of Istanbul）（土耳其）、开罗古城（Historic Cairo）（埃及）、魁北克历史区（Historic District of Québec）（加拿大）、墨西哥城和霍奇米尔科区历史中心（Historic Centre of Mexico City and Xochimilco）（墨西哥）、利马历史中心（Historic Centre of Lima）（秘鲁）、库斯科城（City of Cuzco）（秘鲁）等。

巴黎塞纳河畔
Paris, Banks of the Seine

国家：法国
洲名：欧洲
时间：1991 年列入《世界遗产名录》
标准：i, ii, iv
属性：文化遗产
功能：历史城市

世界遗产委员会的评价：

从卢浮宫到埃菲尔铁塔，从协和广场到大、小宫殿，巴黎的发展和它的历史从塞纳河就可以得到见证。当豪斯曼的宽阔广场和林荫大道影响着19世纪晚期和20世纪全世界城镇规划的时候，巴黎圣母院和圣堂就已成为了建筑上的杰作。

Brief Description

From the Louvre to the Eiffel Tower, from the Place de la Concorde to the Grand and Petit Palais, the evolution of Paris and its history can be seen from the River Seine. The Cathedral of Notre－Dame and the Sainte Chapelle are architectural masterpieces while Haussmann's wide squares and boulevards influenced late 19th and 20th century town planning the world over[①].

巴黎(Paris)：是法国的首都，是法国政治、经济和文化的中心。巴黎是一个生机勃勃、充满活力的都市，是世界上最美丽、最浪漫和最有魅力的城市之一。巴黎，是一个艺术之城、时尚之都，活力、前卫和个性的大都市，是古典高雅与现代时尚完美的结晶。巴黎有2 000多年的悠久历史，自6世纪法兰克王国定都于此后，便成为历代王朝都城和历届共和国首都。巴黎位于风光秀丽的塞纳河两岸，一向以美丽而著称，有“梦幻之都”之美誉。在20世纪初期，巴黎即被公认为世界的现代艺术中心，也是人类近代文化的摇篮，养育和造就了许许多多的文学家和艺术家。巴黎有数以百计的博物馆和美术馆、美丽的园林、琳琅满目的超级市场、古朴典雅的街区。巴黎有许许多多的豪华百货商店、时髦的时装店、富丽堂皇的歌剧院、通宵达旦的夜总会以及遍及全城的咖啡馆和酒吧。巴黎拥有全世界最伟大的博物馆——卢浮宫。香榭丽舍大街被视为世界上最美丽的林荫大道之一。位于夏尔·戴高乐广场的凯旋门是世界最大的凯旋门。埃菲尔铁塔是巴黎的象征，是世界著名的建筑物之一。整个巴黎，不仅自然景色优美宜人，而且到处都散发着浓郁的艺术气息和神秘的遐想。

塞纳河(La Seine)：是法国最大河流之一，静静地流过巴黎市区。它像一条玉带东西横贯巴黎市中心，穿过法兰西岛、诺曼底地区，注入拉芒什海峡(英吉利海峡)，在巴黎的诞生和发展中起着重要的作用。因此，塞纳河堪称为巴黎的生命线。塞纳河两岸风光秀丽，建筑物鳞次栉比，巴黎城市的主要名胜古迹建筑大都集中在塞纳河的沿岸，巴黎圣母院、卢浮宫、埃菲尔铁塔、奥塞博物馆等名胜都可以一一尽收眼底。塞纳河上架有30多座桥，桥桥有名。这些桥均有着各自的发展史，桥的规模及建筑风格也大相径庭。许多桥的命名是与历史上的重大事件有关，也有一些桥的名字取之于著名人物。由于塞纳河将巴黎分成两半，南北之间只有靠桥梁沟通，桥在巴黎人生活中的重要作用便显而易见。最著名的桥是亚历山大三世桥(Pont Alexandre III)，大桥建于1896年至1900年，长107m，宽40m，大桥将两岸的大宫殿与荣军院广场连接起来。大桥两端入口处的立柱上分别有象征塞纳河和涅瓦河的寓意性装饰物。西岱岛位于塞纳河的中心，是巴黎的发源地。

巴黎圣母院(Notre－Dame de Paris)：是最著名的中世纪哥特式大教堂，圣母院最早破土动工于1163年，由教皇亚历山大三世和路易七世共同组织奠基。但直到1345年整个工程才最后竣工。巴黎圣母院是世界上哥特式建筑中最庄严、最完美、最富丽堂皇的典型代表。雨果笔下的小说《巴黎圣母院》中描写的美丽的吉普赛女郎艾丝米拉达和善良的“钟楼怪

①http://whc.unesco.org/en/list/600

塞纳河

卢浮宫

人"卡西莫多的故事就是以巴黎圣母院为主线展开的。巴黎圣母院位于塞纳河中心的"西岱"岛上，是巴黎最负盛誉的名胜之一。巴黎圣母院不仅以其庄严和谐的建筑风格而著称，而且还因其内部有关《圣经》故事的雕塑和绘画等而引人入胜，给人以一种神秘莫测的感觉。圣母院前是一个广场，塞纳河在圣母院附近一侧穿过，古典风格的建筑物与周边的绿树和河流融为一体。

卢浮宫(Palais du Louvre)：曾是法国最大的王宫，位于巴黎市中心塞纳河右岸、巴黎歌剧院位于广场南侧。卢浮宫原是一座中世纪城堡，由菲利浦·古斯特(Philippe Auguste)于大约1190年建造的称之为"卢巴哈"(Lupara)的城堡。16世纪后经多次改建和扩建，至18世纪为现存规模，历时300余年，形成一座呈U字形的宏伟辉煌的宫殿建筑群。1793年8月10日，在推翻君王制的周年纪念日时，法国"国民公会"决定把昔日的皇宫辟为国立美术馆；同年11月18日，卢浮宫博物馆正式向公众开放。从此，卢浮宫成了艺术品的荟萃之地，通过各种途径收集了来自全世界的各种艺术珍品，经过近一个世纪的收集和积累，才使卢浮宫成为世界上规模最大和藏品最丰富的艺术博物馆，在向人们展示着人类无比辉煌的艺术成就和无限伟大的创造精神。卢浮宫的总面积达15万多平方米，馆藏品达40万件，是世界上最大的博物馆，卢浮宫的镇馆三宝是《蒙娜丽莎》(La Joconde)(Mona Lisa)、《维纳斯》(Vénus de Milo)和《胜利女神》(The Winged Victory of Samothrace)。

卢浮宫一共有九大主题：卢浮宫的历史和中世纪的卢浮宫(History of the Louvre and Medieval Louvre)，古东方伊斯兰艺术(Oriental Antiquities Arts of Islam)，古埃及(Egyptian Antiquities)，古希腊、伊特鲁利亚和古罗马(Greek, Etruscan and Roman Antiquities)，雕塑(Sculptures)，工艺品(Objects of Art)，绘画(Paintings)，版画和素描(Prints and Drawings)，以及非洲、亚洲、大洋洲和美洲艺术(Arts of Africa, Asia, Oceania and the Americas)。

卢浮宫的历史和中世纪的卢浮宫："卢浮宫的历史"和"中世纪的卢浮宫"分属于两个展厅，展示了卢浮宫的建筑历史和演变过程。

古东方伊斯兰艺术：这一部分的展品展示了公元前7 000年的古代东方文明，包括美索不达米亚(Mesopotamia)、伊朗、印度的古代东方文明。伊斯兰艺术部分则集中在地中海沿岸、伊朗、印度、中亚等伊斯兰国家7—19世纪的作品。

古埃及：这是由让·弗朗索瓦·尚波里翁(Jean François Champollion)创建的展馆，展品展示了古埃及的艺术。展览分为两条路线：一条是按照年代顺序，从远古文明的诞生到克娄巴特拉(Cleopatra)(埃及女王)王朝时代;另一条是按专题陈列,展示了埃及文明的各个侧面。

古希腊、伊特鲁利亚和古罗马:这一部分集中了古希腊、伊特鲁利亚和古罗马文明的作品。在博物馆一层陈列了从公元前3世纪到公元前6世纪的大理石雕塑,包括著名的《米洛的维纳斯》和米开朗基罗的雕塑作品《垂死的奴隶》(The Dying Slave)。二层则展示了雕塑、陶器、珠宝、青铜、银器和玻璃器皿。在二层古希腊、伊特鲁利亚和古罗马文物展厅入口处耸立着《胜利女神》雕像。

雕塑:这部分展品包括从中世纪早期到19世纪中期的欧洲雕塑作品,其中以法国作品为主,同时还有意大利、西班牙和北欧各国的许多代表作。

工艺品:展品包括中世纪和文艺复兴时期的工艺品,17—18世纪的装饰艺术品,19世纪的工艺品、钻石、家具等,其中以拿破仑三世(Napoléon Ⅲ)的套房和路易十五加冕时的王冠(Couronne du Sacre de Louis XV)最为著名。

绘画:收藏品包括18世纪中期到19世纪中期的欧洲绘画作品,主要是法国、意大利、西班牙和德国、佛兰芒和荷兰画派的绘画作品。在二层的绘画展厅陈列有达·芬奇著名的油画《蒙娜丽莎》。

版画和素描:这里收藏的素描作品数量多达10万件以上,还包括许多版画和铜版画。

非洲、亚洲、大洋洲和美洲艺术:2004年4月起在卢浮宫展出的这一部分展品属于布朗利博物馆,该馆已于2004年向公众开放。这里荟萃了近120件作品,堪称非洲、亚洲、大洋洲和美洲早期文化的结晶。

卢浮宫展品主题分布如下。

地下一层:卢浮宫的历史和中世纪的卢浮宫、古东方伊斯兰艺术、古埃及文物、古希腊、伊特鲁利亚和古罗马文物及雕塑;

一层:古东方文物、古埃及文物、古希腊、伊特鲁利亚文物、非洲、亚洲、大洋洲和美洲艺术;

二层:古埃及文物、古希腊、伊特鲁利亚和古罗马文物、工艺品、绘画、版画和素描;

三层:法国绘画、法国素描、德国、佛兰芒和荷兰绘画、德国、佛兰芒和荷兰素描、德国、佛兰芒、荷兰、比利时、俄罗斯、瑞士和斯堪的纳维亚(Scandinavian)绘画。

卢浮宫的主入口在拿破仑广场,出入口是一座高20m,底宽32.5m的玻璃金字塔。这座由美籍华裔建筑师贝聿铭设计的金字塔西侧底部的大门宽8m,高2.5m,是卢浮宫的主要出入口。而东、南、北三面各立一座5m高的小金字塔,分别指示三条通往主要展馆的地下自动楼梯。卢浮宫里的展品——油画、雕塑、陶瓷、出土文物等令人目不暇接,赞叹不已。卢浮宫之大、藏品之多,堪称世界之最。

埃菲尔铁塔(La Tour Eiffel):埃菲尔铁塔建于1887—1889年,位于巴黎市中心塞纳河左岸,是世界上第一座钢铁结构的高塔,塔高319m,分3层,共1 711阶台阶,分别在离地面57m、115m和276m处建有平台。埃菲尔铁塔被视为巴黎的象征,因法国建筑师古斯塔夫·埃菲尔设计建造而得名。

凯旋门(Arc de Triomphe):坐落在巴黎市中心夏尔·戴高乐广场(Charles de Gaulle Etoile)(也称星形广场)的中央,是法国为纪念拿破仑1806年2月在奥斯特尔里茨战役中打败俄、奥联军而建立的。工程由建筑师夏尔格兰设计,1806年8月奠基,历时30个寒暑,于1836年7月落成,凯旋门高49.54m,宽44.82m,厚22.21m。门面上雕刻着四幅巨大的浮雕。中心

埃菲尔铁塔

协和广场

拱门宽 14.6m，凯旋门四面有门，门内刻有跟随拿破仑远征的 286 名将军的名字，门上刻有 1792—1815 年间的法国战事史。在凯旋门的正下方，是 1920 年 11 月 11 日建造的无名战士墓，墓是平的，地上嵌着红色的墓志铭："这里安息的是为国牺牲的法国军人"。每晚 6 时 30 分，点燃墓前长明灯。每逢特别的场合，凯旋门的拱形门洞里就飘起一面法国国旗，如 7 月 14 日的法国国庆日。现在，每年的 7 月 14 日的法国国庆日，法国举国欢庆国庆节时，法国总统都要从凯旋门通过，每当总统卸职的最后一天也要来此，向无名烈士墓献上一束鲜花。据说这座凯旋门还有一个奇特的地方，就是每当拿破仑的周忌日的黄昏，从香榭丽舍田园大街向西望去，一团落日恰好照在凯旋门的拱形门圈里。凯旋门的壮观让人赞叹，香榭丽舍大街的美让人流连忘返。

凯旋门

巴黎圣母院

香榭丽舍大街(Avenue des Champs - Elysées)：巴黎最为引人注目的风景线——香榭丽舍大街。大街向西直通雄伟庄严的凯旋门，周围是夏尔·戴高乐广场(星形广场)，广场有 12 条大街呈辐射状向四周伸展开去，形成了一个名副其实的"中心"。香榭丽舍大街东起协和广场向西至夏尔·戴高乐广场，全长约 1 800m，街道最宽处约 120m，是巴黎最具特色、最繁华的街道。在法文中"香榭丽舍"是"田园乐士"的意思。过去，这里曾是一片低洼潮湿的空地。17 世纪，路易十四在位时，曾在这里植树造林，使之成为专供宫廷贵族游乐的场所。后来，图勒里公园的东西轴线向西延伸，在这里建成了近 1km 长的林荫道。以后又加扩展，直到 1709 年才将其命名为香榭丽舍大街。大街分成风格迥异的东西两段。幽静的东段体现了田园风光，长约700m。一排排挺拔苍翠的梧桐树分布在街道两旁。西段长1 100多米,是巴黎最繁华的街道。香榭丽舍大街是法国魅力的象征。

协和广场(Place de la Concorde):协和广场是巴黎最大的广场,位于巴黎市中心,是法国最著名的广场和世界上最美丽的广场之一。广场建于1757年,是根据著名建筑师卡布里埃尔的设计而建造的。广场中央矗立着一尊23m高、有着3 400多年历史的埃及方尖碑。石碑两侧各有一座喷水池。广场四周放置了8座雕像,分别象征着8座在法国历史上起过重要作用的城市:里昂、马赛、波尔多、南特、鲁昂、布勒斯特、里尔和斯特拉斯堡。

先贤祠(Panthéon):"Panthéon",希腊语的意思是"万神殿"。先贤祠建于18世纪,是埋葬伟人的地方,正面上方人字形山墙上有一段著名的铭文:"伟人们,祖国感谢你们!"(Aux grands hommes,la Patrie reconnaissante)如今,在地下的墓葬区中,有雨果、卢梭、伏尔泰、左拉、居里夫人等人的墓,他们都为法兰西作出了巨大的贡献。庄严肃穆的先贤祠,不仅是一座伟人的丰碑,也是法兰西精神的殿堂。

荣军院(Invalides):荣军院是太阳王路易十四下令兴建的,始建于1671年,完成于1676年。这组建筑群是17世纪古典建筑的杰出代表,其中的圆顶教堂(église du Dôme)现为拿破仑将军的陵寝,在教堂穹顶的正下方。他的骨灰于1840年下葬在此。位于光荣宫(Cour d'Honner)两侧的军事博物馆,是世界上最大的军事博物馆。

巴士底广场(La Place de Bastille):巴士底广场位于巴黎东部,坐落于塞纳河的右岸。巴士底狱曾位于这一带,成为法国封建专制统治的象征。这座监狱于1789年7月14日被巴黎人民攻破,并被拆毁。1791年,巴黎人民把这里改建成巴士底广场。1830年,法国人民又在广场中心建立起一座纪念七月革命的烈士碑。这座烈士碑高52m,碑身是用青铜铸成的圆柱体,人称"七月圆柱"。这座纪念碑矗立在广场中央,在柱顶端是一尊右手高举火炬的"自由之神"像,其左手提着被砸断的锁链,象征着获得了自由。自由之神张开双翼,仿佛在高高的蓝天白云中展翅飞翔。1880年6月,法国将7月14日巴黎人民攻占巴士底狱这一天定为法国国庆日。

蒙马特区(Montmartre)和圣心大教堂(Basilique du Sacré Coeur):灯红酒绿和放荡不羁的蒙马特高地,一度曾聚集了许多诗人和画家。圣心大教堂于1919年建成,是一座浅白色的拜占庭式的教堂,三个圆顶穹窿在阳光下熠熠生辉,璀璨夺目。著名画家凡高曾描绘过这里的克利奇大道(Boulevard de Clichy)。毕加索也曾在这里居住过。然而这一切都成为了历史,现在在蒙马特所看到的只是一些街头画家和民间艺人。红磨坊(Moulin Rouge)就位于这一带的克利奇大道。

大拱门(新凯旋门)(Grande Arche):拉·德芳斯(La Défense),不仅是因为这里是一个全新的现代化城区,而且新凯旋门(Grande Arche)就位于此。新凯旋门1989年落成,由两座高105m的塔组成,顶端有一桥状楣相连,整座建筑用卡拉拉大理石和玻璃覆面,门洞里悬挂了一张叫做"云"的巨大天幕,有电梯供游人登顶观景。新凯旋门广场有一个漂亮的喷泉,广场的两侧耸立着许多高层现代化建筑物。在新凯旋门旁边,圆球状的多姆(Dôme IMAX)拥有全世界最大的电影屏幕。

此外,巴黎还有许多名胜,如大宫殿(Grand Palais)、小宫殿(Petit Palais)、圣堂(Sainte Chapelle)、索邦大学(Sorbonne)、卢森堡公园(Jardin du Luxembourg)、维克多·雨果故居(Maison de Victor Hugo)、罗丹博物馆(Musée Rodin)、蓬皮杜国家文化艺术中心(Centre National d'Art et Culture G. Pomipidou)等。

里昂历史区
Historic Site of Lyons

国家:法国
洲名:欧洲
时间:1998 年列入《世界遗产名录》
标准:ii, iv
属性:文化遗产
功能:历史城市

世界遗产委员会的评价:

里昂这座历史悠久的城市由罗马人建于公元前 1 世纪,曾为高卢的三朝首都,一直在欧洲政治、文化和经济发展上扮演着重要的角色,城市的结构和各个历史时期许多精美的历史建筑物生动地说明了这一切。

Brief Description

The long history of Lyons, which was founded by the Romans in the 1st century B. C. as the capital of the Three Gauls and has continued to play a major role in Europe's political, cultural and economic development ever since, is vividly illustrated by its urban fabric and the many fine historic buildings from all periods[①].

里昂是法国第二大城市,位于法国东南部,在罗讷河(Le Rhône)和索恩河(La Saône)交汇处。索恩河的西岸是旧城区,东岸是新城区。旧城区保存有 15—17 世纪的建筑物,位于旧城区的圣让首席大教堂(Primatiale St. Jean)建于 1180—1480 年,是罗马式和哥特式建筑风格的完美结合。弗维耶山丘(Fourvière)高耸着弗维耶圣母大教堂(Basilique Notre - Dame de Fourvière)。教堂建于 19 世纪,用大理石和彩绘玻璃装饰,内有精美的壁画和镶嵌画。罗马剧场(Théatre Romains)位于圣母大教堂不远处。位于旧城区的加达尼馆(Hôtel Gadagne),建于 16 世纪,现在已成为里昂历史博物馆(Musée Historique de Lyon)和木偶博物馆(Musée de la Marionnette)。高卢-罗马文化博物馆(Musée de la Civilisation Gallo - Romaine)是一座现代建筑,依山而建。这里收藏有雕像、铭刻和钱币,其中最著名的是克劳狄青铜板。

索恩河东岸的新城区,高楼林立,街道宽敞,与旧城区形成了鲜明的对比。这一带拥有许多著名的博物馆、建筑物、广场等,包括里昂美术博物馆(Musée des Beaux - Arts)、装饰艺术博物馆(Musée des Arts Décorratifs)、纺织品历史博物馆(Musée Historique des Tissus)、市政厅(Hôtel de Ville)、贝勒库尔广场(Place Bellecour)等。当代艺术博物馆(Musée d'Art Contemporain)位于罗讷河东岸的开发区国际城(Cité Internationale)里。

---

①http://whc.unesco.org/en/list/872

斯特拉斯堡——大岛
Strasbourg - Grande Île

国家:法国
洲名:欧洲
时间:1988 年列入《世界遗产名录》
标准:i, ii, iv
属性:文化遗产
功能:历史城市

世界遗产委员会的评价:

大岛是阿尔萨斯首府的历史中心,被伊尔河湾所环绕。它在一处相当小的区域内却拥有一组杰出的建筑复合体。大教堂、四个古老的教堂和罗昂宫——君主-主教以前的住所,远看如同孤立的建筑群,构成了一个以中世纪城镇为特征的辖区,反映了从 15 世纪到 18 世纪斯特拉斯堡的发展。

Brief Description

Surrounded by two arms of the River Ill, the Grande Ile (Big Island) is the historic centre of the Alsatian capital. It has an outstanding complex of monuments within a fairly small area. The cathedral, the four ancient churches and the Palais Rohan—former residence of the prince - bishops far from appearing as isolated monuments, form a district that is characteristic of a medieval town and illustrates Strasbourg's evolution from the 15th to the 18th century[①].

斯特拉斯堡是一座具有两千多年历史的古城,名胜古迹众多。闻名遐迩的斯特拉斯堡大学就位于这座城市,创建于 1566 年,是法国最古老的大学之一。斯特拉斯堡的旧城区被伊尔河的主流和支流所环绕。圣母大教堂(Cathédrale Notre - Dame)是一座建于 12—15 世纪的哥特式教堂。教堂只有一座尖塔,高达 142m,于 1439 年建成。大教堂内有一座 16 世纪制造的天文钟。每当中午时分,钟会报时。圣母院博物馆收藏了许多著名的雕刻艺术作品。罗昂宫(Palais Rohan)曾是主教的宅邸,现在辟为美术馆、装饰艺术和考古博物馆。阿尔萨斯博物馆(Musée Alsacien)是由一座阿尔萨风格的民居改建成的民俗博物馆,陈列的是地方特色服饰和居家用具等。在旧城区河滨有一处被称之为小法兰西(La Petite France)的地带,这里古老的街区、昔日的磨房和木架白墙建筑充满了中世纪情调。

阿维尼翁历史中心
Historic Centre of Avignon

国家:法国
洲名:欧洲

①http://whc.unesco.org/en/list/495

时间:1995 年列入《世界遗产名录》
标准:i, ii, iv
属性:文化遗产
功能:历史城市

世界遗产委员会的评价:

这座位于法国南部的城市,14 世纪曾是教皇的宅邸。看上去威严的教皇宫是由西蒙·马蒂尼和马泰奥·乔瓦内蒂慷慨装饰,高耸于这座城市之中,与周围的城墙和横跨在罗讷河上的 12 世纪的桥梁遗址交相辉映。在这座杰出的哥特式建筑式样的下方,小宫殿和罗马风格的圣母院主教堂构成了一组独特的建筑群,见证了 14 世纪基督教在欧洲所起的主导作用。

Brief Description

In the 14th century, this city in the South of France was the seat of the papacy. The Palais des Papes, an austere - looking fortress lavishly decorated by Simone Martini and Matteo Giovanetti, dominates the city, the surrounding ramparts and the remains of a 12th century bridge over the Rhone. Beneath this outstanding example of Gothic architecture, the Petit Palais and the Romanesque Cathedral of Notre - Dame des Doms complete an exceptional group of monuments that testify to the leading role played by Avignon in 14th century Christian Europe①.

在中世纪,曾有多位教皇居住在阿维尼翁。教皇宫雄伟壮观,面积达 15 000m^2,分为旧宫和新宫。教皇宫(Palais des Papes)收藏有几幅壁毯和马泰奥·乔瓦内蒂(Matteo Giovanetti)的精美壁画。位于教皇宫对面的小宫殿(Petit Palais)建于 14 世纪,收藏有中世纪的艺术作品,包括意大利画派和阿维尼翁画派的一些绘画作品。

教皇宫不远处的罗讷河上的圣贝内泽桥(Pont St. Bénézet),是一座建于 12 世纪的古桥,有 22 个桥拱,17 世纪被河水冲断,现在只剩下 4 个桥拱了。

罗马历史中心、城内罗马教廷管辖区和圣保罗教区

Historic Centre of Rome, the Properties of the Holy See in that City Enjoying Extraterritorial Rights and San Paolo Fuori le Mura

国家:意大利(与梵蒂冈共有)
洲名:欧洲
时间:1980 年列入《世界遗产名录》,1990 年扩展
标准:i, ii, iii, iv, vi
属性:文化遗产
功能:历史城市

①http://whc.unesco.org/en/list/228

世界遗产委员会的评价:

据传说,罗马是由罗慕路斯和雷慕斯建于公元前 753 年,先是罗马共和国最早的中心,后成为古罗马帝国的都城,在 4 世纪,又成为了基督教世界的首都。1990 年,该世界遗产址扩展到城八区的城墙,包括一些主要的古迹,例如古罗马广场、奥古斯都陵墓、哈德良陵墓、万神殿、图拉真柱、马尔克斯·奥雷利斯柱以及罗马天主教的一些宗教和公共建筑物。

Brief Description

Founded, according to legend, by Romulus and Remus in 753 B. C., Rome was first the centre of the Roman Republic, then of the Roman Empire, and it became the capital of the Christian world in the 4th century. The World Heritage site, extended in 1990 to the walls of Urban Ⅷ, includes some of the major monuments of antiquity such as the Forums, the Mausoleum of Augustus, the Mausoleum of Hadrian, the Pantheon, Trajan's Column and the Column of Marcus Aurelius, as well as the religious and public buildings of papal Rome①.

意大利首都罗马,是全国政治和文化中心,也是世界著名的历史和文化名城。它位于亚平宁半岛的中南部西侧,台伯河下游的丘陵平原上,城区面积约 200 余平方公里。罗马不是一天建成的,罗马城最初建在景色秀丽的 7 座山丘之上,故称为"七丘之城"。罗慕路斯(Romulus)和雷慕斯(Remus)于公元前 753 年 4 月 21 日建造了城市,命名为"罗马"。罗慕路斯成为罗马第一位国王。罗马城是古罗马帝国的发祥地和首都。从古罗马时代繁荣至今,公元前 753 年建城,时至今日已有 2 700 多年的悠久历史,留下了许许多多的名胜古迹。在古代,它先是罗马共和国的首都,历时近 500 年,接着又戴上罗马帝国的首都荣冠达 503 年;在中世纪,它作为教皇国首都长达 11 个世纪(756—1870),紧接着它又成为意大利王国统一后的王国首都。它更是古代最大的教会所在地。罗马还是一座艺术宝库、文化名城,今日罗马分古城和新城两部分。古城就像露天博物馆,记录着罗马的光辉历史。罗马到处都遍布着文艺复兴时期的精美建筑和艺术精品,宏伟的宫殿、教堂、博物馆、大理石雕像和喷泉遍地分布。罗马这座"永恒之城",每一座矗立的千年建筑、废墟遗址都记录着深远浩大的历史,都是艺术巨匠的大手笔。

斗兽场

纳沃纳广场

斗兽场(Colosseo)又称竞技场:是古罗马帝国的象征,是世界七大名胜之一。它是由弗拉

①http://whc.unesco.org/en/list/91

维安王朝的三个皇帝建造，始建于公元72年，距今已有约2 000年的历史。它正式的名字叫弗拉维安竞技场。这个规模巨大、至少可容纳5万多观众的斗兽场长189m，宽156m，高48m。从外观看，这座环形的大斗兽场由三层环形拱廊和最高一层的顶阁组成。斗兽表演分为3种，即兽与兽斗、兽与人斗、人与人斗。角斗的双方必须作出生死决斗，直至一方取胜为止。败者的性命操纵在看台上寻欢作乐的贵族们手中。他们用这种比赛来杀死奴隶、驱除异教和罪犯。一直到公元404年，角斗表演才被禁止。公元5世纪时，动物之间的相互残杀也被禁止。

古罗马广场(Foro Romano)：位于斗兽场和威尼斯广场之间的开阔的洼地。这里曾是罗马帝国政治、经济、文化和宗教的活动中心。在古罗马遗址中有着许许多多的建于公元12世纪的宏伟建筑的残骸。从这些千姿百态的遗迹上可以看出当年罗马城的兴盛与繁荣。遗址群中包括元老院、阿埃米利亚长方形会议堂、朱利亚长方形会议堂、塞维鲁拱门、提图斯拱门、讲坛、福卡圆柱、萨杜恩农神庙、罗马神庙、韦奈尔神庙、维斯太神庙等古建筑残骸。这些断壁残垣在夕阳下显得金光灿灿，如同一座座历史的丰碑。

威尼斯广场(Piazza Venezia)：坐落于帝国大道西侧的威尼斯广场，是罗马举行一切国民活动的中心场地。广场上的一座由白色大理石砌筑高大雄伟的建筑物，是为纪念意大利统一后的第一位国王维托里奥·埃马努埃莱二世而兴建的，它是意大利独立和统一的象征。威尼斯广场附近不仅有众多的名胜古迹，而且也是罗马重要的交通枢纽，是多条主要街道的交会点。

纳沃纳广场(Piazza Navona)：广场上的喷泉雕塑，是一些充满阳刚之美的男性裸体雕塑和四溢的喷泉。广场上建有3座喷泉，中间的四河喷泉(Fontana dei Quattro Fiumi)是贝尔尼尼将世界四大河流拟人化后建造的巴洛克式雕塑，喷泉中的四座巨大的石像分别代表了当时已闻名于世的四大河，即恒河、拉普拉塔河、多瑙河和尼罗河。北边是“尼普顿喷泉”，由德拉·波尔塔建；南面的“穆尔人的喷泉”由贝尔尼尼建。

万神殿(Pantheon)：建于公元前27—25年，最早是一座异教神庙，后来成为一座基督教教堂。万神殿由矩形门廊和圆形大殿构成。巨大的圆形穹顶堪称建筑史上的奇迹，穹顶中央为一天窗。殿堂内显得神秘和静谧。殿堂内有著名画家拉斐尔和两位意大利国王的墓。万神殿外面的喷泉建于1578年。矗立在喷泉上的方尖碑是由主教克莱门特(Clement)十一世主持建造的。万神殿是罗马时代独创的建筑物中保存得最好的，被认为是完美的罗马式建筑的典范。

西班牙广场(Piazza di Spagna)：西班牙广场有长达138级的石阶，称为“三位一体山石阶”。台阶前有一巴尔卡恰喷泉“小舟喷泉”(Fontana della Barcaccia)。泉水是从船形喷泉的前后和西侧的喷嘴中潺潺流出。这座喷泉出自彼得罗·贝尔尼尼(Pietro Bernini)之手，由教皇乌尔班八世于17世纪20年代批准修建。它比西班牙台阶(Scalinata)早100年。广场石阶上部中央矗立着一座高高的方尖石碑，台阶最上部的高大建筑物是圣三一教堂。西班牙广场因17世纪西班牙驻梵蒂冈大使馆坐落于此而得名。300多年以来，这里一直是罗马旅游的中心。西班牙广场位于罗马繁华的市中心，这一带车水马龙，热闹非凡，有许多有名的高级商店、古董店、博物馆、书店和咖啡馆，还有来自世界四面八方的游客。一些名人也曾在这一带居住过：雪莱曾住在西斯提纳路与科尔大街；歌德曾住在科尔大街20号。济慈和雪莱纪念馆(Museo Keats - Shelly)就在西班牙广场26号。

特莱维喷泉(Fontana di Trevi)：在罗马大大小小上千种喷泉中，最有特色的要数特莱维喷泉。这个地处特莱维广场上的喷泉建于1762年。它是由一组雕塑和数支喷灌而出的水柱

万神殿

西班牙广场

组成的。雕塑表现的是海神得胜的主题：半裸的海神威武地踏在巨大的贝壳上，海神背后两侧站着象征富足和安乐的女神，海神前面两个勇敢的人鱼为海神驾着两匹长着翅膀的烈马，他们正自豪地通过凯旋门。

圣天使城堡（Castel Sant Angelo）：圣天使城堡在台伯河的西岸，是一个宏伟的建筑。公元139年，它曾先后被用来作为陵墓、军事堡垒、监狱、教皇避难所和兵营。现在这里成了博物馆。圣天使城堡前的台伯河上的圣天使桥建于公元2世纪。

圣天使城堡

罗马其他名胜古迹和博物馆还有君士坦丁拱门（Arco di Costantino）、真理之口（Bocca della Verita）、罗马国家博物馆（Museo Nazionale Romano）、巴尔贝里尼宫（Palazzo Barberini）、诺沃宫（Palazzo Nuovo）、孔塞维特里宫（Palazzo dei Conservatori）等。

佛罗伦萨历史中心
Historic Centre of Florence

国家：意大利
洲名：欧洲
时间：1982 年列入《世界遗产名录》
标准：i, ii, iii, iv, vi
属性：文化遗产
功能：历史城市

世界遗产委员会的评价：

佛罗伦萨建立在伊特拉斯坎的遗址上，是文艺复兴的象征，在 15 世纪和 16 世纪的梅迪奇时代，其经济和文化发展空前高涨。首先从它 13 世纪的大教堂（花之圣母教堂）、圣克罗切教堂、乌菲齐宫和皮蒂宫中就可以看到佛罗伦萨 600 年来非凡的艺术创造力，还包括乔托、布鲁内莱斯基、波提切利和米开朗基罗一些大师们的杰作。

Brief Description

Built on the site of an Etruscan settlement, Florence, the symbol of the Renaissance, rose to economic and cultural pre eminence under the Medici in the 15th and 16th centuries. Its 600 years of extraordinary artistic activity can be seen above all in the 13th century cathedral (Santa Maria del Fiore), the Church of Santa Croce, the Uffizi and the Pitti Palace, the works of great masters such as Giotto, Brunelleschi, Botticelli and Michelangelo①.

佛罗伦萨位于意大利中部的托斯卡纳区、阿尔诺河畔，有着悠久的历史，是文艺复兴的发祥地。早期的文艺复兴是以佛罗伦萨为中心的。早在欧洲中世纪早期，佛罗伦萨就成为一个独立的城市国家，纺织、印染和金融业发达。13 世纪期间，佛罗伦萨处于共和国政府的统治之下。到了 14 世纪，佛罗伦萨为从事银行业的家族——梅迪奇家族所控制。14 世纪末，佛罗伦萨由 12 世纪的一个小镇变成为贸易和金融中心。以梅迪奇为代表的一些家族对艺术的投资和推崇，为佛罗伦萨的文艺复兴运动起到了推动的作用，使这座城市成为意大利文艺复兴的摇篮。遍及这座城市的许许多多的美术馆、博物馆、教堂里珍藏着文艺复兴时期丰富的绘画、雕塑等艺术珍品。这座城市造就了意大利文艺复兴的鼎盛时期艺术史上一些最为杰出的艺术大师，如列奥纳多·达·芬奇（Leonardoda da Vinci）、米开朗基罗（Michelangelo）、拉斐尔（Raphael）、提香（Titian）等。著名的画家、雕塑家和建筑师达·芬奇生于佛罗伦萨附近的山村。艺术大师米开朗基罗也出生在佛罗伦萨附近的一个小山村。他杰出的雕塑作品《大卫》至今仍收藏在这座城市的美术馆里。绘画大师拉斐尔和著名科学家伽利略也都在这座城市生活和工作过。诗人但丁（Dante）出生于佛罗伦萨，他的长诗《神曲》被视为不朽之作。1860 年，佛罗伦萨并入意大利王国。

佛罗伦萨遍布着许许多多博物馆、美术馆、宫殿、教堂等古建筑，在向世人展示这座艺术之都的永恒魅力。

---

①http://whc.unesco.org/en/list/174

乌菲奇美术馆(Galleria degli Uffizi):这座建筑物始建于1560年,曾是梅迪奇家族办公的地方。美术馆分三层,共有45个展室。藏品主要是油画、雕塑、陶瓷等,其中文艺复兴时期的艺术佳作有:波堤切利的名画《维纳斯的诞生》和《春》、拉斐尔的《金丝雀圣母》、提香的《乌尔比诺的维纳斯》、米开朗基罗的《神圣家族》等。意大利艺术精华荟萃于此,拥有世界上最好的文艺复兴时期绘画收藏品;此外,还包括意大利中世纪早期、巴洛克时代的绘画作品。在乌菲奇美术馆里最引人注目的作品莫过于波堤切利的名画《维纳斯的诞生》。在画前观看的人很多,人们在默默地欣赏这幅艺术杰作。文艺复兴时期意大利著名画家桑德罗·波堤切利(Shandro Botticelli, 1445—1510)的《维纳斯的诞生》珍藏在佛罗伦萨乌菲奇美术馆(Galleria degli Uffizi)。这幅作品取材于古典神话,是维纳斯浮出海面的情景,一枚花瓣似的贝壳将她轻轻地托起,亭亭玉立,犹如出水芙蓉,漂浮在碧波荡漾的海面上。等候在岸边的春神展开手中华丽的衣衫迎接她的到来,准备为裸体的女神披装。波堤切利惟妙惟肖地刻画了爱与美之女神——维纳斯,象征着对美的追求。波堤切利的《维纳斯的诞生》是文艺复兴时期的代表作。

大教堂广场是佛罗伦萨的宗教中心,这里有富丽堂皇的大教堂、洗礼堂(Battistero)和乔托钟搂(Campanile di Giotto),构成了一组蔚为壮观的建筑群。

大教堂(Duomo),又名花之圣母教堂(S. Maria del Fiore),是一座由白色、粉红色、绿色的大理石按几何图案装饰起来的美丽的大教堂。这座富丽堂皇的大教堂由建筑师阿诺尔福·迪坎比奥(Arnolfo di Cambio)始建于1296年,于1436年接受献祭。阿诺尔福·迪坎比奥于1303年去世后,这项工作由乔托(Giotto)继续直到1337年他去世为止。后来接替这项工作的是塔兰蒂(Talenti)和布鲁内莱斯基(Brunllschi)。大教堂顶部巨大的圆屋顶(穹顶)是由布鲁内莱斯基设计,被认为是中世纪建筑的杰作。进入大教堂后,人们可以登上436级台阶到达顶部,尽情领略佛罗伦萨市区和周围乡村的美景。在教堂的地下室,人们依稀可辨建于4世纪佛罗伦萨市第一座教堂——圣雷帕拉塔教堂(Santa Reparata)的遗址。大教堂顶部的圆屋顶设计者布鲁内莱斯基的墓就在教堂的地下室里。佛罗伦萨大教堂(Duomo)被认为是意大利文艺复兴时期建筑的杰作,特别是佛罗伦萨大教堂巨大的穹顶在造型上具有极大的创造性和独特的建筑艺术魅力。

洗礼堂(Battistero):位于大教堂旁边的八角形建筑,是佛罗伦萨最古老的建筑之一。它是在1世纪罗马建筑的遗址上建造起来的,建于11世纪。内部大部分的古典风格装饰是后来设计的,天花板上有《创世纪》和《最后的审判》的镶嵌画。洗礼堂最具特色的是三扇青铜门,其中最著名的是由吉贝尔蒂(Ghiberti)设计的东门,是他从1425年至1452年用了整整27年才完成的,被米开朗基罗称为“天堂之门”(Porta del Paradiso)。

乔托钟搂(Campanile di Giotto):始建于1334年,高82m,有414级台阶,是一座展现在世人面前精美绝伦的钟楼。

圣克罗切教堂(Santa Croce):这座规模宏大的教堂始建于1294年。在这里不仅可以欣赏到乔托(Giotto)等人的壁画,还可以看到许多名人墓,如米开朗基罗墓、伽利略墓、基诺·巴西亚尼墓等。此外,在这里还有但丁纪念碑。这里幽静而庄严,是佛罗伦萨人的精神殿堂。

学院美术馆(Galleria dell'Accademia):美术馆收藏有米开朗基罗雕塑作品《大卫》,它是文艺复兴时期最著名的雕像。这尊雕像米开朗基罗用了近4年的时间在一整块的大理石上雕刻而成。《大卫》这尊雕像充满阳刚之美的人体造型,象征着力量和美,是大自然最本质力量的化身,充分体现出文艺复兴时期的人文主义思想。此外,美术馆还收藏有米开朗基罗等人的其他艺术作品。

米开朗基罗·博那罗蒂(Michelangelo Bounaroti,1475—1564)1475 年出生在佛罗伦萨附近的一个小山村,是意大利著名的雕塑家、画家和建筑设计师。他一生中创作了许多不朽的艺术杰作,如《大卫》、《创世纪》、《最后的审判》、《摩西》、《圣母怜子》(Pietà)等,其中他的《大卫》是文艺复兴时期最著名的雕像,这尊高达 5.5m 的雕像现收藏于佛罗伦萨学院美术馆。米开朗基罗创作的人物雕像雄伟健壮,气魄宏大,充满了无穷的力量,成为当时整个时代的象征,代表了欧洲文艺复兴时期雕塑艺术的最高峰。1564 年米开朗基罗逝世在罗马他的工作室里,后来他的遗体被运回佛罗伦萨,他的墓建在佛罗伦萨的圣克罗切教堂。

韦奇奥宫(Palazzo Vecchio):是由建筑师阿诺尔福·迪坎比奥(Arnolfo di Cambio)设计,始建于 1299 年,完成于 1314 年。韦奇奥宫的塔楼高达 94m,是过去佛罗伦萨共和国的办公大楼,入口处装饰着带有佛罗伦萨城徽的狮子像。这座哥特式的建筑是被作为堡垒而设计的。当时佛罗伦萨市最重要历史和政治事件通常在韦奇奥宫(Palazzo Vecchio)前面的西格诺里亚广场举行。米开朗基罗雕塑作品《大卫》以前曾立于西格诺里亚广场,1873 年被移至学院美术馆内,现在其复制品仍矗立在那里。

皮蒂宫(Palazzo Pitti):皮蒂宫一座巨大的城堡式的宫殿,由皮蒂家族建于 1460 年。宫殿内有帕拉蒂纳美术馆、现代美术馆、银制品博物馆等。美术馆收藏有拉斐尔、提香等艺术大师的作品。皮蒂宫后面是波波利花园,建于 16 世纪,以规则的几何圆形布局,是文艺复兴式花园风格的代表。

韦奇奥桥(老桥)(Ponte Vecchio):它是佛罗伦萨最古老的桥,在罗马时代就已经存在,后来此桥曾被洪水冲垮,几经重建。今天我们看到的具有三个拱形桥孔的桥是 1345 年重建的,风采依旧,是佛罗伦萨著名的景观之一。相传,意大利伟大诗人但丁就是在这座老桥上与他后来热恋的女子贝雅特丽齐相遇的。

韦奇奥桥（老桥）

但丁故居(Casa di Dante):意大利伟大诗人但丁(Dante, 1265—1321)于 1265 出生在佛罗伦萨。但丁故居(Casa di Dante)位于市区。但丁的《神曲》(La Divina Commedia)是世界上最伟大的诗篇之一。但丁是意大利伟大诗人、文学巨匠和意大利文艺复兴的先驱。《神曲》是他的代表作,也是世界文学史上最为重要的文学作品之一。但丁一生中曾积极地投身于佛罗伦萨的政治活动，担任过公职，他因为反对教皇及其在佛罗伦萨的追随者，被判终生放逐。在此之后，但丁虽然也作过多次努力想重返故里，但都没有成功。1321年，但丁在拉韦纳(Ravenna)去世。辛酸的流亡生活使他扩大了视野，增长了阅历，丰富了经验。但丁的重要作品几乎全部是在流亡中写成的，其中以《神曲》最为著名。《神曲》中既描写了人世的黑暗现实，也描写了对未来的美好憧憬。

其他一些景点还有梅迪奇・里卡尔迪宫(Palazzo Medici - Riccardi)、圣马可博物馆(Museo di San Marco)、巴尔杰洛国立博物馆(Museo Nazionale del Bargello)、圣洛伦佐教堂(San Lorenzo)、米开朗基罗广场(Piazzole Michelangelo)等。

佛罗伦萨作为文艺复兴的发祥地，以拥有大量文艺复兴时期的绘画和雕塑艺术作品而闻名于世。14—16世纪欧洲文艺复兴运动始于意大利，后扩大到法国、德国、英国等欧洲国家，意大利是这个运动的中心，当时在意大利，绘画、雕刻、建筑、诗歌、音乐等取得了突出成就。15世纪末到16世纪中叶，文艺复兴达到全盛时期。文艺复兴运动主要思潮是人文主义，主要表现在科学、文学和艺术的普遍繁荣和高涨。

流年似水，多少往事已烟消云散，然而佛罗伦萨却留给了世人众多的文化遗迹，整个城市如同一座巨大的艺术宫殿，辉煌而绚丽，让人目不暇接，心灵震撼。魅力四射的佛罗伦萨依然辉煌(孙克勤，2005c)。

威尼斯及其潟湖
Venice and its Lagoon

国家：意大利
洲名：欧洲
时间：1987年列入《世界遗产名录》
标准：i, ii, iii, iv, v, vi
属性：文化遗产
功能：历史城市

世界遗产委员会的评价：

威尼斯始建于5世纪，由118个小岛组成，10世纪成为当时一个主要的航运枢纽。整座城市就是一个非凡的建筑杰作，甚至最小的建筑物也会含有世界最伟大的一些艺术家，如乔尔乔涅、提香、丁托列托、韦罗内塞等人的作品。

Brief Description

Founded in the 5th century and spread over 118 small islands, Venice became a major maritime power in the 10th century. The whole city is an extraordinary architectural masterpiece in which even the smallest building contains works by some of the world's greatest artists such as Giorgione, Titian, Tintoretto, Veronese and others①.

威尼斯位于意大利的东北部的亚得里亚海海滨，是一座完全建在水上的美丽城市，也是一

①http://whc.unesco.org/en/list/394

座历史名城。这座城市有 100 多个小岛，被 150 多条运河所环绕，400 多座桥遍布其中。威尼斯城大约建于公元 450 年。到了 10 世纪，这座城市已经开始与东方和其他地区建立了贸易往来。13 世纪以来威尼斯一直扩大其势力范围，成为海上强国。到 15 世纪，威尼斯进入全盛时期，成为重要的商业中心。1797 年，威尼斯共和国解体。1866 年，威尼斯和意大利实现统一，从此成为意大利的一个地区。

威尼斯位于亚得里亚海深入内陆的一个潟湖中，城市为海水所环绕。蔚蓝色的大海，波光粼粼、烟波浩渺、船帆万点，海天一色的景色将威尼斯这座美丽的"水城"装点得分外妖娆。威尼斯是世界上唯一没有汽车的城市，世界独一无二的美丽水城。河道和街巷纵横交织在一起，就像一张巨大的蜘蛛网。运河岸边是古老的建筑和幽静的街巷。夜幕下的古老教堂、幽静的庭院、静谧的运河都显得那样神秘莫测。威尼斯，这座历史文化名城，每年吸引着成千上万来自世界各地的游人。众多的名胜古迹、古老的建筑、超凡绝伦的雕塑、大大小小的岛屿、曲折蜿蜒的水道、一座又一座的小桥、运河上穿梭着的轻舟"贡多拉"、浪漫的异域风情，让游人流连忘返。整个威尼斯城被无数条碧波荡漾的运河所环绕，运河上是无数座形态各异的桥，在碧绿的河水映衬下，景色更加迷人。小舟穿梭在幽静的街巷水道中，尽显水城情调。威尼斯既有水乡的风韵又有都市的华丽，体现了美的极致。世界上有许多城市被称为"水城"，如中国的苏州、荷兰的阿姆斯特丹、比利时的布鲁日……但没有哪座水城能与威尼斯相媲美(孙克勤，2005b)。

大运河(Canal Grande)是这座城市最重要的水上通道，在市区蜿蜒长达 3 800m，波光粼粼，美不胜收。大运河是世界上最美丽的城市水上通道，各种船只川流不息。运河两岸宫殿林立，风格各异，有哥特式、拜占庭式、文艺复兴时期和巴洛克式的建筑。传统的赛船项目是大运河上每年都举行的几次重大庆典之一。

水巷

大运河

威尼斯是一座闻名遐迩的文化和艺术名城，拥有教堂、修道院、宫殿、钟楼、美术馆、博物馆等 400 多处，见证了文艺复兴最后的辉煌岁月。文艺复兴时期，威尼斯继佛罗伦萨和罗马之后成为第三个中心。乔尔乔涅、提香、丁托列托、韦罗内塞等绘画大师的作品让威尼斯名扬天下。1932 年，威尼斯创办了世界上第一个电影节，每年 8 月下旬和 9 月初在威尼斯丽都岛(Lido)上举行国际性电影盛会。届时来自世界各国的电影明星、导演、影迷们都云集丽都。

公元 828 年，威尼斯人将圣马可的遗体从埃及偷运回威尼斯，在威尼斯建立了以圣马可名字命名的广场和教堂，这就是闻名遐迩的圣马可广场和圣马可教堂。圣马可广场(Piazza San Marco)是威尼斯的中心，长 175.70m，在圣马可教堂处宽可达 82m。圣马可广场一直是威尼斯政治、宗教和传统节日的公共活动中心。威尼斯的伟大建筑几乎全部集中在这一带,如圣马可教堂(Basilica di San Marco)、圣索维诺图书馆(Libreria Sansoviniana)、钟楼(Campanile)、钟塔(Torre dell'Orologio)、总督府(Palazzo Ducale)等。这些古朴典雅的建筑,将气势宏伟的广场衬托得格外美丽。圣马可广场的美丽也曾让拿破仑为之感慨,被拿破仑称作是"世界上最美丽的客厅"。广场边的码头称为圣马可小广场(Piazzetta San Marco),在小广场上矗立着两根12世纪的大圆柱,圆柱分别饰以雕像,一根圆柱上面的雕像是威尼斯的城徽——飞狮,另一根圆柱上面是威尼斯守护神狄奥多尔的雕像。

圣马可教堂(Basilica di San Marco)最早建于832年,976年被大火烧毁,于1063年重建。从公元9世纪起,这里埋葬着圣马可的遗体。圣马可作为《马可福音》的作者被威尼斯人奉为守护神。这座教堂是典型的拜占庭风格的建筑,平面呈希腊正十字形,上覆5个拜占庭式的圆顶。这座富丽堂皇的教堂有5个入口,门上装饰着华丽的镶嵌图案。建筑物顶部建有东方式与哥特式尖塔和各种大理石雕像、浮雕和花饰。中间大门的穹顶阳台上耸立着手持《马可福音》的圣马可雕像,6尊飞翔的天使簇拥在雕像之下。教堂内部金碧辉煌,四壁有华丽的彩绘装饰,穹顶是金色的镶嵌画装饰。教堂里珍藏了许多艺术瑰宝。黄金祭坛(Pala d'Oro)是镶满珠宝的祭坛,也是教堂收藏的一件珍品。珍宝馆(Tesoro)收藏了许多无价之宝,其中大多数是拜占庭的银制品。

耸立在圣马可广场上的钟楼(Campanile)高达98.5m,是威尼斯最高的建筑。它最早的作用是海上船只导航的灯塔。现在看到的钟楼是1902年倒塌后按原来的样式重新建造的。钟楼里设有电梯,人们可以乘电梯到达塔顶俯瞰威尼斯全景。

萨卢特圣母玛利亚教堂(Santa Maria della Salute)是一座耸立在大运河河口之上的圆顶、八角形的巴洛克式风格建筑物,建于1631年。殿堂内墙壁和天棚上有提香和丁托列托的作品,天棚上的《凯依和阿贝尔》(Caino e Abele)、《阿达姆的牺牲》(Sacrificio d' Adamo)和《戴维迪和哥里亚》(Davide e Golia)是提香的作品。墙壁上的《卡纳的婚礼》是丁托列托的作品。

总督府(Palazzo Ducale)是一座典型的哥特式建筑,在共和国时期,这里曾是威尼斯共和国总督的执政厅。最初它是一座堡垒式结构的宫殿,建于9世纪。总督府遭遇过两次火灾,现在的建筑物建于15世纪。穿过与教堂相连的卡尔塔门(Porta della Carta),进入总督宫内院,就可见建于1501年的巨人台阶(Scala dei Giganti),上立海神和战神的巨大雕像。宫内还有一处"金梯"(Scala d'Oro)通往总督的居室。总督府内包括接待厅(Anticollegio)、委员会厅(Sala del Collegio)、议会厅(Sala del Senato)、十人委员会厅(Sala del Consiglio dei Dieci)、大会议厅(Sala del Maggior Consiglio)等。各个厅室饰以油画、壁画和大理石雕刻,极尽奢华、辉煌璀璨。这里收藏了许多艺术珍品,其中丁托列托创作的巨幅《天堂》(7m×22m)(1592)被誉为是世界最大的油画,画中有700多个人物,气势极为宏大。

威尼斯拥有众多的美术馆和博物馆,荟萃了几个世纪经典的艺术杰作。学院美术馆(Galleria dell'Accademia)收藏有最优秀的威尼斯艺术家14—18世纪威尼斯画派的绘画作品,其中《暴风雨》、《玛利亚与众圣徒》、《圣母玛利亚加冕典礼》是最为引人注目的一些作品。在这里威尼斯画派的各大艺术名家的作品均有收藏,如提乡(Titian)、乔尔乔涅(Giorgione)、丁托列托(Tintoretto)、卡纳莱托(Canaletto)、卡尔帕桥(Vittore Carpaccio)、雅可布·贝里尼(Jacopo Bellini)等巨匠的作品。学院美术馆是威尼斯最大的美术馆,这里大部分作品是1807年拿破仑占领时期收藏的。

佩吉·古根海姆收藏馆(Collezione Peggy Guggenheim)收藏有200多件近代绘画和雕塑作品,包括毕加索(Picasso)、米罗(Joan Miro)、马尔盖里特(Margheritt)、蒙德里安(Piet Mondrian)等人的作品。佩吉·古根海姆是艺术收藏家,她于1949年从美国来到威尼斯,成为这座城市的名誉公民。

金屋(Ca'd' Oro)是威尼斯哥特式最杰出的建筑,因装饰富丽堂皇而得名。如今已辟为美术馆——乔治·弗兰凯蒂画廊(Galleria Girogio Franchetti),里面收藏了大量的绘画、壁画和雕塑,其中在一层陈列的绘画杰作——曼特尼亚(Mantegna)的《圣塞巴斯蒂安》(St. Sebastian, 1506)最为引人注目。

威尼斯有许多奇特的桥,桥桥有名,如里亚托桥、叹息桥、麦杆桥、学院桥、拳头桥等,最著名的桥非里亚托桥莫属。里亚托桥(Ponte di Rialto)是威尼斯最古老的桥,原为一座木桥,后坍塌,改建为石桥。桥长48m,离水面7m高,桥上中部建有拱廊。里亚托桥一带是威尼斯的商业中心,桥两岸店铺林立。叹息桥(Ponte dei Sospiri)是一座闭合的廊桥,连接昔日的总督府和监狱。据说囚犯被判死刑时,押解经过这座桥,跨过了这座桥的囚犯再也不可能回到这个世上来了,所以在廊桥上透过窗口不由得发出为告别人世而不舍的叹息声,因此得名为叹息桥。尽管此桥当初送许多囚犯走上不归路,但现在这座桥却有着一种浪漫气息,倍受青年男女的青睐。因为他们相信在此桥下接吻会使爱情长存。因此,许许多多的情侣乘贡多拉(Gondola)来到桥下相拥而吻,以求爱情地久天长。

其他一些著名景点还有瑞佐尼科府邸(Ca'Rezzonica)、福斯卡里府邸(Ca'Foscari)、格利马尼宫(Palazzo Grimani)、圣罗科大会馆(Scuola Grande San Rocco)、圣乔治岛(Isola di San Giorgio)、穆拉诺岛(Murano)、丽都岛(Lido)等。

意大利威尼斯的狂欢节最为著名。威尼斯狂欢节在每年的2月举行,是当地一个盛大的传统节日。在节日期间人们着装怪异,戴上各种面具,参加街道聚会、化装舞会、上演戏剧和盛大的彩车游行等活动,圣马可港上空还举行绚烂夺目的焰火表演,人们尽情感受节日的气氛。面具遮挡的面孔没有高低贵贱之分,有的只是人人平等。置身于狂欢节,你会沉醉其中,在面具下的心灵,会尽情地得到释放。

威尼斯不仅是马可·波罗的故乡,也是列入世界文化遗产名录的名城。威尼斯,这座历史文化名城,每年吸引着成千上万来自世界各地的游人。众多的名胜古迹、古老的建筑、超凡绝伦的雕塑、大大小小的岛屿、曲折蜿蜒的水道、一座又一座的小桥、运河上穿梭着的轻舟"贡多拉"、浪漫的异域风情,让人流连忘返。魅力四射的威尼斯日复一日、年复一年地演绎着万种风情。

维罗纳市
City of Verona

国家:意大利
洲名:欧洲
时间:2000年列入《世界遗产名录》
标准:ii, iv
属性:文化遗产

功能:历史城市

世界遗产委员会的评价:

历史城市维罗纳始建于公元前1世纪。13—14世纪在斯卡里杰利家族的统治下达到空前的繁荣,15—18世纪为威尼斯共和国的一部分。维罗纳至今仍保存有古代、中世纪和文艺复兴时期的许多著名的建筑物,代表了军事要塞的突出典范。

Brief Description

The historic city of Verona was founded in the 1st century B. C. It particularly flourished under the rule of the Scaliger family in the 13th and 14th centuries and as part of the Republic of Venice from the 15th to 18th centuries. Verona has preserved a remarkable number of monuments from antiquity, the medieval and Renaissance periods, and represents an outstanding example of a military stronghold①.

维罗纳位于意大利北部,是一座历史悠久的意大利名城,又是意大利历史上一座重要的军事要塞。早在公元前1世纪维罗纳就已经成为罗马帝国的殖民地,后来,到了公元前49年这座城市完全成为了罗马的疆土。维罗纳是当时重要的战略要地和商业中心,文化和艺术也得到了极大发展。在1226—1259年间,埃泽里诺(Ezzelino)统治着维罗纳。埃泽里诺死后的1260—1387年,斯卡里杰利家族执政,并不断扩大这座城市的势力影响。在历史上,法国人和奥地利人都先后入侵过这座城市。1866年,维罗纳并入意大利王国。

时至今日,维罗纳这座古老的城市仍保留着传统的罗马城镇的格局。维罗纳作为朱丽叶的故乡已成为全世界青年男女心中的圣地。维罗纳不仅是一座美丽的城市,在这里你也可以寻找到莎士比亚剧中人物朱丽叶的故居。莎士比亚以维罗纳13世纪末14世纪初残酷的家族仇恨为背景创作了永留于世的爱情剧作《罗密欧与朱丽叶》。此剧作自1595年公演以来,罗密欧与朱丽叶的爱情故事以其凄美风靡全世界,感动了无数的人。维罗纳——永恒的爱情之城,朱丽叶故居成了全世界青年男女心中的圣地。这里每天都有来自世界各地的游人缅怀朱丽叶,向往美好的爱情。

竞技场(Arena):位于市中心的竞技场是一座历史悠久、气势雄伟、可容纳2.2万人的庞大的椭圆形竞技场,建于公元1世纪。场内有44排阶梯形看台。竞技场早自1913年就成为大型歌剧演出的场所,每年夏天都上演一些世界著名的歌剧。

朱丽叶故居(Casa di Giulietta):在市中心靠近西尼奥里广场(Piazza dei Signori)东南方向的一个街区卡佩罗路(Via Cappello)23号。朱丽叶的家院门是一个古典的拱形门洞,房子建于13世纪。透过拱形门,一个典型中世纪的院落呈现在眼前,鹅卵石细密地铺满地面,院墙上爬满了常青藤,院子并不很大,古朴典雅。院子正房前矗立着由雕塑家奈罗·扣坦蒂尼(Nereo Costantini)制作的朱丽叶的全身铜像,惟妙惟肖地刻画了她亭亭玉立、婀娜多姿的姿态。她微微低着头,右手轻轻提起罗裙,左手附于胸,她那凄美与哀怨的神态仿佛是在期待着什么。这是一座老式的楼房,朱丽叶的阳台(Balcone di Giulietta)位于楼层的二层,曾是她与罗密欧约会的地方,它经历了风风雨雨依然保存完好。在阳台下的墙壁上到处都是来自世界各地游客的签名和倾诉爱情的文字。

①http://whc.unesco.org/en/list/797

竞技场

朱丽叶墓(Tomba di Giulietta):朱丽叶墓在维罗纳城的东南方向,位于 Via del Pontiere 一带,靠近莎士比亚路(Via Shakespeare)。在这风景秀丽,绿树成荫的地方曾经安睡着这个美丽、执著的姑娘。停放在地下室的朱丽叶的墓,时至今日只剩下一口空的石棺。

朱丽叶雕像

罗密欧故居(Casa di Romeo):是一座中世纪的建筑,罗密欧故居大门上的一块石匾上刻有莎士比亚《罗密欧与朱丽叶》悲剧第一幕的一段台词:“噢!罗密欧,你在哪儿?”哦,是的,故地仍在,可却再也寻不到当年那个英俊,为爱而痴狂的罗密欧了。

古城堡(Castelvecchio)和古城堡博物馆(Museo di Castelvecchio):这座位于阿迪吉河畔的壮观的古城堡(Castelvecchio)是由坎格兰德二世(Cangrande II)于1354—1357 年建造的。现在这里已成为一所古城堡博物馆(Museo di Castelvecchio)。这里收藏的主要是 14—17 世纪维罗纳绘画和雕刻艺术品,包括从古罗马的遗址到文艺复兴时期的绘画作品,还有珠宝、雕刻等。斯卡里杰利桥(Ponte Scaligero)是古城堡的复杂防御系统的一部分,尽管建这座桥的初衷是为了军事防御,但是它是中世纪建筑设计和工程的杰作,具有独特的建筑风格。

埃尔贝广场(Piazza delle Erbe):漫步在马自尼大街(Via Mazzini),你就会看到埃尔贝广场(Piazza delle Erbe)。这里曾是古罗马广场的遗址和中世纪城市中心。时至今日这个广场依然被称为是意大利最美丽和最具艺术魅力的广场之一。在广场一侧的马费宫(Palazzo Maffei),是一座美丽的巴洛克式建筑。此外在广场的周围还有建于 1370 年的加德洛塔(Torre del Gardello)、中世纪的科穆内宫(Palazzo del Comune)、高达 83m 的兰贝蒂塔(Torre dei Lamberti)等古建筑。

西尼奥里广场(Piazza dei Signori):西尼奥里广场被认为是意大利最具有贵族性的广场,维罗纳人常称其为“维罗纳的沙龙”。意大利伟大诗人但丁(Dante)的纪念碑矗立在广场的中心。广场附近遍布许多古建筑和景点,如斯卡里杰利家族宅邸(Palazzo degli Scaligeri)、文艺复兴时期风格的孔西格利奥敞廊(Loggia del Cosiglio)、斯卡里杰利家族墓地(Arche Scaligere)等。

圣阿纳斯塔西亚教堂(Basilica di Santa Anastasia):圣阿纳斯塔西亚教堂是这个城市中最大的哥特式教堂,建于14—15世纪之间。教堂里面有许多艺术作品,特别是中世纪的艺术作品,包括毕萨内罗(Pisanello)绘制的最著名的壁画之一《圣乔治与公主》“S. Giorgio che libera la Principessa”(1436—1438)。一幅由阿提其也洛绘制的壁画被认为是哥特式绘画的代表作。

大教堂(Duomo):大教堂位于维罗纳城北部大教堂广场(Piazza Duomo)。它的外观为罗马式和哥特式的和谐统一体,始建于1120年。大教堂里面有意大利画家提香(Tiziano)的作品《圣母升天》。

圣知诺教堂(Basilica di San Zeno):圣知诺教堂在维罗纳城的西边,是一座非常漂亮的罗马式教堂,建于12世纪初。教堂的主门上装饰着12世纪拜占庭艺术风格的青铜浮雕。教堂内的壁画和装饰画格外引人注目。

在维罗纳处处可见古老的建筑和静谧的街巷。一条玉带般蜿蜒美丽的阿迪吉河(Flume Adige),从至今还保留着传统罗马城镇格调的维罗纳城穿过。维罗纳——罗密欧和朱丽叶曾经生活过的地方,风中的垂柳,攀附在古墙上的藤蔓,到处都有他们的影子。爱情不是昨天上演的歌剧,它至今鲜活地存在于这里,存在于人们的心中,存在于流淌的阿迪吉河上,存在于美丽的维罗纳——永恒的爱情之城(孙克勤,2005c)。

那不勒斯历史中心
Historic Centre of Naples

国家:意大利
洲名:欧洲
时间:1995年列入《世界遗产名录》
标准:ii, iv
属性:文化遗产
功能:历史城市

世界遗产委员会的评价:

自从公元前470年那不勒斯被希腊移民始建直到今天的城市规模,那不勒斯保留了出现在欧洲和地中海盆地持续的文化印记。这使得它成为一个具有大量杰出的建筑物的独特地区,如圣基娅拉教堂和新城堡。

Brief Description

From the Neapolis founded by Greek settlers in 470 B. C. to the city of today, Naples has retained the imprint of the successive cultures that emerged in Europe and the Mediterranean basin. This makes it a unique site, with a wealth of outstanding monuments such as the Church of Santa Chiara and the Castel Nuovo[①].

那不勒斯市又称为那波利市,位于意大利南部,是一座历史悠久、风光秀丽的海滨城市。那波利是意大利第三大城市,人口超过 100 万,还是意大利南部最重要的工业城市和港口城市。著名的维苏威火山和庞贝古城遗址就在那不勒斯市的东部。在那不勒斯,不仅有著名的那波利国立考古博物馆(Museo Archeologico Nazionale di Napoli)等许许多多名胜古迹,还有建于 1537 年欧洲最古老的音乐学府。比萨饼也发源于那不勒斯。那不勒斯这座具有悠久历史的古老城市让每一位到过这里的人都能感受到它独特的魅力。

那波利国立考古博物馆(Museo Archeologico Nazionale di Napoli):这是世界上最重要的博物馆之一,由波旁王朝(Bourbon)查尔斯(Charles)兴建于 18 世纪,用于陈列王室的艺术珍品。博物馆内收藏有希腊和罗马文化的绘画、雕刻、镶嵌工艺品、青铜制艺术品等,还收藏有庞贝古城和赫库兰尼姆古城的出土文物,其中来自庞贝古城的壁画和镶嵌画特别引人注目。

圣马蒂诺国立博物馆(Museo Nazionale di San Maritino):博物馆陈列品有绘画、雕刻、陶瓷、家具、服装等,展示了那不勒斯人的生活和历史,还有那不勒斯的一些巴洛克风格画家的作品。

王宫(Palazzo Reale):这是一座 17 世纪的王室宫殿,是一座富丽堂皇的宫殿,奢华的宫殿内油画、壁画、雕刻、挂毯等随处可见。现在宫殿大部分已辟为国家图书馆。宫殿的北侧是圣卡洛剧场(Teatro San Carlo)。

新城堡(Castel Nuovo):新城堡由安茹王朝(Anjou)查尔斯一世建于 13 世纪晚期,是当时的防御要塞。坚固的城墙和圆柱形的城楼浑然一体,交相辉映,显得格外壮观。城堡入口处被称为凯旋门的拱门造型精美。

卡波迪蒙特王宫(Palazzo Reale di Capodimonte):这座宫殿是根据波旁王朝(Bourbon)查尔斯(Charles)国王的指令建造的一座 18 世纪建筑物,坐落于城北环境优美的花园中。宫内的美术馆收藏许多著名意大利艺术大师的作品,如米开朗基罗(Michelangelo)、拉斐尔(Raphael)、波堤切利(Botticelli)等著名艺术家的作品。宫内的博物馆里收藏有 19 世纪欧洲绘画、瓷器、挂毯等艺术作品。

圣埃尔莫城堡(Castel Sant' Elmo):这是一座 14 世纪的城堡。在城堡可以俯瞰那波利城和那波利湾(Golfo di Nepoli)的美景。

圣基娅拉教堂(Santa Chiara):这是一座 14 世纪哥特式的教堂,内有三座 14 世纪的王室的墓,是那不勒斯王族的长眠之地。

那不勒斯还有许多其他景点,如圣卢恰港(Porto S. Lucia)、大教堂(Duomo)、圣格雷戈里奥·阿尔梅诺教堂(San Gregorio Armeno)、圣塞韦罗小教堂(Cappella San Severo)、圣多梅尼科·马焦雷教堂(San Domenico Maggiore)、蛋形堡(Castel dell' Ovo)、国立陶瓷博物馆(Museo Nazionale della Geramica)、公民投票广场(Piazza del Prebiscito)、但丁广场(Piazza Dante)、斯帕卡·那波利平民区(Spacca Napoli)等。

①http://whc.unesco.org/en/list/726

锡耶纳历史中心
Historic Centre of Siena

国家:意大利
洲名:欧洲
时间:1995 年列入《世界遗产名录》
标准:i, iii, iv
属性:文化遗产
功能:历史城市

世界遗产委员会的评价:

锡耶纳是一座中世纪城市的化身。这里的居民曾为城市规划的面积与佛罗伦萨竞争。历经几个世纪,他们仍保留了这座在 12—15 世纪修建起来的城市的哥特式风貌。在这段时期,杜奇奥、洛伦泽蒂兄弟和西莫内·马尔蒂尼的成就影响着意大利和欧洲艺术的进程。锡耶纳整座城市被建在坎波广场的四周,设计得如同艺术作品一样与周边的景观融为一体。

Brief Description

Siena is the embodiment of a medieval city. Its inhabitants pursued their rivalry with Florence right into the area of urban planning. Throughout the centuries, they preserved their city's Gothic appearance, acquired between the 12th and 15th centuries. During this period the work of Duccio, the Lorenzetti brothers and Simone Martini was to influence the course of Italian and, more broadly, European art. The whole city of Siena, built around the Piazza del Campo, was devised as a work of art that blends into the surrounding landscape①.

位于托斯卡纳区的锡耶纳是意大利最完美的中世纪城镇之一,位于城中心的坎波广场(Piazza del Campo)被誉为意大利最美丽的广场之一。其他主要旅游景点有:共和宫(Palazzo Pubblico)、大教堂(Duomo)、大教堂歌剧博物馆(Museo dell' Opera de Duomo)、国立美术馆(Pinacoteca Nationale)、市立博物馆(Museo Civico)等。锡耶纳这座古城不仅保持了中世纪的古城风貌,而且还继承了中世纪的传统节庆。闻名世界的锡耶纳赛马节(Palio),是意大利场面最壮观的盛会之一。

乌尔比诺历史中心
Historic Centre of Urbino

国家:意大利
洲名:欧洲
时间:1998 年列入《世界遗产名录》
标准:ii, iv
属性:文化遗产

---

①http://whc.unesco.org/en/list/717

功能:古城

世界遗产委员会的评价:

乌尔比诺是位于马尔凯区的一座小山城,15 世纪经历了一个巨大的文化繁盛期,吸引了整个意大利以及其他地区的艺术家和学者,影响了欧洲各地的文化发展。16 世纪以后,由于它的经济和文化发展进入了萧条阶段,因此它在很大程度上得以保留其文艺复兴时期的风貌。

Brief Description

The small hill town of Urbino, in the Marche, experienced a great cultural flowering in the 15th century, attracting artists and scholars from all over Italy and beyond, and influencing cultural developments elsewhere in Europe. Owing to its economic and cultural stagnation from the 16th century onwards, it has preserved its Renaissance appearance to a remarkable extent①.

位于马尔凯区的乌尔比诺是一座历史悠久的古城,也是文艺复兴时期绘画大师拉斐尔(Raphael)的故乡。公爵宫(Palazzo Ducale)建立在山岗上,与塔楼、堡垒和城墙融合为一体,美丽而壮观,是乌尔比诺最具有代表性的文艺复兴风格的宫殿。其他主要景点有:人民广场(Piazza del Popolo)、马尔凯国立美术馆(Galleria Nazionale delle Marche)、拉斐尔故居(Casa di Raffaello)、大教堂(Duomo)等。

梵蒂冈城
Vatican City

国家:梵蒂冈
洲名:欧洲
时间:1984 年列入《世界遗产名录》
标准:i, ii, iv, vi
属性:文化遗产
功能:历史城市

世界遗产委员会的评价:

梵蒂冈城是基督教国家最神圣的地区之一,是伟大的历史和令人敬畏的精神见证。在这个小小的国家内聚集了独一无二的艺术和建筑杰作。城的中心是圣彼得大教堂,具有双柱廊,前面为一圆形广场,与宫殿和花园毗邻。这座大教堂建在使徒圣彼得的陵墓上,是世界最大的宗教建筑,是天才的勃拉曼特、拉斐尔、米开朗基罗、贝尔尼尼和马代尔纳的共同成果。

Brief Description

The Vatican City, one of the most sacred places in Christendom, attests to a great history and a formidable spiritual venture. A unique collection of artistic and architectural masterpieces lie within the boundaries of this small state. At its centre is St Peter's Basilica, with

①http://whc.unesco.org/en/list/828

its double colonnade and a circular piazza in front and bordered by palaces and gardens. The basilica, erected over the tomb of St Peter the Apostle, is the largest religious building in the world, the fruit of the combined genius of Bramante, Raphael, Michelangelo, Bernini and Maderna①.

梵蒂冈是位于意大利首都罗马市西北角的宗教国家,在罗马旧城台伯河的西岸,面积只有0.44km^2,是世界上最小的国家。公元765年,法兰克国王丕平把罗马城及周边地区赠给了罗马教皇斯提芬二世,此后的教皇势力日益扩张至意大利中部地区。罗马逐渐成了西欧教会和政治生活的中心。1870年,意大利全国统一,王国收复了教皇的领地,剥夺了教皇的权力,逼教皇退居到梵蒂冈,而教皇则对意大利国王不予承认,也不承认教皇国的灭亡。直到1929年双方签订了《拉特兰条约》,圈定了现在梵蒂冈的国界,矛盾才得以和解,于是才有了今天的梵蒂冈城国。梵蒂冈是一个主权国家,是全世界天主教徒向往的地方。梵蒂冈的艺术杰作,主要集中在圣彼得广场、圣彼得教堂和梵蒂冈博物馆。

梵蒂冈有6个入口处,其中3个向公众开放,即广场、钟楼拱门和梵蒂冈博物馆入口处。

梵蒂冈博物馆(Musei Vaticani):博物馆里展出历代教皇收藏的艺术品,地上铺满彩色大理石和马赛克镶嵌图案,无数绘画、地毯、地图、花瓶和雕塑令人目不暇接。梵蒂冈博物馆除了教皇厅和教皇的房间,其他的房间包括博物馆(埃及博物馆、伊特利坎博物馆、庇护基督博物馆、格里高利世俗博物馆、基亚拉蒙蒂博物馆、庇护-克莱门蒂诺博物馆)、美术馆、绘画馆、图书馆、拉斐尔厅、坎代拉勃利陈列室、西斯庭礼拜堂、皮尼亚庭院等。收藏品以历代教皇的收藏品为主,包括古代希腊的艺术品等,全部是各个时代艺术价值很高的作品。

图书馆(Stanza della Segnatura)是尤利斯乌斯的图书馆或书房,收藏有拉斐尔的作品《圣礼的辩论》和《雅典学院》。彼奥·克莱门提诺博物馆(Museo Pio Clementino)有许多精美的希腊的大理石雕刻。绘画馆(Pinacoteca)按年代顺序展出的有从拜占庭时代到现代的以宗教绘画为主的作品。西斯廷礼拜堂(Cappella Sistina)是主教的祈祷室,几个世纪以来,它一直是举行教皇选举会议的地方。这里收藏有米开朗基罗的巨幅绘画作品《最后的审判》。

圣彼得广场(Piazza San Pietro):梵蒂冈的圣彼得广场能容纳30万人,是著名建筑大师贝尔尼尼的杰作,在1656年至1667年之间建成。广场呈椭圆形,长340m,宽240m,地面用黑色小方石铺砌而成,两侧由半圆形大理石柱廊环抱,造型和谐,气势宏伟。柱廊共有284根圆柱和88根方柱和140座顶端雕塑。广场中央矗立着一座高耸的方尖石碑。

圣彼得大教堂(Basilica di San Pietro):圣彼得广场上的圣彼得大教堂是世界上最大和最华丽的天主教堂。圣彼得大教堂是罗马天主教的中心,建于基督门徒圣彼得的墓地上。圣彼得教堂位于广场的西南面。教堂最初是由君士坦丁皇帝在圣彼得墓地上修建的,于公元326年落成。16世纪,教皇朱利奥二世决定重建圣彼得教堂,并于1506年破土动工。在长达120年的重建过程中,意大利最优秀的建筑师勃拉曼特、米开朗基罗、德拉·波尔塔和卡洛·马泰尔等相继主持过设计和施工,直到1626年11月18日才正式宣告落成。这座闻名于世的大教堂有许多价值连城的艺术品,其中包括米开朗基罗的雕塑《圣母怜子》(Pietà)和圣彼得铜像。

---

①http://whc.unesco.org/en/list/286

梵蒂冈彼得大教堂和圣彼得广场

维也纳历史中心
Historic Centre of Vienna

国家:奥地利
洲名:欧洲
时间:2001 年列入《世界遗产名录》
标准:ii, iv, vi
属性:文化遗产
功能:历史城市

世界遗产委员会的评价:

维也纳是从早期的凯尔特族人和罗马人定居点发展起来的一个中世纪的和巴洛克式的城市,为奥匈帝国的首都。从伟大的维也纳古典风格主义时期到 20 世纪初期,维也纳一直在欧洲乐坛中心扮演着重要的角色。维也纳历史中心是建筑精华的会聚地,包括巴洛克风格的城堡、庭院,以及 19 世纪晚期环行大道两侧的高大建筑物、纪念碑和公园。

Brief Description

Vienna developed from early Celtic and Roman settlements into a Medieval and Baroque city, the capital of the Austro - Hungarian Empire. It played an essential role as a leading European music centre, from the great age of Viennese Classicism through the early part of the 20th century. The historic centre of Vienna is rich in architectural ensembles, including Baroque castles and gardens, as well as the late 19th century Ringstrasse lined with grand buildings, monuments and parks①.

维也纳是奥地利首都,以"音乐之都"闻名遐迩,位于奥地利东北部阿尔卑斯山北麓多瑙河

①http://whc.unesco.org/en/list/1033

市区环行大道

畔,多瑙河贯穿全城。内城的古街道,纵横交错,建筑物风格各异,多为巴洛克式、哥特式和罗马式建筑。环行大道(Ringstrasse)是由弗朗兹·约瑟夫大帝下令拆除城市的防御工事,于1857年环绕城市修建的一条大道。著名的历史建筑有霍夫堡皇宫(Bofburg)、贝尔维德雷宫(Schloss Belvedere)、洛布科维茨宫(Lobkowitz)、新市政厅(Neues Rathaus)、圣斯蒂凡大教堂(Stephansdom)等。纪念碑有约翰·施特劳斯纪念碑、玛丽亚·特蕾西娅纪念碑、伊丽莎白王妃纪念碑、弗朗兹·约瑟夫纪念碑等。

霍夫堡皇宫(Hofburg):坐落在首都维也纳的市中心,曾经是哈布斯堡王朝奥匈帝国皇帝的冬宫(夏宫是美泉宫)。今日的霍夫堡宫殿是奥地利的总统官邸所在地。霍夫堡皇宫在1918年以前一直由皇室居住,13世纪时它是一座城堡,后来随着哈布斯堡家族权力的扩张和统治地域的扩大,这座城堡被扩建成为了豪华的皇宫。在长达700多年的历史中,哈布斯堡家族正是在这座霍夫堡宫内,统治着整个奥匈帝国。

霍夫堡皇宫是一座富丽堂皇巴罗克式的建筑,是欧洲最为壮观的宫殿之一。霍夫堡包括

霍夫堡皇宫

莫扎特雕像

的景点：霍夫堡皇宫大门(Burgtor)、英雄广场(Heldenplatz)、新霍夫堡皇宫(Neue Hofburg)、礼仪大厅(Festsaaltrakt)、弗兰茨皇帝广场(Kaiser - Franz - Platz)、皇宫宴会和银器馆(Hoftafel und Silberkammer)、皇帝居室(Kaiserappartments)、珍宝馆(Schatzkammer)、国立图书馆(Nationalbibliothek)、奥古斯丁教堂(Augustinerkirche)、皇家墓穴(Kaisergruft)等。

圣斯特凡大教堂(Stephansdom)是维也纳市中心的哥特式教堂，也是欧洲最高的几座哥特式古建筑之一。在教堂顶盖外面，绘有大面积的色彩缤纷的图案纹，有“维也纳的精魂”之称。教堂于公元1304年始建，两个世纪后竣工，被认为是几百年建筑艺术大成之杰作。第二次世界大战中被毁，战后重建，历时10年，于1958年基本恢复旧观。大教堂由1座主体楼和3座楼塔组成，以南塔最为壮观，高138米，成锥体形直插云天。

维也纳国家歌剧院(State Opera Theatre of Vienna)：建于1869年，是世界上一流的大型歌剧院，是“音乐之都”维也纳的主要象征，素有“世界歌剧中心”之称。

国家歌剧院

街景

新市政厅(Neus Rathaus)：建于1872—1883年，为新哥特式建筑，是环城路上最高的建筑物。中央高耸着钟楼，楼顶竖立着3m高的铁甲城市守卫者的雕像。市政厅建筑的前面是市政厅广场(Rathaus Platz)。

维也纳音乐厅(Music Hall in Vienna)：是奥地利最古老也最现代化的音乐厅，是每年举行“维也纳新年音乐会”的法定场所，始建于1867年，1869年竣工，是意大利文艺复兴式建筑。外墙黄红两色相间，屋顶上竖立着许多音乐女神雕像，古雅别致。

其他主要景点：申布伦宫殿和园林(Palace and Gardens of Schnbrunn)、布格剧院(Burg Theater)、议会大厦(Parlament)、卡尔斯大教堂(Karlskirche)等。

维也纳是举世公认的“音乐之都”。这座城市不仅把众多的音乐家吸引到此地，而且还培育了一代又一代杰出的指挥家和演奏家。从18世纪末到19世纪，维也纳出现了一批举世闻名的音乐大师，如莫扎特、海顿、舒伯特、施特劳斯父子和德国人贝多芬等。

布鲁日历史中心
Historic Centre of Brugge

国家：比利时
洲名：欧洲

时间:2000 年列入《世界遗产名录》

标准:ii, iv, vi

属性:文化遗产

功能:历史城市

世界遗产委员会的评价:

布鲁日是中世纪历史区杰出典范,历经几个世纪演变,它仍然保留着其历史的结构,在那里,原始的哥特式建筑构成了城镇的特色部分。作为欧洲商业与文化的首府之一,布鲁日发展了与世界各地的文化联系。它与佛兰芒早期绘画流派密切相关。

Brief Description

Brugge is an outstanding example of a medieval historic settlement, which has maintained its historic fabric as this has evolved over the centuries, and where original Gothic constructions form part of the town's identity. As one of the commercial and cultural capitals of Europe, Brugge developed cultural links to different parts of the world. It is closely associated with the school of Flemish Primitive painting①.

布鲁日广场

布鲁日位于比利时的西北部,是一座美丽的小城,仍保持着中世纪城镇的风貌。从 11 世纪到 13 世纪,由于布鲁日地处欧洲的"十字路口"(crossroads)的特定的地理位置,经历了经济上的巨大发展。布鲁日在中世纪时就成为了主要的商业和金融中心。在 13 世纪至 15 世纪期间,它已成为世界上最富有的城市之一。布鲁日还有比利时的"威尼斯"之称,在纵横交错的运河上,有许许多多的桥。运河上的游艇和街道上载着游客的古式马车颇为别致。河流、绿地、古老的建筑群把这座城市点缀得是那样的不同凡响,别致而又美丽。市中心的广场上矗立着

①http://whc.unesco.org/en/list/996

布鲁日的英雄扬·布雷德尔(Jan Breidel)和彼得·德·科宁克(Piet de Konink)的青铜雕像。在大广场附近主要的建筑是钟楼(Belfry),建于13—15世纪,高达80余米,具366阶台阶。赫鲁宁恩博物馆(Groeningen Museum)收藏有15—16世纪艺术家的艺术作品,包括佛兰芒早期绘画流派的一些作品。梅姆灵博物馆(Memling Museum)是圣约翰医院的一部分,始建于12世纪,主要收藏有佛兰芒画家汉斯·梅姆灵(Hans Memling)(1430—1494)的美术作品。在布鲁日城区还有一条美丽的湖(Minnewater)被法国大文豪维克多·雨果(Victor Hugo)翻译为"爱之湖"(Lac d'Amour)(法文)。布鲁日不仅景色秀丽,而且还有许许多多的名胜古迹。布鲁日,是一个让人流连忘返和心旷神怡的城市。

布拉格历史中心
Historic Centre of Prague

国家:捷克
洲名:欧洲
时间:1992年列入《世界遗产名录》
标准:ii, iv, vi
属性:文化遗产
功能:历史城市

世界遗产委员会的评价:

布拉格历史中心建于11—18世纪之间,老城、外城和新城自中世纪起就以其建筑和文化上的巨大影响而著称于世。城市历史中心拥有诸如荷拉德卡尼城堡、圣维特大教堂、查理桥以及数不胜数的教堂和宫殿等绚丽壮观的遗迹,其中大多数建于14世纪神圣罗马皇帝查理四世统治时期。

Brief Description

Built between the 11th and 18th centuries, the Old Town, the Lesser Town and the New Town speak of the great architectural and cultural influence enjoyed by this city since the Middle Ages. The many magnificent monuments, such as Hradcani Castle, St Vitus Cathedral, Charles Bridge and numerous churches and palaces, built mostly in the 14th century under the Holy Roman Emperor, Charles Ⅳ[①].

布拉格是捷克共和国的首都和该国最大的城市,位于该国的中波希米亚州伏尔塔瓦河流域。历史上的布拉格是艺术、贸易和宗教中心。布拉格各个历史时期的建筑风格在此均有所体现。这里有罗马式、哥特式、巴洛克式、文艺复兴等各个历史时期的建筑。布拉格分为老城区、新城区、城堡区和小城区4个区。

布拉格城堡(Prague Castle):位于布拉格伏尔塔瓦河西岸丘陵上,建于9世纪,60多年来历届总统办公室均设在城堡内,因此城堡又被称为"总统府",现仍为捷克共和国总统府所在地。这里有各个历史时代风格的建筑,包括教堂、王宫、画廊、大厅、塑像、喷泉等。

---

①http://whc.unesco.org/en/list/616

布拉格城堡“总统府”

布拉格古建筑群

圣维特大教堂(St Vitus Cathedral):坐落在布拉格城堡,始建于1344年,是城堡内最高的建筑。早期是一座罗马式圆形建筑,始建于925年,由波希米亚公爵瓦茨拉夫一世建成,1060年扩建,1344年查理四世下令在原教堂的基础上建造一座哥特式教堂,1929年建成。教堂顶尖高达97m,长60m,宽12m,远望巍然高耸,塔尖似高触苍穹。教堂的外表布满花纹图案,雕工细腻。石雕的人兽,造型美妙,千姿百态。布拉格王室的加冕仪式在此举行,以往王室的遗体也安葬于此,这里还保存着国王的王冠和加冕用的权杖等。从外观来看,哥特式的圣维塔大教堂有许多经典建筑特色,例如大门上的拱柱和飞扶壁,装饰相当华丽。

查理大桥

旧城广场

查理大桥(Charles Bridge):查理大桥建于1357年,横跨在伏尔塔瓦河上,桥长520m,宽10m,有16座桥墩,桥梁两侧耸立有30尊石像。这些雕像都是出自捷克17—18世纪巴洛克艺术大师的杰作。现在原件已经保存在博物馆内,大部分已经换成复制品。大桥两端是布拉格城堡和旧城区。查理大桥是历代国王加冕游行的必经之路。查理大桥以其悠久的历史和建筑艺术成为布拉格最有名的古迹之一。

黄金巷(Golden Lane):是布拉格古堡最著名的景点之一,黄金巷22号曾是著名捷克作家卡夫卡(Franz Kafka)居住的地方。这个小屋林立的黄金巷,是布拉格最诗情画意的街道。黄金巷原本是仆人工匠居住之处,后来因为聚集不少为国王炼金的术士,因而有此名称。

旧城广场(Old Town Square):旧城广场又称胡斯广场。12世纪以来,这里一直是市民集会的场所。广场周边尽是哥特式、巴洛克式、洛可可式和新古典风格的建筑。旧城广场的中心是胡斯雕像。广场最具特色是建于老市政厅外墙上大名鼎鼎的天文钟，分为上下两座，下面的圆盘最外圈是一年的365天，中间的12幅画代表月份，内圈是12个星座，正中间是城徽。上面是天文时钟，蓝色部分代表白天。天文钟是一座精美别致的自鸣钟，两侧是象征性的雕塑。天文钟的上部还有十二使徒的机械木偶，整点出来报时。旧城广场的地标建筑是以双尖塔闻名的蒂恩圣母教堂。

天文钟

布拉格名胜古迹众多，城堡、宫殿、教堂、博物馆等遍布城区，丰富多彩的建筑和艺术风格赢得了公认的国际赞誉，其独特的风貌吸引了世人的目光。

布达佩斯，包括多瑙河沿岸、布达城堡区和安德拉什大街

Budapest, including the Banks of the Danube, the Buda Castle Quarter and Andrássy Avenue

国家：匈牙利
洲名：欧洲
时间：1987年列入《世界遗产名录》，2002年扩展
标准：ii，iv
属性：文化遗产
功能：历史城市

世界遗产委员会的评价：

这个地区保留有诸如阿昆库姆罗马城和哥特式布达城堡等遗迹。这些遗迹的建筑风格受到了好几个时期的影响，是世界上城市景观中的杰出典范之一，而且显示了匈牙利都城在历史上各伟大时期的风貌。

Brief Description

This site has the remains of monuments such as the Roman city of Aquincum and the Gothic castle of Buda, which have had a considerable influence on the architecture of various periods. It is one of the world's outstanding urban landscapes and illustrates the great periods in the history of the Hungarian capital①.

布达佩斯地处于欧亚大陆交通线的十字路口，位于匈牙利平原和喀尔巴阡山的交会点之间。整座城市位于多瑙河沿岸，多瑙河将城市一分为二，河西岸称为布达(Buda)，东岸称为佩斯(Pest)。布达佩斯原是隔多瑙河相望的一对姐妹城市——布达和佩斯，1873年这两座城市正式合并。蓝色的多瑙河从西北蜿蜒流向东南，款款穿越市中心；9座别具特色的铁桥飞架其上，一条地铁隧道横卧其底，将这对姐妹城市紧紧地连为一体。

①http://whc.unesco.org/en/list/400

布达，公元1世纪建市，1361年成为都城，匈牙利历代皇朝均在此建都。它依山而建，群山环绕，丘陵起伏，林木苍翠，这里有富丽堂皇的旧王宫、精致的渔人堡以及大教堂等著名建筑群。

佩斯始建于公元3世纪初叶，地势平坦，是行政机关、工商企业和文化机构集中地。这里有各式各样的古今高大建筑群，如议会大厦、国家博物馆、英雄广场等。诗人裴多菲和大音乐家李斯特都曾在这里留下了足迹。

皇宫(Royal Palace)：通过链子桥，沿着山路环绕上行，一层层的城堡王宫映入眼帘。这是一片依山而建的庞大建筑群，一座座城堡沿着山势起伏而立，错落有致，文艺复兴风格的墙壁与高耸巨大的绿色圆顶使得城堡气度非凡。皇宫始建于13世纪，后来经过多次修复及扩建。今天逐渐成为新古典式风格(neoclassical style)的建筑。虽然是皇宫，却没有围墙。中心部分是历史博物馆和民族画廊。博物馆里依年代顺序展示了匈牙利的历史资料。画廊里主要展示的是匈牙利民族画家和雕刻家的作品。城上山丘南侧有中世纪城墙的遗迹，在那里可以俯瞰多瑙河及城市全景。

国会大厦(Parliament Building)：坐落在多瑙河之滨的布达佩斯国会大厦，是一座宏伟壮观的新哥特式建筑。国会大厦是由匈牙利著名建筑师伊姆莱(Imre Steindal)设计并监造的，于1884年破土动工，于1902年基本完工。整个大厦共有691个房间、会议室和大厅，27个门，楼梯总长达20多千米。国会大厦长268m，最宽处118m，平均高42m，中心圆形拱顶的尖端高96米，周围有两个哥特式大尖顶，22个小尖顶，是世界建筑艺术中的珍品。大楼虽然是哥特式的建筑，但融合了匈牙利的民族风格，主要的厅室都用匈牙利历史名人的肖像和雕塑以及表现匈牙利历史大事的巨幅壁画装饰。拱顶下是金碧辉煌的圆顶大厅，20多根柱子总共用了50kg的金箔装饰，重大的会议和庆典都在这里举行。

马伽什教堂(Matthias Church)：建于13—15世纪，经历改朝换代的时代变迁，多次修缮，使马伽什教堂从最早的天主教堂，在土耳其占领时改为回教寺院，之后又加入了巴洛克和新哥特式风格，因而成就现在深具特色的教堂。教堂内不定时地举行音乐会或教会活动。马伽什教堂原本是布达圣母教会，后因匈牙利国王马伽什在此举行婚礼而改名，也是匈牙利国王加冕之处。教堂外三位一体广场上的纪念柱，是18世纪这里的旧城居民为了纪念18世纪黑死病的消除而设立的。今天我们看到的新哥特式风格教堂是设计师福里杰斯·舒里克(Frigyes Schulek)设计，重建于1896年。

渔人堡(Fishmen's Bastion)：渔人堡在城堡山上，建于1895年，它是近代设计师福里杰斯·舒里克(Frigyes Schulek)的杰作。据说这里早期是个鱼市，当地市民为了守护城市，将这一带交给渔夫守护，因而得名。渔人堡周围环境优美，这里可以俯瞰布达佩斯全城风光。

链子桥(Chain Bridge)：连接布达与佩斯的是9座气势雄伟、风格迥异的大桥。其中最著名、最古老和最壮观的是链子桥，它已成为布达佩斯的标志性建筑。链子桥于1839年开始兴建，1849年完成，二次大战期间德军为了巩固他们在城堡山上的堡垒，将桥梁全部炸毁。历经战后的重建，链子桥在完工后的100年即1949年重新通行。链子桥是第一座真正连接佩斯与布达两城的建筑，多年来一直是布达佩斯的象征。

英雄广场(Heroes' Square)：英雄广场的中央是一尊高达36m的巨型纪念碑，名为"千年纪念碑"。这座"千年纪念碑"，是1896年为纪念阿尔巴德大公(Árpad)率领凯旋的匈牙利民族进驻喀尔巴阡盆地1 000周年而建造的。在纪念碑的顶端加百利(七大天使之一，是上帝传

布达佩斯多瑙河沿岸

布达城堡

英雄广场

送好消息给人类的使者)一手高举罗马教皇的十字架,一手持匈牙利的王冠展翅赐福匈牙利。碑座平台上是阿尔巴德及他率领的 6 个主要部落的首领。碑后方,是两个半圆形廊柱,陈列着历代的明君圣主,或战功显赫的将军们。宽敞的英雄广场是一个融合了历史、艺术和政治的胜迹。广场的右边是全国最大的画廊,左边是美术馆。

安德拉什大街(Andrássy Avenue):原名共和国大道,是布达佩斯最美的街道。1876 年此道路已经和现在一样笔直宽阔,意大利文艺复兴时期的国立歌剧院坐落于此。歌剧院正面的两侧是本土伟大作曲家李斯特和罗伯特·弗朗兹的塑像。

魁北克历史区
Historic District of Québec

国家:加拿大
洲名:美洲
时间:1985 年列入《世界遗产名录》
标准:iv, vi
属性:文化遗产
功能:历史城市

世界遗产委员会的评价:

魁北克是由法国探险家桑普兰在 17 世纪早期发现的。它是唯一一座防御体系保存完好的北美城市。众多的堡垒、城门和防御工事仍围绕着魁北克老城。上城建在悬崖上,保存有宗教和行政中心,包括教堂、女修道院和其他建筑物,如太子妃堡、城堡和弗隆特纳克要塞;它与下城和古城区一起构成了城市的整体,是筑垒殖民地城市最好的典范之一。

Brief Description

Québec was founded by the French explorer Champlain in the early 17th century. It is the only North American city to have preserved its ramparts, together with the numerous bastions, gates and defensive works which still surround Old Québec. The Upper Town, built on the cliff, has remained the religious and administrative centre, with its churches, convents and other monuments like the Dauphine Redoubt, the Citadel and Comte de Frontenac. Together with the Lower Town and its ancient districts, it forms an urban ensemble which is one of the best examples of a fortified colonial city①.

基多城
City of Quito

国家:厄瓜多尔
洲名:美洲
时间:1978 年列入《世界遗产名录》
标准:ii, iv
属性:文化遗产
功能:历史城市

世界遗产委员会的评价:

基多城,厄瓜多尔的首都,于 16 世纪建在一座印加城的废墟上,海拔 2 850m。尽管历经了 1917 年的地震,基多城仍然是拉丁美洲保存最好、变化最小的历史中心。圣弗朗西斯修道

①http://whc.unesco.org/en/list/300

院和圣多明各修道院，拉孔帕尼亚的教堂和耶酥会学院，连同这些建筑华丽的内部装饰都成为了“基多巴洛克风格”的完美典范，将西班牙、意大利、摩尔人式、佛兰德和本土艺术融为一体。

Brief Description

Quito, the capital of Ecuador, was founded in the 16th century on the ruins of an Inca city and stands at an altitude of 2 850 m. Despite the 1917 earthquake, the city has the best -preserved, least-altered historic centre in Latin America. The monasteries of San Francisco and Santo Domingo, and the Church and Jesuit College of La Compania, with their rich interiors, are pure examples of the 'Baroque school of Quito', which is a fusion of Spanish, Italian, Moorish, Flemish and indigenous art①.

库斯科城
City of Cuzco

国家：秘鲁
洲名：美洲
时间：1983 年列入《世界遗产名录》
标准：iii，iv
属性：文化遗产
功能：历史城市

世界遗产委员会的评价：

库斯科城位于秘鲁的安第斯山脉，在印加统治者帕查库蒂统治之下发展成为独特的将宗教和行政职能融为一体的城市中心。城市由具有明显界线的农业、手工业和工业区所围绕。16 世纪，西班牙人占领这座城市时保留了城市的基本结构，但同时又在印加城市的废墟上建造了巴洛克式的教堂和宫殿。

Brief Description

Situated in the Peruvian Andes, Cuzco developed, under the Inca ruler Pachacutec, into a complex urban centre with distinct religious and administrative functions. It was surrounded by clearly delineated areas for agricultural, artisan and industrial production. When the Spaniards conquered it in the 16th century, they preserved the basic structure but built Baroque churches and palaces over the ruins of the Inca city②.

库斯科城曾是印加帝国的都城，位于安第斯山脉高原盆地中。城内有许多宫殿、教堂、神庙、古城墙、城堡等。在库斯科城郊有举世闻名的举行“太阳祭”的萨克萨曼圆形古堡。它建筑在一个小山坡上，可俯瞰全城的巨大防御系统。

---

①http://whc.unesco.org/en/list/2
②http://whc.unesco.org/en/list/273

开罗古城
Historic Cairo

国家:埃及
洲名:非洲
时间:1979 年列入《世界遗产名录》
标准:i, v, vi
属性:文化遗产
功能:历史城市

世界遗产委员会的评价:

开罗是世界上最古老的伊斯兰城市之一,位于现代城区的中心,拥有著名的清真寺、伊斯兰学校、土耳其式浴室和喷泉。它建于 10 世纪,为当时的伊斯兰世界的新中心,14 世纪达到鼎盛时期。

Brief Description

Tucked away amid the modern urban area of Cairo lies one of the world's oldest Islamic cities, with its famous mosques, madrasas, hammams and fountains. Founded in the 10th century, it became the new centre of the Islamic world, reaching its golden age in the 14th century①.

埃及是世界文明古国,地处欧洲、非洲和亚洲三大洲交界处,是世界驰名的历史文化古城。开罗是埃及的首都,非洲第一大城,世界上最古老的伊斯兰城市之一。古往今来,已有无数游牧民族、商队、旅行者、军队从这里通过。东西方文化很早便在这里交汇、融合。开罗由于位于连接东西方的交通要道上,历来为兵家必争之地。早在公元 642 年,阿拉伯人就在这里安营扎寨,修筑城堡。公元 969 年,来自突尼斯的阿拉伯帝国法蒂玛王朝征服了埃及,将开罗定为国都,"开罗"在阿拉伯语中即是"胜利"之意,13 世纪后发展成为全国贸易和文化中心。

开罗是著名文化古城,拥有众多的名胜古迹。巍峨的萨拉丁城堡上建有宏伟的穆罕默德·阿里清真寺,寺院巨大的圆顶和高耸入云的尖塔是开罗的象征。市内的拉美西斯广场中心有古埃及第 19 王朝法老拉美西斯二世的巨大全身雕像。埃及博物馆以收藏古埃及文物而享誉全世界,共有展品 10 余万件,其中图坦卡蒙法老的黄金面具、黄金棺材、黄金宝座等尤为珍贵。馆内有埃及历代法老及其后妃们的木乃伊,有的已有 3 500 多年的历史,至今保存完好。开罗现有 250 多座各具特色的清真寺,众多高大的宣礼塔使开罗成为"千塔之城",其中最高的开罗塔,高达 187m。开罗还是伊斯兰文化研究中心,它拥有伊斯兰世界最古老的高等学府——爱资哈尔大学,是世界上最古老的伊斯兰大学之一,被称为"伊斯兰教的最高学府"。在开罗西南郊吉萨高原上矗立着古代埃及文明的象征——吉萨金字塔和狮身人面像。狮身人面像已被作为开罗的城市标志。

---

①http://whc.unesco.org/en/list/89

金字塔和狮身人面像

博物馆

清真寺

伊斯坦布尔历史区
Historic Areas of Istanbul

国家：土耳其
洲名：亚洲
时间：1985 年列入《世界遗产名录》
标准：i，ii，iii，iv
属性：文化遗产
功能：历史城市

世界遗产委员会的评价：

伊斯坦布尔位于黑海与地中海之间的博斯普鲁斯海峡巴尔干岛和安纳托利亚的战略地带。2 000 多年来，它总是与一些重要的政治、宗教和艺术事件联系在一起。它的杰作包括古代君士坦丁堡竞技场、6 世纪的哈吉亚·索菲亚教堂和 16 世纪的苏莱曼清真寺。这些遗迹现在受到了人口压力、工业污染和过度城市化的威胁。

Brief Description

With its strategic location on the Bosphorus Peninsula between the Balkans and Anatolia, the Black Sea and the Mediterranean, Istanbul has been associated with major political, religious and artistic events for more than 2 000 years. Its masterpieces include the ancient Hippodrome of Constantine, the 6th century Hagia Sophia Church and the 16th century Süleymaniye Mosque, all now under threat from population pressure, industrial pollution and uncontrolled urbanization①.

伊斯坦布尔是一座有着 2 600 多年历史的古城，原名君士坦丁堡，曾是拜占庭帝国、罗马帝国和奥斯曼帝国三朝古都。在旧城区，历代各帝国时期遗留下的石砌古堡、城垣、塔楼等随处可见，有“历史宝库”之称。伊斯坦布尔不仅地理上横跨两洲，而且还兼收并蓄欧亚非三洲各民族思想和文化、艺术之精粹，从而成为东西方思想文化的一个重要交汇点，随之遗留下许多源远流长的名胜古迹。伊斯坦布尔自古以来即为交通、军事、贸易和宗教的重地，现为伊斯坦布尔省的首府城市。伊斯坦布尔两千多年来总是与一些重要的政治、宗教和艺术事件联系在一起。它的杰作包括古代君士坦丁竞技场(Hippodrome of Constantine)、6 世纪的哈吉亚·索菲亚教堂(Hagia Sophia Church)和 16 世纪的苏莱曼清真寺(Süleymaniye Mosque)。建于 15 世纪的托普卡珀宫(Topkapi Palace)作为奥斯曼帝国的皇宫达到 400 多年之久，土耳其共和国成立后，将其改为博物馆，即托普卡珀宫博物馆(Topkapi Palace Museum)。它以收藏的稀世珍宝、历史文物之丰富而闻名于世，特别是宫中珍藏着大量的中国古瓷器和丝织品，更证明了中土两国人民源远流长的深厚友谊。

伊斯坦布尔是土耳其最大的城市，是世界上唯一横跨欧亚两洲的名城，也是古代丝绸之路的终点。伊斯坦布尔位于博斯普鲁斯海峡两岸。窄窄的海峡把全市一分为二：海峡西岸属欧洲，东岸则属亚洲。如今，这座美丽的古城已成为举世无双的旅游胜地。

马六甲海峡的历史城市——马六甲与乔治城
Melaka and George Town, historic cities of the Straits of Malacca

国家：马来西亚

洲名：亚洲

时间：2008 年列入《世界遗产名录》

标准：ii, iii, iv

属性：文化遗产

功能：古城

①http://whc.unesco.org/en/list/356

世界遗产委员会的评价：

马六甲海峡的历史城市马六甲与乔治城在500多年间推动了东西方在马六甲海峡的贸易往来与文化交流。亚洲和欧洲的影响赋予它们独特的物质和非物质多元文化遗产。马六甲城内的政府建筑、教堂、广场以及防御工事展现出了这座城市早期的发展历程，它的历史可以追溯至15世纪马来苏丹政权时期及其后的葡萄牙统治时期，再到16世纪早期开始的荷兰统治时期。乔治城则以民居与商业建筑为特色，反映了自18世纪末期开始的英国统治时期的历史面貌。这两座城镇呈现出的独特的建筑与文化景观在东亚及东南亚其他地区绝无仅有。

Brief Description

Melaka and George Town, historic cities of the Straits of Malacca have developed over 500 years of trading and cultural exchanges between East and West in the Straits of Malacca. The influences of Asia and Europe have endowed the towns with a specific multicultural heritage that is both tangible and intangible. With its government buildings, churches, squares and fortifications, Melaka demonstrates the early stages of this history originating in 15th century Malay sultanate and the Portuguese and Dutch periods beginning in the early 16th century. Featuring residential and commercial buildings, George Town represents the British era from the end of the 18th century. The two towns constitute a unique architectural and cultural townscape without parallel anywhere in East and Southeast Asia[①].

马六甲古城

①http://whc.unesco.org/en/list/1223

二、现代都市

在世界遗产名录中,被列入的世界历史名城为数众多,然而巴西首都巴西利亚却是一座年轻的现代化城市。巴西利亚位于戈亚斯高原上,建于1956年,1960年建成。巴西利亚是唯一一座列入世界遗产的现代化都市。城市的设计和规划充分体现了人类的创新精神和丰富的想象力,堪称现代城市建设的典范,是城镇规划史上的里程碑。

巴西利亚
Brasilia

国家:巴西
洲名:美洲
时间:1987年列入《世界遗产名录》
标准:i, iv
属性:文化遗产
功能:现代都市

世界遗产委员会的评价:

巴西利亚,于1956年建都在这个国家的中心的一座城市,它是城镇规划史上的里程碑。城市设计师卢西奥·科斯塔和建筑师奥斯卡·尼迈尔设想了城市的一切,从居民区和行政区的布局(常常被比作飞翔的鸟的形态)到建筑物自身的对称,与城市的总体设计协调一致。特别是办公大楼的设计极具创新精神和想象力。

Brief Description

Brasilia, a capital created ex nihilo in the centre of the country in 1956, was a landmark in the history of town planning. Urban planner Lucio Costa and architect Oscar Niemeyer intended that every element from the layout of the residential and administrative districts (often compared to the shape of a bird in flight) to the symmetry of the buildings themselves should be in harmony with the city's overall design. The official buildings, in particular, are innovative and imaginative①.

巴西利亚位于戈亚斯州(State of Goias)高原上,始建于1956年,1960年建成。作为首都,巴西利亚是国家的行政中心。巴西历史上曾有两个城市是首都,即萨尔瓦多和里约热内卢,它们都是沿海城市。由于历史的原因,巴西的城市和工业多集中于沿海地区,人口过于密集,建立巴西利亚的目的是为了更好地开发和管理巴西的内陆地区,带动经济的发展。1956年,巴西总统库贝切克(Juscelino Kubitschek)决定在戈亚斯州高原上建立新首都,1960年4月21日,巴西人迎来了新首都的落成典礼。

巴西利亚的设计非常有特色,整个城市建筑布局看上去就像一只飞翔的鸟。"鸟头"是由政府宫、国会、最高法院组成的三权广场。"鸟身"是政府各部门办公大楼、大教堂、公园、商业

①http://whc.unesco.org/en/list/445

中心等建筑。“两翼”是平坦宽阔的立体公路，路两旁是居民区和商业网点。“鸟尾”主要是工业区和服务性行业区。巴西城市设计师卢西奥·科斯塔设计了新首都的城市规划方案。一些主要政府建筑物是由巴西建筑师奥斯卡·尼迈尔设计。巴西景观设计师罗伯特·布雷·马克斯(Roberto Burle Marx)则将这座新城市点缀得多姿多彩。

巴西利亚这座现代都市不见古迹遗址，也没有大都市的繁华，但其充满现代理念的城市格局、构思新颖别致的建筑以及寓意丰富的艺术雕塑，使这座城市闻名于世。巴西利亚是一座具有现代建筑特色的现代化城市，城市的设计和规划充分体现了人类的创新精神和丰富的想象力，堪称现代城市建设的典范。

三、乡村聚落

随着人类文明的进步逐渐演化，人类社会由旧石器时代向新石器时代过渡，生产工具有了改进，促进了生产力的发展，畜牧业、原始农业开始形成和发展，农业与畜牧业分离，产生了人类历史上第一次社会大分工，出现了从事农耕业生产的人类的固定聚落形式——乡村。乡村聚落是聚落的主要形式。村落文化是人类由游牧、狩猎向农业生活的转变过程。新石器时代晚期，随着生产力的进一步发展，畜牧业和原始农业有了较快的发展，人类生产在满足自身需求的同时，有了劳动剩余物，部分人从土地上解脱出来，成为专门的手工业者，出现了人类历史上第二次社会大分工，即手工业与畜牧业和农业的分离。所以，聚落产生了根本性变化，出现了专门从事商业、手工业的城镇。社会分工的深化推动了生产力的进步，也导致了生产技术和劳动生产率的提高。人类进入奴隶社会，出现了专门从事商品交换的商人，商业从农、牧、手工业中分离出来，出现了人类历史上第三次社会大分工。乡村聚落的产生为城市的出现奠定了基础。

乡村聚落经济活动的基本内容是农业，习惯上称为乡村。由于军事、政治、宗教等目的，人类开始在聚集区周围筑城，兴建了城市，出现了居民不直接依靠农业营生的城市型聚落。作为乡村聚落形式的古村落集人文、历史、建筑、民俗多种文化于一体，具有很高的历史、艺术和科学价值。古村落民居生动地反映了耕读文化和宗族文化，展示了不同区域里古村落的各自地理、民俗、文化和历史风貌。

在世界范围内被联合国教科文组织世界遗产委员会列入世界文化遗产的古村落有皖南古村落——西递和宏村(Ancient Villages in Southern Anhui—Xidi and Hongcun)(中国)、福建土楼(Fujian Tulou)(中国)、开平碉楼和村落(Kaiping Diaolou and Villages)(中国)、白川乡和五箇山的历史村落(Historic Villages of Shirakawa-go and Gokayama)(日本)、韩国历史村落：河回村和良洞村(Historic Villages of Korea：Hahoe and Yangdong)(韩国)、霍拉肖维采历史村落保护区(Holašovice Historical Village Reservation)(捷克)、霍洛克老村及其周围环境(Old Village of Hollókö and its Surroundings)(匈牙利)、陶斯印第安村(Pueblo de Taos)(美国)等。

韩国历史村落：河回村和良洞村
Historic Villages of Korea：Hahoe and Yangdong

国家：韩国

洲名:亚洲

时间:2010 年列入《世界遗产名录》

标准:iii, iv

属性:文化遗产

功能:历史村落

世界遗产委员会的评价:

河回村和良洞村始建于 14—15 世纪,这两座村庄被认为是韩国最具代表性的历史宗族村落。这两个村落背倚树木繁茂的青山,面向河流和开阔的农田,反映出朝鲜王朝(1392—1910)早期鲜明的贵族儒家文化特质。村落的布局和选址的目的在于从周边景观中汲取物质和精神食粮。其建筑包括村落首领家族的宅第、其他家族成员的坚固的木结构房屋、亭台、学堂、儒家书院,以及先前平民居住的单层泥墙、茅草屋顶的住宅群。村落居于山环水绕、绿树成荫、亭台如画的景观之中,它们的美丽景致曾被众多 17 和 18 世纪的诗人所咏颂。

Brief Description

Founded in the 14th—15th centuries, Hahoe and Yangdong are seen as the two most representative historic clan villages in the Republic of Korea. Their layout and location—sheltered by forested mountains and facing out onto a river and open agricultural fields—reflect the distinctive aristocratic Confucian culture of the early part of the Joseon Dynasty (1392—1910). The villages were located to provide both physical and spiritual nourishment from their surrounding landscapes. They include residences of the head families, together with substantial timber framed houses of other clan members, also pavilions, study halls, Confucian academies for learning, and clusters of one story mud - walled, thatched - roofed houses, formerly for commoners. The landscapes of mountains, trees and water around the village, framed in views from pavilions and retreats, were celebrated for their beauty by 17th and 18th century poets[①].

霍洛克老村及其周围环境

Old Village of Hollókö and its Surroundings

国家:匈牙利

洲名:欧洲

时间:1987 年列入《世界遗产名录》

标准:v

属性:文化遗产

功能:古村落

①http://whc.unesco.org/en/list/1324

世界遗产委员会的评价：

霍洛克是被精心保护下来的传统村落的一个杰出范例。这个村落主要是在 17 和 18 世纪发展起来的，是 20 世纪农业革命前乡村生活的生动写照。

Brief Description

Hollókö is an outstanding example of a deliberately preserved traditional settlement. This village, which developed mainly during the 17th and 18th centuries, is a living example of rural life before the agricultural revolution of the 20th century①.

霍洛克村位于匈牙利东北部，距离布达佩斯约 100km，堪称匈牙利最具魅力的村庄。它的著名是因为早在 1987 年这里便被联合国教科文组织世界遗产委员会列为世界文化遗产。如今，这里已成为匈牙利的传统保护区，是一座集旅游和文化保护为一体的民俗村。这是一座不足百人的小村，人们终日为生计而不停地忙碌，有的手中持着干草叉，有的人则挎着蔬菜篮，固守着世代沿袭的传统生活方式。小村的魅力或许是因为这里至今仍保留着完好的民俗。这里的女人们最喜欢戴着绣花的白色头巾，身上经常穿着红或蓝的印花套裙。如今，当你走在村落中，如果碰巧与这些美丽的村姑相遇时，她们还会以欧洲古典的屈膝礼迎接你的到来，优雅地用手提起裙角，轻轻的一屈膝，风情万种。这里的民居极其漂亮，白色围墙的房子的正面由雕刻精美的木质栏杆点缀着，是匈牙利北部地区的典型建筑风格。在村落附近，分布着几个葡萄庄园、蔬菜园、庄稼地和牧场。恬淡而优雅的田园风光为这个小村落增添了几分妩媚。

霍拉肖维采历史村落保护区
Holašovice Historical Village Reservation

国家：捷克

洲名：欧洲

时间：1998 年列入《世界遗产名录》

标准：ii, iv

属性：文化遗产

功能：历史村落

世界遗产委员会的评价：

霍拉肖维采是完美无缺地保留下来的欧洲中部传统村落的一个罕见例证，它拥有以南波斯米亚民间巴洛克风格而闻名遐迩的 18 和 19 世纪许多杰出的本土建筑，保留下一张始自中世纪的蓝图。

Brief Description

Holašovice is an exceptionally complete and well - preserved example of a traditional central European village. It has a large number of outstanding 18th and 19th century vernacular buildings in a style known as "South Bohemian folk Baroque", and preserves a ground

①http://whc.unesco.org/en/list/401

plan dating from the Middle Ages[①].

霍拉肖维采是19世纪南波希米亚乡村环境得到遗存下来的独特的典范,同时,它也是人类最初创造的建筑成形艺术的见证。霍拉肖维采在整个南波希米亚的乡村巴洛克式建筑中展现了自身最独特的魅力。霍拉肖维采是一座颇具特色的村落,村落田园风光点缀着的房屋住宅和农场建筑物在整体上给人留下至深的印象。优美的线条,加上风格迥异、丰富多彩的装饰物,使这个乡村建筑愈加焕发其独特的风采。

陶斯印第安村
Pueblo de Taos

国家:美国
洲名:美洲
时间:1992年列入《世界遗产名录》
标准:iv
属性:文化遗产
功能:历史村落

世界遗产委员会的评价:

陶斯印第安村位于里奥格兰河的一个支流的山谷中,村中有用砖坯砌成的民居和宗教建筑,代表了亚利桑那州和新墨西哥州的印第安人的文化。

Brief Description

Situated in the valley of a small tributary of the Rio Grande, this adobe settlement—consisting of dwellings and ceremonial buildings—represents the culture of the Pueblo Indians of Arizona and New Mexico[②].

美国的陶斯印第安村包括一系列的居民点和仪式中心,是分布在今天亚利桑那、新墨西哥州、犹他州与科罗拉多州边界地区的具有史前传统的阿那萨基印第安部落文化的典型代表。陶斯印第安村从17世纪起就成为当地土著居民的文化中心,今天它仍然传承世代延续的文化传统。

尽管陶斯印第安村采用了欧洲建筑的风格,包括壁炉、外层大门和多用途的窗户,然而,陶斯印第安村是传统建筑风格与这一地区特有的美洲史前时期建筑风格和谐统一的典型代表。陶斯印第安村可以说是一个杰出的建筑博物馆和一个传统人类定居点的辉煌例证。陶斯印第安村落独有的当地土著的风情文化和建筑特色无一不使其成为一处具有魅力的地方。

四、皇宫和王宫

被列入世界文化遗产的皇宫和王宫有:北京和沈阳明清故宫(Imperial Palaces of the Ming and Qing Dynasties in Beijing and Shenyang)(中国)、凡尔赛宫及其园林(Palace and

①http://whc.unesco.org/en/list/861
②http://whc.unesco.org/en/list/492

Park of Versailles)(法国)、枫丹白露宫及其花园(Palace and Park of Fontainebleau)(法国)、莫斯科的克里姆林宫和红场(Kremlin and Red Square, Moscow)(俄罗斯)、申布伦宫殿和花园(Palace and Gardens of Schönbrunn)(奥地利)、维尔茨堡宫、宫廷花园和宅邸广场(Würzburg Residence with the Court Gardens and Residence Square)(德国)、萨沃亚王宫(Residences of the Royal House of Savoy)(意大利)、卡塞塔18世纪王宫(18th Century Royal Palace at Caserta, with the Park, the Aqueduct of Vanvitelli, and the San Leucio Complex)(意大利)、布莱尼姆宫(Blenheim Palace)(英国)、阿格拉堡(Agra Fort)(印度)、法塔赫布尔·西格里(Fatehpur Sikri)(印度)、昌德宫(Changdeokgung Palace Complex)(韩国)等。

凡尔赛宫及其园林
Palace and Park of Versailles

国家:法国
洲名:欧洲
时间:1979年列入《世界遗产名录》
标准:i, ii, vi
属性:文化遗产
功能:王宫

世界遗产委员会的评价:

凡尔赛宫是法国国王路易十四到路易十六时期的王宫。经历了几代建筑师、雕塑家、装饰家和景观设计师的不断修饰,一个多世纪以来,它一直是欧洲王室官邸的完美典范。

Brief Description

The Palace of Versailles was the principal residence of the French kings from the time of Louis XIV to Louis XVI. Embellished by several generations of architects, sculptors, decorators and landscape architects, it provided Europe with a model of the ideal royal residence for over a century①.

凡尔赛宫(Chateau de Versailles)是路易十四于1661年下令建造的一座王宫,1689年落成,它坐落于距巴黎西南约20km的凡尔赛(Versaillers)。凡尔赛宫是世界闻名的法国王宫,这座富丽堂皇的皇家宫苑,是17世纪专制王权的象征,是西方古典主义建筑的典范。路易十四、路易十五和路易十六都曾在此安居,料理朝政,从此凡尔赛一直是法国的政治中心。直到1789年10月,法国人民进攻并占领凡尔赛,才结束了其政权统治。这座宫殿为3层,共有1 800多间厅室,宫内装饰金碧辉煌,其中最为奢华的是镜厅,位于宫殿的西侧,在战争馆与和平馆之间,长73m,宽10.5m,高12.3m。镜厅内有17面大镜子、水晶吊灯、银制家具、银制王座、锦缎窗帘,整个厅内富丽堂皇,极尽奢华。镜厅是路易十四为了宣扬军事上的胜利和炫耀自己至高无上权力而兴建。国王寝宫、王后寝宫、巴洛克式礼拜堂、歌剧院和特利亚隆宫都是建筑之精华。凡尔赛宫广场上是一片绿茵雅致的花园,花园上遍布无数的雕塑、喷泉、果菜园、

①http://whc.unesco.org/en/list/83

橘树园、人工湖等。

枫丹白露宫及其花园
Palace and Park of Fontainebleau

国家:法国
洲名:欧洲
时间:1981 年列入《世界遗产名录》
标准:ii, vi
属性:文化遗产
功能:王宫

世界遗产委员会的评价:

枫丹白露宫位于法兰西岛广阔的森林中心,为中世纪王室成员的狩猎屋,从 12 世纪起为法国国王所用。16 世纪时,弗朗索瓦一世想造就一个"新罗马",将此宫改造、扩建和装饰。这座意大利风格的宫殿为巨大的花园所环绕,把文艺复兴时期的风格和法国传统艺术完美地融合在一起。

Brief Description

Used by the kings of France from the 12th century, the medieval royal hunting lodge of Fontainebleau, standing at the heart of a vast forest in the Ile de France, was transformed, enlarged and embellished in the 16th century by François Ⅰ, who wanted to make a "New Rome" of it. Surrounded by an immense park, the Italianate palace combines Renaissance and French artistic traditions[①].

枫丹白露位于巴黎东南 60km 处,是一片森林。10 世纪,这里原本是巴黎的王室成员来此狩猎时,用以休憩的小屋,后成为法国国王喜爱的度假胜地。12 世纪,成为王室城堡。后经历代君王的改建、扩建、装饰和修缮,使枫丹白露宫成为一座富丽堂皇的行宫。弗朗西斯一世、亨利二世、亨利四世、路易十四、路易十五、路易十六和拿破仑等法国帝王都曾在此居住过,直到 19 世纪末,它被改建成博物馆。枫丹白露宫(Palais de Fontainebleau)内部尽管经历了历代国王的装饰和修缮,但基本格调保持了文艺复兴时期的风格。最著名的是弗朗索瓦一世回廊(Galerie Franöois Ⅰ)的壁画和天井画。此外,枫丹白露宫前的戴高乐广场(Place de Gaulle)和枫丹白露宫周围的枫丹白露森林(Forêt de Fontainebleau),将枫丹白露宫衬托得更加美丽。

申布伦宫殿和花园
Palace and Gardens of Schönbrunn

国家:奥地利
洲名:欧洲

①http://whc.unesco.org/en/list/160

时间：1996 年列入《世界遗产名录》

标准：i，iv

属性：文化遗产

功能：王宫

世界遗产委员会的评价：

从 18 世纪到 1918 年，申布伦宫殿是哈布斯堡王朝君主的住所。它是由建筑师约翰·本哈德·菲舍尔·冯·埃尔拉赫和尼古拉斯·帕卡西设计建造的，到处都有极其精美的装饰艺术品。和花园一起的，还有建于 1752 年的世界上第一个动物园的遗址，它使非凡的巴洛克式建筑群集中于此，成为艺术品的典范。

Brief Description

From the 18th century to 1918, Schönbrunn was the residence of the Habsburg emperors. It was designed by the architects Johann Bernhard Fischer von Erlach and Nicolaus Pacassi and is full of outstanding examples of decorative art. Together with its gardens, the site of the world's first zoo in 1752, it is a remarkable Baroque ensemble and a perfect example of *Gesamtkunstwerk*①.

申布伦宫殿

申布伦宫殿又称为"美泉宫"，位于奥地利首都维也纳西北郊。申布伦宫殿核心区 186.28hm^2，缓冲区 260.64hm^{2}②。申布伦宫是一座富丽堂皇的巴洛克式建筑。16 世纪，申布伦宫曾是王室成员的狩猎屋，从 18 世纪到 1918 年，申布伦宫殿是哈布斯堡王朝君主的住所。玛丽娅·特蕾莎执政时，这里成为皇族最喜爱的夏宫，许多重要国事活动在这里举行。整座宫殿有 1 441 个房间，其中 45 间对外开放，供游客参观。宫殿建筑大多数是巴洛克风格的，其中

①http://whc.unesco.org/en/list/786

②http://whc.unesco.org/en/list/786

只有44个房间是洛可可风格。宫殿后面是一座巴洛克式大花园。在碎石子铺成的平面上,是一片格局优雅、精雕细琢的花坛和草坪。花园两边高大的树木被剪成一面绿墙,绿墙里是44座古希腊神话故事中的人物塑像。在花园的尽头,有一座1780年修建的美丽的喷泉,名为"海神喷泉"。海神喷泉水池的中央,是一组根据希腊海神故事塑造的雕像。在海神喷泉的东边是赫赫有名的"美丽泉"。从海神喷泉处,走上丘陵,就是申布伦宫的最高点——凯旋门。申布伦宫殿院落内还有建于1752年的动物园,是欧洲最古老的动物园,也是世界上现存最古老的动物园。

弗朗茨·约瑟夫一世和皇后茜茜公主曾住在申布伦宫。茜茜公主以其美貌征服了奥地利,她的人生悲剧也引起广泛的同情。1830年,茜茜公主的丈夫奥匈帝国的第一位皇帝弗朗茨·约瑟夫一世出生在申布伦宫,他的童年及青年时期夏季都是在这里度过的。1848年,弗朗茨·约瑟夫继任奥地利皇帝兼匈牙利国王后,申布伦宫又经历了一次辉煌的时代,这里是他最喜欢和居住时间最长的住所,直到1916年,他在申布伦宫走完了他最后的人生旅程。1918年,奥匈帝国末代皇帝就是在这里签署了退位诏书。电影《茜茜公主》主要就是在这里拍摄的。

莫斯科的克里姆林宫和红场
Kremlin and Red Square, Moscow

国家:俄罗斯
洲名:欧洲
时间:1990年列入《世界遗产名录》
标准:i, ii, iv, vi
属性:文化遗产
功能:宫殿和广场

世界遗产委员会的评价:

克里姆林宫是由杰出的俄罗斯和外国建筑师建于14—17世纪,是沙皇的住宅和宗教中心,13世纪以来俄罗斯所有最重要的历史事件和政治事件都与这里密切相关。坐落在红场上防御城墙脚处的圣巴西勒教堂,是最美丽的俄罗斯东正教建筑之一。

Brief Description

Inextricably linked to all the most important historical and political events in Russia since the 13th century, the Kremlin (built between the 14th and 17th centuries by outstanding Russian and foreign architects) was the residence of the Great Prince and also a religious centre. At the foot of its ramparts, on Red Square, St Basil's Basilica is one of the most beautiful Russian Orthodox monuments[①].

克里姆林宫位于莫斯科市中心,包括皇宫、教堂、钟楼、办公大楼,构成宏伟的建筑群。克里姆林宫曾是历代沙皇的皇宫,是沙皇权力的象征。它历史上起着防御功能,是宗教和政治活

①http://whc.unesco.org/en/list/545

动中心。克里姆林宫的主体宫殿是大克里姆林宫，后来成了最高苏维埃举行会议的地方。克里姆林宫收藏有许多珍贵文物，包括皇冠、御座、珠宝、神像、盔甲、礼服等。克里姆林宫由三面围墙环绕呈三角形，墙体总长度2.2km，沿墙筑有20座塔楼。伊凡大帝钟楼是克里姆林宫中最高的建筑物，高达81m。它也是一座瞭望塔，可以俯瞰方圆几十千米的地方。在钟楼附近有一重达40.6t的大炮，称之为“炮王”。这里还有一座世界上最大的钟，铸于18世纪30年代，重量超过200多吨，有“钟王”之称。

红场与克里姆林宫毗连，是俄罗斯最著名的广场，建于15世纪，是举行盛大庆典和阅兵典礼之地。红场上有列宁的陵墓，由黑色和深红色的大理石和花岗岩建成。广场南侧有闻名遐迩的圣巴西勒教堂。红场的北面是俄罗斯国家博物馆，是一座建于19世纪具有典型俄罗斯风格的建筑物。

阿格拉堡
Agra Fort

国家：印度
洲名：亚洲
时间：1983年列入《世界遗产名录》
标准：iii
属性：文化遗产
功能：皇宫和城堡

世界遗产委员会的评价：

与泰姬陵花园毗邻的阿格拉红堡，是16世纪重要的莫卧儿王朝建筑。这座坚固的红色砂岩堡垒其围墙长2.5km，环绕着莫卧儿统治者的皇城。古堡里有许多宛如神仙故事一样的宫殿，如由沙·贾汗建造的贾汗吉尔宫和卡斯·玛哈宫；觐见宫，如迪凡-伊-卡斯和两座非常美丽的清真寺。

Brief Description

Near the gardens of the Taj Mahal stands the important 16th century Mughal monument known as the Red Fort of Agra. This powerful fortress of red sandstone encompasses, within its 2.5km long enclosure walls, the imperial city of the Mughal rulers. It comprises many fairy tale palaces, such as the Jahangir Palace and the Khas Mahal, built by Shah Jahan; audience halls, such as the Diwan - i - Khas; and two very beautiful mosques①.

阿格拉堡是位于印度北方邦阿格拉亚穆纳河畔上，由阿克巴(Akbar)大帝下令建造，是莫卧儿王朝阿克巴(Akbar)、贾汗吉尔(Jehangir)、沙·贾汗(Shah Jahan)几代王室的皇家都城和要塞。阿格拉堡雄伟壮观、气势磅礴、富丽堂皇，具有宫殿和城堡的双重功能，见证了昔日莫卧儿王朝的强大和繁荣。

---

①http://whc.unesco.org/en/list/251

阿格拉堡

阿克巴(Akbar,1542—1605),印度莫卧儿王朝第三代皇帝,1556—1605年在位,是这一王朝著名的君主。在阿克巴统治下,印度达到空前的统一和繁荣。

阿格拉堡被长2.5km和高20m的城墙所环绕。整个城堡内约有500座建筑,雄伟壮观、气势磅礴,主要有贾汗吉尔宫(Jahangir Palace)、卡斯·玛哈宫(Khas Mahal)、觐见宫、清真寺、亭台楼阁等。整座城堡呈不规则的八角形。阿格拉堡是一座极其奢华的宫殿,其后又增建了一些殿宇,使阿格拉堡成为一座无比壮丽的皇家都城和莫卧儿王朝几代王室的要塞。阿格拉堡有一座八角形的石塔小楼,在这里可以看到举世闻名的泰姬陵。据说,当年沙·贾汗被他的儿子奥郎则布(Aurangzeb)监禁在这座古堡时,就经常默默地坐在小楼中,怀着无限的思念之情,望向泰姬陵,似乎在倾诉他那一颗孤寂哀伤的心。阿格拉堡内的宫殿,虽经历漫长的岁月,但这座古堡奢华的宫殿和坚固的城墙依然保留了昔日的风貌。阿克巴下令开始兴建阿格拉堡时,因他偏爱红色的砂岩,所以阿格拉堡的整体结构基本上是用红砂岩建成。后来贾汗吉尔扩建此堡,他不喜欢红色,所以改用水泥外漆白色。沙·贾汗接手后,又采用自己偏爱的白色大理石。现在,在阿格拉城堡内,阿克巴时期的建筑保留下来的已经很少,当时的许多建筑由他的孙子沙·贾汗进行了改建。

法塔赫布尔·西格里
Fatehpur Sikri

国家:印度

洲名:亚洲

时间:1986年列入《世界遗产名录》

标准:ii, iii, iv

属性:文化遗产

功能:古城遗址

世界遗产委员会的评价:

法塔赫布尔·西格里(胜利城)由阿克巴皇帝建于16世纪后半叶,它作为莫卧儿王国的首都只有约10年的时间。建筑物和寺庙都为统一的建筑风格,其中包括印度最大的清真寺之一贾玛寺(Jama Masjid)。

Brief Description

Built during the second half of the 16th century by the Emperor Akbar, Fatehpur Sikri (the City of Victory) was the capital of the Mughal Empire for only some 10 years. The complex of monuments and temples, all in a uniform architectural style, includes one of the largest mosques in India, the Jama Masjid①.

法塔赫布尔·西格里(胜利城)由阿克巴大帝(Akbar)建于16世纪下半叶,法塔赫布尔·西格里城距印度北方亚格拉市西南约36km,曾是莫卧儿帝国的都城。

五层宫

宫廷区

法塔赫布尔·西格里的意思是"胜利",故后来又命名为胜利宫。阿克巴大帝多年无子女,后由一位名叫沙利姆·奇斯蒂(Selim Chisti)的圣人指点迷津,最终求得一子。他的儿子即后来继承阿克巴帝位的莫卧儿王朝第四代皇帝贾汗吉尔(Jehangir)。阿克巴为感谢沙利姆·奇斯蒂,在他的村庄一带建造了他的都城,并于1571年把国都从阿格拉迁到了这里。1573年,阿克巴皇帝远征西印度获胜,为纪念这次胜利,便把这座城市命名为法塔赫布尔·西格里,意为"胜利城"、"凯旋城"。然而,这座城市因缺水被废弃了。

法塔赫布尔·西格里长3 200多米,宽1 000多米,建在岩石高原之上,三面为城墙环绕,一面是湖。城墙设有塔楼和7座城门。城的主体建筑全部采用赤砂石,用白色大理石嵌出图案,并刻上各种细密精致的花纹雕饰。城分为清真寺区和宫廷区。清真寺区以贾玛寺(Jama Masjid)为主体,这一建筑融合了印度和波斯建筑艺术风格。贾玛寺内有沙利姆·奇斯蒂(Selim Chisti)的墓,为红色砂岩建造,建于1573年,后来由贾汗吉尔将其饰以大理石。宫廷区位于清真寺区的东北,昔日皇宫的赭红色城堡至今仍巍然屹立在嶙峋的石山之上。皇宫宽约1 600m,三边城垣约3 000多米,宫内有觐见宫、五层宫、土耳其苏丹宫、内宅、水池、庭院等。

①http://whc.unesco.org/en/list/255

觐见宫内雕梁画栋,引人入胜。四周门廊之间有御用凉廊直通宫殿,中心有一根 7m 高的石柱,柱上一个圆形的平台是阿克巴大帝的御座。五层宫是一座字塔式的五层建筑,没有围墙,四周装有护栏,最高一层是土耳其式圆顶凉亭,站在顶层可俯瞰全城。内宅是妃子们居住的地方,屋顶用绿色琉璃瓦建造,其建筑十分别致。这座由红色砂岩建成的奢华的都城是印度和穆斯林建筑艺术的典范。

阿克巴大帝的寝宫是城堡中较为休闲的场所,皇帝常坐在水池边的平台上乘凉。在花园的庭院里有一巨大的棋盘,皇帝时常在此下棋。

昌德宫
Changdeokgung Palace Complex

国家:韩国
洲名:亚洲
时间:1997 年列入《世界遗产名录》
标准:ii, iii, iv
属性:文化遗产
功能:皇宫

世界遗产委员会的评价:

在十五世纪早期,太宗皇帝下令在吉祥地建造了一座新的宫殿。这座宫殿被建成一个综合体,包括在花园内的办公和居住建筑物,巧妙地与 $58hm^2$ 地带中崎岖的地形变化相融合。此建筑与四周的景观和谐地融为一体,是远东宫殿建筑和设计的典范。

Brief Description

In the early 15th century, the Emperor Taejong ordered the construction of a new palace at an auspicious site. A Bureau of Palace Construction was set up to create the complex, consisting of a number of official and residential buildings set in a garden that was cleverly adapted to the uneven topography of the 58ha site. The result is an exceptional example of Far Eastern palace architecture and design, blending harmoniously with the surrounding landscape①.

昌德宫位于韩国首都首尔,始建于 1405 年,是太宗修建的朝鲜王朝第二王宫。昌德宫的殿阁完全是按照地形设计的,布局严谨,被誉为朝鲜王朝时代造景艺术的杰作。昌德宫目前仍保存着 10 余座殿阁,是朝鲜王朝宫殿中保存得最为完整的一座,被称为“韩国的故宫”。敦化门是昌德宫的正门,建于 1412 年,现在是韩国最古老的宫门。两层木结构建筑的敦化门是宫殿大门中规模最大的门。任政殿作为昌德宫的正殿是举行皇帝登基、大臣行礼、接见外国使节等国家重要仪式的地方。宣政殿是皇帝和高官大臣处理日常政务的地方。昌德宫是建筑中唯一用昂贵的青瓦铺设了屋面,象征这里是皇帝处理政务的地方。大造殿是王妃生活的地方。其他主要建筑还有熙政堂、诚正阁、璿源殿、乐善斋、演庆堂等。

---

① http://whc.unesco.org/en/list/816

作为一处皇家宫殿，昌德宫见证了很多历史性事件，同时，也经历了一个民族所经历的种种动荡。

昌德宫敦化门

五、广场

世界文化遗产的代表性广场：布鲁塞尔大广场（Grand Place, Brussels）（比利时）、比萨大教堂广场（Piazza del Duomo, Pisa）（意大利）、莫斯科的克里姆林宫和红场（Kremlin and Red Square, Moscow）（俄罗斯）、南锡的斯坦尼斯拉斯广场、卡里耶尔广场和阿里昂斯广场（Place Stanislas, Place de la Carrière and Place d'Alliance in Nancy）（法国）、圣克里斯托旺的圣弗朗西斯科广场（São Francisco Square in the Town of São Cristóvão）（巴西）等。

布鲁塞尔大广场
Grand Place, Brussels

国家：比利时
洲名：欧洲
时间：1998 年列入《世界遗产名录》
标准：ii, iv
属性：文化遗产
功能：广场

世界遗产委员会的评价：

布鲁塞尔大广场是一独特的公共和私人建筑的共同体，主要建于 17 世纪晚期。这一建筑风格提供了在这个重要的政治和商业中心反映当时的社会和文化水平的生动例证。

Brief Description

La Grand Place in Brussels is a remarkably homogeneous body of public and private buildings, dating mainly from the late 17th century. The architecture provides a vivid illustration of the level of social and cultural life of the period in this important political and commercial centre①.

布鲁塞尔大广场

大广场(Grand Place)位于布鲁塞尔市的中心,呈长方形,长 110m,宽 68m,地面用小方石块铺成。17 世纪以前建造的大部分建筑都是木结构的。1695 年,法国的路易十四命令法军攻城,布鲁塞尔的许多建筑被摧毁,广场也受重创,许多建筑被毁坏,但是城里的商会以惊人的速度重建了现在的石砌建筑。在众多建筑物中,最令人注目的是市政厅,建于 15 世纪,是座楼顶建有精美钟塔的哥特式尖顶建筑,周边环绕着饰以精细华美浮雕的古代建筑物,拱孔林立,柱廊环绕。法国大文豪雨果曾赞誉这里是"世界上最美丽的广场"。除了市政厅,广场上还有王宫、历史博物馆、法国名作家雨果的寓所、闻名遐迩的天鹅餐厅等。天鹅餐厅的一侧有一座真人大小的青铜女神卧像,据说抚摸此像可以祈福。天鹅餐厅的斜对面有两家店铺,曾是法国大文豪雨果的故居,雨果曾在此处写作,现在他的故居被一分为二为两家商店,门牌号分别是 26 号和 27 号,一家是卖针织品的,一家是卖巧克力的。这两家店前墙上分别镶嵌着方形铭牌,标记着雨果故居的字样。雨果,法国文学史上最伟大的作家之一,于 1802 年 2 月 26 日出生在法国贝桑松的一个军官家庭,他才华横溢,创作力经久不衰,文学生涯达半个世纪之久。1831 年发表了小说《巴黎圣母院》。1848 年"二月革命"开始时,雨果已成为坚定的共和党人,并当选为制宪会议的成员,成为法国国民议会中社会民主左派的领袖。1851 年,路易·波拿巴发动政变。雨果立即发表宣言进行反抗,不幸遭到失败。同年 12 月,雨果被迫逃亡到布鲁塞尔。也就是说雨果到比利时后不久就住在了布鲁塞尔大广场,因为在这儿的雨果故居方形铭牌记录的是 1852 年。

在广场南面不远处的一条小巷路口就是世人皆知的小于连撒尿的铜像,堪称布鲁塞尔的标志,被称之为布鲁塞尔的"第一公民",为世人皆知的"小尿童"(Manneken Pis)。那是一尊约半米高的裸体小铜像,他站在 2m 高的一座拱形石座上,旁若无人地在"撒尿"。据说在 13 世

①http://whc.unesco.org/en/list/857

纪的一场战争中，敌军企图炸毁市政厅，派人埋下炸弹，在引爆时小于连急中生智，撒了一泡尿，淋湿了引火线，挽救了布鲁塞尔和百姓的生命。后人为纪念他，雕塑了这座撒尿小铜像。多少年来，善良的人们凭借着自己善意的想象传播着这个故事。当然关于"小尿童"故事的其他说法不一。

比萨大教堂广场
Piazza del Duomo, Pisa

国家：意大利
洲名：欧洲
时间：1987年列入《世界遗产名录》
标准：i, ii, iv, vi
属性：文化遗产
功能：广场

世界遗产委员会的评价：

大教堂广场坐落在一片宽阔的草坪上，广场上矗立着一组闻名于世的建筑群。4处中世纪的建筑杰作是大教堂、洗礼堂、钟楼(斜塔)和公墓，对11世纪到14世纪间意大利的建筑艺术具有极大的影响。

Brief Description

Standing in a large green expanse, Piazza del Duomo houses a group of monuments known to the world over. These four masterpieces of medieval architecture—the cathedral, the baptistry, the campanile (the "Leaning Tower") and the cemetery—had a great influence on monumental art in Italy from the 11th to the 14th century①.

比萨城在意大利的西北部，是一个古老而美丽的城市。比萨城由于比萨斜塔而闻名于世，比萨也是著名科学家伽利略的故乡。比萨是一座小城，时至今日仍保持中世纪古城的风貌。著名的比萨斜塔就位于城区。公元前1世纪比萨就已成为一个重镇。中世纪时，比萨一度是繁荣的海港，通过海外贸易，经济空前繁荣。比萨作为城市共和国拥有威震八方的历史，作为联结东西方纽带也曾起着重要作用。1860年，比萨并入意大利王国。

比萨历史悠久，是意大利的主要文化中心之一，有著名的比萨大学和许多科研机构。著名的斜塔和中世纪建筑艺术使其成为著名的旅游城市。

比萨最著名的景区是大教堂广场。宽敞的广场上矗立着一组中世纪的建筑群——比萨斜塔(Torre pendente)、大教堂(Duomo)、洗礼堂(Battistero)、公墓(Camposanto)和大教堂歌剧博物馆(Museo dell'Opera del Duomo)，宽广的绿茵茵的草坪将其衬托得格外美丽。这些建筑群被视为中世纪的建筑奇迹，因此大教堂广场又称为奇迹广场(Piazza del Miracoli)。

比萨斜塔始建于1173年，完工于14世纪。塔高54.5m，为8层圆柱形建筑，2—7层为空廊，顶层为钟楼，塔内有294级楼梯，全部用白色大理石砌成。比萨斜塔造型独特，为罗马式建

①http://whc.unesco.org/en/list/395

比萨大教堂广场

筑艺术之典范。它原本是为比萨大教堂而建的钟塔,当建完第三层时人们发现塔身是斜的,由于地表陷落而造成塔身倾斜,几经周折,但最终还是在倾斜状态下完工。1590 年,意大利物理学家伽利略在塔上做了著名的自由落体实验,大大增加了斜塔在全球的知名度。

大教堂始建于 1064 年,完工于 12 世纪。大教堂完全是用大理石砌成,教堂的门和布道坛造型令人惊叹,教堂内精雕细琢的装饰让人目不暇接。

洗礼堂始建于 1152 年,完工于 14 世纪。洗礼堂是一座圆形的白色大理石建筑物,皇冠似的穹顶和布道坛格外引人注目。

公墓位于大教堂歌剧博物馆旁侧,是中世纪墓地,长方形,带有大理石外墙。

1590 年,伽利略在比萨斜塔做了自由落体运动实验,结果两个重量不等的铁球从塔顶落下时同时着地。这一实验表明了亚里士多德的说法是错误的,第一次动摇了长期统治人们思想的亚里士多德的学说,从此比萨斜塔更为世人所知。

六、园林和植物园

《世界遗产名录》的园林有北京颐和园(Summer Palace, an Imperial Garden in Beijing)(中国)、苏州古典园林(Classical Gardens of Suzhou)(中国)、承德避暑山庄及周围寺庙(Mountain Resort and its Outlying Temples, Chengde)(中国)、凡尔赛宫及其园林(Palace and Park of Versailles)(法国)、枫丹白露宫及其花园(Palace and Park of Fontainebleau)(法国)、德绍-沃利茨园林(Garden Kingdom of Dessau - Wörlitz)(德国)、凯尤皇家植物园(Royal Botanic Gardens, Kew)(英国)、斯塔德利皇家公园和喷泉修道院遗址(Studley Royal Park including the Ruins of Fountains Abbey)(英国)、帕多瓦植物园(Botanical Garden (Orto Botanico)), Padua(意大利)、拉合尔古堡和夏拉玛尔花园(Fort and Shalamar Gardens in Lahore)等。

德绍-沃利茨园林
Garden Kingdom of Dessau - Wörlitz

国家:德国
洲名:欧洲
时间:2000 年列入《世界遗产名录》
标准:ii, iv
属性:文化遗产
功能:园林

世界遗产委员会的评价:

德绍-沃利茨园林是18世纪欧洲启蒙运动时期园林设计和规划的典范。在花园中有各种英国风格的杰出建筑、景观花园和园林以及通过精心设计的农田,将美学、教育和经济目的融合到了一起,堪称经典。

Brief Description

The Garden Kingdom of Dessau - Wörlitz is an exceptional example of landscape design and planning of the Age of the Enlightenment, the 18th century. Its diverse components—outstanding buildings, landscaped parks and gardens in the English style, and subtly modified expanses of agricultural land—serve aesthetic, educational, and economic purposes in an exemplary manner①.

基尤皇家植物园
Royal Botanic Gardens, Kew

国家:英国
洲名:欧洲
时间:2003 年列入《世界遗产名录》
标准:ii, iii, iv
属性:文化遗产
功能:植物园

世界遗产委员会的评价:

基尤皇家植物园是18世纪到20世纪园林艺术发展最辉煌阶段的完美体现。现在植物园所拥有的极其丰富的有关植物的收藏(植物标本、现生植物和文献),是经过了几个世纪不断积累的结果。自从1759年建立起,基尤皇家植物园就不断为植物多样性和经济植物学的研究作出杰出的贡献。

Brief Description

①http://whc.unesco.org/en/list/534

This historic landscape garden features elements that illustrate significant periods of the art of gardens from the 18th to the 20th centuries. The gardens house botanic collections (conserved plants, living plants and documents) that have been considerably enriched through the centuries. Since their creation in 1759, the gardens have made a significant and uninterrupted contribution to the study of plant diversity and economic botany①.

帕多瓦植物园
Botanical Garden (Orto Botanico), Padua

国家:意大利
洲名:欧洲
时间:1997年列入《世界遗产名录》
标准:ii, iii
属性:文化遗产
功能:植物园

世界遗产委员会的评价:

世界上第一个植物园于1545年建于帕多瓦,它仍保留着最初的建筑设计风格,一块象征着世界的环形中心地带被水流所环绕。后来,这里又增添了一些其他设施,其中包括建筑设施(装饰过的大门和栅栏)和实物设施(水泵设备和温室),时至今日它仍一如既往地继续着它的初衷,即把植物园作为科学研究的中心。

Brief Description

The world's first botanical garden was created in Padua in 1545. It still preserves its original layout—acircular central plot, symbolizing the world, surrounded by a ring of water. Other elements were added later, some architectural (ornamental entrances and balustrades) and some practical (pumping installations and greenhouses). It continues to serve its original purpose as a centre for scientific research②.

七、宗教建筑(寺庙、教堂和修道院)

寺庙:宗庙(Jongmyo Shrine)(韩国)、日光的神殿与庙宇(Shrines and Temples of Nikko)(日本)、科纳拉克太阳神庙(Sun Temple, Konarak)(印度)、婆罗浮屠寺庙群(Borobudur Temple Compounds)(印度尼西亚)、普兰班南寺庙群(Prambanan Temple Compounds)(印度尼西亚)、巴赛的阿波罗·伊壁鸠鲁神庙(Temple of Apollo Epicurius at Bassae)(希腊)等。

教堂:亚眠大教堂(Amiens Cathedral)(法国)、沙特尔大教堂(Chartres Cathedral)(法国)、布尔日大教堂(Bourges Cathedral)(法国)、亚琛大教堂(Aachen Cathedral)(德国)、科隆大教堂(Cologne Cathedral)(德国)、施佩耶尔大教堂(Speyer Cathedral Bourges Cathedral)

①http://whc.unesco.org/en/list/1084
②http://whc.unesco.org/en/list/824

(德国)、布尔戈斯大教堂(Burgos Cathedral)(西班牙)、图尔奈的圣母大教堂(Notre - Dame Cathedral in Tournai)(比利时)、博亚纳教堂(Boyana Church)(保加利亚)、罗斯基勒大教堂(Roskilde Cathedral)(丹麦)、特罗多斯地区的彩绘教堂(Painted Churches in the Troodos Region)(塞普路斯)、泽列纳-霍拉的内波穆克圣约翰朝圣教堂(Pilgrimage Church of St John of Nepomuk at Zelena Hora)(捷克)、佩泰耶韦西古教堂(Petäjävesi Old Church)(芬兰)、科洛缅斯科耶的耶稣升天教堂(Church of the Ascension, Kolomenskoye)(俄罗斯)、巴格拉特大教堂和格拉特修道院(Bagrati Cathedral and Gelati Monastery)(格鲁吉亚)、果阿教堂和修道院(Churches and Convents of Goa)(印度)、菲律宾巴洛克式教堂群(Baroque Churches of the Philippines)(菲律宾)、特罗多斯地区的彩绘教堂(Painted Churches in the Troodos Region)(塞普路斯)、奇洛埃教堂(Churches of Chiloé)(智利)等。

修道院:丰特奈西多会修道院(Cistercian Abbey of Fontenay)(法国)、波布莱特修道院(Poblet Monastery)(西班牙)、里拉修道院(Rila Monastery)(保加利亚)、托马尔基督教修道院(Convent of Christ in Tomar)(葡萄牙)、巴塔拉修道院(Monastery of Batalha)(葡萄牙)、阿尔科巴萨修道院(Monastery of Alcobaça)(葡萄牙)、霍雷祖修道院(Monastery of Horezu)(罗马尼亚)、圣加尔的修道院(Convent of St Gall)(瑞士)、米斯泰尔的本笃会圣约翰女修道院(Benedictine Convent of St John at Müstair)(瑞士)、哈格帕特修道院 (Monasteries of Haghpat and Sanahin)(亚美尼亚)等。

宗庙
Jongmyo Shrine

国家:韩国
洲名:亚洲
时间:1995 年列入《世界遗产名录》
标准:iv
属性:文化遗产
功能:祭殿

世界遗产委员会的评价:

宗庙是现存最古老和最可信的尊崇儒家的王室圣殿。为了祭祀朝鲜王朝(1392—1910年)的先祖,从 16 世纪起它一直保持着现在的形式,并收藏了刻有前王室家族成员教义的碑刻。在祭祀仪式上表演音乐、歌曲和舞蹈,这种追溯到 14 世纪的传统一直得以延续。

Brief Description

Jongmyo is the oldest and most authentic of the Confucian royal shrines to have been preserved. Dedicated to the forefathers of the Choson Dynasty (1392—1910), the shrine has existed in its present form since the 16th century and houses tablets bearing the teachings of members of the former royal family. Ritual ceremonies linking music, song and dance still take place there, perpetuating a tradition that goes back to the 14th century①.

宗庙位于韩国的首都首尔,包括宗殿、永宁殿等建筑物。朝鲜王国的开国君主太祖李成桂于1394年将国都自松岳(现今的开城)迁至汉阳(今天的首尔)后,下令建造宗庙,用以祭祀王朝的先祖。

宗庙的主殿称为宗殿,是韩国最长的木质建筑,殿内19个神龛中供奉着李氏19位君王和30位王妃的牌位。殿前巨大的石铺平台显示出庄严肃穆的气氛。永宁殿是由世宗国王所兴建的另一座建筑,里面有15位君王和17位王妃的牌位。除宗殿和永宁殿外,宗庙内还有一些辅助性的建筑。

宗庙是一个重要的文化纪念碑,为子孙保留了朝鲜王朝的伦理及道德思想,它以儒教的意识形态支配着臣民的忠孝之心。宗庙是朝鲜王朝尊崇儒家的王室圣殿,是集歌舞礼乐于一体的祭祀和庆典的地方。现在每年每月的第一个星期日,朝鲜王室的后裔都要到这里按儒教礼仪举行祭祀活动。宗庙今天已成为韩国建筑的一处典范和全国庆典活动的主要场所。此处举行的仪式蕴含了在韩国各重要领域起重大影响的儒家忠孝思想之精华。

婆罗浮屠寺庙群
Borobudur Temple Compounds

国家:印度尼西亚
洲名:亚洲
时间:1991年列入《世界遗产名录》
标准:i, ii, vi
属性:文化遗产
功能:宗教遗址

世界遗产委员会的评价:

这座著名的佛教圣殿,建于公元8世纪至9世纪,位于爪哇岛中部。整个建筑分为3层。基座是3个同心方台,呈角锥体;中间是3个环形平台,呈圆锥体;顶端是佛塔。四周围墙和栏杆饰以浅浮雕,总面积2 500m²。围绕着环形平台有72座透雕细工的佛塔,每个佛塔供奉一尊佛像。该遗址在联合国教科文组织的援助下于20世纪70年代得以修复。

Brief Description

This famous Buddhist temple, dating from the 8th and 9th centuries, is located in central Java. It was built in three tiers: a pyramidal base with three concentric square terraces, the trunk of a cone with three circular platforms and, at the top, a monumental stupa. The walls and balustrades are decorated with fine low reliefs, covering a total surface area of 2 500m². Around the circular platforms are 72 openwork stupas, each containing a statue of the Buddha. The monument was restored with UNESCO's help in the 1970s②.

①http://whc.unesco.org/en/list/738
②http://whc.unesco.org/en/list/592

亚眠大教堂
Amiens Cathedral

国家:法国
洲名:欧洲
时间:1981 年列入《世界遗产名录》
标准:i, ii
属性:文化遗产
功能:教堂

世界遗产委员会的评价:

亚眠大教堂位于皮卡第的中心,是 13 世纪最大的古典哥特式教堂之一。它以其设计的连贯性、3 层式拱顶的美丽造型以及在主体建筑物的正面上和南交叉甬道里的特别精致的雕刻而著称。

Brief Description

Amiens Cathedral, in the heart of Picardy, is one of the largest "classic" Gothic churches of the 13th century. It is notable for the coherence of its plan, the beauty of its three-tier interior elevation and the particularly fine display of sculptures on the principal facade and in the south transept①.

亚眠是一座历史悠久的城市,皮卡第大区的首府,位于法国北部的索姆河畔。亚眠大教堂是法国最大的教堂,高达 42.5m。中殿建于 1220 年至 1236 年,高耸的拱顶特别引人注目。教堂的内外布满了美丽的雕刻和浮雕。三座拱门上的石雕堪称是艺术上的杰作。教堂内部装饰精致豪华,16 世纪存留下来的玫瑰窗依然可见。在教堂内唱诗班的橡木座位雕刻着圣经的故事,记述了圣母的生平和平民百姓的日常生活。

科隆大教堂
Cologne Cathedral

国家:德国
洲名:欧洲
时间:1996 年列入《世界遗产名录》
标准:i, ii, iv
属性:文化遗产
功能:教堂

世界遗产委员会的评价:

科隆大教堂始建于 1248 年,是哥特式建筑杰作,历经几个阶段,一直到 1880 才建成。

①http://whc.unesco.org/en/list/162

7个多世纪以来,相继的建筑者们被绝对忠实于原设计的共同信仰和精神所鼓舞。除了科隆大教堂内在的价值以及它所拥有的艺术杰作外,它还见证了欧洲基督教永恒的力量。

Brief Description

Begun in 1248, the construction of this Gothic masterpiece took place in several stages and was not completed until 1880. Over seven centuries, successive builders were inspired by the same faith and a spirit of absolute fidelity to the original plans. Apart from its exceptional intrinsic value and the artistic masterpieces it contains, Cologne Cathedral testifies to the enduring strength of European Christianity①.

科隆大教堂于1248年开始破土动工,1880年完工,其建筑期长达630多年,堪称世界之最。科隆大教堂是哥特式的建筑风格,高达157m,长144m,宽86m,是一座天主教堂,也是德国最大的教堂。它以其雄伟壮观和高耸的两塔尖顶闻名于世,是建筑史上最杰出的成就之一。157m的高度使教堂在外形上就有着足够的震慑力。教堂中央的双尖塔高达161m,四周林立着许多小尖塔。这座大理石砌成的大教堂,其内外雕刻物皆似鬼斧神工之作:教堂里森然罗列的高大石柱、色彩缤纷的玻璃、精致的拱廊式屋顶以及双塔尖顶。如今,它已与巴黎的圣母院和梵蒂冈的圣彼得大教堂并称为欧洲三大宗教建筑。

大教堂内分为5个礼拜堂,中央大礼拜堂穹顶高达43.35m,教堂内部装饰也很讲究。玻璃窗上都用彩色玻璃镶嵌出图画,图画上是圣经故事;堂内还有好几幅石刻浮雕,描绘圣母玛丽亚和耶稣的故事。大教堂四壁上方的玻璃窗用彩色玻璃嵌出《圣经》故事。最著名是重达24t的大摆钟和一个中世纪的黄金匣——三王龛。科隆大教堂还保存有许多珍贵的文物,其中包括成千上万张当时大教堂的设计图纸,成为研究中世纪建筑艺术和装饰艺术的宝贵资料。教堂内外还有无数的精美石雕。

夜色中的科隆大教堂最为壮观,一轮明月在高耸的双峰式的塔楼时隐时现,月光下的大教堂呈现绮丽的神秘色彩,整座教堂显得冷峻而充满力量。

圣母玛利亚感恩教堂与达·芬奇的作品《最后的晚餐》

Church and Dominican Convent of Santa Maria delle Grazie with "The Last Supper" by Leonardo da Vinci

国家:意大利

洲名:欧洲

时间:1980年列入《世界遗产名录》

标准:i, ii

属性:文化遗产

---

①http://whc.unesco.org/en/list/292

功能:宗教建筑与绘画作品

世界遗产委员会的评价:

米兰的圣母玛利亚感恩教堂修道院的餐厅构成了一个完整的建筑复合体,始建于1463年,15世纪末,由布拉蒙特扩建。餐厅的北墙上是一幅无与伦比的杰作《最后的晚餐》,由列奥纳多·达·芬奇绘于1495—1497年,这幅作品预示了艺术史上的一个新时代的到来。

Brief Description

The refectory of the Convent of Santa Maria delle Grazie forms an integral part of this architectural complex, begun in Milan in 1463 and reworked at the end of the 15th century by Bramante. On the north wall is The Last Supper, the unrivalled masterpiece painted between 1495 and 1497 by Leonardo da Vinci, whose work was to herald a new era in the history of art①.

这是文艺复兴时期最美丽的教堂之一,由索拉里(G. Solari)建于1466—1490年,为哥特式和伦巴第式风格的建筑。1492年,由布拉蒙特(Bramante)扩建后建了一个修道院。达·芬奇的名画《最后的晚餐》就绘在这座教堂修道院餐厅的墙壁上。这幅宽约9m,高近5m的巨幅壁画取材于耶稣与12门徒共进晚餐时宣布有人要出卖他的情景。画面上惟妙惟肖地刻划了耶稣受难前与门徒共进最后一次晚餐时每一位的心理轨迹。画面上的这些人物在达·芬奇笔下得到了淋漓尽致的表现。这幅作品是世界上最杰出的绘画之一。

列奥纳多·达·芬奇(Leonardo da Vinci,1452—1519)为文艺复兴意大利艺坛三杰之一。他不仅是一位天才的画家,并且是工程师、科学家和建筑设计师,是一位多才多艺的天才人物,对人类作出过多方面的贡献。达·芬奇的一生创作过许许多多不朽的作品,如《蒙娜丽莎》、《最后的晚餐》等。达芬奇出生在佛罗伦萨附近的小山村里——安基亚诺村(Anchiano),后为米兰的大公爵效劳。

八、皇家陵寝和墓地

历代的皇家陵寝都十分重视选择陵址,以图皇权永固。在世界范围内被联合国教科文组织世界遗产委员列入《世界遗产名录》的皇家陵寝和墓地有:秦始皇陵(Mausoleum of the First Qin Emperor)(中国)、明清皇家陵寝(Imperial Tombs of the Ming and Qing Dynasties)(中国)、高句丽王城、王陵和贵族墓葬(Capital Cities and Tombs of the Ancient Koguryo Kingdom)(中国)、德里的胡马雍陵(Humayun's Tomb, Delhi)(印度)、泰姬陵(Taj Mahal)(印度)、孟菲斯及其墓地——吉萨至达舒尔金字塔地带(Memphis and its Necropolis—the Pyramid Fields from Giza to Dahshur)(埃及)、底比斯古城及其墓地(Ancient Thebes with its Necropolis)(埃及)、卡苏比的布干达王陵(Tombs of Buganda Kings at Kasubi)(乌干达)、阿斯基亚陵(Tomb of Askia)(马里)等。

帝王陵墓,实际上包括陵墓及其附属建筑,合称为陵寝。我国从第一个奴隶制王朝夏到最后一个封建王朝,历时3 000余年,其间,汉族和其他少数民族建立的统一王朝和地方政权,共有帝王500余人。至今地面有迹可寻、时代明确的帝王陵寝共有数百座,分布在全国许多省

①http://whc.unesco.org/en/list/93

区。所以我国的皇家陵寝不仅数量众多、历史悠久、建筑宏伟、工艺精湛,具有独特的风格,在世界建筑工艺史上占有重要的地位。

德里的胡马雍陵
Humayun's Tomb, Delhi

国家:印度
洲名:亚洲
时间:1993 年列入《世界遗产名录》
标准:ii, iv
属性:文化遗产
功能:王陵

世界遗产委员会的评价

这座陵墓建于 1570 年,作为印度次大陆的第一座花园陵墓具有着特殊的文化意义。它引起了一些重要的建筑领域创新,在泰姬陵的建筑中达到顶峰。

Brief Description

This tomb, built in 1570, is of particular cultural significance as it was the first garden-tomb on the Indian subcontinent. It inspired several major architectural innovations, culminating in the construction of the Taj Mahal[①].

胡马雍陵

胡马雍陵是印度最早的莫卧儿式建筑,为莫卧儿王朝第二代皇帝胡马雍的陵墓,位于德里东南郊亚穆纳河畔,由其遗孀帝后哈吉·贝古姆(Haji Brgum)主持修建。这座高达 43m 精美

①http://whc.unesco.org/en/list/232

绝伦的陵墓矗立美丽的陵园之中，气势宏伟，规模宏大。陵寝建在长方形石台上，主体是用红色砂岩建成，顶部是白色大理石圆屋顶，胡马雍的石棺在寝宫中央，其他寝宫是莫卧尔儿王朝其他帝王和皇室成员的石棺。胡马雍陵花园式的陵园、精雕细琢的镂花和寝宫墙壁上的拱形大门，构成了典型的莫卧儿建筑风格。后来，哈吉·贝古姆逝世后也被埋葬在这里，莫卧儿王朝最后一位皇帝巴哈杜尔·沙(Bahadur Shah)以及他的儿孙子们也被埋葬在这里。这里成为埋葬莫卧儿王朝王室成员最多的皇家陵寝。

莫卧儿王朝从1526年到1858年间一直统治着印度的穆斯林王国。巴布尔(Babur)印度莫卧尔王朝创始人，帖木儿后裔，于1483年出生于中亚费尔干纳，有着蒙古血统，是莫卧尔王朝的第一任国王。他从阿富汗攻入印度，建起了莫卧儿帝国。1526年，巴布尔打败德里的统治者，在阿格拉称帝。巴布尔的儿子胡马雍于1530年继承了王位。胡马雍才智过人，举止文雅，善于与人交往，喜欢娱乐，但作战本领平平。胡马雍由于后来被阿富汗人舍尔·沙·苏尔打败，致使他流亡波斯和阿富汗，莫卧儿王朝在印度的统治暂告中断。1555年，胡马雍重征印度平原，占领德里和阿格拉，恢复了莫卧儿王朝在印度的统治。1556年胡马雍去世，由其子阿克巴继位。

泰姬陵
Taj Mahal

国家：印度
洲名：亚洲
时间：1983年列入《世界遗产名录》
标准：i
属性：文化遗产
功能：皇家陵墓

世界遗产委员会的评价：

泰姬陵是一座白色大理石建成的巨大陵墓，是按照莫卧儿皇帝沙·贾汗旨意，为纪念他的爱妻，于1631年至1648年建于阿格拉。泰姬陵是印度穆斯林艺术的瑰宝和普遍为世人赞叹的世界遗产杰作之一。

Brief Description

An immense mausoleum of white marble, built in Agra between 1631 and 1648 by order of the Mughal emperor Shah Jahan in memory of his favourite wife, the Taj Mahal, is the jewel of Muslim art in India and one of the universally admired masterpieces of the world's heritage[①].

泰姬陵(泰姬·玛哈尔陵)位于印度北方邦的阿格拉，背依亚穆纳河。泰姬陵宏伟壮观，精美绝伦，全部用洁白的大理石建成。泰姬陵是按照莫卧儿皇帝沙·贾汗(Shah Jahan)旨意为纪念他的爱妻而建，始建于1631年，完成于1648年。整座陵园占地17万 m^2，前院古树参天，

①http://whc.unesco.org/en/list/252

奇花异草,陵园后面的庭院占地面积最大。从大门到陵墓,有一条用红色砂岩铺成的甬道,甬道中间是一条清澈的水池,内有喷泉,波光潋滟,与泰姬陵交相辉映。甬道左右两边对称,布局工整,两旁是人行道。甬道尽头主体建筑即为洁白大理石砌就的陵墓(寝宫)。

泰姬陵

泰姬陵墓建在一座高7m,长、宽各为95m的正方形大理石基座上,总面积为9 000多平方米。整个陵墓全用洁白的大理石筑成,四角矗立着高达约40m的塔楼。寝宫高达74m,上部为一巨大的圆形穹顶,下部为八角形陵壁。寝宫四壁各有一扇拱门,四扇高大的拱门上用黑色大理石镶嵌着《古兰经》经文,还点缀着许多五颜六色的宝石。寝宫共分5间宫室。宫墙上,珠宝镶成的繁花佳卉,构思巧妙,光彩照人。泰姬陵内以中央八角大厅为中心,中心线上安放着泰姬的石棺,旁边是皇帝沙・贾汗的石棺。

1631年,莫卧儿皇帝沙・贾汗的妻子泰姬(Taj)在分娩第14个孩子时难产去世。她当时38岁,已结婚17年。沙・贾汗在泰姬去世的同一年开始下令建造这座陵墓用来为纪念他的爱妻。泰姬陵是由著名的建筑设计师提坦努斯(Titanus)设计,波斯的建筑师乌斯塔德・伊萨(Ustad Isa)主持建造,当时动用了2万名工匠参与建造,耗资4 000多万卢比,历时17年才完成。据说,泰姬陵完工后皇帝沙・贾汗下令砍去乌斯塔德・伊萨的双手并弄瞎了他的双眼,以防止他再建造第二个类似泰姬陵的建筑。

阿格拉不产大理石,当时建造泰姬陵的石料是由上千头大象从印度拉贾斯坦邦(Rajasthan)的马克拉纳(Makrana)运来的。据说沙・贾汗皇帝还亲自给这座陵墓设计提出了不少设想,但建造泰姬陵的灵感主要来自德里的胡马雍陵。

每天朝霞初起时,一轮红日伴着亚穆纳河袅袅的晨雾,泰姬陵犹如在香梦沉酣中苏醒,显得洁白晶莹、玲珑剔透、美轮美奂,美得让人恍若误入仙境。傍晚的泰姬陵更显得妩媚动人,在月光下如此清雅出尘,美得让人目眩。泰姬陵如同一绝代佳人矗立在亚穆纳河畔。

泰戈尔说,泰姬陵是"永恒面颊上的一滴眼泪"。一个如此凄美的比喻,源于一个凄美的故事。

公元16世纪,一位叫泰姬的美丽女人嫁给了印度莫卧儿王朝的皇帝沙・贾汗,先后为他生养了14个子女，并且与战乱中的皇帝同悲同喜，驰骋疆场，却不幸在生第14个孩子时因难产而撒手人寰。这位来自波斯的女子，美丽聪慧，多才多艺，入宫以来深得沙·贾汗皇帝的宠爱。沙·贾汗封她为"泰姬·玛哈尔"。在临终前，泰姬向皇帝道出三愿：一要皇帝善待子女；二要他不要续娶；三愿皇帝为她建造一座能和她的容貌匹配的最美丽的陵墓。皇帝悲痛无比，一一承诺。悲痛万分的沙·贾汗竟然一夜白了头，他穿上白色的丧服开始构建一座用来记念爱妻的陵墓。于是他动用了皇族的特权，倾举国之力，耗无数钱财，历时17年的时间为爱妻写下了这段千古绝唱。

据传说，痴情的沙·贾汗曾想在亚穆纳河对岸用黑色的大理石为自己建造一座与泰姬陵一样的陵墓，与泰姬陵以桥相连。但沙·贾汗未能实现他的愿望，他的三儿子奥朗则布(Aurangzeb)篡夺了王位，并将废黜王位的沙·贾汗监禁在阿格拉堡的一座角楼中整整8年，甚至不让他看到泰姬陵。据说，沙·贾汗每晚只能透过一块大水晶石的折射来遥望几公里外的泰姬陵。沙·贾汗在那里度过了自己的最后时光，殁于1666年。沙·贾汗去世后也被葬在泰姬陵。

泰姬陵因爱情而建，这段爱情的故事也因泰姬陵的光彩被续写。泰姬陵之所以能吸引世界无数的游人前来造访，不仅仅是因为建筑物本身的价值，还在于她是一座爱情的丰碑。沙·贾汗与泰姬的爱情故事感动着一代又一代人，泰姬陵是世人向往的地方。

这座称之为世界七大奇迹之一的宏伟陵墓，浓缩着一个伟大民族和文明古国数千年的灿烂文化。泰姬陵是印度古代建筑史上的经典之作，是印度穆斯林艺术的瑰宝和为世人所赞叹的世界遗产杰作之一。

孟菲斯及其墓地——吉萨至达舒尔金字塔地带
Memphis and its Necropolis – the Pyramid Fields from Giza to Dahshur

国家：埃及
洲名：非洲
时间：1979年列入《世界遗产名录》
标准：i，iii，vi
属性：文化遗产
功能：陵墓

世界遗产委员会的评价：

古埃及王国首都有一些非凡的墓葬遗址，包括岩石墓、石室墓、庙宇和金字塔。在古代，这一遗址被认为是世界七大奇迹之一。

Brief Description

The capital of the Old Kingdom of Egypt has some extraordinary funerary monuments, including rock tombs, ornate mastabas, temples and pyramids. In ancient times, the site was considered one of the Seven Wonders of the World①.

---

①http://whc.unesco.org/en/list/86

孟菲斯,古城名,位于埃及尼罗河三角洲南端,距开罗西南 23km 的米特·拉辛纳村。大约公元前 3050 年国王纳尔摩(又称美尼斯)统一了埃及,然后在孟菲斯建都。孟菲斯在上、下埃及首次统一后,就成为了古埃及的首都。城市以白色城墙围绕,故当时名“白城”,后改称孟菲斯。在漫长的岁月中,孟菲斯曾几经兴衰,最后毁于公元 7 世纪。如今,孟菲斯古城仅存拉美西斯二世时代的神庙遗迹、第 18 王朝的斯芬克斯石像、阿庇斯圣牛庙和第 26 王朝的王宫遗迹等。孟菲斯的博物馆很小,因为里面只有一尊躺着的拉美西斯二世(Ramses Ⅱ)的巨大石雕,这座雕像原约 14m 高,由整块石灰岩雕成,相当精美。虽历经 3 200 年的岁月,但雕像上的象形文字都还清晰可见,在一场地震中,雕像的双腿及左手折断,因此现在让雕像横躺在博物馆大厅里。博物馆的庭院里有一座孟菲斯的斯芬克斯(Sphinx of Memphis)雕像——狮身人面像,阿迈诺菲斯二世的人面狮身像(Sphinx of Amenophis II),高 4.5m,长 8m。现在这里除了几尊雕像、石柱和神庙残垣断壁之外已所剩无几。

金字塔和狮身人面像

金字塔墓葬群遗址坐落在古埃及王国首都孟菲斯的周围,主要在吉萨高原上。绝大多数金字塔分布在尼罗河西岸,这是因为古代埃及人认为,太阳西下处有来世。几千年以来,古埃及的金字塔和狮身人面像一直耸立在埃及吉萨高原的沙漠之中,与开罗旧城隔着尼罗河遥相呼应。吉萨金字塔被认为是“世界之谜”,是人类建筑史的奇迹。

萨卡拉(Saqqara)是埃及最大的墓地,长约 8km,宽 1km。左塞尔王的阶梯形金字塔是作为萨卡拉最大的墓葬综合建筑一部分,建于公元前 27 世纪,是埃及第一座金字塔,又称左塞尔金字塔(Pyramid of Zoser),高 62.5m,基部边长 125m×109m。达舒尔(Dahshur)距萨卡拉南部墓葬区 2km,也有两座气势雄伟的金字塔。据资料表明,在埃及,大大小小的金字塔已有 90 座之多,在众多金字塔中,最著名的莫过于离首都开罗不远的吉萨金字塔。这是祖孙三代金字塔,它们分别是大金字塔(也称胡夫金字塔)(Pyramid of Khufu)、哈夫拉金字塔(Pyramid of Khafre)和门考拉(Pyramid of Menkaure)金字塔。三座金字塔并排屹立,巍然壮观,其中规模最大的一座是法老胡夫的坟墓,又名大金字塔,胡夫金字塔大约建成于 4 500 多年前,是四面

孟菲斯遗址

金字塔

棱锥体建筑，原塔高约146m，底部每边长230m，由230万块巨石筑成（现在的高度140m，底边长230m）。每块石头平均重达2.5t。哈夫拉金字塔原高143.6m，每个底边长215.5m。现在哈夫拉金字塔的高度136.5m，宽210.3m。门考拉金字塔高66m，宽108m。在哈夫拉金字塔附近，还有一座非常有名的狮身人面像（斯芬克斯雕像）。狮身人面像高21m，长73m。

埃及最主要的金字塔的主人是法老。法老们关心死亡，主要是为来世作物质方面的准备。来世是埃及宗教信仰的一个主要特征。金字塔的基座系正方形，四面呈四个相等的三角形。几千年以来，古埃及的金字塔和狮身人面像一直耸立在埃及吉萨高原的沙漠之中，与开罗旧城隔着尼罗河遥相呼应。

底比斯古城及其墓地
Ancient Thebes with its Necropolis

国家：埃及
洲名：非洲
时间：1979年列入《世界遗产名录》
标准：i，iii，vi
属性：文化遗产
功能：古城遗址和王陵

世界遗产委员会的评价：

底比斯是中和新王国时期的埃及首都，是供奉阿蒙神之城。底比斯拥有卡尔纳克神庙、卢克索宫殿、帝王谷墓地和王后谷墓地。底比斯是埃及高度文明的有力见证。

Brief Description

Thebes, the city of the god Amon, was the capital of Egypt during the period of the Middle and New Kingdoms. With the temples and palaces at Karnak and Luxor, and the necropolises of the Valley of the Kings and the Valley of the Queens, Thebes is a striking testimony to Egyptian civilization at its height①.

卢克索(Luxor)是埃及中南部城市,位于开罗以南670多千米处的尼罗河畔,坐落在古埃及中王国和新王国的都城底比斯遗址上,古时称底比斯,是中王国和新王国时代的埃及首都。底比斯兴建于中王国第十一王朝时期,至今已有4 000多年的历史。到了新王国十八王朝,底比斯进入鼎盛时期。城市跨尼罗河中游两岸。据说当时的底比斯人口稠密、广厦万千,城门就有一百座,荷马史诗中把这里称为"百门之都",是世界上屈指可数的最古老的都城之一。如今的卢克索是世界上最大的露天博物馆,有着"宫殿之城"的美誉。尼罗河穿城而过,将其一分为二。由于古埃及人认为人的生命同太阳一样,自东方升起,西方落下,因而在河的东岸是壮丽的神庙和充满活力的居民区,河的西岸则是法老、王后和贵族的陵墓。"生者之城"与"死者之城"隔河相望,形成两个世界永恒的循环。

卢克索是埃及名胜古迹集中的旅游胜地。底比斯古城及其墓地包括卡尔纳克神庙(Karnak Temple)、卢克索神庙(Luxor Temple)、帝王谷(The Valley of the Kings)、王后谷(The Valley of the Queens)、哈采普苏特女王神庙(Temple of Hatshepsut(Deir el-Bahari))等。

卡尔纳克神庙:卡尔纳克神庙(Karnak Temple)位于卢克索以北5km处,始建于3 000多年前的第十七王朝,后经数代王朝的修葺扩展,经历了不断的扩建,是古埃及帝国遗留的最壮观的神庙,并因其浩大的规模而闻名世界。规模宏大的卡尔纳克神庙,全部用巨石修建。庙门巍峨高达38m。神庙由许多庙宇组成,包括大小神殿20余座,仅保存完好的部分占地就达30多公顷,堪称现存的神庙群中规模最大的一个。神庙有12座巨大雄伟的塔式大门(塔门)。走进塔门,庭院相连,层层推进,主殿和礼仪厅坐落在建筑群后部。第二座塔门与第三座塔门之间是建于公元前1300年前后的著名的"连柱殿"(大柱厅),是由塞提一世(Seti Ⅰ)始建,拉美西斯二世(Ramses Ⅱ)完成。大殿长102m,宽53m,占地面积为5 000m^2,殿内134根巨大的石柱,中心圆柱高达20.4m,直径3.4m。石柱上刻有象形文字和彩绘浮雕,柱头圆盘呈莲花状或纸草花状。神庙的一侧还有一个大水池,人称圣湖,传说是供祭司祭祀前沐浴所用的。圣湖边上有著名的圣甲壳虫石雕。作为埃及最大的神庙,卡纳克神庙给人的感觉就是震撼,且不说塔门巨大而厚重,雕像高大而挺拔,最神奇的要数哈采普苏特女王方尖碑,高30m,重320t。在神庙的石壁上,可见到古埃及人用象形文字刻写的他们的光辉史迹。神庙内还有一些闻名遐迩的方尖碑和许多法老后妃的雕像。

卢克索神庙(Luxor Temple):底比斯主神阿蒙的妻子穆特的神庙,规模仅次于卡尔纳克神庙。神庙长262m,宽56m,由塔门、庭院、柱厅和诸神殿构成。塔门是神庙的主要入口。在塔门两侧矗立着六尊拉美西斯二世的巨石雕像,其中靠塔门两侧的两尊高达14m。它具有令人惊叹的雄伟气势,每一根柱子都代表了法老的威严,置身其中会使人暂时忘却时间的流逝,神思万千。这里的大部分工程是由第十八朝法老阿蒙诺菲斯三世完成的,后来的拉美西斯二世又增建了大门和庭院,并在门口竖立了六尊他的塑像,现存三尊。庙门原来有两座尖方碑,其中一座现矗立在法国巴黎的协和广场。

帝王谷(The Valley of the Kings):穿过郁郁葱葱的卢克索尼罗河河谷地带,踏上尼罗河西岸土地,就进入了山岩裸露的峡谷地带。帝王谷建于公元前1500年—前1000年,是新王国第十八王朝至第二十王朝帝王和达官贵族墓葬集中之地。这里埋葬着60多位法老和王室成

①http://whc.unesco.org/en/list/87

卡尔纳克神庙

拉美西斯二世雕像

卢克索神庙

帝王谷

员。因此，人们把这片山谷称为“帝王谷”。图特摩斯一世（Thutmosis Ⅰ）是为了防止盗墓才把岩洞陵墓修建在帝王谷的，然而，历史注定了帝王谷要成为盗墓贼的天堂。这些墓穴依山开凿，墓道起伏曲折，左右各有厅事、墙壁和拱形的天花板。墙壁绘着彩色壁画并配有文字，还有各种动物形状的神明肖像，也有古代耕耘、狩猎情景、宫廷欢乐歌舞的场面。在帝王谷中被发掘出来的墓室共有 62 座，其中有图特摩斯一世（Thutmosis Ⅰ）、图特摩斯三世（Thutmosis Ⅲ）、阿蒙霍特普二世（Amenhotep Ⅱ）、塞提一世（Seti Ⅰ）、拉美西斯二世（Ramses Ⅱ）、图坦卡蒙（Tutankhamun）等著名法老的陵墓。在这些陵墓中最大的一座是第 19 王朝塞提一世之墓，从入口到最后的墓室，水平距离 210m，垂直下降的距离是 45m，巨大的岩石洞被挖成地下宫殿，墙壁和天花板布满壁画，装饰华丽，令人难以想象。墓穴入口往往开在半山腰，有细小通道通向墓穴深处，通道两壁的图案和象形文字至今仍十分清晰。

1922 年 11 月 4 日，英国考古学家霍华德·卡特（Howard Carter）等人在帝王谷发现了图坦卡蒙的陵墓。它是已发现的唯一一座未遭盗掘的古埃及王陵。图坦卡蒙是古埃及新王国时期第十八王朝法老。图坦卡蒙的陵墓规模不大，形式亦较简易，总体由甬道、前厅、棺室、耳室和库房组成。各室中以前厅最大，面积为 8.5m×4m。棺室内有壁画，壁画以宗教活动和埋葬场面为主。棺椁共有 7 层，外面是 4 层木质棺椁，里面又有 3 层，分别为石棺、硬木人形棺和黄金人形棺。最内层的是黄金颜面肖像人形棺，表面装饰豪华，工艺精湛。棺内即为图坦卡蒙法

图坦卡蒙陵墓

哈采普苏特女王神庙

老的木乃伊,木乃伊的面部佩戴着黄金面具。除棺室外,其他各室布满数以千记的家具、雕像、武器、王杖、包金战车等随葬品。

帝王谷是埃及著名旅游胜地,它以其悠久的历史、神奇的墓室结构和精美绝伦的壁画每年吸引数以百万计的游人来此观光。美国和埃及考古学家最近又在帝王谷发现了一处新墓地。一时间,充满神秘色彩的帝王谷再次引起人们的好奇。这是自1922年发现藏宝丰富的图坦卡蒙法老墓以来,考古学家首次在"帝王谷"发现的新墓。

王后谷(Valley of the Queens):建于公元前1300年—前1100年,王后谷跟帝王谷相似,都是一个个地下墓室,不同的是它们不是法老的陵墓,而是第十九、二十王朝期间法老们的王后和王室成员的陵墓。其中最特别的是1995年才开放的奈菲尔塔莉(Nefertari)王后墓室,是埃及现存最优美、装饰最华丽的陵墓之一。奈菲尔塔莉是第十九王朝法老拉美西斯二世(Ramses Ⅱ)的妻子,是传说中埃及历史上最美丽的皇后。

哈采普苏特女王神庙(Temple of Queen Hatshepsut):依山而建,分为3层,浮雕、廊柱、壁画精美绝伦。哈采普苏特女王(公元前1479年—公元前1458年在位)是第十八王朝法老图特摩斯一世的女儿,是埃及的第一位女法老。由于她和其夫图特摩斯二世只生有一个女儿,图特摩斯二世死后,王位留给了一位王妃的儿子,她作为太后为年幼的图特摩斯三世处理朝政,之后自立为王,成为埃及历史上第一位女法老。哈采普苏特死后,图特摩斯三世接管政权,处于对女王的痛恨,毁掉了神庙中所有女王的雕像。

九、防御工事(城堡、要塞和长城)

城堡和要塞:苏奥曼斯纳城堡(Fortress of Suomenlinna)(芬兰)、科隆伯格城堡(Kronborg Castle)(丹麦)、蒙特城堡(Castel del Monte)(意大利)、伦敦塔(Tower of London)(英国)、瓦特堡城堡(Wartburg Castle)(德国)、贝林佐纳集镇的3个城堡、防御城墙和防御工事(Three Castles, Defensive Wall and Ramparts of the Market Town of Bellinzone)(瑞士)、马尔堡的条顿骑士团城堡(Castle of the Teutonic Order in Malbork)(波兰)、米尔城堡(Mir Castle Complex)(白俄罗斯)、杰尔宾特城堡、古城和要塞建筑(Citadel, Ancient City and Fortress Buildings of Derbent)(俄罗斯)、罗赫达斯要塞(Rohtas Fort)(巴基斯坦)、长城(The Great Wall)(中国)、罗马帝国边界(Frontiers of the Roman Empire)(英国和德国)等。

苏奥曼斯纳城堡
Fortress of Suomenlinna

国家：芬兰
洲名：欧洲
时间：1991 年列入《世界遗产名录》
标准：iv
属性：文化遗产
功能：防御工事

世界遗产委员会的评价：

苏奥曼斯纳城堡由瑞典人建于 18 世纪下半叶，坐落在赫尔辛基港入口处岛屿上。这座城堡是当时欧洲特别引人注目的军事建筑的典型。

Brief Description

Built in the second half of the 18th century by Sweden on a group of islands located at the entrance of Helsinki's harbour, this fortress is an especially interesting example of European military architecture of the time[1].

苏奥曼斯纳城堡(又称芬兰堡)坐落在赫尔辛基外海的岛屿上，是世界上最大的海上要塞。这项工程于 1748 年在瑞典人奥科斯丁·艾伦怀特(Augustin Eherensvärd，1710—1772)的监督下开始建造，在靠近赫尔辛基附近的岛屿上修建链式防御性城堡，以抵御外来入侵。1808—1909 年，该城堡被俄军占领[2]。从此以后，芬兰成为沙皇俄国统治下的大公国，直至 1917 年，十月革命后沙皇俄国覆灭，红色苏维埃政权的建立，1917 年 12 月 6 日芬兰宣告独立。1918 年，芬兰人将这座城堡命名为苏奥曼斯纳城堡(或芬兰堡 Fortress of Finland)。在战争时期，苏奥曼斯纳城堡是重要的海防军事要塞，在芬兰的独立解放战争中占据着至关重要的军事地位。

科隆伯格城堡
Kronborg Castle

国家：丹麦
洲名：欧洲
时间：2000 年列入《世界遗产名录》
标准：iv
属性：文化遗产
功能：城堡

---

①http://whc.unesco.org/en/list/583

②http://whc.unesco.org/archive/advisory_body_evaluation/583.pdf

世界遗产委员会的评价：

赫尔辛格(埃尔西诺)的科隆博格皇家城堡位于一个重要的战略要塞上，居高临下面对丹麦与瑞典交界的桑德水域，对丹麦人具有巨大的象征意义，在16世纪至18世纪的北欧历史中发挥了重要作用。这个杰出的文艺复兴时期风格的城堡始建于1574年，17世纪晚期，城堡的防御工事根据当时军事建筑的惯例得到了加强。城堡至今仍保存完好。埃尔西诺也因是莎士比亚巨著《哈姆雷特》的场景所在地而闻名全球。

Brief Description

Located on a strategically important site commanding the Sund, the stretch of water between Denmark and Sweden, the Royal castle of Kronborg at Helsingor (Elsinore) is of immense symbolic value to the Danish people and played a key role in the history of northern Europe in the 16th - 18th centuries. Work began on the construction of this outstanding Renaissance castle in 1574, and its defences were reinforced according to the canons of the period's military architecture in the late 17th century. It has remained intact to the present day. It is world - renowned as Elsinore, the setting of Shakespeare's Hamlet①.

蒙特城堡
Castel del Monte

国家：意大利
洲名：欧洲
时间：1996年列入《世界遗产名录》
标准：i, ii, iii
属性：文化遗产
功能：城堡

世界遗产委员会的评价：

当国王腓特烈二世于13世纪在巴里附近建造这座城堡时，他赋予了这座城堡以符号意义，反映在建筑设计的位置、数学和天文学上的精确度以及完美规则的外形。作为中世纪一座具有独特风格的军事建筑，蒙特城堡无疑是古典建筑、东方伊斯兰建筑和北欧的哥特式修道会建筑风格的完美结合体。

Brief Description

When the Emperor Frederick Ⅱ built this castle near Bari in the 13th century, he imbued it with symbolic significance, as reflected in the location, the mathematical and astronomical precision of the layout and the perfectly regular shape. A unique piece of medieval military architecture, Castel del Monte is a successful blend of elements from classical antiquity, the Islamic Orient and north European Cistercian Gothic②.

---

①http://whc.unesco.org/en/list/696
②http://whc.unesco.org/en/list/398

蒙特城堡位于意大利南部的巴里附近，是一座建在山顶上的城堡。城堡建于1229—1240年间，是根据腓特烈二世的设想建造的。城堡的每一处都展示数字上的和谐一致，特别是与数字8有关，八角形的建筑布局、八角形的庭院、8座八角形钟搂。城堡中的八边设计格局极具规则的几何图形。城堡的用途和设计让几代历史学家和学者感到费解，至今仍是一个没能解开的谜。有人认为它是狩猎行宫，还有人认为它是军事要塞。关于城堡的设计，有人说8代表王位或者代表上帝与人类的统一，还有人认为城堡的建筑比例反映天空中的一些有关占星术的位形。

伦敦塔
Tower of London

国家：英国
洲名：欧洲
时间：1988年列入《世界遗产名录》
标准：ii，iv
属性：文化遗产
功能：城堡、要塞、王宫等

世界遗产委员会的评价：

巨大的白塔是一个典型的诺曼底式的军事建筑的典范，其影响遍及整个英国。它是由威廉一世（征服者威廉）下令沿泰晤士河建造以保护伦敦和维护他的权利。伦敦塔围绕白塔而建，是一座具有历史意义的庄严城堡，已成为王权的象征之一。

Brief Description

The massive White Tower is a typical example of Norman military architecture, whose influence was felt throughout the kingdom. It was built on the Thames by William the Conqueror to protect London - and assert his power. The Tower of London—an imposing fortress with many layers of history, which has become one of the symbols of royalty—was built around the White Tower①.

伦敦塔始建于11世纪，坐落在英国伦敦泰晤士河畔，历史上曾被用作城堡、王宫、天文台、监狱、军械库、造币厂、珠宝馆和刑场。伦敦塔最重要的建筑是位于要塞中心的白塔。这座宏伟的诺曼底式建筑是由威廉一世在1078年下令建造的，塔高27.4m，东西长35.9m，南北长32.6m，底部墙厚4.6m，顶部厚3.3m。白塔楼分为3层，塔楼的四角各建有一座高塔，东北角的塔楼为圆形，其他3个塔楼均为方形。

以白塔为中心，伦敦塔有内外两道防御墙，外防御墙的外沿以一道沟堑形成一道屏障，沿墙建有6座塔。内防御墙建有13座塔。伦敦塔的入口通道设在要塞的西南角。珍宝馆收藏有英国王室的许多珍宝，包括王冠、权杖、金银珠宝、器皿等。伦敦塔是伦敦最具有历史意义的地方，在英国历史上有不少王公贵族和政界名人被关押在这里，亨利八世的妻子安妮王后就是

---

①http://whc.unesco.org/en/list/488

在伦敦塔被处以死刑。伦敦塔是王权的象征,见证了许多个世纪的前所未有的残暴与痛苦、盛大的庆典和丰功伟绩。

十、古人类遗址

古人类学(palaeoanthropology)是人类学的一个分支学科,是研究人类起源和发展规律的科学。人类的进化大致经过如下阶段:森林古猿(*Dryopithecus*)——腊玛古猿(*Ramapithecus*)——南方古猿(*Australopithecus*)——人(*Homo*)。

在世界范围内被联合国教科文组织世界遗产委员会列入《世界遗产名录》的古人类遗址有周口店北京人遗址(Peking Man Site at Zhoukoudian)(中国)、桑吉兰早期人类遗址(Sangiran Early Man Site)(印度尼西亚)、斯泰克方丹、斯瓦特克朗、克罗德莱和艾维罗恩斯古人类化石遗址(Fossil Hominid Sites of Sterkfontein, Swartkrans, Kromdraai, and Environs)(南非)、奥莫下游河谷(Lower Valley of the Omo)(埃塞俄比亚)、阿瓦什下游河谷(Lower Valley of the Awash)(埃塞俄比亚)、阿塔普埃尔卡考古遗址(Archaeological Site of Atapuerca)(西班牙)等。

奥莫下游河谷
Lower Valley of the Omo

国家:埃塞俄比亚
洲名:非洲
时间:1980年列入《世界遗产名录》
标准:iii, iv
属性:文化遗产
功能:古人类遗址

世界遗产委员会的评价:

奥莫下游河谷靠近图阿卡那湖,是世界上著名的史前遗址。在这里发现的许多化石,特别是纤细人(*Homo gracilis*),对人类进化研究起着重要作用。

Brief Description

A prehistoric site near Lake Turkana, the lower valley of the Omo is renowned the world over. The discovery of many fossils there, especially Homo gracilis, has been of fundamental importance in the study of human evolution[①].

这里已经发掘出了南方古猿的骨骼、大量的牙齿和残骸。此外,这里挖掘出的石器是迄今为止发现的人类最早的工具。

奥莫下游河谷史前遗址的研究归功于20世纪30年代Camille Aramburg教授和在1968—1976年一支由古生物学家和史前考古学家组成的考古队所做的工作。在有关文物部门的监管下,这处史前时期的遗址被完好地保存下来。

---

①http://whc.unesco.org/en/list/17

阿瓦什下游河谷
Lower Valley of the Awash

国家：埃塞俄比亚
洲名：非洲
时间：1980 年列入《世界遗产名录》
标准：ii，iii，iv
属性：文化遗产
功能：古人类遗址
世界遗产委员会的评价：

阿瓦什河谷是非洲大陆最重要的古生物遗址之一。这处遗址发现的残骸，其时代至少可追溯 400 万年，为人类演化提供了证据，改写了我们对人类历史的认识。最为惊人的发现是在 1974 年，一具骨胳的 52 块碎片使著名的露西(Lucy)重建成为可能。

Brief Description

The Awash valley contains one of the most important groupings of palaeontological sites on the African Continent. The remains found at the site, the oldest of which date back at least 4 million years, provide evidence of human evolution which has modified our conception of the history of humankind. The most spectacular discovery came in 1974, when 52 fragments of a skeleton enabled the famous Lucy to be reconstructed[①].

1973—1976 年，一支国际考察队在阿瓦什河谷考察和研究，挖掘出大量保存完好的人类和动物化石。1974 年，美国加利福尼亚大学的学者唐纳德·约翰逊在埃塞俄比亚的阿瓦什河谷发现了十分完整的"原始人类化石"，具有南方古猿和智人的特征，也就是著名的"露西"(Lucy)。这具名为"露西"的女性骨骼虽然尚未完全进化为人，臂长而腿短，但她的体态已体现出人的特征。"露西"生活的年代在 320 万年之前，是非洲南方古猿的一种。这处遗址为人类的起源和生物的进化提供了重要的证据。据报道，2006 年古人类学家又在距离出土"露西"仅 4km 的地方发现了较为完整的南猿化石。

斯泰克方丹、斯瓦特克朗、克罗德莱和艾维罗恩古人类化石遗址
Fossil Hominid Sites of Sterkfontein, Swartkrans, Kromdraai, and Environs

国家：南非
洲名：非洲
时间：1999 年列入《世界遗产名录》，2005 年扩展
标准：iii，vi
属性：文化遗产
功能：古人类遗址

①http://whc.unesco.org/en/list/10

世界遗产委员会的评价:

汤恩头盖骨化石遗址作为扩展部分,是1924年非洲南猿(*Australopithecus africanus*)标本被发现的地方,也是在这处遗址,以许多人类居住和进化的考古洞穴遗迹为特征,其年代可追溯至大约3.3Ma。这一地区含有解释人类起源和演化不可缺少的分子。此处发现的化石已经使几块早期人科标本的识别成为可能,尤其是傍人(*Paranthropus*),其时代可追溯至4.5～2.5Ma,用火的证据在1.8～1Ma前。它是在1999年所列遗产的基础上的扩展。

Brief Description

The Taung Skull Fossil Site, part of the extension, is the place where in 1924 the celebrated Taung Skull—a specimen of the species *Australopithecus africanus*—was found. Makapan Valley, also in the site, features in its many archaeological caves traces of human occupation and evolution dating back some 3.3Ma. The area contains essential elements that define the origin and evolution of humankind. Fossils found there have enabled the identification of several specimens of early hominids, more particularly specimens of Paranthropus, dating back between 4.5Ma and 2.5Ma as well as evidence of the domestication of fire 1.8Ma to 1Ma ago. It is an extension to the site inscribed in 1999①.

一些重要的非洲南猿(*Australopithecus africanus*)和粗壮南猿(*Australopithecus robustus*)标本曾被发现于斯泰克方丹山谷洞穴。能人(*Homo habilis*)的一些标本也被发现于在斯泰克方丹洞穴的角砾岩中。巨齿傍人(*Paranthropus crassidens*)发现于斯瓦特克朗。克罗姆德莱是于1938年首次发现粗壮傍人(*Paranthropu robustus*)标本的遗址,粗壮傍人现已改名为粗壮南猿(*Australopithecus robustus*)。斯泰克方丹、斯瓦特克朗和克罗姆德莱发现的石器和骨具其年代可追溯至2～1.5Ma前。斯瓦特克朗洞穴发现的古人类用火的证据其年代是在1.8～1Ma前。

汤恩头盖骨化石遗址(The Taung Skull Fossil Site)于2005年是作为斯泰克方丹、斯瓦特克朗、克罗德莱和艾维罗恩古人类化石遗址扩展项目列入的。

桑吉兰早期人类遗址
Sangiran Early Man Site

国家:印度尼西亚

洲名:亚洲

时间:1996年列入《世界遗产名录》

标准:iii, vi

属性:文化遗产

功能:古人类遗址

世界遗产委员会的评价:

这处遗址从1936年至1941年进行发掘,导致了早期人类化石的发现。后来,50种古爪

①http://whc.unesco.org/en/list/915

哇魁人、直立猿人和直立人化石被发现，占世界所有已知人类化石的一半。由于1.5Ma前就有人类在此居住，这就使得桑吉兰成为了解人类进化的关键遗址之一。

Brief Description

Excavations here from 1936 to 1941 led to the discovery of the first hominid fossil at this site. Later, 50 fossils of *Meganthropus palaeojayanicus* and *Pithecanthropus erectus/Homo erectus* were found - half of all the world's known hominid fossils. Inhabited for the past 1.5Ma, Sangiran is one of the key sites for the understanding of human evolution①.

桑吉兰早期人类遗址位于印度尼西亚爪哇岛，距梭罗(Solo)以东15km。桑吉兰(Sangiran)地区以发现古爪哇魁人(*Meganthropus palaeojayanicus*)和直立猿人(*Pithecanthropus erectus*)的头骨化石而闻名于世。

十一、考古遗址

考古遗址：吴哥(Angkor)(柬埔寨)、摩亨朱达罗考古遗址(Archaeological Ruins at Moenjodaro)(巴基斯坦)、班清考古遗址(Ban Chiang Archaeological Site)(泰国)、巴林-卡拉特考古遗址(Qal'at al-Bahrain Archaeological Site)(巴林)、特洛伊考古遗址(Archaeological Site of Troy)(土耳其)、亚述 Ashur(Qal'at Sherqat)(伊拉克)、巴特、库特姆和艾因考古遗址(Archaeological Sites of Bat, Al-Khutm and Al-Ayn)(阿曼)、庞贝、赫库兰尼姆和安努兹亚塔考古区(Archaeological Areas of Pompei, Herculaneum and Torre Annunziata)(意大利)、阿格里真托考古区(Archaeological Area of Agrigento)(意大利)、阿奎拉考古区和主教教堂(Archaeological Area and the Patriarchal Basilica of Aquileia)(意大利)、梅里达考古遗址(Archaeological Ensemble of Mérida)(西班牙)、阿塔普埃尔卡考古遗址(Archaeological Site of Atapuerca)(西班牙)、塔拉科考古遗址(Archaeological Ensemble of Tárraco)(西班牙)、德尔斐考古遗址(Archaeological Site of Delphi)(希腊)、埃皮道鲁斯考古遗址(Archaeological Site of Epidaurus)(希腊)、奥林匹克考古遗址(Archaeological Site of Olympia)(希腊)、韦尔吉纳的考古遗址(Archaeological Site of Vergina)(希腊)、迈锡尼和梯林斯考古遗址(Archaeological Sites of Mycenae and Tiryns)(希腊)、莱普蒂斯·玛格纳考古遗址(Archaeological Site of Leptis Magna)(利比亚)、昔兰尼考古遗址(Archaeological Site of Cyrene)(利比亚)、萨布拉塔考古遗址(Archaeological Site of Sabratha)(利比亚)、沃吕比利斯考古遗址(Archaeological Site of Volubilis)(摩洛哥)、圣奥古斯汀考古公园 (San Agustín Archeological Park)(哥伦比亚)、铁拉登特罗国家考古公园(National Archeological Park of Tierradentro)(哥伦比亚)、霍亚·德·塞伦考古遗址(Joya de Ceren Archaeoloical Site)(萨尔瓦多)、基里瓜考古公园和玛雅文化遗址(Archaeological Park and Ruins of Quirigua)(危地马拉)、霍契卡尔科考古遗址区(Archaeological Monuments Zone of Xochicalco)(墨西哥)、大卡萨斯的帕奎美考古区(Archeological Zone of Paquimé, Casas Grandes)(墨西哥)、查文(考古遗址)Chavin(Archaeological Site)(秘鲁)、昌昌考古区(Chan Chan Archaelogical Zone)(秘鲁)等。

①http://whc.unesco.org/en/list/593

庞贝、赫库兰尼姆和安努兹亚塔考古区
Archaeological Areas of Pompeii, Herculaneum and Torre Annunziata

国家:意大利
洲名:欧洲
时间:1997年列入《世界遗产名录》
标准: iii, iv, v
属性:文化遗产
功能:古城遗址

世界遗产委员会的评价:

公元79年8月24日维苏威火山的爆发,吞没了两个繁荣的古罗马城镇:庞贝和赫库兰尼姆以及这个地区的许多富家别墅。从18世纪中叶以来,被掩埋的一切都逐渐地被挖掘出来并向公众开放。庞贝广阔的商业城镇,与之相比赫库兰尼姆较小,但有保存完好的假日胜地遗迹,以及在安努兹亚塔考古区的奥普隆蒂斯别墅的华丽的壁画,反映了早期古罗马帝国人们过着丰衣足食的生活,给人留下了深刻的印象。

Brief Description

When Vesuvius erupted on 24 August A. D. 79, it engulfed the two flourishing Roman towns of Pompeii and Herculaneum, as well as the many wealthy villas in the area. These have been progressively excavated and made accessible to the public since the mid-18th century. The vast expanse of the commercial town of Pompeii contrasts with the smaller but better-preserved remains of the holiday resort of Herculaneum, while the superb wall paintings of the Villa Oplontis at Torre Annunziata give a vivid impression of the opulent lifestyle enjoyed by the wealthier citizens of the Early Roman Empire[①].

公元79年8月24日,那不勒斯(那波利)湾地区海拔1 277m的维苏威火山突然爆发,强烈的火山活动喷出的岩浆、火山碎屑物质和气态喷出物把山下的庞贝城全部湮没,一座原本充满生机的城市顷刻之间被极其灼热的岩浆所凝固,瞬间即成了一座死亡之城。从此,庞贝从地球上消失了。同时火山喷发物质也掩埋了位于维苏威火山附近的另一座城市——赫库兰尼姆(Herculaneum)。从此,古城庞贝在人们的记忆中逐渐淡漠而消失。1594年,人们在这一带修建水渠时发现了庞贝古城的遗迹,后来人们又陆续挖掘出一些雕像,但仍没有意识到地下深埋着一座城市。1748年,这里的发掘工作开始了,一个名叫阿尔库比雷(Alcubierre)的土地测量员开始了他的挖掘工作,可是没过多久,他去了赫库兰尼姆,直到1754年,他才再次返回庞贝进行挖掘。9年后,1763年的一天人们发现了一块刻有庞贝城市字样的标志,从那时起人们才意识到这里掩埋了一座城市——庞贝。

庞贝古城由于被火山物质瞬间掩埋,许多建筑的墙壁、门窗、家具、用具、器具都保存得相当完好,甚至炉里烤好的面包、柜橱里放的熟鸡蛋、瓦缸里盛的粮食等竟然奇迹般地保存下来。发掘物还有一家三口,在一间房子里,一个跪在地上的女人惊恐地用一块布捂住嘴以免吸进有

①http://whc.unesco.org/en/list/829

毒的气体，一手紧紧地搂自己的孩子，而他的丈夫则在竭尽全力地挣扎，试图改变这一突如其来的厄运。然而，他是那样的无助，在强烈的火山物质冲击中，他只能眼睁睁地看着妻子和孩子在自己面前死去。一位庞贝人死在绘有植物的壁画下，当人们于上千年后挖掘出他的遗骨时，同时发现那幅壁画上刻有一句铭文："没有任何东西可以永恒"。

庞贝古城和维苏威火山

昔日的庞贝古城：昔日的庞贝古城是当时世界上最美丽繁华的城市之一。庞贝是连接起古罗马帝国与世界各地的海上贸易的要地。最早庞贝古城是土著的奥斯克人(Osques)定居地。公元前 6 世纪，希腊人将其作为海上商道，在此居住，建起了一些神庙。从公元前 524 年到公元前 474 年，埃特鲁坎人(Etrusques)占领了这座城市，后来被来自山区的桑尼特人(Samnites)征服。公元前 424 年，大批的桑尼特人来到这里，定居在平原的桑尼特人，称为坎帕尼亚人(Campani)。公元前 90 年到公元前 89 年，罗马帝国动用强大的军事力量征服了庞贝的坎帕尼亚人，从此，庞贝成为罗马城市。庞贝西南毗邻那不勒斯湾，西北是海拔 1 277m 的维苏威火山，依山傍水，风光秀丽，城里有两万多居民。庞贝土壤肥沃，气候宜人，物产丰富。庞贝人栽种小麦、蔬菜等，盛产葡萄，也饲养牛羊。自庞贝成为了罗马城市后，庞贝成为一个安定的城市，人们过着丰衣足食的生活。遍及城区的竞技场、剧场、浴场反映了当时庞贝人的生活情趣。一座座富人宅邸则是权利和财富的象征。商业街上的小酒店、面包房、客栈等店铺林立，幽暗的小巷深处徘徊着妓女的身影。时至今日，庞贝古城遗址旧城区曲折蜿蜒的小巷的残墙断壁上还刻着妓女的名字，留有庞贝人放纵情感的印记。庞贝人个性奔放、诙谐，而且极富于表现欲。维蒂邸(Casa dei Vetti)充满色情的壁画就可见一斑。"许多诗句写在旅馆的墙壁上，有的写得很潦草，有的写得缠绵悱恻，好像是热恋之人的手笔"。法国历史学家泰纳 1860 年来过意大利，于 1865 年在他的《意大利游记》中写道："那时候的人，是以整个身体活着，而不像今天，只有头脑活着。"

庞贝古城遗址：庞贝古城遗址有两个入口。一个是在遗址的西南面朝海的方向，经过玛利娜门(Porta Marina)进入这个庞大的古城遗址。还有一个入口是在遗址的东南面，通过诺切拉门(Porta di Nocera)进入。围绕庞贝古城有 8 座城门：诺拉门(Porta di Mola)、萨尔诺门

庞贝古城遗址

(Porta di Sarno)、诺切拉门(Porta di Nocera)、斯塔比门(Porta di Stabia)、玛利娜门(Porta Marina)、埃尔科拉诺门(Porta di Ercolano)、维苏威门(Porta del Vesuvio)和卡波门(Porta di Capua)。全城被3km长的城墙所围绕。城内共分为9个区,其中位于北部和东北部的第三、四、五、九区尚未开发(孙克勤和孙博,2005)。

从玛利娜门(Porta Marina)进入这古城遗址,不远处是一座广场(Foro),广场附近是壮观的建筑遗迹,如玛利娜街(Via Marina)两侧的大会堂(Basilica)、维纳斯神庙(Tempio di Venere)、阿波罗神庙(Tempio di Apollo)。向北走就是宙斯神庙(Tempio di Giove),在附近临街有凯旋门(Arco Onorario),再向北走穿过奥古斯塔利街(Via degli Augustali)就可看到著名的广场浴场(Terme del Foro),浴场设有热水、温水和冷水浴室。热水浴室在浴池的上方有一圆形天窗用于采光。广场浴场东面是幸运女神庙(Tempio della Fortuna)。向北穿过浴场街(Via delle Terme),一直到最北部,这一带属于第六区,有许多宅邸,如潘萨邸(Casa di Pansa)、波埃塔·特拉吉卡邸(Casa del Poeta Tragica)、萨吕斯特邸(Casa di Sallustio)、农牧神邸(福诺邸)(Casa del Fauno)、梅莱格尔邸(Casa di Meleagro)、阿波罗邸(Casa di Apollo)、维蒂邸(Casa dei Vetti)、阿莫里尼多拉蒂邸(Casa degli Amorini Dorati)等。在这些宅邸中最为引人注目的是农牧神邸和维蒂邸,是豪华住宅。农牧神邸占地面积很大,厅内有镶嵌画,庭院有拱形环廊。维蒂邸是一座非常豪华的住宅,许多厅里布满了华丽的壁画,大厅后面是一座庭院式的花园,花园中有喷泉、大理石雕像和环廊。阿莫里尼多拉蒂邸西侧是维苏威街(Via del Vesuvio),沿着这条大街向东南走不远进入斯塔比街(Via Stabiana),在诺拉街(Via di Nola)和斯塔比街(Via Stabiana)的交叉路口东侧是中央浴场(Terme Centrali)。沿着斯塔比街向东南走不远,西侧就是斯塔比浴场(Terme Stabiane)。庞贝古城有3个浴场,斯塔比浴场是这个城市最早的浴场。与斯塔比浴场一街之隔的东南面是一些宅邸。斯塔比街北端分布着大剧场(Teatro Grande)、小剧场(Teatro Piccolo)、三角广场(Foro Triangolare)和几座神庙。大剧场是庞贝最大、最古老的剧场,建于公元前200年,可容纳5 000名观众。剧场的南面是一个花园。小剧场建于公元前一世纪,是一座室内剧场,有39级阶梯,可容纳1 000多位观众。这个剧场专门用于音乐会和演讲等。在古城遗址中最宏伟的建筑莫过于位于第二区古城最东端的椭圆形竞技场(Anfiteatro),长140m,宽105m,场内有35排阶梯,可容纳约两万名观众。竞技场的西侧是一个大体育场(Palestra Grande)。这一带还有一些宅邸。参观完城东即可从诺切拉门(Porta di Nocera)出古城遗址。

庞贝古城遗址不仅有雄伟壮观的建筑群,还分布着许多市场、客栈、商店、酒店、面包店、皮革店等,也有别具一格的庭院和保存完好的精美雕塑,甚至民房中的石器灶台都保存完好。庞贝古城遗址不愧为是世界上最负盛名的古遗址发掘地,它再现了古罗马时期的文化、经济和生活。难怪许多文人志士慕名而来,造访这一举世闻名的庞贝古城遗址,如德国大文豪歌德(Gothe)、法国作家司汤达和文学批评家泰纳(Taine)、美国作家马克·吐温(Mark Twain)等。在庞贝古城遗址你即可观赏到附近的维苏威火山,然而此时它却是那么的沉寂。

赫库兰尼姆的规模要比庞贝小得多。公元79年,在摧毁附近的庞贝的同一次火山爆发中赫库兰尼姆也被湮没。这座被掩埋的城镇直到18世纪才被发掘。赫库兰尼姆毗邻那不勒斯湾,风光秀丽,景色宜人,曾以贵族度假胜地而闻名。火山物质瞬间掩埋了这座城市,住宅、庭院、店铺、面包房都保存得那样完好,甚至连住宅区的镶嵌图案装饰都得以保存下来,还有一家印染店保存了完好的木制衣橱。这里还有一座豪华住宅,称之为"鹿宅"(Casa dei Cervi),墙上的壁画和地板上的镶嵌装饰颇为引人注目。在赫库兰尼姆发掘出数以百计的雕像,有大理石和青铜的;此外,还发现了大量的青铜器,做工精致,造型优美。在这里还挖掘出许许多多的艺术品和生活用品。

安努兹亚塔毗邻那不勒斯湾,在庞贝的西南,以壁画而闻名,尤其是奥普隆蒂斯别墅的华丽的壁画。

吴哥
Angkor

国家:柬埔寨
洲名:亚洲
时间:1992年列入《世界遗产名录》
标准:i, ii,iii, iv
属性:文化遗产
功能:考古遗址和宗教建筑遗址

世界遗产委员会的评价:

吴哥是东南亚最重要的考古学遗址之一,占地面积约400多平方公里,包括林地。吴哥考古公园含有从9世纪到15世纪高棉王朝各个都城的辉煌遗迹。这些遗址包括著名的吴哥窟寺庙。在吴哥城,巴戎寺里拥有无数的雕刻装饰品。联合国教科文组织为了保护这一遗址及其周边环境已经制定了一个广泛的保护计划。

Brief Description

Angkor is one of the most important archaeological sites in southeast Asia. Stretching over some 400km^2, including forested area, Angkor Archaeological Park contains the magnificent remains of the different capitals of the Khmer Empire, from the 9th to the 15th century. These include the famous Temple of Angkor Wat and, at Angkor Thom, the Bayon Temple with its countless sculptural decorations. UNESCO has set up a wide-ranging programme to safeguard this symbolic site and its surroundings①.

吴哥(Angkor)出自梵语"Nagara",意为"城市或首都"(City or Capital),是9—15世纪高棉王国(Khmer Empire)的都城。吴哥位于柬埔寨暹粒省境内洞里萨湖(Tonle Sap)北面,地理坐标为北纬13° 26′—东经103° 50′。吴哥以其古老、宏大、神圣和深邃而著称于世,它是高棉人的精神中心和宗教中心,也是世人向往的旅游胜地。柬埔寨的吴哥与中国的万里长城、埃及的金字塔、印度尼西亚的婆罗浮屠并列为古代东方四大奇迹。

吴哥窟

从公元9世纪初高棉王国开国皇帝阇耶跋摩二世(Jayavarman Ⅱ)开始到15世纪,吴哥王朝陆续在当地建造宫殿和寺庙。吴哥主要包括吴哥城(Angkor Thom)、吴哥窟(Angkor Wat)等600多处印度教和佛教建筑风格的古遗址,现在保存下来的古建筑遗址还有40余处。1431年泰族(暹罗)军队攻占并洗劫了吴哥,曾经繁荣一时的吴哥王朝随着泰人的入侵而崩溃。弃城而逃的高棉人远赴金边建立了新的首都。该城被废弃,繁华的吴哥湮没于热带丛林之中,到16世纪已成为一片杂木丛生的废墟,逐渐被人们所遗忘。

中国元朝人周达观早在1296年8月就曾来到柬埔寨,造访了吴哥。他回国后撰写了《真腊风土记》。从9世纪开始,吴哥宏伟而庄严的宫殿和寺庙默默地屹立在高棉的大地,经过岁月洗礼的吴哥古迹再度呈现世人眼前,并在为世人所瞩目。

在吴哥东南部10余公里处还分布着著名的罗洛斯遗址(Roluos),包括普力科寺(Preah Ko)、巴孔寺(Bakong)和洛雷寺(Lolei)三处重要的建筑群。这些建于9世纪晚期的建筑群是了解早期吴哥王朝文化最重要的历史遗迹。

吴哥城:吴哥城(Angkor Thom)又称大吴哥,建于12世纪晚期,是阇耶跋摩七世(Jayavarman Ⅶ)他的继任者所建(Freeman and Jacques, 2003),为高棉帝国的最后一座都城。大

①http://whc.unesco.org/en/list/668

吴哥城石雕

巴戎寺

吴哥是指吴哥城和城内的遗址，包括吴哥城的城墙、城门、护城河和入城桥梁，城内的主要古建筑有巴戎寺(Bayon)、巴芳寺(Bapuon)、空中宫殿(Phimeanakas)、象台(Elephant Terrace)、癞王台(Leper King Terrace)等。

吴哥城是一处被长达12km的护城河所环绕的古城，呈四方形，占地面积9km^2，城墙全部用巨石砌成，共有5座城门，除了东南西北4座城门以外，在东城门偏北的不远处还有一座胜利之门。据说胜利之门是用来迎接胜利归来的将士所走的凯旋门。南门是5座城门中保存最完整的一座，也是游人进城的主要路线。高达20m的城门上雕刻着巨大的微笑四面佛。城门外的护城河上架有石桥，桥的两侧各有一排石雕像：一边代表天神，另一边代表恶魔。天神和恶魔怀抱“那伽”(Naga)七头蛇神的身体，形成头尾两翘的“那伽”蛇神栏杆。据说当时宽约百米的护城河中养有很多鳄鱼，用来抵御敌人进攻的。

进入南门门洞，放眼望去是一片茂密的参天古树，宫殿、寺庙和古塔散落在其中。在林荫道上前行大约1.5km就来到吴哥城的中心——巴戎寺，穿行其中，如同进入了一个神奇的迷宫。巴戎寺(Bayon)是由阇耶跋摩七世(Jayavarman Ⅶ)和阇耶跋摩八世(Jayavarman Ⅷ)建于12世纪晚期至13世纪晚期(Freeman and Jacques, 2003)。寺院中49座四面都雕有巨大佛脸的佛面塔，还有城门上的5座佛面塔，共计54座。据说，这些代表了吴哥王朝当时统治的54个省份。这些佛脸表情各异，带有神秘的微笑，被称之为“高棉的微笑”。四面佛的四个面分别代表慈、悲、喜、舍。这些佛塔全部用巨大的石块垒砌而成，有些石块重达8t以上。佛塔上刻有各种形态的雕像，有的高达数米，生动逼真。巴戎寺回廊的浮雕描绘了吴哥王朝从王宫征战到市民生活的场景应有尽有。寺院的许多梁柱和门楣上还雕刻着各种容貌各异和体态优雅的仙女像。这些雕像造型各异，栩栩如生，细细品味，让人流连忘返。但是给人们留下最深印象的还是四面佛那神秘的“高棉的微笑”，给人一种震慑和诡秘的感觉，让人敬畏不已。

出了巴戎寺继续向北走，不远处就是象台(Elephant Terrace)，由阇耶跋摩七世(Jayavarman Ⅶ)和阇耶跋摩八世(Jayavarman Ⅷ)建于12世纪晚期至13世纪晚期(Freeman and Jacques, 2003)。这是一处宽阔的平台，四周用巨石砌造，周边的台基上有许多大象、神像等石雕，这里曾是举行庆典仪式的地方。平台前是无比宽阔的广场。象台是当年王权的象征。

空中宫殿(Phimeanakas)又称之为天宫，是一座全石结构建筑，由阇耶跋摩五世(Jayavarman Ⅴ)和乌达亚迪亚跋摩二世(Udayadityavarman Ⅱ)建于10世纪晚期至11世纪早期(Freeman and Jacques, 2003)，后由苏耶跋摩一世(Suryavarman Ⅰ)改建成为须弥山式印度教寺庙。宫殿建在一座高12m的高台上，成金字塔形，分三层，高台四周有石砌回廊环绕，四

空中宫殿

巴芳寺

面有石阶,东西长35m,南北为28m。由于台基较高,给人一种悬在空中的感觉,因而得名。空中宫殿位于象台附近。周达观在他的《真腊风土记》一书中曾记述了神秘的天宫传说。

巴芳寺(Bapuon)位于吴哥城西北约400m处,毗邻空中宫殿。巴芳寺始建于11世纪中期(1060年),由乌达亚迪亚跋摩二世(Udayadityavarman Ⅱ)所建(Freeman and Jacques, 2003)。通往巴芳寺塔门入口有一长达172m,用圆形石柱架起的石板甬道。巴芳寺正殿是五层金字塔形的建筑,最高的尖塔为24m,是一处宏大的寺庙。

吴哥窟(Angkor Wat)即吴哥寺,又称"小吴哥",是柬埔寨的三大圣庙之一,世界上最大的寺庙建筑群之一。吴哥窟位于暹粒市以北约5.5km处。吴哥窟整座建筑包括护城河、城墙、入城大道、中央神殿和5座圣塔。吴哥窟是由苏利耶跋摩二世(Suryavarman Ⅱ)建于12世纪早期(1113—1150)(Freeman and Jacques, 2003)。吴哥窟是整个吴哥保存最完整的建筑,其5座圣塔的图案被置于国旗的中心,作为国家的象征。吴哥窟坐东朝西,一道由西向东的长堤,横穿护城河,直通寺庙围墙西大门。桥两边有巨大的巨狮石雕和七头蛇神"那伽"石雕。柬埔寨传说中,七头蛇会带来风调雨顺。过西大门,有一条较长的道路,放眼望去,5座圣塔耸立云端。5座莲花蓓蕾似的圣塔倒影映入河中,远远望去,美仑美奂,宛如仙境,让人心旷神怡。

吴哥窟几乎全部用砂岩砌成,东西长1 500m,南北宽1 300m,周围长约5 000m,总面积约200hm^2,四周由宽190m的壕沟环绕。台基、回廊、蹬道、宝塔构成吴哥寺错综复杂的建筑群。吴哥窟中最主要的建筑是寺庙中心三层台基上的圣塔。在金字塔式的寺庙的最高层矗立着5座圣塔,宝塔与宝塔之间有游廊连接。中央圣塔拔地而起数十米。通往圣塔的石阶有着令人望而生畏的陡峭,每位造访者必须手脚并用向上攀登。据说,吴哥窟最初是为敬奉印度教神灵所建,但是今天已演变为佛教寺庙。吴哥窟建在三层台阶的地基上,每层台基四周都有石雕回廊,长达800m的浮雕回廊上生动地描绘出印度史诗中的场面。浮雕大多取材于印度著名史诗《摩诃婆罗多》与《罗摩衍那》的神话故事。吴哥窟中有一尊飞天女神浮雕,是寺庙内独一无二露齿而笑的女神。女神雕像大都裸露上身,头戴华丽的头冠,显得雍容华贵。浮雕女神造型各异,有的拈花微笑,有的翩翩起舞,婀娜多姿,姿态优美,雕工之精巧,令人叹为观止。

塔普伦寺(Ta Prohm):建于12世纪晚期至13世纪,是阇耶跋摩七世(Jayavarman Ⅶ)为纪念他母亲而建造的寺庙(Freeman 和 Jacques, 2003)。塔普伦寺还是安吉丽娜·茱莉主演的《古墓丽影》拍摄基地。塔普伦寺位于吴哥城东城墙以东约1.7km,外墙东西长1 000m,南北宽650m。那些被古树层层包住的寺庙入口,巨蟒一般的匍匐伸展的树根,迷宫一样复杂的寺庙,这种树抱石的奇观则让塔普伦寺充满了神秘。塔普伦寺整座寺庙被巨大的树木层层围

吴哥窟女神雕像

吴哥窟古建筑

住，古树庞大的根系如巨爪一样盘根错节在寺庙的墙壁上，一些墙壁已经不堪负荷而坍塌，许多树根直接伸进寺庙的石缝中，盘绕在梁柱、屋檐和门窗上，紧紧地束缚住神庙，盘根错节的古树与神庙交织在一起，蔚为奇观。那些经历了几个世纪岁月和自然磨砺的伟大建筑，却在这些古树的缠绕下，变得摇摇欲坠。塔普伦寺还有一处内室称为"回音塔"。站在塔里面的，用力拍打胸膛时会产生宏亮的回音，许多游人来到塔普伦寺时都会站在塔里拍打自己的胸膛体验这神奇而又美妙的回音。

塔普伦寺

圣剑寺

圣剑寺(Preah Khan)：建于12世纪晚期(1191年)，是阇耶跋摩七世(Jayavarman Ⅶ)为了在祭祀他的父亲和彰显战功而建立的(Freeman 和 Jacques, 2003)。圣剑寺规模较大，长800m，宽700m。在建筑格局上除了寺院、寺塔、厅堂、回廊和石雕外，主殿中还保存有当时供奉的佛陀石雕。寺院内还有一座所有吴哥古迹中唯一采用圆柱结构的建筑，有人称其为"藏经阁"。据说圣剑寺曾经是佛学院。

周萨神庙(Chau Say Tevoda)：建于12世纪中期，先后由苏耶跋摩二世(Suryavarman Ⅱ)、耶苏跋摩二世(Yasovarman Ⅱ)和阇耶跋摩八世(Jayavarman Ⅷ)建造(Freeman and Jacques, 2003)。周萨神庙由9座主要单体建筑组成：4座楼门、两座藏经殿、中央圣殿、高架通道和东神坛。

涅磐宫(Neak Pean)：又称蟠蛇水池，阇耶跋摩七世(Jayavarman Ⅶ)在位时所建，建于12

涅磐宫

女王宫

世纪晚期(Freeman and Jacques, 2003)。“Neak Pean”的意思是“缠绕的巨蛇”。蟠蛇水池位于圣剑寺以东约2.5km,一处由正方形大水池四边各连接一座小水池构成的建筑格局。大水池中央有一个人工岛,岛上圆形台基本矗立一座石塔,石塔上雕有两条缠绕的巨蛇王(Naga),为一处独特的岛屿寺庙。据说,蟠蛇水池的圣水可以洗去人们身上一切病痛。今非昔比,现在水池中的水早已干涸。蟠蛇水池在热带丛林的环绕下和蓝天白云的映衬下显得格外神秘,空气中弥漫着古朴的幽香,斑驳的建筑见证了历史,尽显沧桑之美。

塔高寺(Ta Keo):又名“茶膠寺”,由阇耶跋摩五世(Jayavarman V)和阇耶毗罗跋摩(Jayaviravarman)建于10世纪晚期至11世纪早期(Freeman and Jacques, 2003)。寺中供奉三大天神之湿婆神。塔高寺位于吴哥城胜利之门以东约1km处。这座寺庙建造并没有完成,因为所有堆砌好的石块还保留在粗坯的原貌,还没有雕刻。没有在砌好的建筑上雕刻的原因,说法不一。有人认为是在建造中遭到雷击,王朝认为是不祥之兆便放弃了兴建。另一种说法归于当时选择的石材过于坚硬,无法在上面雕刻,因此保留了石块建筑的原始状态。人们可以从塔高寺了解到所有吴哥的古建筑都是先将石头堆积砌就好再进行雕刻的,证明当时建筑技术为“先砌后雕”。

巴肯山(Phnom Bakheng):位于吴哥城南大门外附近,是一座高67m的小山,山丘上建有一座巴肯寺。巴肯寺(Bakheng)作为国家寺庙是由耶苏跋摩一世(Yasovarman Ⅰ)建于9世纪晚期至10世纪早期(Freeman and Jacques, 2003)。这座庙宇群由分布在5层台基上的108座小塔环绕着一座大殿组成。在这里游人如同朝圣般地攀上山顶就是为了一睹神秘的“吴哥夕照”。

女王宫(Banteay Srei):又称为斑特丝蕾寺,由国王罗贞陀罗跋摩二世(Rajendravarman Ⅱ)于967年所建(Freeman and Jacques, 2003)。女王宫位于吴哥城东北约25km处,是用红色砂岩建成。相比吴哥窟的宏大威武,女王宫则是以建筑小巧玲珑、雕刻精美绝伦而著称于世。女王宫中心为3座并列的塔形神殿和左右对称的配殿组成。女王宫供奉的主神是湿婆神。女王宫的墙体、门楣、梁柱、廊檐等都有雕琢如刺绣般精致的浮雕,美轮美奂,玲珑剔透,栩栩如生。女王宫是吴哥古迹中的杰作,被誉为“吴哥古迹明珠”。女王宫精美的雕刻艺术宛如出自女人之手。镌刻在石头上的女神阿帕莎拉(Apasara),为庄严的神殿注入了活力。女王宫体现了吴哥雕刻艺术美的极至,素有“女人的城堡”之美誉。据说,女王宫是战争时临时藏匿后妃的宫殿。放眼望去,女王宫如同热带森林的睡美人,妩媚而娴静。

特洛伊考古遗址
Archaeological Site of Troy

国家:土耳其
洲名:亚洲
时间:1998年列入《世界遗产名录》
标准:ii, iii, vi
属性:文化遗产
功能:考古遗址

世界遗产委员会的评价:

特洛伊以其4 000年的历史成为世界上最著名的考古遗址之一。1870年,著名的考古学家海因里希·谢里曼对这个遗址进行了首次发掘。用科学术语讲,它“广泛的遗物”是安纳托利亚和地中海文明之间开始交往的最重要的证明。此外,特洛伊于公元前13或公元前12世纪曾遭到来自希腊的斯巴达人和亚该亚人的围攻,这一切由荷马写进史诗《伊利亚特》而流传千古,从那时起它还激发了世界上众多艺术家的创作灵感。

Brief Description

Troy, with its 4 000 years of history, is one of the most famous archaeological sites in the world. The first excavations at the site were undertaken by the famous archaeologist Heinrich Schliemann in 1870. In scientific terms, its “extensive remains” are the most significant demonstration of the first contact between the civilizations of Anatolia and the Mediterranean world. Moreover, the siege of Troy by Spartan and Achaean warriors from Greece in the 13th or 12th century B. C., immortalized by Homer in *The Iliad*, has inspired great creative artists throughout the world ever since①.

特洛伊考古遗址是土耳其古城,位于土耳其的西端,毗邻达达尼尔海峡。特洛伊是公元前16世纪前后为古希腊人渡海所建,公元前13世纪—前12世纪时,颇为繁荣。特洛伊城遗址的发掘,始于19世纪中期,延续到20世纪30年代。考古学家在深达30m的地层中发现了从公元前3000年至公元400年间分属9个时期的特洛伊城遗迹,发现一些古建筑废墟、城堡、王宫等建筑,还发现了许多金银珠宝及青铜器,陶器、石器等。

公元前9世纪古希腊诗人荷马的史诗《伊利亚特》叙述的“特洛伊木马计”就发生在这里。当时特洛伊王子帕里斯来到希腊斯巴达王麦尼劳斯宫作客,受到了麦尼劳斯的盛情款待,但是,帕里斯却看上了麦尼劳斯的年轻貌美的妻子海伦,把她带回了特洛伊。麦尼劳斯和他的兄弟决定讨伐特洛伊,由于特洛伊城池牢固,易守难攻,攻战10年未能如愿。最后英雄奥德赛献计,让迈锡尼士兵烧毁营帐,登上战船离开,造成撤退回国的假象,并故意在城下留下一具巨大的木马,特洛伊人把木马当作战胜品拖进城内,当晚正当特洛伊人开怀畅饮欢庆胜利的时候,

①http://whc.unesco.org/en/list/849

藏在木马中的迈锡尼士兵悄悄溜出,打开城门,放进早已埋伏在城外的希腊军队,结果一夜之间使特洛伊化为废墟。荷马史诗《伊利亚特》叙述的"特洛伊木马计",已成为西方国家文学艺术中传诵不绝的名篇。

亚述

Ashur (Qal'at Sherqat)

国家:伊拉克
洲名:亚洲
时间:2003 年列入《世界遗产名录》
标准:iii, iv
属性:文化遗产
功能:古城遗址

世界遗产委员会的评价:

亚述古城位于美索不达米亚北部底格里斯河的特殊地带上,在雨水灌溉农业和人工灌溉农业的交界处,城市的历史可以追溯到公元前3000年。公元前14世纪到公元前9世纪,它是亚述帝国的第一个都城,是一个城邦和国际化的贸易平台;同时也被作为亚述人的宗教之都,同亚述神紧密相连。亚述古城最后被巴比伦人攻占,但是在公元1世纪和2世纪帕提亚时代经历了短暂的复兴。

Brief Description

The ancient city of Ashur is located on the Tigris River in northern Mesopotamia in a specific geo ecological zone, at the borderline between rain - fed and irrigation agriculture. The city dates back to the 3rd millennium B. C.. From the 14th to the 9th centuries B. C. it was the first capital of the Assyrian Empire, a city state and trading platform of international importance. It also served as the religious capital of the Assyrians, associated with the god Ashur. The city was destroyed by the Babylonians, but revived during the Parthian period in the 1st and 2nd centuries A. D. ①.

亚述是伊拉克北部古城遗址,位于底格里斯河西岸,在摩苏尔之南 150km。它为古亚述王国的第一个都城。亚述城的城市布局呈三角形,西面和北面有城墙。城墙长约 4km,分内外两层,已确定 8 座城门。内墙厚 7m,城门饰有彩色琉璃砖;外墙外有宽约 20m 的护城河,其两端通底格里斯河,东面和北面有砖石砌的堤墙以防洪水。城内建筑多位于北部。亚述城出土的遗物有石雕、印章、石板、首饰、金属碗、武器等。

十二、农业景观

农业景观:菲律宾科尔迪莱拉的水稻梯田(Rice Terraces of the Philippine Cordilleras)(菲律宾)、南厄兰岛的农业景观(Agricultural Landscape of Southern Öland)(瑞典)、皮克岛

①http://whc.unesco.org/en/list/1130

葡萄园文化景观(Landscape of the Pico Island Vineyard Culture)(葡萄牙)等。

菲律宾科尔迪莱拉的水稻梯田

Rice Terraces of the Philippine Cordilleras

国家:菲律宾

洲名:亚洲

时间:1995年列入《世界遗产名录》

标准:iii, iv, v

属性:文化遗产

功能:农田

世界遗产委员会的评价:

2 000年以来,伊富高的高原稻田沿着山脉的等高线分布。代代相传的知识、神圣的传统观念和微妙的社会平衡使这里形成了一道表现了人类与环境之间和谐的美丽景观。

Brief Description

For 2 000 years, the high rice fields of the Ifugao have followed the contours of the mountains. The fruit of knowledge handed down from one generation to the next, and the expression of sacred traditions and a delicate social balance, they have helped to create a landscape of great beauty that expresses the harmony between humankind and the environment①.

菲律宾著名的的稻米梯田,是2 000年来当地土著部落人民为了谋生而在裸露的山地上开垦出的土地。几个世纪以来,伊富高部落人民为了防止土壤流失,不辞辛劳地用一块块的岩石垒成一道道的堤坝,直至成为现在被美誉为“通往天堂的天梯”的水稻梯田。如今,这里的梯田已成为著名的人文景观。

拉沃葡萄园梯田

Lavaux, Vineyard Terraces overlooking the Lake and the Alps

国家:瑞士

洲名:欧洲

时间:2007年列入《世界遗产名录》

标准:iii, iv, v

属性:文化遗产

功能:农业景观

①http://whc.unesco.org/en/list/722

世界遗产委员会的评价:

拉沃葡萄园梯田在沃州(Vaud)从西隆城堡至洛桑东郊,沿日内瓦湖北岸向南绵延约30km,包括村舍与湖水之间的山腰缓坡。尽管有证据表明在罗马时代这一地区就有葡萄生长,但现在的葡萄园梯田却要追溯到11世纪,当时这一地区由本笃会和西多会修道院所管辖。一个世纪以来,拉沃葡萄园梯田在开发和优化当地资源、酿造具有重要经济价值的高品质葡萄酒方面成为人类与环境之间相互作用的典范。

Brief Description

The Lavaux Vineyard Terraces, stretching for about 30km along the south - facing northern shores of Lake Geneva from the Chateau de Chillon to the eastern outskirts of Lausanne in the Vaud region, cover the lower slopes of the mountainside between the villages and the lake. Although there is some evidence that vines were grown in the area in Roman times, the present vine terraces can be traced back to the 11th century, when Benedictine and Cistercian monasteries controlled the area. It is an outstanding example of a centuries - long interaction between people and their environment, developed to optimize local resources so as to produce a highly valued wine that has always been important to the economy①.

十三、工业景观

工业景观:弗尔克林根钢铁厂(Völklingen Ironworks)(德国)、埃森关税同盟煤矿工业区(Zollverein Coal Mine Industrial Complex in Essen)(德国)、恩格尔斯堡钢铁厂(Engelsberg Ironworks)(瑞典)、布莱纳文工业景观(Blaenavon Industrial Landscape)(英国)、德文特河谷工业区(Derwent Valley Mills)(英国)、法伦的大铜山矿区(Mining Area of the Great Copper Mountain in Falun)(瑞典)、韦尔拉木材加工厂(Verla Groundwood and Board Mill)(芬兰)、龙舌兰景观和古代工业设备(Agave Landscape and Ancient Industrial Facilities of Tequila)(墨西哥)等。

恩格尔斯堡钢铁厂
Engelsberg Ironworks

国家:瑞典

洲名:欧洲

时间:1993年列入《世界遗产名录》

标准:iv

属性:文化遗产

功能:工业遗址

世界遗产委员会的评价:

17世纪和18世纪时期,瑞典生产的铁是一流产品,在同行业中处于领先地位。这处遗址

①http://whc.unesco.org/en/list/1243

是瑞典钢铁厂保存最好和最完整的范例。

Brief Description

Sweden's production of superior grades of iron made it a leader in this field in the 17th and 18th centuries. This site is the best-preserved and most complete example of this type of Swedish ironworks①.

弗尔克林根钢铁厂
Vö lklingen Ironworks

国家:德国
洲名:欧洲
时间:1994 年列入《世界遗产名录》
标准:ii, iv
属性:文化遗产
功能:工业遗址

世界遗产委员会的评价:

弗尔克林根钢铁厂占地约 6hm^2,位于弗尔克林根市。尽管弗尔克林根钢铁厂近期已经停产,但其仍然是整个西欧和北美地区 19 世纪和 20 世纪建造和装备的综合性钢铁厂唯一保存完好的范例。

Brief Description

The ironworks, which cover some 6ha, dominate the city of Völklingen. Although they have recently gone out of production, they are the only intact example, in the whole of western Europe and North America, of an integrated ironworks that was built and equipped in the 19th and 20th centuries and has remained intact②.

布莱纳文工业景观
Blaenavon Industrial Landscape

国家:英国
洲名:欧洲
时间:2000 年列入《世界遗产名录》
标准:iii, iv
属性:文化遗产
功能:工厂和矿山遗址

①http://whc.unesco.org/en/list/556
②http://whc.unesco.org/en/list/687

世界遗产委员会的评价:

围绕布莱纳文这一地区在19世纪作为世界铁和煤主要的生产者是南威尔士显赫一时的证据。所有必要的要素仍能看得见:煤矿、采石场、一个原始的铁路系统、高炉、工人的住宅和他们的社区的社会基础结构。

Brief Description

The area around Blaenavon is evidence of the preeminence of South Wales as the world's major producer of iron and coal in the 19th century. All the necessary elements can still be seen—coal and ore mines, quarries, a primitive railway system, furnaces, workers' homes, and the social infrastructure of their community[①].

十四、水利工程

水利工程:青城山和都江堰灌溉系统(Mount Qingcheng and the Dujiangyan Irrigation System)(中国)、阿曼阿夫拉季灌溉体系(Aflaj Irrigation Systems of Oman)(阿曼)、加尔桥(Pont du Gard (Roman Aqueduct))(法国)、南方运河(Canal du Midi)(法国)等。

加尔桥
Pont du Gard (Roman Aqueduct)

国家:法国
洲名:欧洲
时间:1985年列入《世界遗产名录》
标准:i, ii, iv
属性:文化遗产
功能:桥梁

世界遗产委员会的评价:

加尔桥建于公元前不久,使得尼姆的水道(长度约50km)横跨加尔河。这座桥是由罗马的建筑师和水利工程师建造,高约50m,分三层,最长为275m,创造了一个技术上同时也是艺术上的杰作。

Brief Description

The Pont du Gard was built shortly before the Christian era to allow the aqueduct of N-mes (which is almost 50 km long) to cross the Gard river. The Roman architects and hydraulic engineers who designed this bridge, which stands almost 50m high and is on three levels, the longest measuring 275m created a technical as well as an artistic masterpiece[②].

加尔桥位于法国南部尼姆附近,是为了使水道横跨加尔河,为尼姆城提供用水所建。桥分为三层,每层都是一个接一个的拱状桥洞。最底层有6个半圆形拱,中间的一层有11拱,最上

①http://whc.unesco.org/en/list/984
②http://whc.unesco.org/en/list/344

面的一层有 35 拱,水渠从最上层穿过。加尔桥的整个桥身微呈弧线形,是为了抵御洪水的冲击。

南方运河
Canal du Midi

国家:法国
洲名:欧洲
时间:1996 年列入《世界遗产名录》
标准:i, ii, iv, vi
属性:文化遗产
功能:运河

世界遗产委员会的评价:

这一蜿蜒流淌 360km 的通航水路运河网穿越 328 座建筑物(船闸、沟渠、桥梁、隧道等)与地中海和大西洋相连,是现代史上最辉煌的土木工程奇迹之一。在 1667—1694 年间,为工业革命修筑了这条水路。运河设计师彼埃尔·保罗·德里凯创造性的构思,将技术成果转变为艺术作品,使运河与周边环境和谐地融为一体。

Brief Description

This 360km network of navigable waterways linking the Mediterranean and the Atlantic through 328 structures (locks, aqueducts, bridges, tunnels, etc.) is one of the most remarkable feats of civil engineering in modern times. Built between 1667 and 1694, it paved the way for the Industrial Revolution. The care that its creator, Pierre Paul Riquet, took in the design and the way it blends with its surroundings turned a technical achievement into a work of art①.

十五、交通运输

交通运输:塞梅林铁路(Semmering Railway)(奥地利)、印度山区铁路(Mountain Railways of India)(印度)等。

塞梅林铁路
Semmering Railway

国家:奥地利
洲名:欧洲
时间:1998 年列入《世界遗产名录》
标准:ii, iv

①http://whc.unesco.org/en/list/770

属性:文化遗产
功能:铁路

世界遗产委员会的评价:

塞梅林铁路建于1848—1854年,位于高山地区,全长超过41km,是铁路建造开拓阶段土木工程最伟大的功绩之一。高标准的隧道、高架桥和其他工程保证了线路畅通直到现在。火车穿行于壮观的崇山峻岭的景观之中。由于铁路的开通,沿线为休闲娱乐修建了许多别致的建筑物。

Brief Description

The Semmering Railway, built over 41km of high mountains between 1848 and 1854, is one of the greatest feats of civil engineering from this pioneering phase of railway building. The high standard of the tunnels, viaducts and other works has ensured the continuous use of the line up to the present day. It runs through a spectacular mountain landscape and there are many fine buildings designed for leisure activities along the way, built when the area was opened up due to the advent of the railway①.

塞梅林铁路至今仍作为奥地利铁路的主要干线在正常运行。它是维也纳到里雅斯特(Trieste)(意大利海港)铁路中的一段(75～116.7km)。这段全长近42km的铁路始建于1848年7月27日,于1854年7月17日竣工,由此第一辆旅客列车开往塞梅林(Semmering)。这项工程是由卡尔·里特尔·冯·盖加(Carl Ritter von Ghega)设计。塞梅林铁路是在高山地区修建铁路的典范。塞梅林铁路的开通为当地的贸易和旅游业带来了巨大发展,也成为这一地区一道亮丽的风景。塞梅林铁路是第一条被列入《世界遗产名录》的铁路。

十六、历史建筑

历史建筑:北京天坛(Temple of Heaven: an Imperial Sacrificial Altar in Beijing)(中国)、德里的顾特卜塔(Qutb Minar and its Monuments, Delhi)(印度)、塔塔城的历史建筑(Historical Monuments of Thatta)(巴基斯坦)、法隆寺地区的佛教建筑(Buddhist Monuments in the Horyu-ji Area)(日本)、古京都的历史建筑(Historic Monuments of Ancient Kyoto(Kyoto, Uji and Otsu Cities))(日本)、雅典卫城(Acropolis, Athens)(希腊)、阿尔勒城的古罗马和罗马式建筑(Roman and Romanesque Monuments of Arles)(法国)、特里尔的古罗马建筑、圣彼得大教堂和圣玛丽亚教堂(Roman Monuments, Cathedral of St. Peter and Church of Our Lady in Trier)(德国)等。

德里的顾特卜塔
Qutb Minar and its Monuments, Delhi

国家:印度
洲名:亚洲

①http://whc.unesco.org/en/list/785

时间：1993年列入《世界遗产名录》
标准：iv
属性：文化遗产
功能：纪念塔

世界遗产委员会的评价：

位于德里南部数公里之外的顾特卜塔，建于13世纪早期，为红砂岩建成，塔高72.5m。塔基直径14.32m，塔峰直径2.75m，塔身有交错角和圆形凹槽。周围的考古地区包括一些葬礼建筑，尤为著名的是宏伟的阿拉伊-达尔瓦扎门，为印度-穆斯林艺术的杰作，建于1311年，还有两座清真寺，其中包括库瓦图-伊斯兰清真寺，是印度北部最古老的清真寺，其建筑材料源于大约20座婆罗门庙宇。

Brief Description

Built in the early 13th century a few kilometres south of Delhi, the red sandstone tower of Qutb Minar is 72.5m high, tapering from 2.75m in diameter at its peak to 14.32m at its base, and alternating angular and rounded flutings. The surrounding archaeological area contains funerary buildings, notably the magnificent Alai-Darwaza Gate, the masterpiece of Indo-Muslim art (built in 1311), and two mosques, including the Quwwat-ul-Islam mosque, the oldest in northern India, built of materials reused from some 20 Brahman temples[①].

顾特卜塔

①http://whc.unesco.org/en/list/367

特里尔的古罗马建筑、圣彼得大教堂和圣玛丽亚教堂
Roman Monuments, Cathedral of St. Peter and Church of Our Lady in Trier

国家:德国
洲名:欧洲
时间:1986 年列入《世界遗产名录》
标准:i, iii, iv, vi
属性:文化遗产
功能:古罗马建筑和教堂

世界遗产委员会的评价:

特里尔位于摩泽尔河畔,公元 1 世纪时是古罗马的殖民地,公元 2 世纪时成为一个大贸易中心。它在 3 世纪末成为了古罗马帝国辖区的都城之一,当时被称作"第二罗马"。众多的残留下来的建筑物是古罗马文明史的有力证据。

Brief Description

Trier, which stands on the Moselle river, was a Roman colony from the 1st century A.D. and then a great trading centre beginning in the next century. It became one of the capitals of the Tetrarchy at the end of the 3rd century, when it was known as the "second Rome". The number and quality of the surviving monuments are an outstanding testimony to Roman civilization①.

雅典卫城
Acropolis, Athens

国家:希腊
洲名:欧洲
时间:1987 年列入《世界遗产名录》
标准:i, ii, iii, iv, vi
属性:文化遗产
功能:宗教建筑遗址

世界遗产委员会的评价:

在希腊,文明、神话、宗教兴盛了 1 000 多年。卫城,这一遗址包含了 4 个最伟大的古希腊艺术杰作:巴台农神庙、山门、厄瑞克修姆庙和雅典娜胜利女神庙,被认为是世界遗产理念的象征。

Brief Description

Illustrating the civilizations, myths and religions that flourished in Greece over a period

---

①http://whc.unesco.org/en/list/367

of more than 1 000 years, the Acropolis, the site of four of the greatest masterpieces of classical Greek art—the Parthenon, the Propylaea, the Erechtheum and the Temple of Athena Nike—can be seen as symbolizing the idea of world heritage①.

雅典卫城位于希腊首都雅典，距今已有近 3 000 年的历史。卫城建在一座四面陡峭的山丘上。公元前 5 世纪这里就成为宗教活动的中心。卫城拥有众多的历史古迹，其中包括巴台农神庙、山门(Propylaea)、厄瑞克修姆庙和雅典娜胜利女神庙。巴台农神庙是卫城最著名的建筑，全部用洁白的大理石建成。神庙呈长方形，长约 69m，宽约 31m，外部由 46 根高约 10m 呈环行排列的圆柱构成的柱廊。巴台农神庙是雅典卫城建筑群中的杰作，其中原供奉着一尊雅典娜女神雕像。后来，神像被劫后失踪，现仅存一台座。现在巴台农神庙庙顶已荡然无存，呈现的是残垣断壁，然而白色大理石柱支撑着的整个神庙的框架依然留存，耸立于山巅。

十七、石窟和岩画

石窟和岩画：莫高窟(Mogao Caves)(中国)、大足石刻(Dazu Rock Carvings)(中国)、龙门石窟(Longmen Grottoes)(中国)、云冈石窟(Yungang Grottoes)(中国)、阿旃陀石窟 (Ajanta Caves)(印度)、埃洛拉石窟(Ellora Caves)(印度)、象岛石窟(Elephanta Caves)(印度)、比莫贝卡特石窟(Rock Shelters of Bhimbetka)(印度)、瓦尔卡莫尼卡岩画(Rock Drawings in Valcamonica)(意大利)、塔努姆岩画(Rock Carvings in Tanum)(瑞典)、伊比利亚半岛地中海盆地的岩画艺术(Rock Art of the Mediterranean Basin on the Iberian Peninsula)(西班牙)、科阿山谷史前岩画遗址(Prehistoric Rock Art Sites in the Côa Valley)(葡萄牙)、圣弗朗西斯科山脉岩画(Rock Paintings of the Sierra de San Francisco)(墨西哥)、纳斯卡和朱马纳草原的线条和地画(Lines and Geoglyphs of Nasca and Pampas de Jumana)(秘鲁)、孔多阿岩画遗址(Kondoa Rock Art Sites)(坦桑尼亚)、琼戈尼岩石艺术区(Chongoni Rock Art Area)(马拉维)等。

阿旃陀石窟
Ajanta Caves

国家：印度
洲名：亚洲
时间：1983 年列入《世界遗产名录》
标准：i, ii, iii, vi
属性：文化遗产
功能：佛教艺术

世界遗产委员会的评价：

阿旃陀最初的佛教石窟始建于公元前 2 世纪至公元前 1 世纪。在笈多时期(公元 5 世纪至 6 世纪)，更多精心修饰的石窟又被添加到原有的石窟群中。阿旃陀石窟的绘画和雕塑，被

① http://whc.unesco.org/en/list/404

视为佛教艺术的经典之作,具有相当重要的艺术影响力。

Brief Description

The first Buddhist cave monuments at Ajanta date from the 2nd and 1st centuries B. C. During the Gupta period (5th and 6th centuries A. D.), many more richly decorated caves were added to the original group. The paintings and sculptures of Ajanta, considered masterpieces of Buddhist religious art, have had a considerable artistic influence①.

阿旃陀石窟,位于印度马哈拉施特拉邦奥兰加巴德城以北106km的文达雅山麓悬崖峭壁间,高低错落,绵延550多米。阿旃陀石窟是印度古代佛教徒作为佛殿、僧房而开凿的,距今已有2000多年的历史。“阿旃陀”一词来源于梵语“阿谨提那”,意为“无想”、“无思”。中国唐代高僧玄奘于公元638年在印度游历取经时,曾到过此地,并在《大唐西域记》中对石窟作了生动的描述,这是关于阿旃陀石窟最早的文字记载。

阿旃陀石窟共有29座石窟,其中4座为佛殿,内有藏放舍利的佛塔,25座为僧房,陈设比较简单,只有石床、石枕和佛龛,是僧人居住的地方。

石窟内有精美的壁画和精工细凿的雕刻,因建成时间不一,各具特色。内容描绘了释迦牟尼的生平故事和当时印度社会生活和宫廷生活等情景,还包括山林、田舍、战争、乐舞、狩猎、畜牧、生产等场面。佛像和廊柱都由整块岩石雕成。第一号石窟建于7世纪,窟内有一尊释迦牟尼雕像,高约3m,从3个角度观看有3个不同的神态:从正面观看,佛似沉思,左面看似在微笑,右面看又似庄严凝视。石窟的拱门和立柱上雕有飞天仙女,刻画细腻精巧,形态栩栩如生。中间有一大厅,四周壁画上有500罗汉像,其貌各异,表情丰富。

壁画是阿旃陀石窟中最为引人瞩目的艺术,被认为是印度古代壁画的重要代表。画面上出现的大量的现实生活场景,说明为宗教服务的绘画艺术已出现世俗化倾向。画中所描绘的众多的妇女形象,体态丰满,姿态优雅,形象典雅,反映了印度古典艺术的美学思想。

作为古代印度的佛教圣地,阿旃陀石窟将佛教建筑、雕刻和绘画相结合,被誉为世界和东方的精萃之一。

瓦尔卡莫尼卡岩画
Rock Drawings in Valcamonica

国家:意大利

洲名:欧洲

时间:1979年列入《世界遗产名录》

标准:iii, vi

属性:文化遗产

功能:岩画

世界遗产委员会的评价:

瓦尔卡莫尼卡,位于伦巴第平原上,是世界上最重要的史前岩画遗存之一。在持续约

①http://whc.unesco.org/en/list/242

8 000年多的历史中，岩石上刻满了超过 14 万幅的符号和图案，描绘的主题是农业、航海、战争和魔法。

Brief Description

Valcamonica, situated in the Lombardy plain, has one of the world's greatest collections of prehistoric petroglyphs – more than 140 000 symbols and figures carved in the rock over a period of 8 000 years and depicting themes connected with agriculture, navigation, war and magic①.

塔努姆岩画

Rock Carvings in Tanum

国家：瑞典

洲名：欧洲

时间：1994 年列入《世界遗产名录》

标准：i, iii, iv

属性：文化遗产

功能：艺术作品

世界遗产委员会的评价：

塔努姆岩画位于瑞典哥德堡以北，它们不仅丰富多彩（人物、动物、武器、船只和其他物品的雕刻画），而且文化和年代统一，是一处独特的艺术典范。这些岩画展现了在青铜器时代欧洲人的生活和信仰，以众多的数量和杰出质量而著称。

Brief Description

The rock carvings in Tanum, in the north of Bohuslän, are a unique artistic achievement not only for their rich and varied motifs (depictions of humans and animals, weapons, boats and other subjects) but also for their cultural and chronological unity. They reveal the life and beliefs of people in Europe during the Bronze Age and are remarkable for their large numbers and outstanding quality②.

阿尔塔岩画

Rock Art of Alta

国家：挪威

洲名：欧洲

时间：1985 年列入《世界遗产名录》

标准：iii

---

①http://whc.unesco.org/en/list/94

②http://whc.unesco.org/en/list/557

属性:文化遗产
功能:岩画

世界遗产委员会的评价:

临近北极圈阿尔塔西峡湾的这组岩画见证了公元前4200年至公元前500年人类居住的遗迹。数以千计的岩画和雕刻增加了我们对史前时代北极边缘地区的环境和人类活动的认识。

Brief Description

This group of petroglyphs in the Alta Fjord, near the Arctic Circle, bears the traces of a settlement dating from 4 200 to 500 B. C.. The thousands of paintings and engravings add to our understanding of the environment and human activities on the fringes of the Far North in prehistoric times①.

纳斯卡和朱马纳草原的线条和地画
Lines and Geoglyphs of Nasca and Pampas de Jumana

国家:秘鲁
洲名:美洲
时间:1994年列入《世界遗产名录》
标准:i, iii, iv
属性:文化遗产
功能:线条和地画

世界遗产委员会的评价:

纳斯卡和朱马纳草地画在利马以南约400km处,位于秘鲁干旱的海岸平原上,占地约450km²。这些线条图是公元前500年到公元500年之间被刻画在地表上的,就其数量、性质、大小以及连续性来说,是考古学中最难解开的谜团之一。这些地画描绘了活着的动物、风格化的植物、想象的人物,还有数公里长的几何图形。它们被认为具有宗教仪式的天体功能。

Brief Description

Located in the arid Peruvian coastal plain, some 400km south of Lima, the geoglyphs of Nasca and the pampas of Jumana cover about 450km². These lines, which were scratched on the surface of the ground between 500 B. C. and 500 A. D. , are among archaeology's greatest enigmas because of their quantity, nature, size and continuity. The geoglyphs depict living creatures, stylized plants and imaginary beings, as well as geometric figures several kilometres long. They are believed to have had ritual astronomical functions②.

①http://whc.unesco.org/en/list/352
②http://whc.unesco.org/en/list/700

十八、其他

加拉加斯的修达德大学区(Ciudad Universitaria de Caracas)(危内瑞拉)、自由女神像(Statue of Liberty)(美国)、罗本岛(Robben Island)(南非)、奥斯维辛-比克瑙——德国纳粹集中营(1940—1945)(Auschwitz Birkenau: German Nazi Concentration and Extermination Camp)(1940—1945)(波兰)、广岛和平纪念碑(Hiroshima Peace Memorial(Genbaku Dome))(日本)、皇家展览馆和卡尔顿园林(Royal Exhibition Building and Carlton Gardens)(澳大利亚)、悉尼歌剧院(Sydney Opera House)(澳大利亚)等。

加拉加斯的修达德大学区
Ciudad Universitaria de Caracas

国家:委内瑞拉
洲名:美洲
时间:2000 年列入《世界遗产名录》
标准:i, iv
属性:文化遗产
功能:大学

世界遗产委员会的评价:

加拉加斯的修达德大学区是由建筑师卡洛斯・罗・维拉诺瓦于1940—1960年之间设计建造的,是现代建筑学的杰出典范。大学校园与大量的建筑物和功能合成一个清晰的有机整体,包括现代建筑和视觉艺术的杰作,例如奥拉・玛格纳与亚历山大・卡尔德的"云"、奥林匹克体育场和穹顶广场。

Brief Description

The Ciudad Universitaria de Caracas, built to the design of the architect Carlos Raúl Villanueva, between 1940 and 1960, is an outstanding example of the Modern Movement in architecture. The university campus integrates the large number of buildings and functions into a clearly articulated ensemble, including masterpieces of modern architecture and visual arts, such as the Aula Magna with the "Clouds" of Alexander Calder, the Olympic Stadium, and the Covered Plaza①.

加拉加斯大学城是现代城市规划、建筑和艺术的杰作,由委内瑞拉建筑师卡洛斯・罗・维拉诺瓦和一群杰出的前卫艺术家所创建。加拉加斯大学区是 20 世纪早期城市、建筑和艺术理念完美结合的突出典范。

①http://whc.unesco.org/en/list/986

自由女神像
Statue of Liberty

国家:美国
洲名:美洲
时间:1984 年列入《世界遗产名录》
标准:i, vi
属性:文化遗产
功能:纪念碑

世界遗产委员会的评价:

自由女神像是由法国雕塑家巴托尔蒂制作于巴黎,古斯塔夫·埃菲尔负责完成钢构架,这一高耸象征自由的纪念碑是法国在 1886 年美国独立 100 周年纪念时作为礼物赠送给美国的。从那时起,这个矗立在纽约港口入口处的自由女神已经迎来数以百万的移民来到美国。

Brief Description

Made in Paris by the French sculptor Bartholdi, in collaboration with Gustave Eiffel (who was responsible for the steel framework), this towering monument to liberty was a gift from France on the centenary of American independence in 1886. Standing at the entrance to New York Harbour, it has welcomed millions of immigrants to the United States ever since[①].

罗本岛
Robben Island

国家:南非
洲名:欧洲
时间:1999 年列入《世界遗产名录》
标准:iii, vi
属性:文化遗产
功能:监狱、医院和军事基地

世界遗产委员会的评价:

从 17 世纪到 20 世纪罗本岛曾有过不同的用途,它曾经是监狱、不受社会欢迎的人的医院和军事基地。它的建筑,特别是那些在 20 世纪后期的建筑,如用来关押政治犯最安全的监狱,见证了民主和自由战胜压迫和种族主义的过程。

Brief Description

Robben Island was used at various times between the 17th and 20th centuries as a pris-

①http://whc.unesco.org/en/list/307

on, a hospital for socially unacceptable groups and a military base. Its buildings, particularly those of the late 20th century such as the maximum security prison for political prisoners, witness the triumph of democracy and freedom over oppression and racism①.

罗本岛是南非西开普省桌湾中的岛屿,距开普敦十余公里。罗本岛这个名字一直是同南非的反种族隔离斗争联系在一起的。罗本岛共关押过包括南非前总统曼德拉等许多黑人运动领袖和积极分子。因此,罗本岛被视为南非黑人反对种族隔离、争取民族自由解放的象征。1996 年底,罗本岛监狱的犯人被全部释放。1997 年 1 月 1 日,罗本岛正式成为一座向公众开放的博物馆。罗本岛犹如南非的一部历史教科书,承载着几百年来南非种族隔离制度和反种族隔离斗争的厚重历史。罗本岛是一个可以了解和感受历史的地方。

罗本岛

奥斯维辛-比克瑙——德国纳粹集中营(1940—1945)
Auschwitz Birkenau: German Nazi Concentration and Extermination Camp(1940—1945)

国家:波兰
洲名:欧洲
时间:1979 年列入《世界遗产名录》
标准:vi
属性:文化遗产
功能:集中营

世界遗产委员会的评价:

筑垒墙、有刺铁丝网、瞭望台、兵营、绞刑架、毒气室和焚尸炉,这一切都是纳粹分子种族灭绝的罪证,主要集中在第三帝国中最大的第一集中营和奥斯维辛-比克瑙集中营。根据历史调

①http://whc.unesco.org/en/list/916

查,这个集中营有150万人,其中大部分是犹太人,被蓄意饿死、拷打和屠杀致死,这是20世纪灭绝人性、屠杀同胞的见证。

Brief Description

The fortified walls, barbed wire, platforms, barracks, gallows, gas chambers and cremation ovens show the conditions within which the Nazi genocide took place in the former concentration and extermination camp of Auschwitz - Birkenau, the largest in the Third Reich. According to historical investigations, 1.5 million people, among them a great number of Jews, were systematically starved, tortured and murdered in this camp, the symbol of humanity's cruelty to its fellow human beings in the 20th century①.

德国纳粹集中营(1940—1945年)(奥斯维辛集中营)是在第二次世界大战期间由德国纳粹分子建立,位于波兰南部克拉科夫(Krakow)以西约35英里。奥斯威辛是波兰南部的一个小镇,叫Oswiecim,后由德国人改称为奥斯维辛(Auschwitz),也是集中营的名称。自德国侵略者建起了这座集中营,奥斯维辛一词就成了恐怖、种族灭绝和大屠杀的代名词。纳粹分子之所以选择奥斯维辛是因为奥斯维辛城外是波兰军队放弃的兵营,并且有铁路相通。这座建于1940年的集中营,几年之后就扩大为3个集中营(Auschwitz Ⅰ, Auschwitz Ⅱ - Birkenau and Auschwitz Ⅲ - Monowitz)和40多个小集中营,其中奥斯维辛为主营。集中营关押了犹太人、波兰人、吉普赛人、苏联战俘和其他一些国家的囚犯。在奥斯维辛集中营,有150万人被屠杀,其中大部分人死于比克瑙(Birkenau)毒气室。1945年1月27日,苏联红军解放了集中营。1947年7月2日,波兰政府把奥斯维辛集中营改建为博物馆(Auschwitz - Birkenau State Museum),作为纳粹战争罪行的见证。为了使这一罪恶行径不再重演,让后人永远记住这段历史,1979年,奥斯维辛集中营被联合国教科文组织世界遗产委员会列入《世界遗产名录》。

波兰政府希望通过"奥斯维辛集中营"改名来强调,对这个罪恶的集中营负有责任的是纳粹德国,而绝对不是在战时同样饱受纳粹德国蹂躏的波兰。联合国教科文组织世界遗产委员会同意了波兰政府申请,于2007年6月28日在新西兰基督城第31届世界遗产大会上正式将奥斯维辛集中营(Auschwitz Concentration Camp)更名为"奥斯维辛-比克瑙——德国纳粹集中营(1940—1945)"(Auschwitz Birkenau: German Nazi Concentration and Extermination Camp(1940—1945))。

皇家展览馆和卡尔顿园林
Royal Exhibition Building and Carlton Gardens

国家:澳大利亚

洲名:大洋洲

时间:2004年列入《世界遗产名录》

标准:ii

属性:文化遗产

功能:现代建筑

①http://whc.unesco.org/en/list/31

世界遗产委员会的评价：

澳大利亚皇家展览馆及其周边的卡尔顿园林，是为1880年和1888年在墨尔本举办的盛大国际展览而设计的。展览馆和园林由约瑟夫·里德(Joseph Reed)设计。整个建筑由砖、木头、钢和石板等材料建成。它融合了拜占庭式、罗马式、伦巴第式和意大利文艺复兴风格。展览馆专门用于举办国际展览活动。从1851年至1915年，有50余场来自巴黎、纽约、维也纳、加尔各答、牙买加金斯敦、智利圣地亚哥等的展览在此处举办。所有活动有一个共同的主题和目的：通过对各国工业的展示，记录物质和精神进步。

Brief Description

The Royal Exhibition Building and its surrounding Carlton Gardens were designed for the great international exhibitions of 1880 and 1888 in Melbourne. The building and grounds were designed by Joseph Reed. The building is constructed of brick and timber, steel and slate. It combines elements from the Byzantine, Romanesque, Lombardic and Italian Renaissance styles. The property is typical of the international exhibition movement which saw over 50 exhibitions staged between 1851 and 1915 in venues including Paris, New York, Vienna, Calcutta, Kingston (Jamaica) and Santiago (Chile). All shared a common theme and aims to chart material and moral progress through displays of industry from all nations①.

皇家展览馆位于澳大利亚墨尔本卡尔顿园林内。1901年，澳大利亚成立联邦后，墨尔本作为临时首都，第一届联邦议会就是在皇家展览馆召开的。展览大厅见证的最重要的事件无疑是澳大利亚第一届议会的召开以及君主立宪的澳大利亚联邦的就职仪式。时间是1901年5月9日。

皇家展览馆

卡尔顿园林

皇家展览馆是为墨尔本第一次举办国际展览而建造的宏伟展览馆，也是世界范围内为数不多的19世纪展览馆之一。在墨尔本举行的国际展览会获得了巨大的成功，自那时起，馆内已经举办了各种各样的地方、国家和国际性的活动。2001年，该馆再次取得重要地位，这里举行了澳大利亚联邦成立100周年的庆祝活动。

①http://whc.unesco.org/en/list/1131

悉尼歌剧院
Sydney Opera House

国家:澳大利亚
洲名:大洋洲
时间:2007年列入《世界遗产名录》
标准:i
属性:文化遗产
功能:现代建筑

世界遗产委员会的评价:

落成于1973年的悉尼歌剧院是20世纪的伟大建筑工程之一,无论是在建筑形式上还是在结构设计上,都是各种创新的结晶。在迷人海景映衬下,一组壮丽的城市雕塑巍然屹立,顶端呈半岛状,翘首直指悉尼港,这座建筑已给建筑史带来了深远的影响。歌剧院由三组贝壳状相互交错的穹顶组成,内设两个主演出厅和一个餐厅。这些贝壳状建筑屹立在一个巨大的基座之上,四周是露台区,作为行人汇集之处。1957年,国际评审团决定由丹麦建筑师约恩·乌特松(Jorn Utzon)设计悉尼歌剧院项目,它标志着建筑领域进入了一个全新时期。

Brief Description

Inaugurated in 1973, the Sydney Opera House is a great architectural work of the 20th century that brings together multiple strands of creativity and innovation in both architectural form and structural design. A great urban sculpture set in a remarkable waterscape, at the tip of a peninsula projecting into Sydney Harbour, the building has had an enduring influence on architecture. The Sydney Opera House comprises three groups of interlocking vaulted shells which roof two main performance halls and a restaurant. These shell-structures are set upon a vast platform and are surrounded by terrace areas that function as pedestrian concourses. In 1957, when the project of the Sydney Opera House was awarded by an international jury to Danish architect Jorn Utzon, it marked a radically new approach to construction①.

悉尼歌剧院是从20世纪50年代开始构思兴建,1955年起公开征求世界各地的设计作品,至1956年共有32个国家233个作品参选,后来丹麦建筑师约恩·乌特松(Jorn Utzon)的设计中选。悉尼歌剧院从1959年破土动工,1973年全部竣工,1973年10月20日,悉尼歌剧院在英国女皇伊丽莎白二世的亲自主持下,举行了隆重的落成典礼。

悉尼歌剧院坐落在悉尼港湾,三面临水,环境开阔,是一个大型综合性文艺演出中心,以特色的建筑设计闻名于世。悉尼歌剧院的外观为三组巨大的壳片,耸立在南北长186m、东西最宽处为97m的现浇钢筋混凝土结构的基座上。悉尼歌剧院整个建筑占地1.84hm^2,长183m,宽118m,高67m,坐落在距离海面19m的花岗岩基座上。巨大的白色悉尼歌剧院壳片群,象是海上的船帆,又如一簇簇盛开的花朵,在蓝天、碧海、绿树的衬映下,婀娜多姿,轻盈皎洁。

悉尼歌剧有一个音乐厅、一个歌剧院和一个小剧场。音乐厅是悉尼歌剧院最大的厅堂,通

①http://whc.unesco.org/en/list/166

悉尼歌剧院

常用于举办交响乐、室内乐、歌剧、舞蹈、合唱、流行乐、爵士乐等多种表演。歌剧厅较音乐厅小，主要用于歌剧、芭蕾舞和舞蹈表演；此外，还有展览、录音、酒吧、餐厅等大小房间约900个。实际上它是一座可以满足多种需要的文化中心。每年在悉尼歌剧院举行的表演大约3 000场，是全世界最大的表演艺术中心之一。这座综合性的艺术中心，在现代建筑史上被认为是巨型雕塑式的典型作品，不仅是悉尼艺术文化的殿堂，也是澳大利亚的象征性标志，是公认的20世纪世界十大建筑奇迹之一。这座建筑已被视为世界的经典建筑载入史册。

第四章　世界自然遗产

地球,具有 46 亿年的历史,是一切生命源泉。人类的历史与地球的历史紧密相连。自然遗产本身就是各种生物物种和自然生态系统的自然资源的宝库。自然遗产反映出的动植物种群的多样性,对于动植物的生存发展,特别是对于保护濒危动植物种群的栖息地,具有重要的意义和价值。自然遗产对于研究生命起源、地球科学、生态系统、生物多样性以及人类与自然和谐和可持续发展具有重要的意义。

截止到 2011 年第 35 届世界遗产大会,世界遗产委员会公布的全球世界自然遗产共有 183 项。

第一节　自然遗产的定义、标准和分类

1. 自然遗产的定义

自然遗产是指具有地质、自然地理、生物结构、生态、天然名胜和自然美学价值的自然区域,包括自然生态区、自然风景名胜区和化石遗址等。

《公约》给自然遗产的定义是符合下列规定之一者:

(1)从审美或科学角度看具有突出普遍价值的由物质和生物结构或这类结构群组成的自然面貌;

(2)从科学或保护角度看具有突出普遍价值的地质和自然地理结构以及明确划为受威胁的动物和植物生境区;

(3)从科学、保护或自然美角度看具有突出普遍价值的天然名胜或明确划分的自然区域。

2. 自然遗产的标准

(vii)包括最显著的自然现象或特殊的自然美景和具美学价值的地区。

(viii)代表地球演化史中重要阶段的突出范例,包括生命记录、地形发展过程中所进行的重要地质过程或具有重要的地貌或自然地理特征。

(ix)代表进化过程中所进行的重要生态和生物过程以及陆地、淡水、沿海和海洋生态系统以及植物和动物群落的发展的突出范例。

(x)在生物多样性保护方面具有最重要意义的生物栖息地,从科学和保护方面的观点来看,包括那些含有突出普遍价值的濒危物种的栖息地。

列入《世界遗产名录》的自然遗产项目必须符合上述一项或几项标准并获得批准。

3. 自然遗产的分类

根据自然遗产的定义和标准,可按其功能分为 4 类:

地球演化、生物进化、自然景观和生物保护区。

(1)地球演化:地质景观、化石遗址、火山和喀斯特(岩溶)。

(2)生物进化:生物进化和生态系统。

(3)自然景观。

(4)生物保护区:野生动植物、生物多样性和生物栖息地。

关于上述自然遗产分类,由于多数自然遗产都符合2至3项遴选标准,所以符合多项标准的自然遗产如何分类并没有严格界限,如云南三江并流保护区、大峡谷国家公园、加拉帕戈斯群岛、堪察加火山、昆士兰湿热带等这样一些自然遗产均符合世界自然遗产全部四项遴选标准,可以归入上述4种分类的任何一种类型,但本书作者主要考虑到各遗产的主要功能并结合自然遗产的定义和标准来对世界遗产进行分类。

第二节　世界自然遗产分述

一、地球演化

地球演化包括:地质景观、化石遗址、火山、喀斯特、冰川等。

1. 地质景观

云南三江并流保护区(Three Parallel Rivers of Yunnan Protected Areas)(中国)、中国丹霞(China Danxia)(中国)、大峡谷国家公园(Grand Canyon National Park)(美国)、黄石国家公园(Yellowstone National Park)(美国)、格罗莫讷国家公园(Gros Morne National Park)(加拿大)、瑞士萨多纳地质构造带(Swiss Tectonic Arena Sardona)(瑞士)、巨人之路及其海岸(Giant's Causeway and Causeway Coast)(英国)、卡奈依马国家公园(Canaima National Park)(委内瑞拉)、洛伦茨国家公园(Lorentz National Park)(印度尼西亚)、麦夸里岛(Macquarie Island)(澳大利亚)、弗里德堡陨石坑(Vredefort Dome)(南非)等。

大峡谷国家公园

Grand Canyon National Park

国家:美国

洲名:美洲

时间:1979年列入《世界遗产名录》

标准:vii, viii, ix, x

属性:自然遗产

功能:地球演化和自然景观

世界遗产委员的评价:

大峡谷深约1 500m,由科罗拉多河切割开,是世界上最壮观的峡谷,位于亚利桑那州,贯穿大峡谷国家公园。它的水平岩层可以追溯到20亿年前的地质历史时期。它也保留了人类为适应当时极其恶劣环境条件留下的史前遗迹。

Brief Description

Carved out by the Colorado river, the Grand Canyon (nearly 1 500m deep) is the most spectacular gorge in the world. Located in the state of Arizona, it cuts across the Grand Canyon National Park. Its horizontal strata retrace the geological history of the past 2 billion years. There are also prehistoric traces of human adaptation to a particularly harsh environment①.

亿万年来,奔腾的科罗拉多河从美国西部亚利桑那州北部的堪帕布高原中,切割出这令人震撼的奇迹——科罗拉多大峡谷,大峡谷是地球上最伟大的地理奇迹之一。大峡谷全长约350km,宽6~29km,最大深度约1 740m。大峡谷呈V字形,大体呈东西走向,东起科罗拉多河汇入处,西到内华达州界附近的格兰德瓦什崖附近。

大峡谷千姿百态的悬崖峭壁、奇峰异石、层峦叠嶂、光怪陆离的形态,显出大自然的苍茫迷幻。两侧谷壁呈现阶梯状,由各种代表不同地质年代的岩石叠覆而成,在沉积岩层中含有不同时期的古生物化石。大峡谷的壮观景色举世无双,在阳光照耀下,大峡谷中不同岩石呈现扑朔迷离而又变幻无穷的色彩。大峡谷中桧树、矮松郁郁葱葱,野花茂盛;此外,还有仙人掌、云杉、冷杉等植物,这里还栖息着许多野生动物。

大峡谷国家公园中野生动物、植物资源非常丰富,植物1 000多种、哺乳动物有76种,鸟类299种、爬行动物和两栖类41种、鱼类16种②。

黄石国家公园
Yellowstone National Park

国家:美国

洲名:美洲

时间:1978年列入《世界遗产名录》

标准:vii, viii, ix, x

属性:自然遗产

功能:地球演化、自然景观和自然保护区

世界遗产委员会的评价:

黄石国家公园拥有辽阔的自然森林,位于怀俄明州(96%)、蒙大拿州(3%)和爱达荷州(1%),占地约9 000km^2。黄石国家公园含有世界已知的地热地貌的一半,有10 000多处。这里聚集了占世界多数的间歇泉(300多间歇泉,或地球上三分之二的间歇泉)。黄石国家公园建于1872年,拥有一些众所周知的野生生物,如灰熊、狼、野牛和马鹿。

Brief Description

The vast natural forest of Yellowstone National Park covers nearly 9 000km^2; 96% of the park lies in Wyoming, 3% in Montana and 1% in Idaho. Yellowstone contains half of all

①http://whc.unesco.org/en/list/75

②http://whc.unesco.org/archive/advisory_body_evaluation/075.pdf

the world's known geothermal features, with more than 10 000 examples. It also has the world's largest concentration of geysers (more than 300 geysers, or 2/3 of all those on the planet). Established in 1872, Yellowstone is equally known for its wildlife, such as grizzly bears, wolves, bison and wapitis①.

黄石国家公园是世界上第一个也是历史最悠久的国家公园。黄石公园里面有一个火山爆发后形成的美国最大的高山湖——黄石湖,湖岸长达 180km。两岸峡壁险峻巍峨,其中有一段叫黄石峡谷,谷长大约 24km,深约 400m,宽约 500m,两侧从橙黄到橘红色,绚丽多彩,"黄石公园"也由此得名。黄石公园最独特的景观是被称为世界奇观的间歇喷泉,最有名的是老忠实喷泉。黄石公园不仅有间歇泉、温泉等地热资源,还有保留了完好的生态系统,拥有森林、草原、峡谷、湖泊、瀑布和野生动物。

格罗莫讷国家公园
Gros Morne National Park

国家:加拿大

洲名:美洲

时间:1987 年列入《世界遗产名录》

标准:vii, viii

属性:自然遗产

功能:地球演化和自然景观

世界遗产委员会的评价:

格罗莫讷公园位于纽芬兰岛的西海岸,这个公园展现了一个大陆漂移演变的罕见的例证,包括深部的洋壳和裸露地表的地幔岩石。近代的冰川活动已经导致一些蔚为壮观的景观,包括海岸低地、高山台地、峡湾、冰河谷、陡崖、瀑布和许多原始状态的湖泊。

Brief Description

Situated on the west coast of the island of Newfoundland, the park provides a rare example of the process of continental drift, where deep ocean crust and the rocks of the earth's mantle lie exposed. More recent glacial action has resulted in some spectacular scenery, with coastal lowland, alpine plateau, fjords, glacial valleys, sheer cliffs, waterfalls and many pristine lakes②.

格罗莫讷国家公园不仅有奇特而绚丽的自然风光,而且拥有许许多多特殊的地质现象。这些地质现象为大陆漂移学说和板块构造学说提供了宝贵的证据。

6 亿年前欧洲大陆和北美大陆是一体的,但是已经逐渐开始分离,同时岩浆从地壳下喷涌而出,填满了两块大陆间的空隙。现在,在格罗莫讷地区西小溪湖的悬崖上可以看到已经凝固的岩浆。5.7 亿年到 4.2 亿年以前,这个公园的位置是两块大陆之间被称为亚派图斯海的大洋。到 4.6 亿年前,欧洲大陆与北美大陆被挤压到一起,阿巴拉契亚山脉升起,填满了亚派图

①http://whc.unesco.org/en/list/28

②http://whc.unesco.org/en/list/419

斯海,亚派图斯海消亡了。一部分大洋地壳与地幔板块向东移动并升起成为陆地的表面。地表又经过多年冰川的地质作用,改造了地表,形成了各种各样壮观的地质景观。

格罗莫讷国家公园还拥有丰富的生物资源和独具特色的生态特征。多样的地形给动植物提供了各种栖息地,这里的野生生物包括陆地哺乳动物、鸟类、鱼类、植物等。

洛伦茨国家公园
Lorentz National Park

国家:印度尼西亚
洲名:亚洲
时间:1999 年列入《世界遗产名录》
标准:viii, ix, x
属性:自然遗产
功能:地球演化和自然景观

世界遗产委员会的评价:

洛伦茨国家公园占地面积 250 万 hm^2,是东南亚最大的保护区。它是世界上唯一一个既包括积雪覆盖的山地又有热带海洋环境,以及广阔低地沼泽的连续完好的保护区。它位于两个大陆板块碰撞的地带,这里的地质情况复杂,既有进行中的造山运动又有冰川作用的重要活动。这一地区还含有化石遗址,生物的特有分布和极为丰富的生物多样为新几内亚(New Guinea)的生物演化提供了证据。

Brief Description

Lorentz National Park ($2.5\times10^6 hm^2$) is the largest protected area in southeast Asia. It is the only protected area in the world to incorporate a continuous, intact transect from snowcap to tropical marine environment, including extensive lowland wetlands. Located at the meeting point of two colliding continental plates, the area has a complex geology with ongoing mountain formation as well as major sculpting by glaciation. The area also contains fossil sites which provide evidence of the evolution of life on New Guinea, a high level of endemism and the highest level of biodiversity in the region[①].

麦夸里岛
Macquarie Island

国家:澳大利亚
洲名:大洋洲
时间:1997 年列入《世界遗产名录》
标准:vii, viii

① http://whc.unesco.org/en/list/955

属性：自然遗产

功能：地球演化和自然景观

世界遗产委员会的评价：

麦夸里岛（长 34km，宽 5km）是位于南大洋的一个海岛，距塔斯马尼亚（Tasmania）东南部 1 500km，大约相当于从澳大利亚到南极洲的一半路程。由于印度-澳大利亚构造板块和太平洋板块在这里交汇，使得海底的麦夸里脊的最高部分隆升露出了海面，形成了现在的麦夸里岛。麦夸里岛是一处具有重要的地质保护意义的遗址，是地球上唯一一处从地幔（海底以下 6km 深处）开始向上运动而露出海平面的岩石。这些独特的岩石包括枕状玄武岩和其他喷出岩。

Brief Description

Macquarie Island (34km long, 5km wide) is an oceanic island in the Southern Ocean, lying 1 500km southeast of Tasmania and approximately halfway between Australia and the Antarctic continent. The island is the exposed crest of the undersea Macquarie Ridge, raised to its present position where the Indo－Australian tectonic plate meets the Pacific plate. It is a site of major geoconservation significance, being the only place on earth where rocks from the earth's mantle (6 km below the ocean floor) are being actively exposed above sea level. These unique exposures include excellent examples of pillow basalts and other extrusive rocks[①].

2. 化石遗址

古生物学是研究地质历史时期中的生物及其进化的科学，即根据保存在地层中的化石，研究地质历史时期生物的形态、构造、分类、分布、进化关系等。古生物是指地质历史时期中曾经生活于地球上的生物。化石是由于自然作用保存在地层中的地史时期的生物遗体和活动遗迹。

化石遗址：澳大利亚哺乳动物化石遗址（Australian Fossil Mammal Sites (Riversleigh/Naracote)）（澳大利亚）、米瓜莎国家公园（Miguasha National Park）（加拿大）、艾伯塔省恐龙公园（Dinosaur Provincial Park）（加拿大）、加拿大落基山脉公园（Canadian Rocky Mountain Parks）（加拿大）、麦塞尔化石遗址（Messel Pit Fossil Site）（德国）、伊沙瓜拉斯-塔拉姆佩雅自然公园（Ischigualasto / Talampaya Natural Parks）（阿根廷）、圣乔治山（Monte San Giorgio）（瑞士）、乔金斯化石崖壁（Joggins Fossil Cliffs）（加拿大）、鲸鱼谷（Wadi Al－Hitan（Whale Valley））（埃及）等。

加拿大落基山脉公园
Canadian Rocky Mountain Parks

国家：加拿大

①http://whc.unesco.org/en/list/629

洲名:美洲

时间:1984 年列入《世界遗产名录》,1990 年扩展

标准: vii, viii,ix

属性:自然遗产

功能:地球演化、化石遗址和自然景观

世界遗产委员会的评价:

毗邻的班夫、贾斯珀、库特奈和约霍国家公园,以及罗布森山、阿西尼博因山和汉伯省立公园组成的落基山脉公园,遍布着山峰、冰川、湖泊、瀑布、峡谷和石灰岩溶洞,构成了一道靓丽的高山景观。著名的伯吉斯页岩化石遗址里的软体海洋动物化石也在这里被发现。

Brief Description

The contiguous national parks of Banff, Jasper, Kootenay and Yoho, as well as the Mount Robson, Mount Assiniboine and Hamber provincial parks, studded with mountain peaks, glaciers, lakes, waterfalls, canyons and limestone caves, form a striking mountain landscape. The Burgess Shale fossil site, well known for its fossil remains of soft - bodied marine animals, is also found there①.

加拿大落基山脉公园拥有丰富的自然景观和完整的生态系统,山峰、冰河、湖泊、瀑布、峡谷、溶洞,还有著名的含有海洋软体动物化石的伯吉斯页岩动物化石产地。多姿多彩的地貌和风光旖旎的景观栖息着许多野生生物。在班夫和贾斯珀两处公园就有约 996 种维管植物被记录。公园里还有许多哺乳动物、鸟类等。1909 年发现于加拿大落基山脉(大不列颠哥伦比亚省库特奈国家公园)中寒武统的伯吉斯页岩动物群,该动物群距今约 5.15 亿年,是当时世界上最早的脊索动物,被认为是寒武纪生物大爆发最具代表性的动物化石。

艾伯塔省恐龙公园

Dinosaur Provincial Park

国家:加拿大

洲名:美洲

时间:1979 年列入《世界遗产名录》

标准: vii, viii

属性:自然遗产

功能:化石遗址

世界遗产委员会的评价:

除了秀丽的风景之外,坐落在艾伯塔省的这个公园还有许多极为重要的称之为“爬行动物时代”的化石,特别是大约 35 种恐龙化石,可以追溯到 7 500 万年前。

Brief Description

①http://whc.unesco.org/en/list/304

In addition to its particularly beautiful scenery, Dinosaur Provincial Park—located at the heart of the province of Alberta's badlands—contains some of the most important fossil discoveries ever made from the"Age of Reptiles", in particular about 35 species of dinosaur, dating back some 75 million years①.

在加拿大艾伯塔省西南角红鹿河谷一带，有一座世界闻名的恐龙公园，占地 7 493hm²。这座公园地形十分奇特，这里的土地贫瘠荒凉，荒原形态各异，岩石台地、低洼的河谷、天然石柱、山峰、沉积岩层等构成了一幅幅奇观异景。这里也是迄今为止世界发现的中生代白垩纪晚期恐龙化石的最大产地。

在白垩纪 7 500 万年以前，现在的艾伯塔东部地区是大片浅海边的低洼沿海平原。气候温暖潮湿，属亚热带气候。生物种类繁多，除了大量繁盛的恐龙外，还有鱼类、两栖类、爬行类、原始哺乳类、鸟类动物等。恐龙是中生代陆生爬行动物的一类。这些恐龙中有食草的，也有食肉的，它们自由自在地生活在这里的陆地或沼泽附近，这里可以说是恐龙的世界。自从 19 世纪 80 年代这里的挖掘工作开始以来，人们已经沿着红鹿河谷长约 27km 的沿岸，发现了 300 多具保存完整的恐龙化石骨骼，分属于 35 种不同类型。

现在，这座恐龙公园保持着远古时代的自然状态。这里是种类繁多的鸟类栖息地。冬天有叉角羚羊和白尾鹿等珍稀动物来此繁衍生息，这一切为恐龙公园增添了新的生机。

米瓜莎国家公园
Miguasha National Park

国家：加拿大
洲名：美洲
时间：1999 年列入《世界遗产名录》
标准：viii
属性：自然遗产
功能：化石遗址

世界遗产委员会的评价：

米瓜莎国家公园古生物化石遗址坐落在加斯普半岛南部的海岸上的魁北克东南部，被认为是泥盆纪"鱼类时代"的世界最著名的例证。追溯 3 亿 7 千万年前，上泥盆统 Escuminac 组含有与这个时期有关的 6 个化石类群中的 5 个类群。它的重要性在于大量保存完好的鱼石螈化石标本的发现揭示了第一个进化为四条腿的、呼吸空气的陆地脊椎动物——四足动物。

Brief Description

The palaeontological site of Miguasha National Park, in southeastern Quebec on the southern coast of the Gaspé peninsula, is considered to be the world's most outstanding illustration of the Devonian Period known as the "Age of Fishes". Dating from 370 million years ago, the Upper Devonian Escuminac Formation represented here contains five of the

①http://whc.unesco.org/en/list/71

six fossil fish groups associated with this period. Its significance stems from the discovery there of the highest number and best - preserved fossil specimens of the lobe - finned fishes that gave rise to the first four - legged, air - breathing terrestrial vertebrates—the tetrapods①.

米瓜莎国家公园位于沙勒尔湾,卡尔顿山的西部,是一处世界闻名的独特的鱼类化石遗址。这座公园地貌形成大约有 8km 长,一直延伸到瑞斯帝科河的北岸,宽 1km。米瓜莎国家公园泥盆纪鱼类群化石揭示了生物进化的一个重要时期,使科学家们了解到从水生到陆生的生物进化历程。这些鱼类化石对于研究地史时期生物进化,特别是对研究四足动物类动物的起源具有重要的意义。

澳大利亚哺乳动物化石遗址(里弗斯利/纳拉库特)

Australian Fossil Mammal Sites (Riversleigh/ Naracote)

国家:澳大利亚
洲名:大洋洲
时间:1994 年列入《世界遗产名录》
标准:viii, ix
属性:自然遗产
功能:化石遗址

世界遗产委员会的评价:

里弗斯利和纳拉库特分别位于东澳大利亚北部和南部,排在世界十大化石产地之列。它们是澳大利亚独特的动物群主要演化阶段的一个极好的例证。

Brief Description

Riversleigh and Naracoorte, situated in the north and south respectively of eastern Australia, are among the world's 10 greatest fossil sites. They are a superb illustration of the key stages of evolution of Australia's unique fauna②.

在澳大利亚哺乳动物化石遗址中发现的一些重要的化石包括已经灭绝的袋狮、袋狼等哺乳动物化石。此外,在化石产地还含有蝙蝠、昆虫、鸟类、爬行类动物化石和一些植物化石。这些化石记录最早可追溯 2 000 多万年的渐新世。这些化石的发现向人们揭示了澳大利亚的古气候与古环境变迁,特别是一些哺乳动物化石的发现为研究有袋类动物的进化提供了证据。

麦塞尔化石遗址

Messel Pit Fossil Site

国家:德国
洲名:欧洲

①http://whc.unesco.org/en/list/686
②http://whc.unesco.org/en/list/698

时间：1995年列入《世界遗产名录》
标准：viii
属性：自然遗产
功能：化石遗址

世界遗产委员会的评价：

麦塞尔化石遗址是了解5700万年至3600万年之间的始新世的生活环境化石最丰富的遗址，特别是它提供了这个时期关于哺乳动物的早期进化极难得的信息，包括保存特别完好的哺乳动物化石，从动物完整的关节骨骼到胃部都有保存。

Brief Description

Messel Pit is the richest site in the world for understanding the living environment of the Eocene, between 57 million and 36 million years ago. In particular, it provides unique information about the early stages of the evolution of mammals and includes exceptionally well-preserved mammal fossils, ranging from fully articulated skeletons to the contents of stomachs of animals of this period①.

麦塞尔化石遗址位于法兰克福南部，在达姆施塔特(Darmstadt)附近。麦塞尔化石遗址占地面积为70hm²，南北长约1 000m，东西宽约700m。麦塞尔化石遗址发掘出的化石还有哺乳动物、鱼类、鸟类、昆虫化石等。化石遗址中哺乳动物颇为丰富且保存完好，包括有袋类动物、奇蹄类动物、啮齿类动物化石等。此外，化石产地中还发现有卷柏科、紫萁科、海金砂科等一些植物化石。

伊沙瓜拉斯托-塔拉姆佩雅自然公园
Ischigualasto / Talampaya Natural Parks

国家：阿根廷
洲名：美洲
时间：2000年列入《世界遗产名录》
标准：viii
属性：自然遗产
功能：化石遗址

世界遗产委员会的评价：

这两个相邻的公园位于阿根廷中部彭巴山(Sierra Pampeanas)西缘的荒漠地区，连绵275 300多公顷，含有三叠纪(2.45～2.08亿年以前)最完整的大陆化石记录。在公园的6个地质岩层中含有哺乳动物的大范围祖先的化石、恐龙和植物化石揭示了三叠纪脊椎动物的演化和古环境特征。

Brief Description

①http://whc.unesco.org/en/list/720

These two contiguous parks, extending over 275 300ha in the desert region on the western border of the Sierra Pampeanas of central Argentina, contain the most complete continental fossil record known from the Triassic Period (245—208Ma ago). Six geological formations in the parks contain fossils of a wide range of ancestors of mammals, dinosaurs and plants revealing the evolution of vertebrates and the nature of palaeo - environments in the Triassic Period①.

这处自然公园包括伊沙瓜拉斯托省公园(Ischigualasto Provincial Park)和塔拉姆佩雅国家公园(Talampaya National Park)。这一地区化石的研究始于20世纪早期,德国古生物学家Friedrich Von Huene于1929年最早描述了这里的化石遗迹。后来,地质学家Joaquin Frenguelli在伊沙瓜拉斯托组(Ischigualasto Formation)中采集到第一枚动物化石。真正意义上的古生物学研究是在20世纪50年代来自阿根廷自然历史博物馆和美国哈佛大学联合考察队于1958年对这一地区的考察。迄今为止,在这一地区三叠纪地层中已有大约100种植物化石被鉴定,包括一些蕨类化石、巨大的硅化木等;此外,还发现56属脊椎动物化石,包括鱼类、两栖类、爬行类和哺乳类动物化石。

圣乔治山
Monte San Giorgio

国家:瑞士
洲名:欧洲
时间:2003年列入《世界遗产名录》
标准:viii
属性:自然遗产
功能:化石遗址

世界遗产委员会的评价:

这座呈金字塔型、树木繁茂的山(海拔1 096m)位于提奇诺州的卢戈诺湖南部,被认为是三叠纪(2.45—2.30亿年以前)海洋生物最好的记录。该层序记录了由近海岸礁遮蔽和部分与开阔海隔开的热带潟湖环境中的生物。多种多样的海洋生物繁盛在泻湖中,包括爬行动物、鱼类、双壳类、菊石类、棘皮类动物和甲壳类动物。因为泻湖是靠近陆地的,化石也包括了一些陆生的化石:爬行类、昆虫和植物。这一产地具有极为丰富的化石资源。

Brief Description

The pyramid - shaped, wooded mountain (1 096m above sea level), to the south of Lake Lugano in Canton Ticino is regarded as the best fossil record of marine life from the Triassic Period (245—230Ma ago). The sequence records life in a tropical lagoon environment, sheltered and partially separated from the open sea by an offshore reef. Diverse marine life flourished within this lagoon, including reptiles, fish, bivalves, ammonites, echinoderms and

①http://whc.unesco.org/en/list/966

crustaceans. Because the lagoon was near to land, the fossil remains also include some land-based fossils including reptiles, insects and plants. The result is a fossil resource of great richness①.

圣乔治山化石产地记录了独一无二的三叠纪海洋生物化石,同时也记录了重要的陆地生物化石。这个地区保存各种各样、数目众多和保存完好的化石,为研究海相三叠纪的生物演化提供了化石证据。

鲸鱼谷
Wadi Al-Hitan(Whale Valley)

国家:埃及
洲名:非洲
时间:2005 年列入《世界遗产名录》
标准:viii
属性:自然遗产
功能:化石遗址

世界遗产委员会的评价:

鲸鱼谷位于埃及西部沙漠,有珍稀的鲸化石,这种鲸类属于最古老的、现已绝迹的古鲸亚目。这些化石反映了主要的进化历程之一:鲸由早期的陆生动物进化为海洋哺乳动物。这是世界上反映这一进化阶段的最重要遗址。它生动地展示了这些鲸在进化过程中的形态和生活。这些化石的数量、集中程度和保存状态可谓首屈一指,且采集便利、环境适宜和保存完好。鲸鱼谷的化石展现了最年轻的古鲸后肢退化的最后阶段。遗址的其他化石材料,使人们有可能重建当时的环境和生态条件。

Brief Description

Wadi Al-Hitan, or Whale Valley, in the Western Desert of Egypt, contains invaluable fossil remains of the earliest, and now extinct, suborder of whales, Archaeoceti. These fossils represent one of the major stories of evolution: the emergence of the whale as an ocean-going mammal from a previous life as a land-based animal. This is the most important site in the world for the demonstration of this stage of evolution. It portrays vividly the form and life of these whales during their transition. The number, concentration and quality of such fossils here is unique, as is their accessibility and setting in an attractive and protected landscape. The fossils of Al-Hitan show the youngest archaeocetes, in the last stages of losing their hind limbs. Other fossil material in the site makes it possible to reconstruct the surrounding environmental and ecological conditions of the time②.

鲸鱼谷位于埃及首都开罗西南约 150km 的法尤姆省(Faiyum Provice),距法尤姆市

①http://whc.unesco.org/en/list/1090

②http://whc.unesco.org/en/list/1186

(Faiyum City)80km,地理坐标北纬 29°19′59″,东经 30°10′59″。核心区 20 015hm²,缓冲区 5 885hm²①。鲸鱼谷形成的地质时代介于始新世和渐新世之间,最老的岩层为始新世(Eocene)Gehannam 组,其年代大约为 4 000~4100 万年,鲸鱼的骨骼化石主要产在石灰岩中。这些化石层最早被发现于 1902 年冬季,埃及地质调查所的 H. J. L. Beadnell 首次报道了在这里发现的鲸鱼骨骼化石。1905 年,英国自然历史博物馆的 Charles Andrews 命名了两个新种,即 *Basilosaurusisis* 和 *Dorudon atrox*。*Ancalecetus simonsi* 被记述于 1996 年。*Dorudon atrox* 也被发现具有退化的后肢②。后来,美国加利福尼亚大学、耶鲁大学等的研究人员也来这里进行科学考察和研究。*Basilosaurusisis* 最大,其长度可达 21m,在前肢、后肢、足和趾上有发育完好的五指鳍形肢(five-fingered flippers)。其他脊椎动物化石还有海牛、鲨鱼、龟、鳄鱼、海蛇等。这里也含有丰富的无脊椎动物群,如腹足类、双壳类、头足类、棘皮类等。植物化石有海草等③。

3. 喀斯特(岩溶)

可溶性岩石经水(主要是地下水)溶蚀为主产生的各种地表和地下地形以及作用的过程,称为喀斯特或岩溶。喀斯特地貌是发育在以石灰岩和白云岩为主的碳酸盐岩上的地貌。

被联合国教科文组织世界遗产委员列入《世界遗产名录》的喀斯特(岩溶)有中国南方喀斯特(South China Karst)(中国)、丰芽-格邦国家公园(Phong Nha-Ke Bang National Park)(越南)、下龙湾(Ha Long Bay)(越南)、普林塞萨港地下河国家公园(Puerto-Princesa Subterranean River National Park)(菲律宾)、穆鲁山国家公园(Gunung Mulu National Park)(马来西亚)、斯科契扬溶洞(Ŝkocjan Caves)(斯洛文尼亚)、阿格泰莱克喀斯特和斯洛伐克喀斯特溶洞(Caves of Aggtelek Karst and Slovak Karst)(匈牙利和斯洛伐克)、皮林国家公园(Pirin National Park)(保加利亚)、普里特维采湖国家公园(Plitvice Lakes National Park)(克罗地亚)、猛犸洞穴国家公园(Mammoth Cave National Park)(美国)、卡尔斯巴德洞穴国家公园(Carlsbad Caverns National Park)(美国)、格拉玛的德桑巴尔科国家公园(Desembarco del Granma National Park)(古巴)、黥基·德·贝马拉哈自然保护区(Tsingy de Bemaraha Strict Nature Reserve)(马达加斯加)等。

丰芽-格邦国家公园
Phong Nha-Ke Bang National Park

国家:越南
洲名:亚洲
时间:2003 年列入《世界遗产名录》
标准:viii
属性:自然遗产
功能:喀斯特

①http://whc.unesco.org/en/list/1186
②http://whc.unesco.org/archive/advisory_body_evaluation/1186.pdf
③http://whc.unesco.org/archive/advisory_body_evaluation/1186.pdf

世界遗产委员会的评价：

丰芽-格邦国家公园的喀斯特地貌的形成历史是源于古生代（大约4亿年前），是亚洲最古老的喀斯特地区。由于经历了巨大的构造变化，这个公园的喀斯特景观异常复杂，具有许多典型的地貌特征。在长达65km壮观的岩层范围内布满了众多溶洞和地下河。这一广阔的地区一直延伸到老挝边界地带。

Brief Description

The karst formation of Phong Nha－Ke Bang National Park has evolved since the Palaeozoic (some 400Ma ago) and so is the oldest major karst area in Asia. Subject to massive tectonic changes, the park's karst landscape is extremely complex with many geomorphic features of considerable significance. The vast area, extending to the border of the Lao People's Democratic Republic, contains spectacular formations including 65km of caves and underground rivers①.

丰芽-格邦国家公园是亚洲最古老的喀斯特地貌。洞深邃宽大、洞内溪流清澈。洞中景色奇妙，石壁色彩缤纷，钟乳石光怪陆离。丰芽-格邦国家公园是地质作用的产物，它为这一地区的地球演变历史提供了大量的证据。

丰芽-格邦国家公园符合由世界遗产委员会制定的《执行世界遗产公约的操作准则》自然遗产中的第一条标准："代表地球演化史中重要阶段的突出范例，包括生命记录、地形发展过程中所进行的重要地质过程或具有重要的地貌或自然地理特征"，被联合国教科文组织列入《世界遗产名录》。

下龙湾
Ha Long Bay

国家：越南
洲名：亚洲
时间：1994年列入《世界遗产名录》，2000年扩展
标准：vii，viii
属性：自然遗产
功能：喀斯特和自然景观

世界遗产委员会的评价：

下龙湾坐落在东京海湾，包括大约1 600个岛屿和小岛，构成了一幅石灰岩溶蚀岩柱的壮观海景。由于那里地势陡峭，大部分岛屿杳无人迹，未受人类的影响。超乎寻常的生物影响为这一地区突出的自然美景增添了几分色彩。

Brief Description

Ha Long Bay, in the Gulf of Tonkin, includes some 1 600 islands and islets, forming a

①http://whc.unesco.org/en/list/951

spectacular seascape of limestone pillars. Because of their precipitous nature, most of the islands are uninhabited and unaffected by a human presence. The site's outstanding scenic beauty is complemented by its great biological interest①.

下龙湾

石灰岩岛屿

越南下龙湾国家公园位于越南北方广宁省,风景区共分 3 个小湾,占地约 150 000hm²,在碧波万顷的海面上,石灰岩岛屿星罗棋布,尖峰耸峙的岩柱,形状奇特钟乳石和石笋,以景色瑰丽、秀美而著称。下龙湾的鱼类有上千种,在岛上还栖息有哺乳动物、爬行动物和各种鸟类。

普林塞萨港地下河国家公园

Puerto - Princesa Subterranean River National Park

国家:菲律宾
洲名:亚洲
时间:1999 年列入《世界遗产名录》
标准:vii, x
属性:自然遗产
功能:喀斯特和自然保护区

世界遗产委员会的评价:

普林塞萨港地下河国家公园以石灰岩喀斯特地貌和地下河而著称。河流的特点之一是直接流入大海,河流下游受潮汐影响。这一地区还是生物多样性保护区的重要栖息地。该公园包括完整的"山脉和海洋"生态系统以及亚洲一些非常重要的森林。

Brief Description

This park features a spectacular limestone karst landscape with an underground river. One of the river's distinguishing features is that it emerges directly into the sea, and its lower portion is subject to tidal influences. The area also represents a significant habitat for biodiversity conservation. The site contains a full "mountain - to - sea" ecosystem and has

①http://whc.unesco.org/en/list/672

some of the most important forests in Asia[①].

卡尔斯巴德洞穴国家公园
Carlsbad Caverns National Park

国家：美国
洲名：美洲
时间：1995 年列入《世界遗产名录》
标准：vii，viii
属性：自然遗产
功能：喀斯特

世界遗产委员会的评价：

位于新墨西哥州的这一喀斯特地形由 80 多个溶洞组成。这些溶洞之所以突出不仅在于它们的大小而且还体现在丰富多样性和矿物结构之美。列楚基耶(Lechuguilla)溶洞比其他的溶洞更为突出，展现了一个在早期喀斯特地形背景下研究地质和生物过程的地下实验室。

Brief Description

This karst landscape in the state of New Mexico comprises over 80 recognized caves. They are outstanding not only for their size but also for the profusion, diversity and beauty of their mineral formations. Lechuguilla Cave stands out from the others, providing an underground laboratory where geological and biological processes can be studied in a pristine setting[②].

卡尔斯巴德洞穴国家公园位于新墨西哥州爱迪县(Eddy county)西南瓜达鹿白河山脉(Guadalupe Mountains)山脚处，占地面积 18 926hm^2。公园包括 81 个溶洞，其中 Lechuguilla 溶洞最深为 477m、最长达 133km。这一地区生长着大约 800 种耐旱的灌木植物。30 多属 94 种真菌的记录来自列楚基耶溶洞。这处国家公园还栖息着哺乳动物 64 种、鸟类 331 种和许多爬行类动物物种。

什科茨扬溶洞
Škocjan Caves

国家：斯洛文尼亚
洲名：欧洲
时间：1986 年列入《世界遗产名录》
标准：vii，viii
属性：自然遗产

①http://whc.unesco.org/en/list/652
②http://whc.unesco.org/en/list/721

功能:喀斯特

世界遗产委员会的评价:

这一特殊的石灰岩溶洞系统包括坍塌的落水洞,深达200多米的约6km长的地下通道,还有许多的瀑布。这处遗址位于克拉斯地区(原文意为喀斯特),这里是世界上研究喀斯特现象的著名地点之一。

Brief Description

This exceptional system of limestone caves comprises collapsed dolines, some 6km of underground passages with a total depth of more than 200 m, many waterfalls and one of the largest known underground chambers. The site, located in the Kras region (literally meaning Karst), is one of the most famous in the world for the study of karstic phenomena①.

斯科契扬溶洞是世界最大和最长的溶洞之一,于1818年发现,1926年对外开放。洞内四季恒温,常年保持在8℃左右。它是由比弗卡河的潜流对石灰岩地层长期溶蚀而成。洞内胜景甚多,蔚为奇观。洞内高悬的钟乳和挺拔的石笋,有的像巨大的宝石花,冰晶玉洁;有的似圣诞老人,笑容可掬;或似雄师下山,或如飞鸟展翅,五光十色而又千姿百态。有些溶洞深达230m,有些溶洞呈层分布,溶洞中有钟乳石、石笋、地下河。这些溶洞展示了喀斯特地形的演变过程,地质学上的"喀斯特"名词源于此。以什科茨扬溶洞为中心,这里建立了什科茨扬地质公园,还编写了卡通式的教育手册和游览指南。

斯科契扬溶洞的4处主要岩洞为辉煌厅、帷幔厅、水晶厅、音乐厅,其中尤以音乐厅最为壮观。它是一处高40m,面积约3 000m^2的大洞,形似一个巨大宫殿。洞内音响效果极好,可容纳近万人,每年至少要在此举行一次岩洞音乐会。

阿格泰列克岩洞和斯洛伐克喀斯特

Caves of Aggtelek Karst and Slovak Karst

国家:匈牙利和斯洛伐克

洲名:欧洲

时间:1995年列入《世界遗产名录》,2000年扩展

标准:viii

属性:自然遗产

功能:喀斯特

世界遗产委员会的评价:

复杂多变的岩层以及在有限地域内分布的712个洞穴,构成一处典型的温带喀斯特系统。作为热带与冰河气候共同作用下的一种极其奇特的组合,使人们研究这一地区千百万年以来的地质历史成为可能。

①http://whc.unesco.org/en/list/390

Brief Description

The variety of formations and the fact that they are concentrated in a restricted area means that the 712 caves currently identified make up a typical temperate－zone karstic system. Because they display an extremely rare combination of tropical and glacial climatic effects, they make it possible to study geological history over tens of millions of years①.

格拉玛的德桑巴尔科国家公园
Desembarco del Granma National Park

国家：古巴

洲名：美洲

时间：1999 年列入《世界遗产名录》

标准：vii，viii

属性：自然遗产

功能：喀斯特和自然景观

世界遗产委员会的评价：

格拉玛的德桑巴尔科国家公园拥有上升的海底台地与仍在发展的喀斯特地形和地貌，展现了具有全球意义的地貌、自然地理特征和地质演变过程的例证。这一地区位于古巴东南部的卡沃克鲁斯(Cabo Cruz)附近，既有蔚为壮观的台地和悬崖，又有一些最原始的和给人印象深刻的大西洋西部海岸悬崖。

Brief Description

Desembarco del Granma National Park, with its uplifted marine terraces and associated ongoing development of karst topography and features, represents a globally significant example of geomorphologic and physiographic features and ongoing geological processes. The area, which is situated in and around Cabo Cruz in southeast Cuba, includes spectacular terraces and cliffs, as well as some of the most pristine and impressive coastal cliffs bordering the western Atlantic②.

4. 火山

火山是地壳内部喷出的高温物质堆积成的高地，故在地理学上又称为堆积山。典型的火山在地貌上一般表现为顶部有凹形洼地的锥形孤立山峰，但因喷出物质性质不同，可以有不同的形态。

被联合国教科文组织世界遗产委员列入《世界遗产名录》的火山有堪察加火山(Volcanoes of Kamchatka)(俄罗斯)、伊索莱·约里(埃奥利亚群岛)(Isole Eolie (Aeolian Islands))(意大利)、夏威夷火山国家公园(Hawaii Volcanoes National Park)(美国)、乞力马扎罗国家公园

①http://whc.unesco.org/en/list/725

②http://whc.unesco.org/en/list/889

(Kilimanjaro National Park)(坦桑尼亚)、济州火山岛和熔岩洞(Jeju Volcanic Island and Lava Tube)(韩国)、泰德国家公园(Teide National Park)(西班牙)、桑盖国家公园(Sangay National Park)(厄瓜多尔)、赫德和麦克唐纳群岛(Heard and McDonald Islands)(澳大利亚)等。

堪察加火山
Volcanoes of Kamchatka

国家:俄罗斯
洲名:欧洲
时间:1999 年列入《世界遗产名录》,2001 年扩展
标准: vii, viii, ix, x
属性:自然遗产
功能:火山、自然景观和生物保护区

世界遗产委员会的评价:

这是世界上最著名的火山区之一,它拥有高密度的活火山,类型多样,特征各异。6 个遗址包括在堪察加半岛的大多数火山地貌的系列名称群之列。活火山和冰川的相互作用构成了美丽壮观的动态景观。这些遗址含有极大的物种多样性,包括世界最大的鲑鳟亚目鱼(大马哈鱼)的已知变种、海獭、棕熊和 Stellar 海鹰。

Brief Description

This is one of the most outstanding volcanic regions in the world, with a high density of active volcanoes, a variety of types, and a wide range of related features. The six sites included in the serial designation group together the majority of volcanic features of the Kamchatka peninsula. The interplay of active volcanoes and glaciers forms a dynamic landscape of great beauty. The sites contain great species diversity, including the world's largest known variety of salmonoid fish and exceptional concentrations of sea otter, brown bear and Stellar's sea eagle①.

堪察加火山符合自然遗产规定的全部 4 项标准,它是地球演化的产物,以其独特的地质现象、美丽自然景色和生物多样化而被世界遗产委员会列入《世界遗产名录》。

伊索莱·约里(埃奥利亚群岛)
Isole Eolie (Aeolian Islands)

国家:意大利
洲名:欧洲
时间:2000 年列入《世界遗产名录》
标准:viii

①http://whc.unesco.org/en/list/765

属性:自然遗产

功能:火山

世界遗产委员会的评价:

埃奥利亚群岛提供一个火山岛建造和毁灭以及进行中的火山现象的杰出的记录。至少从18世纪起,研究结果表明群岛已经为火山学提供了两种喷发类型(火山式和斯特隆博利式)的例证;因此,200多年来在地质学家教育方面起到了重要的作用。目前,该群岛仍继续丰富着火山学领域的研究。

Brief Description

The Aeolian Islands provide an outstanding record of volcanic island - building and destruction, and ongoing volcanic phenomena. Studied since at least the 18th century, the islands have provided the science of vulcanology with examples of two types of eruption (Vulcanian and Strombolian) and thus have featured prominently in the education of geologists for more than 200 years. The site continues to enrich the field of vulcanology①.

埃奥利群岛距离西西里海岸线北部不到40km,包括帕纳雷阿附近地区的7个大岛屿(利帕里岛、武尔卡诺岛、萨利纳岛、斯特龙博利岛、菲利库迪岛、阿利库迪岛和帕纳雷阿岛)和5个小岛屿(巴西卢佐岛、达蒂罗岛、内拉岛、博塔罗岛和比安卡岛)。埃奥利群岛属于西西里板块,但并不是从板块中脱离出来的,而是海底火山喷发炽热的岩浆冷却后形成的孤立的群岛。考古学家经过考证确定埃奥利群岛的生命存在早在新石器时代就已经出现。

夏威夷火山国家公园
Hawaii Volcanoes National Park

国家:美国

洲名:美洲

时间:1987年列入《世界遗产名录》

标准:ix

属性:自然遗产

功能:火山和自然保护区

世界遗产委员会的评价:

这一地区含有世界上两个最活跃的火山:冒纳罗亚(高4 170m)和基拉韦厄(高1 250m)火山,它们就象矗立在太平洋上的两座塔。火山喷发已经形成不断变化的景观,熔岩流展现了奇异的地质岩层。此处还发现了稀有的鸟类、地方性物种和大片的蕨类植物森林。

Brief Description

This site contains two of the most active volcanoes in the world, Mauna Loa (4 170 m high) and Kilauea (1 250 m high), both of which tower over the Pacific Ocean. Volcanic e-

①http://whc.unesco.org/en/list/908

ruptions have created a constantly changing landscape, and the lava flows reveal surprising geological formations. Rare birds and endemic species can be found there, as well as forests of giant ferns①.

乞力马扎罗国家公园
Kilimanjaro National Park

国家:坦桑尼亚

洲名:非洲

时间:1987年列入《世界遗产名录》

标准:vii

属性:自然遗产

功能:火山和自然保护

世界遗产委员会的评价:

乞力马扎罗山高5 895m,是非洲的最高点。它是一个火山丘,傲然耸立在广袤的平原之上,它那终年积雪的山顶在大草原上若隐若现。乞力马扎罗山为山林环绕,那里生活着众多的哺乳动物,其中一些为濒危种类。

Brief Description

At 5 895m, Kilimanjaro is the highest point in Africa. This volcanic massif stands in splendid isolation above the surrounding plains, with its snowy peak looming over the savannah. The mountain is encircled by mountain forest. Numerous mammals, many of them endangered species, live in the park②.

乞力马扎罗山素有"非洲屋脊"之称,而许多地理学家则喜欢称它为"非洲之王"。它扑朔迷离,变化多端,一直是游客探险猎奇的好去处。攀登乞力马扎罗山是大多数游客在坦桑尼亚的最精彩的体验。徒步旅行和登山成为一项流行选择。探险活动充分利用了坦桑尼亚的许多路线和山峰。这里的热带雨林里栖息着众多不同种类的动物,有野牛、美洲豹、猴子等。吸引着全世界的人来攀登乞力马扎罗山的另一个原因是,你只需一直地徒步走向山顶,而无需任何登山绳索或攀登技术。乞力马扎罗山在坦桑尼亚人心中无比神圣,他们对乞力马扎罗山敬若神灵。很多部族每年都要在山脚下举行传统的祭祀活动,拜山神,求平安。他们把自己看作是"草原之帆"下的子民,绝不允许外人对雪山的任何不敬。

桑盖国家公园
Sangay National Park

国家:厄瓜多尔

①http://whc.unesco.org/en/list/409

②http://whc.unesco.org/en/list/403

洲名：美洲
时间：1983 年列入《世界遗产名录》
标准：vii，viii，ix，x
属性：自然遗产
功能：火山和自然保护区

世界遗产委员会的评价：

公园以其独特秀丽的自然风光和两座活火山的壮观景象向人们展现了一个完整的生态系统，从热带雨林到冰川，白雪皑皑的山峰与苍翠的平原森林交相辉映。这种孤立的环境使得当地物种，诸如山貘和安第斯秃鹫等得以幸存。

Brief Description

With its outstanding natural beauty and two active volcanoes, the park illustrates the entire spectrum of ecosystems, ranging from tropical rainforests to glaciers, with striking contrasts between the snowcapped peaks and the forests of the plains. Its isolation has encouraged the survival of indigenous species such as the mountain tapir and the Andean condor①.

赫德和麦克唐纳群岛
Heard and McDonald Islands

国家：澳大利亚
洲名：大洋洲
时间：1994 年列入《世界遗产名录》
标准：viii，ix
属性：自然遗产
功能：火山和生态系统

世界遗产委员会的评价：

赫德岛和麦克唐纳群岛位于南大洋，距南极大陆约 1 700km，离珀斯(Perth)西南部 4 100km。作为亚南极唯一的活火山群岛，岛屿打开了"地球一个窗口"，为人类提供了观察正在进行的地貌形成过程和冰河运动的机会。赫德岛和麦克唐纳群岛特有的保护价值在于，该群岛保留了世界罕见的原始岛屿生态系统，它从未受到过外来动植物的影响，也没有受到过人类的影响。

Brief Description

Heard Island and McDonald Islands are located in the Southern Ocean, approximately 1 700km from the Antarctic continent and 4 100km southwest of Perth. As the only volcanically active subantarctic islands they "open a window into the earth", thus providing the opportunity to observe ongoing geomorphic processes and glacial dynamics. The distinctive

---

①http://whc.unesco.org/en/list/260

conservation value of Heard and McDonald one of the world's rare pristine island ecosystems lies in the complete absence of alien plants and animals, as well as human impact[①].

5. 冰川

被联合国教科文组织世界遗产委员列入《世界遗产名录》的冰川有:瑞士阿尔卑斯山脉少女峰-阿莱奇峰(Swiss Alps Jungfrau - Aletsch)(瑞士)、冰川国家公园(Los Glaciares)(阿根廷)、瓦特顿冰川国际和平公园(Waterton Glacier International Peace Park)(美国和加拿大)、伊路利萨特冰湾(Ilulissat Icefjord)(丹麦)等。

瑞士阿尔卑斯山脉少女峰-阿莱奇峰
Swiss Alps Jungfrau - Aletsch

国家:瑞士
洲名:欧洲
时间:2001 年列入《世界遗产名录》,2007 年扩展
标准:vii, viii, ix
属性:自然遗产
功能:冰川和地质景观

世界遗产委员会的评价:

世界自然遗产少女峰-阿雷奇冰河-比奇峰(最早于 2001 年被列入)从东部扩展到西部,面积从 53 900hm² 扩展到 82 400hm²。这一遗址为阿尔卑斯高山,包括山脉最受冰川作用的部分和欧亚大陆最大的冰川的形成提供了一个杰出的实例。它以生态系统多样性为特点,包括气候变化导致冰川退缩而形成的演替阶段。这处遗址不仅景色秀美,而且包含山脉和冰川形成以及正在发生的气候变化方面的大量信息而具有突出的全球价值。这一遗址尤其通过植物演替所阐释的生态和生物过程方面是无与伦比的。它令人难忘的景观对欧洲艺术、文学、登山运动和阿尔卑斯山旅游亦十分有价值。

Brief Description

The extension of the natural World Heritage property of Jungfrau - Aletsch - Bietschhorn (first inscribed in 2001), expands the site to the east and west, bringing its surface area up to 82 400hm², up from 53 900hm². The site provides an outstanding example of the formation of the High Alps, including the most glaciated part of the mountain range and the largest glacier in Eurasia. It features a wide diversity of ecosystems, including successional stages due particularly to the retreat of glaciers resulting from climate change. The site is of outstanding universal value both for its beauty and for the wealth of information it contains about the formation of mountains and glaciers, as well as ongoing climate change. It

①http://whc.unesco.org/en/list/577

is also invaluable in terms of the ecological and biological processes it illustrates, notably through plan succession. Its impressive landscape has played an important role in European art, literature, mountaineering and alpine tourism[①].

罗斯冰川国家公园
Los Glaciares

国家:阿根廷
洲名:美洲
时间:1981 年列入《世界遗产名录》
标准:vii, viii
属性:自然遗产
功能:冰川

世界遗产委员会的评价:

罗斯冰川国家公园是一处罕见的自然美景区,有着崎岖而高耸的山脉和众多的冰湖,其中包括 160km 长的阿根廷湖。在湖的远端 3 条冰河汇合处,乳灰色的冰水倾泄而下,带着雷鸣般的轰响把圆顶冰屋一样巨大的流冰冲入湖中。

Brief Description

The Los Glaciares National Park is an area of exceptional natural beauty, with rugged, towering mountains and numerous glacial lakes, including Lake Argentino, which is 160 km long. At its farthest end, three glaciers meet to dump their effluvia into the milky grey glacial water, launching massive igloo icebergs into the lake with thunderous splashes[②].

瓦特顿冰川国际和平公园
Waterton Glacier International Peace Park

国家: 美国和加拿大
洲名:美洲
时间: 1995 年列入《世界遗产名录》
标准: vii, ix
属性:自然遗产
功能:冰川和自然保护区

世界遗产委员会的评价:

1932 年,沃特顿湖区国家公园(加拿大艾伯塔省)与冰河国家公园(美国蒙大拿州)进行合

①http://whc.unesco.org/en/list/1037

②http://whc.unesco.org/en/list/145

并,组成世界上第一个国际和平公园。该公园位于加拿大和美国边界,风光秀丽,特别是植物以及哺乳动物种类丰富,同时还拥有草原、森林、高山和冰川地貌。

Brief Description

In 1932 Waterton Lakes National Park (Alberta, Canada) was combined with the Glacier National Park (Montana, United States) to form the world's first International Peace Park. Situated on the border between the two countries and offering outstanding scenery, the park is exceptionally rich in plant and mammal species as well as prairie, forest, and alpine and glacial features①.

6. 瀑布

被联合国教科文组织世界遗产委员列入《世界遗产名录》的瀑布有:维多利亚瀑布(莫西奥图尼亚)(Mosi - Oa - Tunya / Victoria Falls)(津巴布韦和赞比亚)、伊瓜苏国家公园(Iguazu National Park)(阿根廷)、伊瓜苏国家公园(Iguaçu National Park)(巴西)

维多利亚瀑布(莫西奥图尼亚)
Mosi - oa - Tunya / Victoria Falls

国家:津巴布韦和赞比亚

洲名:非洲

时间:1989 年列入《世界遗产名录》

标准:vii, viii

属性:自然遗产

功能:瀑布

世界遗产委员会的评价:

这是世界上最壮观的瀑布之一。在此地的赞比西河宽度超过 2km,河水奔入玄武岩峡谷,水雾形成的彩虹远隔 20km 以外就能看到。

Brief Description

These are among the most spectacular waterfalls in the world. The Zambezi River, which is more than 2km wide at this point, plunges noisily down a series of basalt gorges and raises an iridescent mist that can be seen more than 20km away②.

伊瓜苏国家公园
Iguazu National Park

国家:阿根廷

洲名:美洲

①http://whc.unesco.org/en/list/354

②http://whc.unesco.org/en/list/509

时间：1984年列入《世界遗产名录》
标准：vii，x
属性：自然遗产
功能：瀑布和生物保护区

世界遗产委员会的评价：

遗址中心的半圆形瀑布，高约80m，直径达2 700m，位于玄武岩地带，跨越阿根廷和巴西两国边界。瀑布由许多小瀑布组成，产生了大量水雾，是世界上最壮观的瀑布之一。周围的亚热带雨林生长着2 000多种维管植物，是本区代表性的野生动物貘、大食蚁兽、吼猴、豹猫、美洲虎和鳄鱼的栖息地。

Brief Description

The semicircular waterfall at the heart of this site is some 80 meters high and 2 700 meters in diameter and is situated on a basaltic line spanning the border between Argentina and Brazil. Made up of many cascades producing vast sprays of water, it is one of the most spectacular waterfalls in the world. The surrounding subtropical rainforest has over 2 000 species of vascular plants and is home to the typical wildlife of the region: tapirs, giant anteaters, howler monkeys, ocelots, jaguars and caymans①.

二、生物进化

1. 生物进化

生物进化：加拉帕戈斯群(Galapagos Islands)(厄瓜多尔)、科科斯岛国家公园(Cocos Island National Park)(哥斯达黎加)等。

加拉帕戈斯群岛
Galapagos Islands

国家：厄瓜多尔
洲名：美洲
时间：1978年列入《世界遗产名录》，2001年扩展
标准：vii，viii，ix，x
属性：自然遗产
功能：生物进化、生态系统、地球演化和生物保护区

世界遗产委员会的评价：

加拉帕戈斯群岛从南美洲大陆延入太平洋，连绵约1 000km，这19个岛屿和周围的海洋保护区被称作独特的"活的生物进化博物馆和陈列室"。位于三洋流汇合处的加拉帕戈斯是海

① http://whc.unesco.org/en/list/303

洋物种的"熔炉"。不断活动的地震和火山作用反映了形成群岛的变化过程。这些过程以及及其隔离程度导致极其罕见的动物如陆生鬣蜥、巨龟和各种雀类出现。1835 年,查尔斯·达尔文考察了这片岛屿后,从中得到启发,为他的进化论的形成奠定了基础。

Brief Description

Situated in the Pacific Ocean some 1000 km from the South American continent, these nineteen islands and the surrounding marine reserve have been called a unique living museum and showcase of evolution'. Located at the confluence of three ocean currents, the Galapagos are a melting pot' of marine species. Ongoing seismic and volcanic activities reflect the processes that formed the islands. These processes, together with the extreme isolation of the islands, led to the development of unusual animal life, such as the land iguana, the giant tortoise and the many types of finch, that inspired Charles Darwin's theory of evolution following his visit in 1835①.

加拉帕戈斯群岛位于厄瓜多尔西部的加拉帕戈斯省。美丽的加拉帕戈斯群岛由 19 个岛屿、众多的小岛和岩礁组成,保护区面积约 7 665km^2(群岛的 97%),其中 96.6%的面积现为国家公园。加拉帕戈斯群岛是由海底抬升的熔岩堆积物形成的群岛,在这些岛屿的形成过程中,地震和火山从未间断;同时,岛屿间的隔绝,导致了生物独特的进化发展。加拉帕戈斯群岛有许多原始生存的动植物,是世界上最大的动植物生态系统,同时也是厄瓜多尔的主要旅游区。

加拉帕戈斯群岛是由巴拿马主教(Bishop of Panama)贝兰加(Fray Tomas de Berlanga)于 1535 年发现。英国生物学家达尔文乘坐贝格尔号(Beagle)远洋船环球考察时,于 1835 年来到该岛。加拉帕戈斯群岛生物的多样性和独特性给他留下深刻的印象,特别是加拉帕戈斯的 13 种雀科的鸣鸟(finch)进化特征。鸣鸟的祖先种是几百万年前从南美洲大陆飞抵这里。祖先种曾是一个个体小、食种子的鸣鸟。这种鸣鸟面对加拉帕戈斯群岛的新的栖息地,为适应新的食物类型,学会利用不同的食物资源以适应新的生存方式。由于适应辐射(adaptive radiation)同一类鸣鸟产生生理和形态的分化,最后演变为 13 个现代种。达尔文曾用自然选择来解释这些鸣鸟的适应辐射。加拉帕戈斯群岛上的生物多样性为达尔文提出自然选择的论点和撰写《物种起源》这一旷世巨著奠定了基础。

加拉帕戈斯群岛大约有植物 560 种和亚种,其中大约 40%是地方性的,植被以仙人掌、灌木和红树林沼泽为主。岛上栖息着脊椎动物 24 种、无脊椎动物 2 000 余种、爬行动物 35 种、昆虫 1 600 多种。这里还栖息着陆生鬣蜥(terrestrial iguana)和海生鬣蜥(marine iguana)。加拉帕戈斯群岛特有的海生鬣蜥是以海草为食,并且通过发育不完全的蹼足适应了海上生活。群岛还以另一种爬行动物——巨龟(giant tortoise)而闻名于世。群岛的两个重要的海龟物种绿海龟(*Chelonia mydas*)和玳瑁(*Eretmochelys imbricata*),它们常见于周边海域。群岛诸多海湾栖息着海狮、海豹、海豚、鲸等。海洋中含有丰富的鱼类,多达 92 科,约 447 种,至少有 51 种是本区特有的,海豚 8 种,鲨鱼 12 种和 6 种鹞鱼②。岛上有鸟类 88 种,其中有 57 种留鸟和 31 种候鸟,包括信天翁、火烈鸟等。此外,岛上还有 1 600 种昆虫。

1835 年,查尔斯·达尔文考察了加拉帕戈斯群岛,并于 1859 年发表了《物种起源》,书中

① http://whc.unesco.org/en/list/1

② http://whc.unesco.org/archive/advisory_body_evaluation/001bis.pdf

对加拉帕戈斯群岛的生物多样性和演化作了详尽的描述。1936年，加拉帕戈斯群岛就成为了厄瓜多尔第一个国家公园。1964年，在圣克鲁兹岛建起了查尔斯·达尔文研究站。1984年，加拉帕戈斯群岛被联合国教科文组织选定作为人类和生物圈计划的生物圈保护区。1986年，加拉帕戈斯海洋生物保护区建立。1998年，厄瓜多尔政府制定了《加拉帕戈斯群岛特别法》以保护该群岛和周围水域。一个多世纪以来，关于加拉帕戈斯群岛生物多样性和生物进化方面的研究为国际生物学界所关注，其研究成果已为生物学和生态学等方面的教科书广泛引用。加拉帕戈斯群岛符合世界自然遗产全部4条遴选标准，并于1978年被联合国教科文组织世界遗产委员会列入《世界遗产名录》。

科科斯岛国家公园
Cocos Island National Park

国家：哥斯达黎加
洲名：美洲
时间：1997年列入《世界遗产名录》，2002年扩展
标准：ix，x
属性：自然遗产
功能：生物进化和生态系统

世界遗产委员会的评价：

科科斯岛国家公园距哥斯达黎加太平洋海岸550km，是热带东太平洋上唯一拥有热带雨林的岛屿。它的位置作为连接北赤道逆流的第一点，又是岛屿和周围海洋的生态系统的相互作用的交互点，因此使得这个地区成为研究生物进程的一个理想的实验室。国家公园的水下世界之所以著名，是因为它吸引了众多的潜水员。他们认为这里是世界上观看远洋物种最好的地方之一，例如鲨鱼、鹞鱼、金枪鱼和海豚。

Brief Description

Cocos Island National Park, located 550km off the Pacific coast of Costa Rica, is the only island in the tropical eastern Pacific with a tropical rainforest. Its position as the first point of contact with the northern equatorial countercurrent, and the myriad interactions between the island and the surrounding marine ecosystem, make the area an ideal laboratory for the study of biological processes. The underwater world of the national park has become famous due to the attraction it holds for divers, who rate it as one of the best places in the world to view large pelagic species such as sharks, rays, tuna and dolphins①.

科科斯岛国家公园符合自然遗产规定的两条标准而被列入《世界遗产名录》，主要是因为它为海洋生物提供了重要的栖息地，包括远洋物种，特别是鲨鱼。

2. 生态系统

生态系统：大堡礁（Great Barrier Reef）（澳大利亚）、贝加尔湖（Lake Baikal）（俄罗斯）、伯

① http://whc.unesco.org/en/list/820

利兹堡礁保护区(Belize Barrier Reef Reserve System)(伯利兹)、潘塔奈尔保护区(Pantanal Conservation Area)(巴西)、亚马逊河中心保护区(Central Amazon Conservation Complex)(巴西)、达连国家公园(Darien National Park)(巴拿马)等。

大堡礁
Great Barrier Reef

国家:澳大利亚
洲名:大洋洲
时间:1981 年列入《世界遗产名录》
标准:vii, viii, ix, x
属性:自然遗产
功能:生物进化、海洋生态系统和自然保护区

世界遗产委员会的评价:

大堡礁位于澳大利亚东北海岸,是一处千姿百态、景色迷人的景观。它是世界上最大的珊瑚礁区,拥有 400 种不同类型的珊瑚,鱼类 1 500 种,软体动物达 4 000 余种。作为濒临灭绝的物种如儒艮(海牛)和大绿龟的栖息地,它也具有极大的科学意义。

Brief Description

The Great Barrier Reef is a site of remarkable variety and beauty on the northeast coast of Australia. It contains the world's largest collection of coral reefs, with 400 types of coral, 1 500 species of fish and 4 000 types of mollusc. It also holds great scientific interest as the habitat of species such as the dugong (sea cow) and the large green turtle, which are threatened with extinction①.

大堡礁作为是世界上最大的珊瑚礁区,北面从托雷海峡起,向南直到弗雷泽岛附近,沿澳大利亚东北海岸线连绵 2 300 多公里。除了种类繁多的珊瑚、鱼类和软体动物以外,还有棘皮动物约 800 种、海鸟 22 种、海洋哺乳动物 30 种、海龟 6 种等。种类繁多的热带海洋生物,如海蛰、管虫、海绵、海胆、海葵、海龟,以及蝴蝶鱼、天使鱼、鹦鹉鱼等与色彩斑斓的珊瑚礁构成了天然的海洋生态系统。从上空俯瞰,珊瑚礁岛绚丽多彩、熠熠生辉,宛如艳丽花朵,在碧波万顷的大海上构成一幅千姿百态的海上奇观。

贝加尔湖
Lake Baikal

国家:俄罗斯
洲名:欧洲
时间:1996 年列入《世界遗产名录》

①http://whc.unesco.org/en/list/154

标准：vii，viii，ix，x

属性：自然遗产

功能：生物进化

世界遗产委员会的评价：

贝加尔湖位于西伯利亚东南部，占地315万公顷，是世界上最古老的（2 500万年）和最深的（1 700m）湖泊。它拥有世界总数的20%不冻淡水储量，被誉为“俄罗斯的加拉帕戈斯”的贝加尔湖，其久远的年代和人迹罕至，使它成为拥有世界上种类最多和最独特的淡水动物群的地区之一，这对于进化科学具有不可估量的价值。

Brief Description

Situated in southeast Siberia, the 3.15 million hm^2 Lake Baikal is the oldest (25 million years) and deepest (1 700m) lake in the world. It contains 20 % of the world's total unfrozen freshwater reserve. Known as the "Galapagos of Russia", its age and isolation have produced one of the world's richest and most unusual freshwater faunas, which is of exceptional value to evolutionary science①.

贝加尔湖

贝加尔湖位于俄罗斯伊尔库茨克（Irkutsk）和赤塔（Chita）地区，长约636km，最宽处约为80km，平均宽度为48km。贝加尔湖由安加拉河（Angara）、色楞格河（Selenga）等336条大小河流和溪流注入湖内。贝加尔湖是世界上最古老和最深的淡水湖，也是世界著名的淡水生态系统。贝加尔湖水极其清澈，透明度达40.5m，被誉为“西伯利亚明眸”。贝加尔湖周围群山环绕，林木苍翠，风景奇丽。褐熊、鹿、麋常常出没贝加尔湖地区。贝加尔湖有动物约1 340种（745种为特有的）。湖中的鱼类约有50余种，包括鲱鱼、鲑鱼、鳕鱼、鲟鱼（sturgeon）、杜父鱼（bullhead）等。加尔湖中还拥有世界唯一的淡水海豹（fresh water seal）。水域和沿岸植物有

①http://whc.unesco.org/en/list/754

570种,其中150中为本区特有的,包括许多特有物种。贝加尔湖符合自然遗产规定的全部4项标准,被列入《世界遗产名录》。

伯利兹堡礁保护区

Belize Barrier - Reef Reserve System

国家:伯利兹

洲名:美洲

时间:1996年列入《世界遗产名录》

标准:vii, ix, x

属性:自然遗产

功能:生态系统和自然保护区

世界遗产委员会的评价:

伯利兹沿海地区是一个典型的自然生态系统,构成了北半球最大的堡礁,包括近海环礁、数百个沙洲、美洲红树林、沿海泻湖和港湾。这一自然生态系统的7处地方说明了礁发育的演化历史,并且为一些濒危物种提供了重要的栖息地,包括海龟、海牛和美洲海鳄。

Brief Description

The coastal area of Belize is an outstanding natural system consisting of the largest barrier reef in the northern hemisphere, offshore atolls, several hundred sand cays, mangrove forests, coastal lagoons and estuaries. The system's seven sites illustrate the evolutionary history of reef development and are a significant habitat for threatened species, including marine turtles, manatees and the American marine crocodile①.

伯利兹堡礁保护区位于伯利兹大西洋-加勒比海沿岸,由7处保护区组成,占地总面积为96 300$hm^2$②。伯利兹海底大陆架及其堡礁是世界上第二大堡礁系统,同时也是大西洋—加勒比海地区最大的生物礁复合体。在堡礁区大约有247个海生植物类群。在这一地区栖息着鱼类500多种、珊瑚65种、软体动物350种和水螅类45种③。

三、自然景观

自然景观:武陵源风景名胜区(Wulingyuan Scenic and Historic Interest Area)(中国)、九寨沟风景名胜区(Jiuzhaigou Valley Scenic and Historic Interest Area)(中国)、黄龙风景名胜区(Huanglong Scenic and Historic Interest Area)(中国)、三清山国家公园(Mount Sanqingshan National Park)(中国)、萨加玛塔国家公园(Sagarmatha National Park)(尼伯尔)、大雾山国家公园(Great Smoky Mountains National Park)(美国)、约塞米蒂国家公园(Yosemite National Park)(美国)等。

①http://whc.unesco.org/en/list/764

②http://whc.unesco.org/archive/advisory_body_evaluation/764.pdf

③http://whc.unesco.org/archive/advisory_body_evaluation/764.pdf

大雾山国家公园
Great Smoky Mountains National Park

国家:美国
洲名:美洲
时间:1983 年列入《世界遗产名录》
标准:vii, viii, ix, x
属性:自然遗产
功能:自然景观和生物保护区

世界遗产委员会的评价:

大雾山国家公园占地200 000 多公顷,是一处极为美丽的公园,拥有3 500 多种特有植物,包括几乎欧洲所有的树种(130 自然种)。许多濒危动物物种在此处也有发现,包括世界最大蝾螈变种。由于这个公园相对处于原始状态,在人类未曾涉足以前,它给定了一个温带植物群的概念。

Brief Description

Stretching over more than 200 000ha, this exceptionally beautiful park is home to more than 3 500 plant species, including almost as many trees (130 natural species) as in all of Europe. Many endangered animal species are also found there, including what is probably the greatest variety of salamanders in the world. Since the park is relatively untouched, it gives an idea of temperate flora before the influence of humankind①.

大雾山国家公园位于美国田纳西州和北卡罗来纳州。这里拥有许许多多的山峰、瀑布、溪流、茂密的森林和野生生物。这里空气湿度大,森林蒸腾出的水蒸气形成的滞留于地表附近的浓雾,环绕于群山之间。密林深处栖息着约50 种哺乳动物、200 多种鸟类,还有爬行动物、无脊椎动物等。溪流中还生活着70 多种鱼类。这里的地貌特征、生物演化和生物物种多样性都使这个公园成为世界上最好的自然保护区之一。

约塞米蒂国家公园
Yosemite National Park

国家:美国
洲名:美洲
时间:1984 年列入《世界遗产名录》
标准:vii,viii, ix
属性:自然遗产
功能:自然景观和自然保护区

① http://whc.unesco.org/en/list/259

世界遗产委员会的评价:

约塞米蒂国家公园位于加利福尼亚中心。它所拥有的"悬"谷、瀑布、冰斗湖、磨光穹隆、冰碛和U型谷,展现了由冰川作用形成的各种花岗岩地形。在海拔600～4 000m之间,植物群和动物群的巨大变化在这里也能被发现。

Brief Description

Yosemite National Park lies in the heart of California. With its "hanging" valleys, many waterfalls, cirque lakes, polished domes, moraines and U-shaped valleys, it provides an excellent overview of all kinds of granite relief fashioned by glaciation. At 600～4 000 m, a great variety of flora and fauna can also be found here①.

约塞米蒂国家公园占地308 283hm^2。公园内遍布山峰、幽谷、瀑布、湖泊、溪流、草甸,险峻的花岗岩峭壁;飞流直下的瀑布,景色各异,奇趣盎然,美不胜收,所有的一切使约赛米特蒂成为一处罕见的自然美景。公园中生长着高大繁茂的美洲杉,拥有许多不同的植被类型,各类植物1200种。公园中还栖息着许多野生动物,哺乳动物67种、鸟类221种、爬行类18种、两栖类10种和鱼类11种②。

四、生物保护区

生物保护区包括野生动植物、生物多样性和生物栖息地。

生物保护区:四川大熊猫栖息地(Sichuan Giant Panda Sanctuaries)(中国)、马纳斯野生生物保护区(Manas Wildlife Sanctuary)(印度)、盖奥拉德奥国家公园(Keoladeo National Park)(印度)、孙德尔本斯国家公园(Sundarbans National Park)(印度)、辛哈拉加森林保护区(Sinharaja Forest Reserve)(斯里兰卡)、通艾-会卡肯野生生物保护区(Thungyai - Huai Kha Khaeng Wildlife Sanctuaries)(泰国)、多纳纳国家公园(Doñana National Park)(西班牙)、斯雷巴尔纳自然保护区(Srebarna Nature Reserve Srebarna)(保加利亚)、马德拉岛的阔叶常绿乔木群落(Laurisilva of Madeira)(葡萄牙)、科米原始森林(Virgin Komi Forests)(俄罗斯)、弗兰格尔岛自然保护区(Natural System of Wrangel Island Reserve)(俄罗斯)、圣基尔达岛(St. Kilda)(英国)、朱吉鸟类保护区(Djoudj National Bird Sanctuary)(塞内加尔)、尼奥科罗-科巴国家公园(Niokolo-Koba National Park)(塞内加尔)、德贾动物保护区(Dja Faunal Reserve)(喀麦隆)、霍加皮野生动物保护区(Okapi Wildlife Reserve)(刚果民主共和国)、塔伊国家公园(Taï National Park)(科特迪瓦)、宁巴山自然保护区(Mount Nimba Strict Nature Reserve)(科特迪瓦和几内亚共有)、肯尼亚山国家公园/自然森林(Mount Kenya National Park / Natural Forest)(肯尼亚)、黥基·德·贝玛拉哈自然保护区(Tsingy de Bemaraha Strict Nature Reserve)(马达加斯加)、阿伊尔和泰内雷自然保护区(Air and Ténéré Natural Reserves)(尼日尔)、玛依谷地自然保护区(Vallée de Mai Nature Reserve)(塞舌尔)、恩戈罗恩戈罗自然保护区(Ngorongoro Conservation Area)(坦桑尼亚)、塞伦盖蒂国家公园(Serengeti National Park)(坦桑尼亚)、大圣卢西亚湿地公园(Greater St. Lucia Wetland Park)(南非)、开普植物群保护区(Protected Areas of the Cape Floral Region)(南非)、大西洋沿岸的森林保护区(Dis-

①http://whc.unesco.org/en/list/308

②http://whc.unesco.org/archive/advisory_body_evaluation/308.pdf

covery Coast Atlantic Forest Reserves)(巴西)、玛努国家公园(Manu National Park)(秘鲁)、瓜纳卡斯特自然保护区(Area de Conservación Guancaste(Extension to include the Sector Santa Elena))(哥斯达黎加)、苏里南中部自然保护区(Central Suriname Nature Reserve)(苏里南)、雷奥普拉塔诺生物圈保护区(Río Plátano Biosphere Reserve)(洪都拉斯)、埃尔维采诺鲸鱼禁捕区(Whale Sanctuary of El Vizcaino)(墨西哥)、红杉树国家公园(Redwood National Park)(美国)、昆士兰湿热带(Wet Tropics of Queensland)(澳大利亚)、大蓝山地自然保护区(Greater Blue Mountains Area)(澳大利亚)、澳大利亚冈瓦纳雨林(Gondwana Rainforests of Australia)(澳大利亚)、新西兰次南极区群岛(New Zealand Sub-antarctic Islands)(新西兰)等。

马纳斯野生生物保护区
Manas Wildlife Sanctuary

国家:印度
洲名:亚洲
时间:1985 年列入《世界遗产名录》
标准:vii, ix, x
属性:自然遗产
功能:生物保护区

世界遗产委员会的评价:

马纳斯野生生物保护区位于喜马拉雅山脚下一片冲积草原和热带森林里,是多种野生生物的家园。其中包括许多濒危物种,如老虎、俾格猪、印度犀牛和印度大象。

Brief Description

On a gentle slope in the foothills of the Himalayas, where wooded hills give way to alluvial grasslands and tropical forests, the Manas sanctuary is home to a great variety of wildlife, including many endangered species, such as the tiger, pygmy hog, Indian rhinoceros and Indian elephant①.

马纳斯野生生物保护区处在喜马拉雅山脉外围的丘陵地带,海拔在 100~250m 之间。马纳斯河从保护区西部分成 3 个支流穿流而过,直到保护区南约 64km 处汇入雅鲁藏布江。马纳斯野生生物保护区位于阿萨姆邦(Assam)的 Barpeta 和 Kokrajhar 地区。保护区北部毗邻不丹;南部靠近北卡姆鲁浦(Kamrup)的居民区;东部和西部则与大片森林保护区接壤。该保护区包括马纳斯森林保护区的一部分和整个北卡姆鲁浦森林保护区。马纳斯野生生物保护区,总面积约为 50 000$hm^2$②。

印度马纳斯野生生物保护区主要有 3 种植被类型③:

(1)热带半常绿林(tropical semievergreen forest),位于保护区北部,常见树种包括:沙椤

①http://whc.unesco.org/en/list/338
②http://whc.unesco.org/en/list/338
③http://whc.unesco.org/archive/advisory_body_evaluation/338.pdf

(*Aphanamixis polystachya*),团花(*Anthocephalus chinensis*),海南蒲桃(*Syzygium cumini*),石斛蒲桃(*S. formosum*),高檐蒲桃(*S. oblatum*),羊蹄甲(*Bauhinia purpurea*),粗糠柴(*Mallotus philippensis*),柴桂(*Cinnamomum tamala*),倒卵黄肉楠(*Actinodaphne obvata*)等。

(2)热带干湿落叶林(Tropical moist and dry deciduous forests),代表树种有:木棉(*Bombax ceiba*),绒毛苹婆(*Sterculia villosa*),五桠果(*Dillenia indica*),小花五桠果(*D. pentagyna*),木本卡利亚(*Careya arborea*),小叶紫薇(*Lagerstroemia parviflora*),大花紫薇(*L. speciosa*),油榄仁(*Terminalia bellirica*),毛河子(*T. chebula*),油桃属植物(*Trewia polycarpa*),云南石梓(*Gmelina arborea*),木蝴蝶(*Oroxylum indicum*),土密树(*Bridelia*)等。

(3)冲积草原(alluvial grasslands),位于保护区西部,由不同的草种与各种树木和灌木物种组成:白第(*Imperata cylindrica*),甘蔗属植物(*Saccharum naranga*),芦苇(*Phragmites karka*),芦竹(*Arundo donax*),小花五桠果(*Dillenia pentagyna*),余甘子(*Phyllanthus emblica*),木棉花(*Bombax ceiba*)等。这片草原又可进一步细分为湿润的冲积草原和高地稀树大(干)草原。水生植物群沿着河岸生长分布或水池中。目前保护区内被正式确认的双子叶植物一共有393种,单子叶植物98种。保护区内干燥落叶林代表了演替的早期阶段,后来被远离水体的湿润落叶林所取代,依此又有茂密的热带半常绿林分布其中。草原覆盖了保护区一半的面积。

在神秘而富饶的马纳斯野生生物保护区丛林中栖息着各种各样的动物。保护区中总共有55种哺乳动物、36种爬行动物、3种两栖动物和鸟类350种[①]。哺乳动物主要包括金叶猴(*Presbytis geei*)、长臂猿(*Hylobates hoolock*)、云豹(*Neofelis nebulosa*)、豹(*Panthera pardus*)、老虎(*Panthera tigris*)、金猫(*Felis temmincki*)、鱼猫(*Felis viverrinus*)、黑熊(*Selenarctos thibetanus*)、沼泽鹿(*Cervus duvauceli*)、野狗(*Cuon alpinus*)、恒河海豚(*Platanista gangeticus*)、印度大象(*Elephas maximus*)、野牛(*Bos gaurus*)、印度犀牛(*Rhinoceros unicornis*)、俾格猪(*Sus salvanius*)、印度穿山甲(*Manis crassicaudata*)、水牛(*Bubalus arnee*)等。

保护区内的爬行类动物包括各种蛇类,如蔓蛇(*Ahaetulla nasutas*)、飞蛇(*Chrysopelea ornata*)、阿萨姆小蛇(*Elaphe frenata*)、蟒蛇(*Python molurus*)、金环蛇(*Bangarus fasciatus*)等;黄色巨蜥(*Varanus flavescens*)、圆鼻巨蜥(*V. salvator*);阿萨姆锯背龟(*Kachuga sylhetensis*)。

马纳斯野生生物保护区有纪录可查的鸟类达300多种,其中包括濒危的鸟类物种:双角犀鸟(*Buceros bicornis*)、皱盔犀鸟(*Rhyticeros undulatus*)等。1989年,研究人员在这里首次正式发现了杂色鹞鹰(*Circus melanoleucos*)。

大约有5.5万人分布在保护区缓冲地带的144个村落里。由于干旱季节的燃烧、过度的猎杀野生动物和过度地砍伐树木,对保护区构成了极大的威胁。此外,保护区基础设施遭到了相当大的破坏,偷猎行为猖獗,许多野生动物被偷猎,数量大幅度减少。这里老虎的数量在印度位居第二,从1984年的123只,到2000年下降到70只。印度犀牛在1980年时大约有75只,到1997年只剩下39只。1992年12月14日的世界遗产委员会第16届会议上将马纳斯野生生物保护区列入《濒危世界遗产名录》。2011年,在第35界世界遗产大会上鉴于马纳斯野生生物保护区保护状况显著改善,大会决定将其从《濒危世界遗产名录》中解除。

马纳斯野生生物保护区的重要价值在于其突出的生物演化、独特的自然景观以及它为珍稀和濒危物种提供了良好的栖息地。

---

①http://whc.unesco.org/archive/advisory_body_evaluation/338.pdf

盖奥拉德奥国家公园
Keoladeo National Park

国家：印度

洲名：亚洲

时间：1985 年列入《世界遗产名录》

标准：x

属性：自然遗产

功能：生物保护区

世界遗产委员会的评价：

默哈拉杰的前猎鸭保护区是来自阿富汗、土库曼斯坦、中国和西伯利亚的水生鸟类的主要冬季栖息地之一。大约 364 种鸟，包括稀有的西伯利亚鹤曾栖息在这个公园。

Brief Description

This former duck-hunting reserve of the Maharajas is one of the major wintering areas for large numbers of aquatic birds from Afghanistan, Turkmenistan, China and Siberia. Some 364 species of birds, including the rare Siberian crane, have been recorded in the park①.

盖奥拉德奥国家公园位于印度拉贾斯坦邦，距阿格拉以西 50km，即巴拉德普尔（Bharatpur）东南 2km 处，占地面积 2 873$hm^2$②。1900 年，它曾是土邦主默哈拉杰（Maharaja）的私人猎鸭区。1965 年它被指定为鸟类禁猎区，但直到 1972 年印度土邦主默哈拉杰（Maharaja）仍保留有狩猎权限。1982 年，这里被设为国家公园。

盖奥拉德奥国家公园是由恒河平原的湿地组成。公园里主要包含一个内河湿地。一年中的绝大部分时间，湿地的面积只有 1 000hm^2。到 7—9 月雨季，洪水就会淹没这片土地，平均水深可达 1～2m。10 月至来年 1 月间，水位会逐渐下降，到了 2 月，土地开始逐渐变干涸。到了 6 月，湿地几乎完全干涸。这一地区温差变化大，冬季气温只有 5°C 左右，夏季最高气温可达 50°C 。平均相对湿度从 3 月的 62%到 12 月的 83.3%。年平均降雨量为 662mm，平均一年之中有 36 天是雨天。

盖奥拉德奥国家公园主要的植被类型是热带干旱落叶林与干旱草地，大部地区被中等大小的树木和沼泽所覆盖，森林主要分布在公园的东北部。

盖奥拉德奥国家公园里的水生植物应有尽有，这为水鸟们提供了充足的养料。植物的种类主要有水生百合、水莲、浮萍、蕨类植物、软水草、莎草、香蒲属植物和野生水稻。其他植物有枣树、菊科类植物、桃树等。动物群则包括恒河猴、短尾猿、叶猴以及一些小型食肉动物，例如孟加拉狐狸、豺狗、土狼、普通麝猫、印度麝猫、印度灰猫鼬、鱼猫、虎猫、丛林野猫和长着光滑皮毛的水獭；有蹄类动物则包括印度羚、白斑鹿、黑鹿、拱鹿、蓝牛和野猪。其他哺乳动物还有印度豪猪和印度野兔。

①http://whc.unesco.org/en/list/340

②http://whc.unesco.org/archive/advisory_body_evaluation/340.pdf

盖奥拉德奥国家公园里生活着364种鸟类，被认为是世界上鸟类品种最珍贵和最丰富的地区之一①。这里是濒临灭绝的西伯利亚仙鹤过冬的主要栖息地。1984年12月仙鹤的数量达到了近年来的最高，确切纪录为41只，其中包括8只幼鹤。但1988—1989年间，仙鹤的数量锐减到19只。其他禽鸟有普通水鸭、棉水鸭、穗饰鸭子、带冠鸭子、白篦鹭、大小鸬鹚、花鹳、印度鹳、东方朱鹭、环状领狮鼻贝、鸵鸟、带点塘鹅、普通矶鹞、木矶鹞和绿矶鹞；仅鱼鹰的品种就有很多，像白色鱼鹰、隼、雅典娜鱼鹰、短趾鱼鹰、茶色鱼鹰、鱼鹰王、带点鱼鹰等。

自从1964年，盖奥拉德奥国家公园就再也没有发现过豹。先前的捕鱼和放牧对生态的威胁已经不复存在了，取而代之的是河内的大量污染物，导致越来越多的水鸟功能发生紊乱，有的都难以展翅飞翔了。据纪录，1984年栖息在这里的鸟类数量大不如从前。当然来自游客的干扰也不容忽视。

豪勋爵群岛
Lord Howe Island Group

国家：澳大利亚
洲名：大洋洲
时间：1982年列入《世界遗产名录》
标准：vii，x
属性：自然遗产
功能：生物保护区和自然景观

世界遗产委员会的评价：

豪勋爵群岛是孤立的海洋群岛，由海下2 000多米深处的火山活动而形成。群岛以其壮观的地势和所拥有的大量的地方性物种，特别是鸟类而著称于世。

Brief Description

A remarkable example of isolated oceanic islands, born of volcanic activity more than 2 000m under the sea, these islands boast a spectacular topography and are home to numerous endemic species, especially birds②.

豪勋爵群岛属于澳大利亚新南威尔士州，位于悉尼东北部约780km处，是一个南北向延展的狭长岛屿，占地面积约1 540hm²③。豪勋爵群岛以奇特的地貌和优美的景色闻名，堪称“世界上最美丽的岛屿”之一。植被类型以亚热带雨林为主，还分布一些温带植物。岛屿的大部分覆盖着雨林，长满了棕榈树。岛上维管植物219种，其中74种是地方性的。蕨类植物32属48种，被子植物149属180种。豪勋爵群岛鸟类有129种。在群岛珊瑚礁附近，生活着许多海洋生物，包括鱼类477种，还有蟹类、贝类等④。

---

①http://whc.unesco.org/archive/advisory_body_evaluation/340.pdf
②http://whc.unesco.org/en/list/186
③http://whc.unesco.org/archive/advisory_body_evaluation/186.pdf
④http://whc.unesco.org/archive/advisory_body_evaluation/186.pdf

澳大利亚冈瓦纳雨林
Gondwan Rainforests of Australia

国家:澳大利亚
洲名:大洋洲
时间:1986 年列入《世界遗产名录》,1994 年扩展
标准:viii, ix, x
属性:自然遗产
功能:生物保护区

世界遗产委员会的评价:

这一地区位于澳大利亚东海岸的巨大斜坡处,由几个保护区组成。在环绕着盾形火山口处呈现的突出的地质特征以及大量的稀有和濒危雨林物种对于科学和自然保护都具有重要的国际意义。

Brief Description

This site, comprising several protected areas, is situated predominantly along the Great Escarpment on Australia's east coast. The outstanding geological features displayed around shield volcanic craters and the high number of rare and threatened rainforest species are of international significance for science and conservation①.

澳大利亚中东部雨林保护区位于新南威尔士州和昆士兰州,占地面积 370 000hm²②。尽管澳大利亚只有 0.3%的面积是热带雨林区,但这些地区里保存着澳大利亚大约一半的植物种群和三分之一的哺乳动物与鸟类物种。维管植物达 170 科、695 属和 1 625 种③。

这个地区之所以被列入世界遗产名录,是因为这里具有十分显著的生物多样性,生存着大量的稀有生物。中东部雨林保护区有很高的保护价值,这里是大约 200 种稀有甚至濒危动植物的理想栖息地。

澳大利亚中东部雨林保护区(Central Eastern Rainforest Reserves)的前身被称作"澳大利亚东海岸温带与亚热带雨林公园", 1994 年,新南威尔士地区的温带与亚热带雨林被扩展列入《世界遗产名录》,这一世界遗产地被更名为澳大利亚冈瓦纳雨林(Gondwana Rainforests of Australia)④。

昆士兰湿热带
Wet Tropics of Queensland

国家:澳大利亚

①http://whc.unesco.org/en/list/368
②http://whc.unesco.org/en/list/368
③http://whc.unesco.org/archive/advisory_body_evaluation/368bis.pdf
④http://whc.unesco.org/en/list/368

洲名:大洋洲

时间:1986 年列入《世界遗产名录》,1994 年扩展

标准:vii, viii, ix, x

属性:自然遗产

功能:生物保护区和自然景观

世界遗产委员会的评价:

这一地区位于沿澳大利亚的东北海岸延伸约 450km,绝大部分由热带雨林组成。这一生物区为植物、有袋目动物、鸣禽以及其他珍稀和濒危动植物提供了一个栖息环境。

Brief Description

This area, which stretches along the northeast coast of Australia for some 450km, is made up largely of tropical rainforests. This biotope offers a particularly extensive and varied array of plants, as well as marsupials and singing birds, along with other rare and endangered animals and plant species①.

昆士兰湿热带占地 894 420hm²,是澳大利亚最大的雨林。它已有一亿三千万年的历史,其中生长着世界上最古老的树种。崎岖的山路、浓密的热带雨林、湍急的河流、深邃的峡谷、白色的沙滩、绚丽的珊瑚礁等自然景观构成了昆士兰湿热带奇特的美景。

昆士兰湿热带几乎保存着世界上最完整的地球植物进化纪录。在澳大利亚已知的雨林中没有其他的雨林像这里这样多样化,这些雨林有着众多的层次和不同的植物种类。在这一地区的雨林中大约有 1 161 种高等植物已被记录,分属于 119 个科和 523 个属。在这些植物类群中,75 属是澳大利亚特有的,43 属仅限于这一地区,大约 710 种是澳大利亚特有的,500 种仅见于这一地区②。昆士兰的湿热带已被识别为 13 个主要的结构类型,这些类型被划分为 27 个雨林群落。这里是澳大利亚保存最广阔的湿热带雨林保护区。这里也是其他的生物,如袋鼠、两栖类动物、脊椎动物、爬行类动物、昆虫、鸟类、鱼类等的栖息地。

昆士兰湿热带是为数不多的几个能符合世界自然遗产全部遴选标准的地区之一,它展现了地球上生物进化历史过程的主要阶段,是一个正在进行的生态与生物进程的突出实例,还是最重要的生物栖息地之一。

大蓝山地自然保护区
Greater Blue Mountains Area

国家:澳大利亚

洲名:大洋洲

时间:2000 年列入《世界遗产名录》

标准:ix, x

属性:自然遗产

①http://whc.unesco.org/en/list/486

②http://whc.unesco.org/archive/advisory_body_evaluation/486.pdf

功能:自然保护区

世界遗产委员会的评价:

大蓝山地区占地103万hm^2,由砂岩高原、悬崖和峡谷构成,大部分被温带桉树林覆盖。这一遗产地有8个保护区,展示了澳大利亚大陆在冈瓦纳(Gondwana)分离后桉树种群进化的适应性和多样性。大蓝山地区共有91种桉树,因而这一地区也以其独特的桉树结构和生态多样性以及它大范围的生境而著称。同时,这一地区还充分展示了澳大利亚的生物多样性,有10%的维管植物以及大量珍稀或濒危物种,包括地方性物种和演化孑遗物种,例如生存范围非常有限的瓦勒迈松。

Brief Description

The Greater Blue Mountains Area consists of 1.03×10^6ha of sandstone plateaux, escarpments and gorges dominated by temperate eucalypt forest. The site, comprised of eight protected areas, is noted for its representation of the evolutionary adaptation and diversification of the eucalypts in post-Gondwana isolation on the Australian continent. Ninety-one eucalypt taxa occur within the Greater Blue Mountains Area which is also outstanding for its exceptional expression of the structural and ecological diversity of the eucalypts associated with its wide range of habitats. The site provides significant representation of Australia's biodiversity with ten percent of the vascular flora as well as significant numbers of rare or threatened species, including endemic and evolutionary relict species, such as the Wollemi pine, which have persisted in highly-restricted microsites①.

蓝山三姐妹峰

蓝山位于悉尼以西65km处,是澳大利亚南部新南威尔士州一处著名的自然保护地。蓝

①http://whc.unesco.org/en/list/917

山是一系列高原和山脉的总称。由于山上生长着许多桉树,桉树是长绿乔木,树干挺拔,木质坚硬,含有油质,可以提取挥发油,其挥发的油滴在空气中经过阳光折射呈现蓝光,因而得名蓝山。蓝山峰峦陡峭,涧谷深邃,怪石林立,曲径迤逦,有三姐妹峰(The Three Sisters Rock)、卡通巴瀑布(Katoomba Falls)、孤儿石(Orphan Rock)等天然名胜。三姐妹峰峰高450m,3块巨石拔地而起,如少女并立,故名三姐妹峰,是蓝山标志性胜景。

开普植物群保护区
Protected Areas of the Cape Floral Region

国家:南非
洲名:非洲
时间:2004年列入《世界遗产名录》
标准:ix,x
属性:自然遗产
功能:生物保护区

世界遗产委员会的评价:

开普植物群保护区位于南非开普省,由8个保护区组成,占地553 000公顷。开普植物群保护区是世界上植物物种最丰富的地区之一。这个不到非洲面积0.5%的地方却有将近20%的陆地植物群。这一保护区展示了与Fynbos植被相关的突出的生态和生物过程,是开普植物群区所特有的。植物群突出的分异度、密度和特有分布在全球范围都是屈指可数。在植物群中发现的特有植物的繁殖对策,包括对火的适应性,通过昆虫来散布种子的方式以及特有的分布模式和适应辐射具有突出的科学价值。

植物群保护区

植物群保护区

Brief Description

A serial site—in Cape Province, South Africa—made up of eight protected areas, covering 553 000ha. The Cape Floral Region is one of the richest areas for plants in the world. It represents less than 0.5% of the area of Africa but is home to nearly 20% of the continent' s flora. The site displays outstanding ecological and biological processes associated with the Fynbos vegetation, which is unique to the Cape Floral Region. The outstanding diversity, density and endemism of the flora are among the highest worldwide. Unique plant reproductive strategies, adaptive to fire, patterns of seed dispersal by insects, as well as patterns of endemism and adaptive radiation found in the flora are of outstanding value to science①.

弗兰格尔岛自然保护区
Natural System of Wrangel Island Reserve

国家:俄罗斯
洲名:欧洲
时间:2004 年列入《世界遗产名录》
标准:ix, x
属性:自然遗产
功能: 生物保护区

世界遗产委员会的评价:

保护区位于北极圈内,包括巨大的弗兰格尔岛(7 608km^2)、赫洛德岛(11km^2)及其周围水域。弗兰格尔岛在第四纪冰期并没有被冻结,因此在这一地区导致了生物多样性的异常高水平状态。这个岛以其拥有世界最大的太平洋海象种群和最高密度的祖先北极熊巢穴而著称。这里也是从墨西哥迁徙来的灰鲸的主要觅食之处,是 100 种候鸟(许多是濒危种)最北端的筑巢地。目前,岛上 417 种和亚种维管植物已被鉴定,其数量是其他类似大小的北极冻原地区的两倍,多于北极岛其他任何地方。一些种是广泛分布的大陆类型的衍生种,其他种是新近杂交的结果,23 种是地方性的。

Brief Description

Located well above the Arctic Circle, the site includes the mountainous Wrangel Island (7 608km^2), Herald Island (11km^2) and surrounding waters. Wrangel was not glaciated during the Quaternary Ice Age resulting in exceptionally high levels of biodiversity for this region. The island boasts the world's largest population of Pacific walrus and the highest density of ancestral polar bear dens. It is a major feeding ground for the gray whale migrating from Mexico and the northernmost nesting ground for 100 migratory bird species, many endangered. Currently, 417 species and sub-species of vascular plants have been identified on the island, double that of any other arctic tundra territory of comparable size and more than any other Arctic island. Some species are derivative of widespread continental forms, others are the result of recent hybridization, 23 are endemic②.

弗兰格尔岛自然保护区位于俄罗斯东北端的北极圈内,是一个岛屿生态系统,它经历了一

①http://whc.unesco.org/en/list/1007
②http://whc.unesco.org/en/list/1023

个长期演化过程。在一个小的地理空范围间内,植物物种的数量和类型、植物群落的多样性、冻原类型的快速演替和镶嵌性、猛犸象牙齿和头骨的存在、地质岩层的地域范围都是这个岛屿丰富的自然历史和它的独特演化特征的见证。

苏门答腊热带雨林遗产
Tropical Rainforest Heritage of Sumatra

国家:印度尼西亚
洲名:亚洲
时间:2004 年列入《世界遗产名录》
标准: vii, ix,x
属性:自然遗产
功能:生物保护区

世界遗产委员会的评价:

苏门答腊热带雨林占地 250 万 hm^2,由 3 个国家公园组成:古农列尤择(Gunung Leuser)国家公园、克尼西亚巴拉(Kerinci Seblat)国家公园和布基特巴里杉(Bukit Barisan Selatan)国家公园。这里作为苏门答腊独特的和多种多样的生物群的长期保护区具有巨大的潜力,包括许多濒危物种。保护区中约有植物 10 000 种,包括 17 个地方属,哺乳动物 200 多种,鸟类大约 580 种,其中 465 种是留鸟,21 种是地方种。在哺乳动物中,这个群岛有 22 种是亚洲特有的,15 种仅限于印度尼西亚地区,包括地方性的苏门答腊猩猩。这个保护区也提供了该岛的生物地理进化的证据。

Brief Description

The 2.5×10^6 ha Tropical Rainforest Heritage of Sumatra site comprises three national parks: Gunung Leuser National Park, Kerinci Seblat National Park and Bukit Barisan Selatan National Park. The site holds the greatest potential for long term conservation of the distinctive and diverse biota of Sumatra, including many endangered species. The protected area is home to an estimated 10 000 plant species, including 17 endemic genera; more than 200 mammal species; and some 580 bird species of which 465 are resident and 21 are endemic. Of the mammal species, 22 are Asian, not found elsewhere in the archipelago and 15 are confined to the Indonesian region, including the endemic Sumatran orangutan. It also provides biogeographic evidence of the evolution of the island①.

苏门答腊热带雨林是由 3 个分离的国家公园组成,位于苏门答腊岛的西面,占地总面积为 2 595 125hm^2,其中古农列尤择国家公园为 862 975hm^2、克尼西亚巴拉国家公园为 1 375 349hm^2、布基特巴里杉国家公园为 356 800$hm^2$②。热带雨林区拥有极其丰富的野生动、植物,以丰富的有花植物和珍稀动物为特征,包括一些地方性物种和濒危物种。苏门答腊热带

①http://whc.unesco.org/en/list/1167

②http://whc.unesco.org/archive/advisory_body_evaluation/1167.pdf

雨林有植物大约10 000余种、哺乳动物200余种和鸟类580种[1]。

德贾动物保护区
Dja Faunal Reserve

国家:喀麦隆
洲名:非洲
时间:1987年列入《世界遗产名录》
标准: ix,x
属性:自然遗产
功能:生物保护区

世界遗产委员会的评价:

这是非洲最大的和保护最好的雨林之一,90%没有受到任何干扰。保护区几乎完全被德贾河所环绕,形成了一个自然界线,由于它的生物多样性和多种灵长类动物而特别引人注目。保护区含有107种哺乳动物,其中5种是濒危动物。

Brief Description

This is one of the largest and best-protected rainforests in Africa, with 90% of its area left undisturbed. Almost completely surrounded by the Dja river, which forms a natural boundary, the reserve is especially noted for its biodiversity and a wide variety of primates. It contains 107 mammal species, five of which are threatened[2].

德贾动物保护区位于喀麦隆南部高原的中心地区,面积为526 000hm^2,是非洲最大的保护区之一。保护区内热带森林浓密苍郁,野生动物数量和种类众多,德贾河在这里蜿蜒流淌,形成一道天然保护疆界。这里人烟稀少,生态环境保护完好,是人类的一处珍贵的自然遗产。德贾动物保护区拥有丘陵、平原、河间地等多样化的地形,位于赤道气候区域内,年平均气温为23.4℃,年均降水量达1 570mm以上,德贾河及其支流纵横交错,水源异常充足,为野生动物提供了天然的栖息地。野生动物非常繁盛,有大象、野牛、大猩猩、黑猩猩、长尾猴、金丝猫,还有两栖类、鸟类等。

大圣卢西亚湿地公园
Greater St. Lucia Wetland Park

国家;南非
洲名:非洲
时间:1999年列入《世界遗产名录》
标准: vii, ix, x

---

①http://whc.unesco.org/archive/advisory_body_evaluation/1167.pdf
②http://whc.unesco.org/en/list/407

属性:自然遗产

功能:生物保护区和自然景观

世界遗产委员会的评价:

在这里有河流、海洋和风蚀不断作用形成的各种各样的地形,包括珊瑚礁、长长的沙滩、海岸沙丘、湖泊系统、沼泽、大片的芦苇丛和纸莎草湿地。公园环境的异质性与大洪水、海岸风暴以及亚热带和热带非洲之间过渡的地理位置的相互作用,导致了丰富的物种多样性和物种不断形成。不同的地形和栖息地类型的相互作用形成令人叹为观止的自然景色。这里是来自非洲的海洋、湿地和稀树干草原环境的物种的主要栖息地。

Brief Description

The ongoing fluvial, marine and aeolian processes in the site have produced a variety of landforms, including coral reefs, long sandy beaches, coastal dunes, lake systems, swamps, and extensive reed and papyrus wetlands. The interplay of the park's environmental heterogeneity with major floods and coastal storms and a transitional geographic location between subtropical and tropical Africa has resulted in exceptional species diversity and ongoing speciation. The mosaic of landforms and habitat types creates breathtaking scenic vistas. The site contains critical habitats for a range of species from Africa's marine, wetland and savannah environments①.

大圣卢西亚湿地公园由 13 个相邻的保护区组成,总面积为 239 566hm^2,是非洲最大的河口湾系统。河流、海洋和风蚀作用形成了各种各样的地形,包括海底峡谷、沙滩、湿地、草原、森林、湖泊和稀树干草原等。大圣卢西亚湿地公园这一巨大的生态系统栖息着许多动物物种,包括哺乳动物、两栖动物、爬行动物、鱼类,其中陆生哺乳动物 97 种、海洋哺乳动物 32 种、爬行动物 109 种、两栖动物 50 种、鸟类 521 种。植物种类繁多,总计有 152 个科、734 个属和 2 173 个种。植物群落类型多样,包括森林、灌木丛、草地、湿地等。

红杉树国家公园
Redwood National Park

国家:美国

洲名:美洲

时间:1980 年列入《世界遗产名录》

标准:vii, ix

属性:自然遗产

功能:生物保护区

世界遗产委员会的评价:

红杉树国家公园位于旧金山北部,沿太平洋海岸,由沿岸山脉区组成。这一带充满了壮观

①http://whc.unesco.org/archive/advisory_body_evaluation/914.pdf

的红杉树森林，拥有世界最高的和最令人难忘的树种。海洋生物和陆地生物同样引人注目，特别是海狮、秃鹰和濒危的加利福尼亚的褐色鹈鹕。

Brief Description

Redwood National Park comprises a region of coastal mountains bordering the Pacific Ocean north of San Francisco. It is covered with a magnificent forest of sequoia redwood trees, the tallest and most impressive trees in the world. The marine and land life is equally remarkable, in particular the sea lions, the bald eagle and the endangered California brown pelican①.

红衫树国家公园包括普莱尔·克里克红杉树州立公园(Prairie Creek Redwoods State Park)、杰迪亚·史密斯红杉树州立公园(Jedediah Smith Redwoods State Park)和德诺特海岸红杉树州立公园(Del Norte Coast Redwoods State Park)。红杉树国家公园拥有大约 856 个植物物种，以红杉为主，最高达 112.1m。公园中还栖息着 75 种哺乳动物②，包括黑尾鹿(black-tailed deer)、黑熊(black bear)、麋鹿(elk)、美洲野猫(bobcat)、水獭(river otter)等。淡水湿地和溪流为迁徙的水鸟提供了良好的筑巢地和觅食处。其中的岩石海岸是海鸟主要的筑巢地。

①http://whc.unesco.org/en/list/134

②http://whc.unesco.org/archive/advisory_body_evaluation/134.pdf

第五章 文化和自然双重遗产

截止到2011年第35届世界遗产大会，世界遗产委员会公布的全球文化和自然双重遗产(混合遗产)共有28项被列入《世界遗产名录》，其中亚洲占7项、欧洲占7项、大洋洲占5项、非洲占5项、美洲占4项。

第一节 亚 洲

戈雷梅国家公园和卡帕多西亚石窟遗址
Göreme National Park and the Rock Sites of Cappadocia

国家：土耳其
洲名：亚洲
时间：1985年列入《世界遗产名录》
标准：i, iii, v, vii
属性：自然遗产和文化遗产
功能：自然景观和宗教建筑遗址

世界遗产委员会的评价：

这处壮观的景色—戈雷梅山谷及其周围地区由岩石凿成的圣殿，完全由侵蚀作用形成，提供了后拜占庭艺术期的反对圣像崇拜独一无二的证据。在那里我们可以看到4世纪时期传统人类居住的遗迹，如住所、史前人类穴居的村落和地下城镇。

Brief Description

In a spectacular landscape, entirely sculpted by erosion, the Göreme valley and its surroundings contain rock - hewn sanctuaries that provide unique evidence of Byzantine art in the post - Iconoclastic period. Dwellings, troglodyte villages and underground towns—the remains of a traditional human habitat dating back to the 4th century—can also be seen there①.

戈雷梅国家公园和卡帕多西亚石窟遗址位于土耳其的安纳托利亚高原。卡帕多西亚由火山喷发出来的熔岩构成的高原，由于长期的风化作用和水流侵蚀，形成了石林、峭壁、深谷等蔚为壮观的景观。山岩之中有数以百计的古老的岩穴圣殿、教堂、许多洞穴和地下城镇。这些迷宫式的建筑和美不胜收的壁画使这一地区充满了神秘的色彩，人们称它为神秘的卡帕多西亚。

---

①http://whc.unesco.org/en/list/357

戈雷梅国家公园拥有许多珍稀动物和植物，包括红狐、獾、水獭等100余种动物。

希拉波利斯和帕姆卡莱
Hierapolis - Pamukkale

国家：土耳其
洲名：亚洲
时间：1988年列入《世界遗产名录》
标准：iii, iv, vii
属性：自然遗产和文化遗产
功能：自然景观、古城遗址和要塞

世界遗产委员会的评价：

从平原之上俯瞰几乎200m高的一处悬崖中流出的泉水和水中的方解石形成了帕姆卡莱（棉花宫殿）这一特殊景观，它由石林、石瀑布和一系列的梯形盆地组成。公元前2世纪末阿塔利德斯王朝的帕加马国王们建造了希拉波利斯温泉疗养地。这处遗址包括温泉浴场废墟、庙宇和其他希腊建筑。

Brief Description

Deriving from springs in a cliff almost 200m high overlooking the plain, calcite - laden waters have created at Pamukkale (Cotton Palace) an unreal landscape, made up of mineral forests, petrified waterfalls and a series of terraced basins. At the end of the 2nd century B. C. the dynasty of the Attalids, the kings of Pergamon, established the thermal spa of Hierapolis. The ruins of the baths, temples and other Greek monuments can be seen at the site①.

遗址位于土耳其东南部的代尼兹利省（Denizli）。希拉波利斯是公元前2世纪修筑的要塞；帕姆卡莱是“棉花宫殿”的意思。从罗马时代起，热泉连同雪白的石灰岩一起被认为具有神奇的巨大魔力。这一遗址的著名景观是地热泉和石灰华沉积，这里的泉水含有丰富的矿物质，平均温度达35℃。这些石灰华沉积其地质时代属于第四纪。

希拉波利斯的罗马城镇废墟便在这个遗址附近，包括剧院、神庙、浴场、陵墓等。这一罗马城镇建立于公元前2世纪末期，在公元2世纪和3世纪的末期发展至顶峰，在公元4世纪和5世纪，这个城镇成为一个主教辖区。

瓦迪拉姆保护区
Wadi Rum Protected Area

国家：约旦
洲名：亚洲

---

①http://whc.unesco.org/en/list/485

时间:2011年列入《世界遗产名录》
标准:iii, v, vii,
属性:自然遗产和文化遗产
功能:自然景观和文化景观

世界遗产委员会的评价:

作为自然和文化混合遗产列入名录,位于约旦南部,靠近沙特阿拉伯边界,占地74 000hm²。瓦迪拉姆保护区一系列形态各异的沙漠景观由狭窄的峡谷、天然拱门、高耸的峭壁、坡道、巨型滑坡和洞穴所组成。保护区内的岩画、碑文和考古遗迹显示了人类在过去12 000年在此生活,以及与自然环境互动的证据。25 000个石刻与20 000个碑文为追溯人类思想的演化和早期字母的发展提供了可能。遗址展现了该地区牧业、农业和城市活动的演变历程。

Brief Description

The 74 000ha property, inscribed as a mixed natural and cultural site, is situated in southern Jordan, near the border with Saudi Arabia. It features a varied desert landscape consisting of a range of narrow gorges, natural arches, towering cliffs, ramps, massive landslides and caverns. Petroglyphs, inscriptions and archaeological remains in the site testify to 12 000 years of human occupation and interaction with the natural environment. The combination of 25 000 rock carvings with 20 000 inscriptions trace the evolution of human thought and the early development of the alphabet. The site illustrates the evolution of pastoral, agricultural and urban activity in the region①.

第二节 欧 洲

比利牛斯-佩尔杜山
Pyrénées - Mont Perdu

国家:法国(与西班牙共有)
洲名:欧洲
时间:1997年列入《世界遗产名录》,1999年扩展
标准:iii, iv, v, vii, viii
属性:自然遗产和文化遗产
功能:自然景观和人文景观

世界遗产委员会的评价:

这一杰出的山脉景观横跨了法国和西班牙两国的国界,大致以佩尔杜山峰为中心,其石灰

①http://whc.unesco.org/en/list/1377

质的山岳海拔为 3 352m。这一地区总面积可达 30 639hm²。在西班牙一侧包括欧洲两个最大和最深的峡谷，在法国一侧更加陡峭的北坡有 3 个大冰斗墙，是典型的地质地貌景观。这个地区所拥有的田园风光反映出地处欧洲高地的人们从前普遍的农业生活方式，但现在这种农业生活方式仅仅在比利牛斯山脉这一地区得以延续。因而，通过村庄、农场、原野、高地牧场和山路这些独特的景观提供回顾久远的欧洲社会的特殊见证。

Brief Description

This outstanding mountain landscape, which spans the contemporary national borders of France and Spain, is centred around the peak of Mount Perdu, a calcareous massif that rises to 3 352m. The site, with a total area of 30 639hm², includes two of Europe's largest and deepest canyons on the Spanish side and three major cirque walls on the more abrupt northern slopes with France, classic presentations of these geological landforms. The site is also a pastoral landscape reflecting an agricultural way of life that was once widespread in the upland regions of Europe but now survives only in this part of the Pyrénées. Thus it provides exceptional insights into past European society through its landscape of villages, farms, fields, upland pastures and mountain roads①.

比利牛斯山脉位于法国和西班牙两国交界处，东西走向，一般海拔在 2 000m 以上，以海拔 3 352m 的佩尔杜山峰为中心，占地面积达 30 639hm²。比利牛斯山以蔚为壮观的山体、裸露的岩层、深邃的河谷、湍急的瀑布、恬静的田园风光和特有的珍稀野生生物而著称。

自从旧石器时代，居民就已经开始在这里居住，比利牛斯山脉在法国和西班牙的长期交往中起着重要的作用，两国在文化传统和农业生产等方面具有极大的相似性。比利牛斯山脉夏有温泉，冬可滑雪，是著名的旅游胜地。

迈泰奥拉
Meteora

国家：希腊
洲名：欧洲
时间：1988 年列入《世界遗产名录》
标准：i, ii, iv, v, vii
属性：自然遗产和文化遗产
功能：自然景观和宗教遗址

世界遗产委员会的评价：

从 11 世纪起，在几乎都是险峻的砂岩峰的地区，修道士们选定了这些“天空之柱”。在 15 世纪，隐士思想大复兴的时代，尽管异常艰难，人们还是在这里建造了 24 座修道院。16 世纪的壁画记录了拜占庭后期绘画发展的一个关键阶段。

Brief Description

①http://whc.unesco.org/en/list/773

In a region of almost inaccessible sandstone peaks, monks settled on these "columns of the sky" from the 11th century onwards. Twenty - four of these monasteries were built, despite incredible difficulties, at the time of the great revival of the eremetic ideal in the 15th century. Their 16th - century frescoes mark a key stage in the development of post - Byzantine painting①.

迈泰奥拉位于希腊东北部的特萨利区(District of Thessaly,Prefecture of Trikala,Province of Kalambaka),以奥林匹斯山和迈泰奥拉修道院而闻名于世。迈泰奥拉修道院就是坐落在这些高耸的山岩上。隐遁在这里的修道士,靠绳索和网梯攀上高耸入云的峰顶,居住在天然岩洞内,祈祷、赞颂和忏悔。迈泰奥拉曼是"悬在空中"的意思。11 世纪中叶,到迈泰奥拉来的修道士人数逐渐增加。在随后的几个世纪里,曼代奥拉成为这一地区最有权威的宗教中心,它在鼎盛时期共拥有 24 座分布在大小山岭上的修道院。一些修道院内保存有精美的 16 世纪壁画。

阿索斯山
Mount Athos

国家:希腊
洲名:欧洲
时间:1988 年列入《世界遗产名录》
标准:i, ii, iv, v, vi, vii
属性:自然遗产和文化遗产
功能:自然景观和宗教遗址

世界遗产委员会的评价:

自从 1054 年以来,阿索斯山就成为东正教神圣的中心,从拜占廷时期起,就享有自治法。这座"圣山",拒绝接纳妇女和儿童,是一处公认的艺术遗址。这些隐修院(大约有 20 座修道院,现在住着大约 1 400 名修道士)的设计影响远至俄罗斯,它的绘画流派影响了东正教艺术史。

Brief Description

An Orthodox spiritual centre since 1054, Mount Athos has enjoyed an autonomous statute since Byzantine times. The "Holy Mountain", which is forbidden to women and children, is also a recognized artistic site. The layout of the monasteries (about 20 of which are presently inhabited by some 1 400 monks) had an influence as far afield as Russia, and its school of painting influenced the history of Orthodox art②.

伊维萨岛——生物多样性和文化
Ibiza, biodiversity and culture

国家:西班牙

①http://whc.unesco.org/en/list/455
②http://whc.unesco.org/en/list/454

洲名:欧洲

时间:1999 年列入《世界遗产名录》

标准:ii, iii, iv, ix, x

属性:自然遗产和文化遗产

功能:生态保护区和考古遗址

世界遗产委员会的评价:

伊维萨岛提供了海洋生态系统和沿海生态系统之间相互作用的极好范例。仅见于地中海盆地茂密的波西多尼亚海草是一种重要的地方性物种,蕴含和支撑着海洋生物的多样性。伊维萨岛保存了它的长期历史的大量证据。萨·卡莱塔(居住地)考古遗址和普伊格·德斯·墨林斯(墓地)考古遗址证明在史前,特别是腓尼基-迦太基时期,该岛对于地中海经济发展起到了重要的作用。坚固的上城(阿尔塔·维拉)是文艺复兴时期军事建筑的杰出范例,它对于西班牙新大陆殖民地的防御性建筑的发展具有深远的影响。

Brief Description

Ibiza provides an excellent example of the interaction between the marine and coastal ecosystems. The dense prairies of oceanic Posidonia (seagrass), an important endemic species found only in the Mediterranean basin, contain and support a diversity of marine life. Ibiza preserves considerable evidence of its long history. The archaeological sites at Sa Caleta (settlement) and Puig des Molins (necropolis) testify to the important role played by the island in the Mediterranean economy in protohistory, particularly during the Phoenician - Carthaginian period. The fortified Upper Town (Alta Vila) is an outstanding example of Renaissance military architecture; it had a profound influence on the development of fortifications in the Spanish settlements of the New World①.

这处世界遗产地位于西地中海的巴利亚利群岛(Balearic Islands),占地面积 8 564hm^2。伊维萨岛波西多尼亚海草和珊瑚礁具有极高的多样性,是地中海盆地海洋群落最高的记录。伊维萨岛鸟类物种丰富,多达 205 种,其中 171 种是候鸟。哺乳动物 5 种,无脊椎动物 56 种,爬行动物 11 种②。这一地区拥有伊维萨古城和防御系统,还有 10 余处与青铜时代晚期有关的考古遗址。

拉普尼安地区
Laponian Area

国家:瑞典

洲名:欧洲

时间:1996 年列入《世界遗产名录》

标准:iii, v, viii, vii, ix

属性:自然遗产和文化遗产

---

①http://whc.unesco.org/en/list/417

②http://whc.unesco.org/archive/advisory_body_evaluation/417rev.pdf

功能:自然景观和人文景观

世界遗产委员会的评价:

瑞典北部的北极圈地区是萨米人或拉普人的家园。这里的人们以季节性游牧为主,是延续祖传方式进行生活的世界上最大的(也是最后一个)地区。每年夏天,萨米人赶着他们的大群驯鹿走向大山,穿越至今还保存着的自然景观,但是现在由于机动车的出现而受到威胁。在冰碛和变化中的河道中可以观察到历史的和不断发展中的地质作用。

Brief Description

The Arctic Circle region of northern Sweden is the home of the Saami, or Lapp people. It is the largest area in the world (and one of the last) with an ancestral way of life based on the seasonal movement of livestock. Every summer, the Saami lead their huge herds of reindeer towards the mountains through a natural landscape hitherto preserved, but now threatened by the advent of motor vehicles. Historical and ongoing geological processes can be seen in the glacial moraines and changing water courses[①].

保护区位于瑞典北部的耶利瓦勒(Gällivare)、约克莫克(Jokkmokk)和阿尔耶普卢格(Arjeplog)一带,占地面积约 940 000hm^2。这里有险峻的山峦、起伏的丘陵、广阔的平原、奔腾的河流、蜿蜒的湖泊,还有沼泽、瀑布、冰川等。植物以松树、云杉、桦树为主。野生动物有狼獾、水獭、棕熊、驼鹿等,还有 25 种哺乳动物和 150 多种鸟类。早在 4 000~5 000 年以前萨米人就来到这里,至今他们仍然保留着传统的生活方式,以驯鹿业谋生,过着游牧的生活。

奥赫里德地区文化和历史面貌及其自然环境

Ohrid Region with its Cultural and Historical Aspect and its Natural Environment

国家:马其顿(前南斯拉夫马其顿共和国)

洲名:欧洲

时间:1979 年列入《世界遗产名录》,1980 年扩展

标准:i, iii, iv, vii

属性:自然遗产和文化遗产

功能:自然景观、文化和历史遗址

世界遗产委员会的评价:

奥赫里德镇位于奥赫里德湖岸,是欧洲最古老的人类居住地之一。它主要建于 7—19 世纪,拥有最古老的斯拉夫人修道院和 800 多幅拜占庭风格的画像,这些画像出自 11—14 世纪末。除了莫斯科托里托拉可夫(Tretrakov)美术馆的那些画像之外,该处所藏画被认为是世界上最重要的画像收集。

Brief Description

Situated on the shores of Lake Ohrid, the town of Ohrid is one of the oldest human set-

①http://whc.unesco.org/en/list/774

tlements in Europe. Built mainly between the 7th and 19th centuries, it has the oldest Slav monastery (St Pantelejmon) and more than 800 Byzantine – style icons dating from the 11th to the end of the 14th century. After those of the Tretiakov Gallery in Moscow, this is considered to be the most important collection of icons in the world①.

圣基尔达岛
St. Kilda

国家:英国和北爱尔兰
洲名:欧洲
时间:1986 年列入《世界遗产名录》,2004 年和 2005 年扩展
标准:iii, v, vii, ix, x
属性:文化和自然遗产
功能:自然保护区和文化景观

世界遗产委员会的评价:

1986 年这处遗址最初以其杰出的自然属性和野生生物被收录于《世界遗产名录》上,今天它被扩展涵盖文化价值,因而成为一处混合遗产。这处火山群岛是由赫塔岛、丹村岛、索厄岛和博雷岛等岛屿组成,自 1930 年以来就无人居住了,但有迹象表明人类居住在赫布里底群岛极端条件下长达 2 000 多年之久。人类遗迹包括建筑物、田地、院落和传统的高地石房。人们是靠鸟类、农产品和牧羊谋生的,保存下来的生活物质遗迹极其脆弱。

Brief Description

Initially inscribed on the World Heritage List for its outstanding natural features and wildlife in 1986, the site's inscription was extended today to cover its cultural value, thus becoming a mixed site. This volcanic archipelago, comprising the islands of Hirta, Dun, Soay and Boreray, uninhabited since 1930, bears the evidence of more than 2 000 years of human occupation in the extreme conditions prevalent in the Hebrides. Human vestiges include built structures and field systems, the cleits and the traditional Highland stone houses. They feature the vulnerable remains of a subsistence economy based on the products of birds, agriculture and sheep farming②.

第三节　非　洲

阿杰尔的塔西利
Tassil in Ajjer

国家:阿尔及利亚

---

①http://whc.unesco.org/en/list/99
②http://whc.unesco.org/en/list/387

洲名:非洲

时间:1982年列入《世界遗产名录》

标准:i, iii, vii, ix

属性:自然遗产和文化遗产

功能:自然景观和史前艺术遗址

世界遗产委员会的评价:

这一遗址位于一处具有伟大地理意义的奇妙的新月形景观之中,是世界上最重要的史前窑洞艺术群之一。15 000多幅绘画和雕刻艺术记录了从公元前6000年到1世纪撒哈拉边缘的气候变化、动物迁徙和人类生命的进化。由砂岩被侵蚀而形成"石林",地质岩层成为引人注目的景观。

Brief Description

Located in a strange lunar landscape of great geological interest, this site has one of the most important groupings of prehistoric cave art in the world. More than 15 000 drawings and engravings record the climatic changes, the animal migrations and the evolution of human life on the edge of the Sahara from 6000 B. C. to the first centuries of the present era. The geological formations are of outstanding scenic interest, with eroded sandstones forming "forests of rock"①.

阿杰尔的塔西利位于阿尔及利亚的东南部,是撒哈拉沙漠的一部分,与尼日尔和利比亚两国接壤,占地面积为7 200 000hm²。阿杰尔的塔西里利是一片幅员辽阔的高原。塔西利高原(Tassili Plateau)于1986年被指定为人类和生物圈计划的生物圈保留地(Biosphere Reserve in the Man and the Biosphere Program)。在高原的北部和西北部平均海拔1 500m,在中部和南部海拔为1 800m。岩石类型以砂岩和火山岩为主,以砂岩"石林"特别引人注目。由于地质作用这里形成了沟壑和河谷,为野生生物提供了良好的环境。这一地区最为著名的植物是撒哈拉柏树和撒哈拉橄榄(Saharan olive)。动物群含有地中海和古北极物种(Palaearctic species),还有大约23种大型哺乳动物和许多鸟类物种。15 000多幅保存完好的新石器时代的壁画和雕刻艺术展示了8 000年前这一地区的久远文化。

邦贾加拉悬崖
Cliff of Bandiagara (Land of the Dogons)

国家:马里

洲名:非洲

时间:1989年列入《世界遗产名录》

标准:v, vii

属性:自然遗产和文化遗产

功能:自然景观和文化遗址

---

①http://whc.unesco.org/en/list/179

世界遗产委员会的评价：

邦贾加拉地区是一处突出的悬崖和砂质高原景观，具有一些美丽的建筑（房屋、粮仓、祭坛、圣殿和公共会场）。一些古老的社会传统留存于此（面具、庆典、宗教仪式、礼仪，包括祖先崇拜）。地质、考古和人种学的影响与这一景观交织在一起使邦贾加拉高原成为了西非最令人难忘的遗址之一。

Brief Description

The Bandiagara site is an outstanding landscape of cliffs and sandy plateaux with some beautiful architecture (houses, granaries, altars, sanctuaries and Togu Na, or communal meeting places). Several age-old social traditions live on in the region (masks, feasts, rituals, and ceremonies involving ancestor worship). The geological, archaeological and ethnological interest, together with the landscape, make the Bandiagara plateau one of West Africa's most impressive sites[①].

尤克哈兰巴/德拉肯斯堡公园
UKhahlamba / Drakensberg Park

国家：南非
洲名：非洲
时间：2000年列入《世界遗产名录》
标准：i, iii, vii, x.
属性：自然遗产和文化遗产
功能：自然景观和岩画遗址

世界遗产委员会的评价：

尤克哈兰巴/德拉肯斯堡公园所拥有罕见的自然美景在于公园内高耸的玄武岩峭壁、林立的深切脊和金色的砂岩壁垒。绵延起伏的高地草原、原始状态的峭壁河谷和岩石峡谷同样增添了这一地区的美景。公园栖息地的多样化保护了高水平的地方性的和全球性的濒危物种，特别是鸟类和植物。这一壮观的自然遗址还含有许多非洲撒哈拉南部最大的和最集中的绘画群的山洞和岩穴，这些绘画是由桑人创作于4 000多年前的久远时期。岩画是以动物和人物为主题的，以色泽鲜明和题材多样而著称。它们描绘了不再生活在这一地区的桑人的精神生活。

Brief Description

The UKhahlamba/Drakensberg Park has exceptional natural beauty in its soaring basaltic buttresses, incisive dramatic cutbacks, and golden sandstone ramparts. Rolling high altitude grasslands, the pristine steep-sided river valleys and rocky gorges also contribute to the beauty of the site. The site's diversity of habitats protects a high level of endemic and

①http://whc.unesco.org/en/list/516

globally threatened species, especially birds and plants. This spectacular natural site also contains many caves and rock shelters with the largest and most concentrated group of paintings in Africa south of the Sahara, made by the San people over a period of 4 000 years. The rock paintings are outstanding in quality and diversity of subject and in their depiction of animals and human beings. They represent the spiritual life of the San people who no longer live in this region. ①

洛佩-奥坎德生态系统和文化遗迹景观
Ecosystem and Relict Cultural Landscape of Lopé - Okanda

国家:加蓬

洲名:非洲

时间:2007年列入《世界遗产名录》

标准:iii, iv, ix, x

属性:自然遗产和文化遗产

功能:生态系统和文化景观

世界遗产委员会的评价:

洛佩-奥坎德生态系统和文化遗迹景观表明了茂密而又保存完好的热带雨林和残余的热带草原环境之间不同寻常的分界面,这里具有大量物种多样性,包括濒危的大型哺乳动物和栖息地。这处遗址说明了物种和栖息地适应冰川作用后期气候变化的生态和生物进程。该遗址含有不同民族相继移居的证据,他们遗留下的广阔而又保存相当完好的聚居地遗迹在山顶、洞穴和掩蔽所随处可见,还有铁制品和大约1 800处岩刻证据。该遗址新石器时代和铁器时代的物件连同发现在那里的岩刻艺术,展示了班图人和西非其他民族沿着奥国韦河谷到茂密常绿的刚果森林的北部,以及到非洲的中东部和南部的主要迁徙路线,对整个非洲撒哈拉次大陆的发展产生了影响。这是加蓬的第一处世界遗产地。

Brief Description

The Ecosystem and Relict Cultural Landscape of Lopé - Okanda demonstrates an unusual interface between dense and well - conserved tropical rainforest and relict savannah environments with a great diversity of species, including endangered large mammals, and habitats. The site illustrates ecological and biological processes in terms of species and habitat adaptation to post - glacial climatic changes. It contains evidence of the successive passages of different peoples who have left extensive and comparatively well - preserved remains of habitation around hilltops, caves and shelters, evidence of iron - working and a remarkable collection of some 1 800 petroglyphs, or rock carvings. The property's collection of Neolithic and Iron Age sites, together with the rock art found there, reflects a major migration route of Bantu and other peoples from West Africa along the River Ogoou valley to the north

①http://whc.unesco.org/en/list/985

of the dense evergreen Congo forests and to central east and southern Africa, that has shaped the development of the whole of sub - Saharan Africa. This is Gabon's first World Heritage site①.

恩戈罗恩戈罗自然保护区
Ngorongoro Conservation Area

国家：坦桑尼亚
洲名：非洲
时间：1979 年列入《世界遗产名录》，2010 年扩展
标准：iv，vii，viii，ix，x
属性：自然遗产和文化遗产
功能：自然保护区和古人类遗址

世界遗产委员会的评价：

巨大而完整的恩戈罗恩戈罗火山口是野生动物出没的地方，在其附近有一个深水湖注入的恩帕卡伊火山口，上帝山(Oldonyo Lenga)活火山也能见得到。对距此不远的奥杜瓦伊峡谷(Olduvai Gorge)的挖掘，使得人类的远祖之一的能人(*Homo habilis*)被发现。雷托里遗址也位于本区，是早期人类足迹的主要发现地之一，其年代可追溯至 3.6Ma。

Brief Description

A large permanent concentration of wild animals can be found in the huge and perfect crater of Ngorongoro. Nearby, the crater of Empakaai, filled by a deep lake, and the active volcano of Oldonyo Lenga can be seen. Excavations carried out in the Olduvai Gorge, not far from there, have resulted in the discovery of one of our more distant ancestors, *Homo habilis*. Laitoli Site, which also lies within the area, is one of the main localities of early hominid footprints, dating back 3.6 million years②.

第四节 美 洲

蒂卡尔国家公园
Tikal National Park

国家：危地马拉
洲名：美洲

①http://whc.unesco.org/en/list/1147
②http://whc.unesco.org/en/list/39

时间:1979 年列入《世界遗产名录》
标准:i, iii, iv, ix, x
属性:自然遗产和文化遗产
功能:自然保护区、玛雅文明遗址和宗教遗址

世界遗产委员会的评价:

蒂卡尔国家公园位于丛林的中心,被繁茂的植被环绕,是玛雅文明的主要遗址之一。这里自公元前 6 世纪到公元 10 世纪一直有人居住。仪式中心包括华丽的庙宇和宫殿,以及通过坡道进入的公共广场。民居遗址分散于周围的乡村之中。

Brief Description

In the heart of the jungle, surrounded by lush vegetation, lies one of the major sites of Mayan civilization, inhabited from the 6th century B. C. to the 10th century A. D. The ceremonial centre contains superb temples and palaces, and public squares accessed by means of ramps. Remains of dwellings are scattered throughout the surrounding countryside①.

蒂卡尔是坐落在丛林中的宏大的古城遗址,位于危地马拉的北部。蒂卡尔古城主要的名胜古迹有金字塔、庙宇、宫殿、广场、石碑等,是玛雅文明的主要遗址之一。

马丘比丘历史圣地
Historic Sanctuary of Machu Picchu

国家:秘鲁
洲名:美洲
时间:1983 年列入《世界遗产名录》
标准:i, iii, vii, ix
属性:自然遗产和文化遗产
功能:自然景观和古城遗址

世界遗产委员会的评价:

马丘比丘位于热带高山丛林中部的一处非常美丽的环境之中,海拔 2 430m。它可能是印加帝国全盛时期最令人惊异的城市创造物,那巨大的城墙、台阶、坡道在绵延起伏的岩石悬崖绝壁之中就好像是被自然切割而形成的一样。在安第斯山脉东边的斜坡上,自然环境包括具有丰富的植物群和动物群多样性的亚马逊河上游盆地。

Brief Description

Machu Picchu stands 2 430m above sea level, in the middle of a tropical mountain forest, in an extraordinarily beautiful setting. It was probably the most amazing urban creation of the Inca Empire at its height; its giant walls, terraces and ramps seem as if they have been cut naturally in the continuous rock escarpments. The natural setting, on the eastern slopes

---

①http://whc.unesco.org/en/list/64

of the Andes, encompasses the upper Amazon basin with its rich diversity of flora and fauna①.

马丘比丘在秘鲁的南部，距离库斯科城(Cuzco)西北112km，占地面积32 592hm^2，是建在悬崖峭壁上的古印加帝国的都城。这一隐藏于崇山峻岭、密林深处之中的要塞都城，被认为是印加帝国精神与文化的代表。出现于15世纪的马丘比丘原为一个崇拜太阳并有着神秘的宗教仪式民族的居住地。马丘比丘意为"古老的山巅"，源于附近一座高山。马丘比丘古城多用巨石砌成，包括神庙、宫殿、祭坛、堡垒、广场、街道、居室、庭院、浴室和千级台阶等建筑物。马丘比丘古城于1911年被美国学者发现，这座被遗弃了数百年之久的古城，已是一片废墟，唯独其石砌建筑得以保存下来。这些巨石砌成的建筑物是令人难以置信的奇观。印加人在没有铁制工具和运输设施的情况下是如何将巨大的石块砌在一起，至今仍是一个难解的谜。各种不同形状的石块，被如此巧妙而又精确地相互拼合起来，所筑成的石墙，使人难以觉察到石块间的接缝，这在远古时期用如此超凡的技巧建造出如此绝妙的石砌建筑，堪称建筑史上的奇迹。

里奥阿比塞奥国家公园
Rio Abiseo National Park

国家：秘鲁
洲名：美洲
时间：1990年列入《世界遗产名录》，1992年扩展
标准：iii, vii, ixi, x
属性：自然遗产和文化遗产
功能：生物保护区和考古遗址

世界遗产委员会的评价：

里奥阿比塞奥国家公园建于1983年，目的是为了保护安第斯山脉地区特有的雨林动物群和植物群。这个公园里的动物群和植物群具有一个高水平的特有分布。在这一地区发现了以前被认为已经绝灭了的黄尾毛猴。自1985年以来进行的研究在海拔2 500m到4 000m之间，已经发掘出36个前所未知的考古遗址，提供了前印加社会的真实写照。

Brief Description

The park was created in 1983 to protect the fauna and flora of the rainforests that are characteristic of this region of the Andes. There is a high level of endemism among the fauna and flora found in the park. The yellow - tailed woolly monkey, previously thought extinct, is found only in this area. Research undertaken since 1985 has already uncovered 36 previously unknown archaeological sites at altitudes of between 2 500 and 4 000 m, which give a good picture of pre - Inca society②.

①http://whc.unesco.org/en/list/274
②http://whc.unesco.org/en/list/548

里奥阿比塞奥国家公园位于安第斯山脉,在 Maranon 河和 Huallaga 河的交汇处,占地面积 274 520hm^2。它地处圣马丁区特鲁稀略市(City of Trujillo, in the Department of San Martin)的东部。这一地区的海拔为 500～4 200m。国家公园可以划分为 4 个生态区:干燥的森林、潮湿山区森林、热带高山森林和山区雨林。近千种植物在这一地区被记录,其中被子植物 779 种、裸子植物两种、蕨类植物 159 种[①]。茂密的森林中栖息着许多野生动物,如兀鹰、长尾小鹦鹉、欧夜鹰等。海拔高度决定了鸟类的分布,在海拔 3 000～4 100m 之间,有超过 132 种鸟生活在那里。哺乳动物有黄尾毛猴(yellow-tailed wooly monkey)、长毛蜘蛛猴(long-haired spider monkey)、卷尾猴(capuchin monkey)、夜猴(night monkey)、眼镜熊(spectacled bear)、美洲虎(jaguar)、貘(tapir)等。

里奥阿比塞奥国家公园及其周围方圆 1 500km^2 土地上,残留了大量的古遗址,留下了人类曾经在此活动的痕迹。自 1985 年以来,研究人员已经发现了 36 个前所未知的考古遗址,包括人类居住过的岩穴、篱笆、道路、仪式建筑、平台、储存室、农业梯田等。这些考古遗址对于了解前印加社会具有重要的意义。

帕帕哈瑙莫夸基亚国家海洋保护区
Papahānaumokuākea

国家:美国
洲名:美洲
时间:2010 年列入《世界遗产名录》
标准:iii, vi, viii, ix, x
属性:自然和文化遗产
功能:地球演化和考古遗迹

世界遗产委员的评价:

帕帕哈瑙莫夸基亚(Papahānaumokuākea)由一群线性排列的低海拔小岛和环礁及其附近海域组成,位于夏威夷主群岛西北约 250km 处,延伸超过 1 931km。对于生活在本土的夏威夷人文化而言,这一地区作为祖先生存的环境,具有深刻的宇宙与传统意义,它体现了夏威夷人概念中的人类与自然世界的和谐关系,这里被认为是生命的摇篮,也是死后灵魂回归之所。在尼豪岛(Nihoa)和马库马纳马纳岛(Makumanamana)这两个岛屿上,人们还发现了欧洲前殖民的定居点和使用的考古遗迹。此外,帕帕哈瑙莫夸基亚主要由远洋和深海生物的栖息地所组成,其中包括海山和海滩、广阔的珊瑚礁和大面积的泻湖等。它是世界上最大的海洋保护区之一。

Brief Description

Papahānaumokuākea is a vast and isolated linear cluster of small, low lying islands and atolls, with their surrounding ocean, roughly 250 km to the northwest of the main Hawaiian Archipelago and extending over some 1 931km. The area has deep cosmological and tradi-

---

①http://whc.unesco.org/archive/advisory_body_evaluation/548.pdf

tional significance for living Native Hawaiian culture, as an ancestral environment, as an embodiment of the Hawaiian concept of kinship between people and the natural world, and as the place where it is believed that life originates and to where the spirits return after death. On two of the islands, Nihoa and Makumanamana, there are archaeological remains relating to pre-European settlement and use. Much of the monument is made up of pelagic and deep-water habitats, with notable features such as seamounts and submerged banks, extensive coral reefs and lagoons. It is one of the largest marine protected areas (MPAs) in the world①.

第五节 大洋洲

卡卡杜国家公园
Kakadu National Park

国家:澳大利亚
洲名:大洋洲
时间:1981年列入《世界遗产名录》,1987年和1992年扩展
标准:i, vi, vii, ix, x
属性:自然遗产和文化遗产
功能:生物保护区、岩画艺术和考古遗址

世界遗产委员会的评价:

这一独特的考古学和人种学保护区位于北部地区,早在40 000多年以来就有土著人陆续居住。山洞绘画、石雕和考古遗址记录了从史前的狩猎者到仍生活在那里的土著人的生活技能和生活方式。它是一个复合生态系统的独特范例,包括潮坪、漫滩、低地和高原,为珍稀和地方性植物和动物提供了一个广阔的栖息地。

Brief Description

This unique archaeological and ethnological reserve, located in the Northern Territory, has been inhabited continuously for more than 40 000 years. The cave paintings, rock carvings and archaeological sites record the skills and way of life of the region's inhabitants, from the hunter-gatherers of prehistoric times to the Aboriginal people still living there. It is a unique example of a complex of ecosystems, including tidal flats, floodplains, lowlands and plateaux, and provides a habitat for a wide range of rare or endemic species of plants and animals②.

---

①http://whc.unesco.org/en/list/1326

②http://whc.unesco.org/en/list/147

卡卡杜国家公园位于澳大利亚北部地区,达尔文市以东 200km 的鳄鱼河地区,占地面积 1 980 400hm²①,是南半球最重要的热带湿地之一。它既是野生生物的重要栖息地,又是土著居民重要的生活场所。卡卡杜国家公园有鸟类、哺乳动物、爬行动物、两栖动物、昆虫等,包括澳洲特产的有袋类动物、海湾鳄鱼、淡水鳄鱼、岩鸽、青鵰等。动物类群包括爬行动物 128 种、哺乳动物 64 种、鸟类 275 种、蛙 25 种、淡水鱼类 59 种②。卡卡杜国家公园拥有 1 600 多种植物,有棕榈林、红树林、南洋杉和大片的雨林。植被可分为 13 大类,除 7 类以独特的桉树属的一些种占优势外,其他类别是红树林(mangrove)、海篷子(samphire)植物、低地雨林、纸皮树沼译(paperbark swamp)、季节性泛滥平原与沙地雨林。卡卡杜国家公园还拥有许多艺术装饰的土著居民洞穴,分布在阿纳姆高地一带,这些装饰艺术其时代可追溯至 1.8 万年。公园内有 1 000 余处考古学遗址和土著居民文化艺术遗址。公园还有数以千计的岩画遗址,时代久远,可追溯至 2.5 万年前③。这些发掘出来的岩画艺术不仅揭示了澳大利亚早期人类居住的证据,还为澳大利亚的考古学、艺术史学以及人类史学提供了珍贵的研究资料。

威兰德拉湖区
Willandra Lakes Region

国家:澳大利亚

洲名:大洋洲

时间:1981 年列入《世界遗产名录》

标准:iii, viii

属性:自然遗产和文化遗产

功能:化石遗址和考古遗址

世界遗产委员会的评价:

更新世以来的湖相和砂质岩层中的化石,连同 45 000～60 000 年前人类居住的考古证据在这一地区被发现。它是有关澳大利亚大陆人类进化研究的一个独一无二的里程碑。7 个保存完好的大型有袋类动物化石在这里也被发现。

Brief Description

The fossil remains of a series of lakes and sand formations that date from the Pleistocene can be found in this region, together with archaeological evidence of human occupation dating from 45 000～60 000 years ago. It is a unique landmark in the study of human evolution on the Australian continent. Several well-preserved fossils of giant marsupials have also been found here④.

威蓝德拉湖区位于澳大利亚新南威尔士的西南部,占地面积 240 000hm²⑤。这里生长着

①http://whc.unesco.org/en/list/147

②http://whc.unesco.org/archive/advisory_body_evaluation/147.pdf

③http://whc.unesco.org/archive/advisory_body_evaluation/147.pdf

④http://whc.unesco.org/en/list/167

⑤http://whc.unesco.org/en/list/167

半干旱的植物群落，以稀疏的灌木、草地和林地为主。大约有 20 种哺乳动物栖息此处，包括袋鼠、针鼹(echidna)和蝙蝠。这里的考古发现包括 26 000 年的火葬遗址、30 000 年的赭石埋藏遗址、大型有袋类动物的遗迹和 18 000 年前的磨石[①]。

塔斯马尼亚荒原
Tasmanian Wilderness

国家：澳大利亚
洲名：大洋洲
时间：1982 年列入《世界遗产名录》，1989 年扩展
标准：iii，iv，vi，vii，viii，ix，x
属性：自然遗产和文化遗产
功能：自然保护区和早期人类居住地

世界遗产委员会的评价：

这些公园和保留地曾经历了剧烈的冰川作用，具有陡峭的峡谷，占地 100 公顷，是世界上剩下的为数不多的广阔的温带雨林之一。在石灰岩洞穴内发现的遗物证明了早在 20 000 多年前这一地区就曾有人类居住。

Brief Description

In a region that has been subjected to severe glaciation, these parks and reserves, with their steep gorges, covering an area of over 1×10^6 hm^2, constitute one of the last expanses of temperate rainforest in the world. Remains found in limestone caves attest to the human occupation of the area for more than 20 000 years[②].

塔斯马尼亚荒原位于澳大利亚的塔斯马尼亚州，由 3 个公园和保护区组成，占地面积约 1 383 640hm^2。塔斯马尼亚荒原拥有澳大利亚最大的河系、最深的湖泊和最壮观的山脉。这一地区栖息着种类繁多的野生动物，其中有世界上仅存的食肉有袋类动物。塔斯马尼亚荒原的混交林汇集了澳大利亚和亚南极特有树种，混交林中的桉树高达 90m，是世界上最高的树种之一。早在 20 000 年前，塔斯马尼亚的土著居民就曾在这里生活。

乌卢鲁-卡塔尤塔国家公园
Uluru - Kata Tjuta National Park

国家：澳大利亚
洲名：大洋洲
时间：1987 年列入《世界遗产名录》，1994 年扩展

---

①http://whc.unesco.org/archive/advisory_body_evaluation/167.pdf
②http://whc.unesco.org/en/list/181

标准:v, vi, vii, ix

属性:自然遗产和文化遗产

功能:自然景观和早期人类居住地

世界遗产委员会的评价:

这个公园的前身称为乌卢鲁(艾尔斯岩石-奥尔加山)国家公园,以壮观的地质岩层占据澳大利亚中部广阔的红色砂质平原。乌卢鲁是巨大的独块岩石,卡塔尤塔为岩丘,位于乌卢鲁的西部,共同构成了世界最原始的人类社会传统信念体系的一部分。乌卢鲁-卡塔尤塔的传统所有者是阿南古(Anangu)土著人。

Brief Description

This park, formerly called Uluru (Ayers Rock - Mount Olga) National Park, features spectacular geological formations that dominate the vast red sandy plain of central Australia. Uluru, an immense monolith, and Kata Tjuta, the rock domes located west of Uluru, form part of the traditional belief system of one of the oldest human societies in the world. The traditional owners of Uluru - Kata Tjuta are the Anangu Aboriginal people[①].

汤加里罗国家公园
Tongariro National Park

国家:新西兰

洲名:大洋洲

时间:1990 年列入《世界遗产名录》,1993 年扩展

标准:vi, vii, ix

属性:自然遗产和文化遗产

功能:自然景观和文化景观

世界遗产委员会的评价:

根据文化景观的修改标准,汤加里罗于1993年成为被列入世界遗产名录的第一个遗产。地处公园中心的群山对毛利人具有文化和宗教意义,象征着这一社区与它的环境的精神联系。公园拥有活火山、死活山、多样化的生态系统和一些壮观的景观。

Brief Description

In 1993 Tongariro became the first property to be inscribed on the *World Heritage List* under the revised criteria describing cultural landscapes. The mountains at the heart of the park have cultural and religious significance for the Maori people and symbolize the spiritual links between this community and its environment. The park has active and extinct volcanoes, a diverse range of ecosystems and some spectacular landscapes[②].

---

①http://whc.unesco.org/en/list/447

②http://whc.unesco.org/en/list/421

汤加里罗公园位于新西兰北岛(North Island)中央地带,是新西兰国家公园,占地面积79 596hm^2。汤加里罗公园是一个独具特色的火山公园,公园里有15个火山口,其中包括3个著名的活火山:汤加里罗(Tongariro(1 968m))、恩奥鲁霍艾(Ngauruhoe(2 290m))和鲁阿佩胡(Ruapehu(2 797m))火山①。汤加里罗公园以蔚为壮观的活火山、层峦叠嶂的群山、茂密的原始森林和碧波荡漾的湖泊而著称。在公园里栖息着的鸟类达56种之多,包括新西兰特有的国鸟——几维鸟。汤加里罗公园地热资源丰富,沸泉、间歇泉、沸泥塘、喷气孔数不胜数。这里还是新西兰登山、滑雪和旅游胜地。汤加里罗公园是第一个被联合国教科文组织列入世界文化景观的遗产。

地热景区

毛利人住区

①http://whc.unesco.org/archive/advisory_body_evaluation/421rev.pdf

第六章 文化景观遗产

文化景观这一概念是1992年12月在美国圣菲召开的联合国教科文组织世界遗产委员会第16届会议时提出并纳入《世界遗产名录》中的。

第一节 文化景观的定义

文化景观代表“自然与人类的共同作品”。文化景观的选择应基于它们自身突出、普遍的价值,其明确划定的地理—文化区域的代表性及其体现此类区域的基本而具有独特文化因素的能力。它通常体现持久的土地使用的现代化技术及保持或提高景观的自然价值,保护文化景观有助于保护生物多样性。

文化景观主要分为3类:

(1)由人类有意设计和建筑的景观。这类景观包括出于美学原因建造的园林和公园景观,它们经常(但并不总是)与宗教或其他纪念性建筑物或建筑群有联系。

(2)有机进化的景观。它产生于最初始的一种社会、经济、行政以及宗教需要,并通过与周围自然环境的相联系或相适应而发展到目前的形式。它又包括两种类别:一是残遗物(或化石)景观,代表一种过去某段时间已经完结的进化过程,不管是突发的或是渐进的。它们之所以具有突出、普遍价值,还在于显著特点依然体现在实物上。二是持续性景观,它在当今与传统生活方式相联系的社会中,保持一种积极的社会作用,而且其自身演变过程仍在进行之中,同时又展示了历史上其演变发展的物证。

(3)关联性文化景观。这类景观列入《世界遗产名录》,以与自然因素、强烈的宗教、艺术或文化相联系为特征,而不是以文化物证为特征。

1990年,新西兰的汤加里罗国家公园(Tongariro National Park)作为文化遗产被联合国教科文组织世界遗产委员列入《世界遗产名录》,1993年扩展,成为被列入《世界遗产名录》的第一个文化景观遗产(也是混合遗产)。文化景观代表了“自然与人类的共同作品”。“文化景观遗产”作为一种特殊的遗产类型的提出有助于扩大世界文化遗产的概念和内涵,代表了人类与自然的相互作用与关联。文化景观遗产与其他遗产类型相比则更强调的是人类与自然的相互作用和人类与自然和谐的可持续发展。原来一些难以涵盖的边缘项目由于文化景观的提出,扩展了文化遗产的范围,填补了文化与自然遗产之间的空白,有利于更多的遗产项目得到有效保护。韩峰(2007)认为:“文化景观本是一个西方文化地理学界的概念,它的核心思想是以动态、具体的文化角度来剖析和解读景观的的生成、形态及意义,强调人与自然的互动性。”文化景观的产生,使人们对世界遗产的认识发生了许多变化,人与自然相关联的景观得到重视起来。

第二节　文化景观遗产概述

阿玛尔菲海岸
Costiera Amalfitana

国家：意大利
洲名：欧洲
时间：1997 年列入《世界遗产名录》
标准：ii，iv，v
属性：文化遗产
功能：文化景观

世界遗产委员会的评价：

阿玛尔菲海岸是一处拥有绝妙的自然美景和自然多样性地区。从中世纪早期始，就有人类居住于此。这里有诸如阿玛尔菲和拉韦洛这样一些颇具意义的建筑和艺术作品的城镇。乡村地区展示了居民根据地形的多样性特征合理利用土地的才能，缓坡的梯田是葡萄园和果园，开阔的高地则是牧场。

Brief Description

The Amalfi coast is an area of great physical beauty and natural diversity. It has been intensively settled by human communities since the early Middle Ages. There are a number of towns such as Amalfi and Ravello with architectural and artistic works of great significance. The rural areas show the versatility of the inhabitants in adapting their use of the land to the diverse nature of the terrain, which ranges from terraced vineyards and orchards on the lower slopes to wide upland pastures①.

阿玛尔菲海岸位于意大利坎帕尼亚区（Campania），是意大利最美丽的一段海岸线。阿玛尔菲（Amalfi）小镇建立于公元 4 世纪，它与威尼斯、比萨和热那亚均为沿海共和国，后来发展成为商业中心。镇上著名的景点是建于 9 世纪的圣安德烈亚大教堂（Duomo di Sant' Andrea）。拉韦洛（Ravello）是意大利最美丽的小镇之一，它坐落在有梯田的陡峭山坡上，这里有茂盛的花园、宁静的小巷和古老的建筑。小镇中心是一座大教堂和鲁佛洛别墅（Villa Rufolo）。大教堂因 12 世纪的青铜大门而著名。鲁福洛别墅曾接待过教皇。在城镇周围，既有低矮的山坡果园，又有广阔的丘陵牧场。从 19 世纪末开始，这里美丽的自然风光和独特的中世纪小镇景观吸引了大量的游客。

---

①http://whc.unesco.org/en/list/830

中上游莱茵河谷
Upper Middle Rhine Valley

国家：德国
洲名：欧洲
时间：2002年列入《世界遗产名录》
标准：ii, iv, v
属性：文化遗产
功能：文化景观

世界遗产委员会的评价：

延绵65km的中莱茵河河谷，和它沿途的城堡、历史城镇和葡萄园生动地展示了人类与激动人心和各种各样的自然景观相互交融的漫长历史。几个世纪以来，这里发生了众多历史事件，演绎了许多传奇，为文学家、艺术家及作曲家提供了灵感。

Brief Description

The 65km - stretch of the Middle Rhine Valley, with its castles, historic towns and vineyards, graphically illustrates the long history of human involvement with a dramatic and varied natural landscape. It is intimately associated with history and legend and for centuries has exercised a powerful influence on writers, artists and composers①.

莱茵河发源于瑞士东南部的阿尔卑斯山北麓，流经奥地利、法国、德国、荷兰，在荷兰的鹿特丹附近注入北海，全长1 320km。莱茵河在德国境内有865km，是德国最长的河流。莱茵河沿途风景最美的一段在中游的莱茵河谷段，从德国的美因兹（Mainz）到科布伦茨（Koblenz）间。中上游莱茵河谷地理坐标为北纬50°10′25″，东经7°41′39″。核心区为27 250hm^2，缓冲区为34 680$hm^2$②。两千年来，中莱茵河河谷作为欧洲最重要的运输线路之一，一直促进着地中海地区和北方之间的文化交流。中莱茵河河谷是一处杰出的文化景观，这里不但环境优美，风景如画，而且积聚了2 000多年的丰厚文化底蕴，人们的传统生活方式、民居、运输设施、土地使用都有浓厚的文化色彩。沿河两岸山坡上遍布葡萄园，点缀着古老的城堡，是自然与人文浑然一体的景观。

瓦豪文化景观
Wachau Cultural Landscape

国家：奥地利
洲名：欧洲
时间：2000年列入《世界遗产名录》
标准：ii, iv
属性：文化遗产

①http://whc.unesco.org/en/list/1066
②http://whc.unesco.org/en/list/1066

功能：文化景观

世界遗产委员会的评价：

瓦豪是多瑙河河谷的一个分支，地处梅尔克和克雷姆斯之间，风景秀丽，是一处极具吸引力的景观。它完好地保存了许多遗迹，如建筑（修道院、城堡和遗迹）、城市规划（城镇和乡村）和农业利用，主要用于葡萄种植，其历史源远流长，可以追溯到史前时期。

Brief Description

The Wachau is a stretch of the Danube Valley between Melk and Krems, a landscape of high visual quality. It preserves in an intact and visible form many traces - in terms of architecture, (monasteries, castles, ruins), urban design, (towns and villages), and agricultural use, principally for the cultivation of vines - of its evolution since prehistoric times①.

辛特拉的文化景观
Cultural Landscape of Sintra

国家：葡萄牙
洲名：欧洲
时间：1995年列入《世界遗产名录》
标准：ii, iv, v
属性：文化遗产
功能：文化景观

世界遗产委员会的评价：

19世纪，辛特拉成为第一个欧洲浪漫主义建筑的中心。费迪南德二世把毁坏了的教堂改建成为一个城堡。这一新理念由哥特式、埃及式、摩尔式和文艺复兴时期式建筑风格融合而体现，并在公园的建造过程中，将本地树种与外来树种融合在一起。其他一些造型别致的寓所建在周围环境相同的沿线上，形成了一个独特的公园和庭院的联合体，对整个欧洲的景观建筑的发展产生了深远的影响。

Brief Description

In the 19th century Sintra became the first centre of European Romantic architecture. Ferdinand Ⅱ turned a ruined monastery into a castle where this new sensitivity was displayed in the use of Gothic, Egyptian, Moorish and Renaissance elements and in the creation of a park blending local and exotic species of trees. Other fine dwellings, built along the same lines in the surrounding serra, created a unique combination of parks and gardens which influenced the development of landscape architecture throughout Europe②.

---

①http://whc.unesco.org/en/list/970
②http://whc.unesco.org/en/list/723

南厄兰岛的农业景观
Agricultural Landscape of Southern Oland

国家:瑞典
洲名:欧洲
时间:2000 年列入《世界遗产名录》
标准:iv, v
属性:文化遗产
功能:文化景观

世界遗产委员会的评价:

厄兰岛南部位于波罗的海,由一片广阔的石灰岩高地构成,人类已经在此居住了大约5 000年之久,他们的生活方式已适应了岛上恶劣的自然环境。因此,从史前时代一直到今天,这里拥有丰富的人类居住证据,景观显得极为独特。

Brief Description

The southern part of the island of Oland in the Baltic Sea is dominated by a vast limestone plateau. Human beings have lived here for some five thousand years and adapted their way of life to the physical constraints of the island. As a consequence, the landscape is unique, with abundant evidence of continuous human settlement from prehistoric times to the present day①.

莱德尼斯和瓦尔梯斯文化景观
Lednice - Valtice Cultural Landscape

国家:捷克
洲名:欧洲
时间:1996 年列入《世界遗产名录》
标准:i, ii, iv
属性:文化遗产
功能:文化景观

世界遗产委员会的评价:

17 世纪开始至 20 世纪期间,列支敦士登的统治者们将位于摩拉维亚南部的领土改造成一处引人注目的景观。莱德尼斯和瓦尔梯斯的城堡建筑风格是巴洛克式、古典式和新哥特式风格的融合;乡村则带有当时风靡英国的浪漫主义景观建筑的色调。该景观占地面积为 $200km^2$,是欧洲最大的人工景观之一。

Brief Description

①http://whc.unesco.org/en/list/968

Between the 17th and 20th centuries, the ruling dukes of Liechtenstein transformed their domains in southern Moravia into a striking landscape. It married Baroque architecture (mainly the work of Johann Bernhard Fischer von Erlach) and the classical and neo-Gothic style of the castles of Lednice and Valtice with countryside fashioned according to English romantic principles of landscape architecture. At 200km^2, it is one of the largest artificial landscapes in Europe①.

托考伊葡萄酒产区历史文化景观
Tokaj Wine Region Historic Cultural Landscape

国家:匈牙利
洲名:欧洲
时间:2002 年列入《世界遗产名录》
标准:iii, v
属性:文化遗产
功能:文化景观

世界遗产委员会的评价:

托考伊文化景观生动地表现了这一地区低山和河谷地带历史悠久的葡萄酒酿造传统。葡萄园、农场、村庄、小镇与历史遗留下来的网络般的地下酒窖,构成了一个繁杂的系统,完好表明了 3 个世纪以来著名的托考伊葡萄酒的每个酿造流程,其质量和管理都受到严格控制。

Brief Description

The cultural landscape of Tokaj graphically demonstrates the long tradition of wine production in this region of low hills and river valleys. The intricate pattern of vineyards, farms, villages and small towns, with their historic networks of deep wine cellars, illustrates every facet of the production of the famous Tokaj wines, the quality and management of which have been strictly regulated for nearly three centuries②.

托考伊葡萄酒产区代表了当地独特的葡萄栽培传统,这种传统世代延续,至今已有 1 000 多年的历史,却依旧保持着原汁原味。这里产的酒酒味甜润醇美,色泽晶莹剔透,是匈牙利的"国酒"。这里良好的自然生态环境具备优质葡萄生长和葡萄酒酿制的有利条件,该地区生产的葡萄酒闻名于世。托考伊葡萄酒产区充分展示了匈牙利葡萄酒生产的悠久历史和灿烂文化。整个托考伊地区既是葡萄和葡萄酒的产区,同时也是自然和人文景观完美结合的游览胜地。这里从 12 世纪就开始人工种植葡萄,被认为是世界最早的葡萄种植园和葡萄酒加工地之一。在这里,农舍、种植园、酒窖和教堂全部被保护起来。托考伊地区每年都举办葡萄节、品酒会等民间活动,形成了极具当地文化特色的品牌,吸引了众多的国内外游人。

---

①http://whc.unesco.org/en/list/763

②http://whc.unesco.org/en/list/1063

文化景观遗产名录[①]

阿富汗 Afghanistan

2003 巴米杨山谷文化景观和考古遗址 Cultural Landscape and Archaeological Remains of the Bamiyan Valley(C)

安道尔 Andorra

2004 马德留-配拉菲塔-克拉罗尔峡谷 The Madriu - Perafita - Claror Valley(C)

阿根廷 Argentina

2003 塔夫拉达·德乌玛瓦卡 Quebrada de Humahuaca(C)

澳大利亚 Australia

1987,1994 乌卢鲁-卡塔曲塔国家公园 Uluru - Kata Tjuta National Park(C, N)

奥地利 Austria

1997 哈尔施塔特-达赫施泰因萨尔茨卡默古特文化景观 Hallstatt - Dachstein Salzkammergut Cultural Landscape(C)

2000 瓦豪文化景观 Wachau Cultural Landscape(C)

2001 费尔特-新锡德尔文化景观 Fertö/ Neusiedlersee Cultural Landscape(C)(与匈牙利共有)

阿塞拜疆 Azerbaijan

2007 戈布斯坦岩石艺术文化景观 Gobustan Rock Art Cultural Landscape(C)

中国 China

2009 五台山 Mount Wutai(C)

2011 杭州西湖文化景观 West Lake Cultural Landscape of Hangzhou(C)

哥伦比亚 Colombia

2011 哥伦比亚咖啡文化景观 Coffee Cultural Landscape of Colombia(C)

克罗地亚 Croatia

2008 史塔瑞格拉德平原 Stari Grad Plain(C)

古巴 Cuba

1999 维纳勒斯山谷 Viñales Valley(C)

2000 古巴东南部最早的咖啡种植园考古景观 Archaeological Landscape of the First Coffee Plantations in the Southeast of Cuba(C)

捷克 Czech Republic

1996 莱德尼斯和瓦尔梯斯文化景观 Lednice - Valtice Cultural Landscape(C)

埃塞俄比亚 Ethiopia

2011 孔索文化景观 Konso Cultural Landscape(C)

法国 France

1997,1999 比利牛斯-佩尔杜山 Pyrénées - Mont Perdu(C, N)(与西班牙共有)

1999 圣艾米伦辖区 Jurisdiction of Saint - Emilion(C)

2000 卢瓦尔河畔的叙利和沙洛呐之间的卢瓦尔河谷 The Loire Valley between Sully - sur - Loire and Chalonnes(C)

2011 喀斯和塞文——地中海农牧文化景观 The Causses and the Cévennes, Mediterranean agro - pastoral Cultural Landscape(C)

---

①http://whc.unesco.org/en/activities/477/

加蓬　Gabon

2007　洛佩-奥坎德生态系统和文化遗迹景观 Ecosystem and Relict Cultural Landscape of Lopé - Okanda(C, N)

德国　Germany

2000　德绍-沃利茨的皇家园林 Garden Kingdom of Dessau - Wörlitz(C)

2002　中上游莱茵河谷 Upper Middle Rhine Valley(C)

2004　马斯科夫公园/马扎科夫斯基公园 Muskauer Park / Park Muzakowski(C)(与波兰共有)

匈牙利　Hungary

1999　霍尔托巴吉国家公园——普斯兹塔 Hortobágy National Park - the Puszta(C)

2001　费尔特-新锡德尔文化景观 Fertö/ Neusiedlersee Cultural Landscape(C)(与奥地利共有)

2002　托考伊葡萄酒产区历史文化景观 Tokaj Wine Region Historic Cultural Landscape(C)

冰岛　Iceland

2004　平威利尔国家公园 Tingvellir National Park(C)

印度　India

2003　比莫贝卡特石窟 Rock Shelters of Bhimbetka(C)

以色列　Israel

2005　香路——内盖夫的沙漠城 Incense Route—Desert Cities in the Negev(C)

意大利　Italy

1997　阿玛尔菲海岸 Costiera Amalfitana(C)

1997　韦内雷港、五村镇和群岛 Portovenere, Cinque Terre, and the Islands (Palmaria, Tino and Tinetto)(C)

1998　齐兰托、迪阿纳峡谷国家公园和佩斯托姆、维利亚考古遗址及帕多拉修道院 Cilento and Vallo di Diano National Park with the Archeological sites of Paestum and Velia, and the Certosa di Padula(C)

2003　皮埃蒙特和伦巴第的撒克利山 Sacri Monti of Piedmont and Lombardy(C)

2004　维得斯卡(瓦尔・迪奥西亚)Val d'Orcia(C)

2008　阿尔布拉-伯尔尼纳景观中的雷塔恩铁路 Rhaetian Railway in the Albula / Bernina Landscapes(C)(与瑞士共有)

日本　Japan

2004　纪伊山脉圣地和朝圣之路 Sacred Sites and Pilgrimage Routes in the Kii Mountain Range(C)

2007　根县石见银矿及其文化景观 Iwami Ginzan Silver Mine and its Cultural Landscape(C)

哈萨克斯坦　Kazakhstan

2004　泰姆格里考古景观岩刻 Petroglyphs within the Archaeological Landscape of Tamgaly(C)

肯尼亚　Kenya

2008　米吉肯达圣林 Sacred Mijikenda Kaya Forests(C)

吉尔吉斯斯坦　Kyrgyzstan

2009　苏莱曼圣山 Sulaiman - Too Sacred Mountain(C)

老挝　Lao People's Democratic Republic

2001　占巴塞文化景观中的瓦普及相关古遗址 Vat Phou and Associated Ancient Settlements within the Champasak Cultural Landscape(C)

黎巴嫩　Lebanon

1998　瓦迪・卡蒂沙(圣谷)和神杉林(霍尔沙・阿兹・埃尔・拉博) Ouadi Qadisha (the Holy Valley) and the Forest of the Cedars of God (Horsh Arz el - Rab)(C)

立陶宛　Lithuania

2000　库罗尼亚岬 Curonian Spit(C)(与俄罗斯联邦共有)

2004 克拿维考古遗址(克拿维文化保护区) Kernavê Archaeological Site (Cultural Reserve of Kernavê) (C)

马达加斯加 Madagascar

2001 阿波希曼加王室山岭 Royal Hill of Ambohimanga(C)

墨西哥 Mexico

2006 龙舌兰景观和古代工业设备 Agave Landscape and Ancient Industrial Facilities of Tequila(C)

蒙古 Mongolia

2004 鄂尔浑峡谷文化景观 Orkhon Valley Cultural Landscape(C)

新西兰 New Zealand

1990,1993 汤加里罗国家公园 Tongariro National Park(C, N)

尼日利亚 Nigeria

1999 苏库尔文化景观 Sukur Cultural Landscape(C)

2005 奥孙-奥索博神树林 Osun - Osogbo Sacred Grove(C)

挪威 Norway

2004 维加群岛 The Vega Archipelago(C)

菲律宾 Philippines

1995 菲律宾科尔迪莱拉的水稻梯田 Rice Terraces of the Philippine Cordilleras(C)

波兰 Poland

1999 卡尔瓦利亚·泽日多夫斯卡:别致建筑、园林景观和朝圣公园 Kalwaria Zebrzydowska: the Mannerist Architectural and Park Landscape Complex and Pilgrimage Park(C)

2004 马斯科夫公园 / 马扎科夫斯基公园 Muskauer Park / Park Muzakowski(C)(与德国共有)

葡萄牙 Portugal

1995 辛特拉的文化景观 Cultural Landscape of Sintra(C)

2001 阿尔托都罗葡萄酒产区 Alto Douro Wine Region(C)

2004 皮克岛葡萄园文化景观 Landscape of the Pico Island Vineyard Culture(C)

俄罗斯 Russian Federation

2000 库罗尼亚岬 Curonian Spit(C)(与立陶宛共有)

南非 South Africa

2003 马蓬古布韦文化景观 Mapungubwe Cultural Landscape(C)

2007 理查德斯维德文化和植物景观 Richtersveld Cultural and Botanical Landscape(C)

西班牙 Spain

2001 阿兰约兹文化景观 Aranjuez Cultural Landscape(C)

1997,1999 比利牛斯-佩尔杜山 Pyrénées - Mont Perdu(C, N)(与法国共有)

2011 特拉蒙塔那山区文化景观 Cultural Landscape of the Serra de Tramuntana(C)

瑞典 Sweden

2000 南厄兰岛的农业景观 Agricultural Landscape of Southern Öland(C)

瑞士 Switzerland

2007 拉沃葡萄园梯田 Lavaux, Vineyard Terraces overlooking the Lake and the Alps(C)

2008 阿尔布拉-伯尔尼纳景观中的雷塔恩铁路 Rhaetian Railway in the Albula / Bernina Landscapes(C)(与意大利共有)

多哥 Togo

2004 库塔玛库——巴塔玛里巴陆地 Koutammakou, the Land of the Batammariba(C)

土库曼斯坦 Turkmenistan

2007 尼萨帕提亚要塞 The Parthian Fortresses of Nisa(C)

英国和北爱尔兰 United Kingdom of Great Britain and Northern Ireland

1986,2004,2005 圣基尔达岛 St. Kilda(N, C)

2000 布莱纳文工业区景观 Blaenavon Industrial Landscape(C)

2003 基尤皇家植物园 Royal Botanic Gardens, Kew(C)

2006 康沃尔和西德文矿区景观 Cornwall and West Devon Mining Landscape(C)

津巴布韦 Zimbabwe

2003 马托博山 Matobo Hills(C)

第七章 濒危遗产

并不是所有列入世界遗产名录的遗产都得到了有效的保护，由于种种原因，有一些遗产正在遭到破坏，而这些遗产有必要得到特殊的关注与保护。世界遗产委员会设立《濒危世界遗产名录》的目的就是想把全世界的注意力和需要保护的紧迫性放在那些已经包括在世界遗产名录中的、且其价值受到威胁的遗产上，呼吁国际社会为保护世界遗产贡献力量。

缔约国成员应当及时向世界遗产委员会通报他们的遗产受威胁情况。个人、非政府组织或者其他团体也可以提请委员会注意世界遗产存在的威胁。如果这个警告被证实且问题严重，那么委员会就要考虑将这个世界遗产列入《濒危世界遗产名录》。

2007年，在新西兰基督城召开的第31届世界遗产大会上，世界遗产委员会将阿曼的阿拉伯羚羊保护区(Arabian Oryx Sanctuary)从《世界遗产名录》中除名。2009年，在西班牙塞维利亚召开的第33届世界遗产大会上，世界遗产委员会将德国的德累斯顿易北河谷(Dresden Elbe Valley)从《世界遗产名录》中除名。2010年，在第34届世界遗产大会上，美国的大沼泽地国家公园(Everglades National Park)第二次被列入《濒危世界遗产名录》。2011年，在第35届世界遗产大会上，洪都拉斯的雷奥普拉塔诺生物圈保护区(Río Plátano Biosphere Reserve)和印度尼西亚的苏门答腊热带雨林遗产(Tropical Rainforest Heritage of Sumatra)被列入《濒危世界遗产名录》。截止至目前，全球有35项世界遗产被列入《濒危世界遗产名录》，这说明世界遗产保护工作任重而道远。

第一节 产生濒危遗产的危险因素

由于自然的缘故和人类的介入，各种危险正在不断地威胁着世界遗产，这些危险包括：

(1)掠夺(looting)；

(2)战争(war)；

(3)蓄意破坏(deliberate destruction)；

(4)采矿(mining)；

(5)未受限制的旅游发展(unchecked tourist development)；

(6)工业污染(industrial pollution)；

(7)失控的都市化(uncontrolled urbanisation)；

(8)自然灾害(natural disasters)。

正是由于这样一些原因，一些进入世界遗产名录中的遗产被列为濒危世界遗产。截止到2011年第35届世界遗产大会，全世界有35项世界遗产被列入《濒危世界遗产名录》中。联合国教科文世界遗产委员会制定濒危遗产名录的目的是向国际社会警示，表明列入该名单中的世界遗产受到威胁和破坏，必须采取保护措施，在联合国教科文组织和相关国际组织之间的合作下有效监管和保护遗址，得到特别保护所需要的方法和措施。例如，德国的科隆大教堂(Cologne Cathedral)、塞内加尔的朱吉国家鸟类保护区(Djoudj National Bird Sanctuary)、印度的亨比古迹群(Group of Monuments at Hampi)和突尼斯的伊其克乌尔国家公园(Ichkeul National Park)被列入《濒危世界遗产名录》后，鉴于这些国家的管理部门采取了有力的保护措施，在保护方面作出了显著的成绩，联合国教科文组织世界遗产委员会经过审核于 2006 年 7 月在第 30 届世界遗产委员会上将这些遗产从《濒危世界遗产名录》中解除。

根据《公约》这些危险是：①蜕变加剧；②大规模公共或私人工程；③城市或旅游业迅速发展造成的威胁；④土地的使用变动或易主造成的破坏；⑤未知原因造成的重大变化；⑥随意摈弃；⑦武装冲突的爆发或威胁；⑧灾害和灾变，如严重火灾、地震、山崩、火山爆发、水位变动、洪水、海啸等。

具备了以上条件，某一遗产地就可能被列为濒危遗产，但并不是所有符合要求的遗产都包括在濒危遗产目录中。有的国家将其与本国的名誉和主权联系在一起，只肯被列入《世界遗产名录》，不肯被列入《濒危世界遗产名录》；有的国家的主管机构或专家却将自己无力有效管理的遗产建议列入濒危世界遗产，以促进本国公众和政府关注有关状况，改善遗产的管理条件。应当说，《濒危世界遗产名录》的确立，对各缔约国政府和公众确实有警示、督促和约束作用。一个国家的世界遗产被列为濒危遗产，其政治影响是不容低估的，对各遗产地管理机构和政府的压力也是不言而喻的。

非洲的刚果民主共和国现有 5 处世界遗产，包括 4 个国家公园和 1 个野生动物保护区，其中维龙加、卡胡兹别加和萨龙加 3 个国家公园生存着热带雨林特有的大猩猩。由于政治的不稳定，世界遗产受到不利的影响。连绵不断的战争导致生态环境的极度恶化，使世代栖息在国家公园的大猩猩时刻面临绝迹的厄运。

在阿富汗，具有 1 500 年历史的阿富汗巴米扬大佛被人为地无情摧毁。这座世界最高的石雕，已经变成一片废墟，成为人类文明的悲剧。

第二节　濒危世界遗产的保护与修复

克罗地亚(Croatia)杜布罗夫尼克旧城(Old City of Dubrovnik)位于亚得里亚海滨、达尔马提亚海岸的半岛上，有“亚得里亚海的珍珠”之称，于 1979 年被例入《世界遗产名录》。经历了几个世纪的风风雨雨和几次地震的破坏，杜布罗夫尼克仍保持了其美丽的哥特式、文艺复兴式和巴洛克式的建筑群。然而，在 1991 年 11 月和 12 月期间，这座城市被炮火严重破坏，后随即被列入濒危世界遗产名单。在联合国教科文组织提供的技术指导和财政资助下，克罗地亚政府修复了被破坏的修道院、宫殿等建筑。1998 年 12 月这座城市已从《濒危世界遗产名录》中被解除。

柬埔寨吴哥(Angkor)是东南亚主要的考古学遗址之一，占地面积 400 多平方公里，包括林地、吴哥遗址公园。这个公园有 9—15 世纪高棉王国首都的辉煌遗迹。1992 年作为文化遗产列入《世界遗产名录》。吴哥遗址长期面临国内骚乱的威胁，遗址内文物不断遭受掠夺，雕刻被猖獗走私。国际社会对吴哥遗址保护的努力，使吴哥遗址保护成为当今世界上最大的保护工程。1992 年 12 月 14 日的世界遗产委员会第 18 届会议上将吴哥遗址同时列入《世界遗产名录》和《濒危世界遗产名录》。

吴哥存在的问题多且复杂,包括供水系统损毁后,雨水泛滥对众多古建筑土基的冲击侵蚀加快了这些古建筑的坍塌,近现代对吴哥的开发和修复项目中许多不得当的方法也对吴哥造成了不可忽视的破坏作用,然而最严重的问题却还是来自人类的破坏。从吴哥发现至今,数百年来文物偷盗猖獗已经到了令人发指的地步。20 世纪 80 年代越军入侵后,吴哥曾遭有组织的洗劫,90 年代实施开放政策后,游客剧增,艺术品失窃情况更为严重,尤其是 1993 年,竟然接二连三地发生了武装袭警抢劫文物馆艺术珍品的事件。针对这一情况,除了联合国采取措施与柬埔寨政府合作,在吴哥古迹范围内增设照明系统和保安人员外,90 年代执政的柬埔寨王国政府也采取一系列措施,加强与一些国际组织的合作,并鼓励外国机构和专家参加吴哥地区的保护和开发工作,寻求国际援助修复古迹。

为了有效地保护吴哥古迹,近年来柬埔寨政府先后同日本和法国签订了保护和开发暹粒吴哥旅游区的协定。从法国远东学院、世界古建筑基金会、匈牙利吴哥基金会和日本的大学请来考古专家,并征集了工作人员对已毁的吴哥古迹原址、寺庙和雕像进行修复。柬内政部在暹粒省成立一支特别警察部队,专门负责加强吴哥古迹的保护工作。国际刑警组织和联合国教科文组织也加强与柬政府的合作,共同打击偷窃文物事件和追查散落在世界各地的文物。长年战乱中,遗址不断面临严重抢夺、盗卖文物等威胁。联合国教科文组织对这一遗址及其周边已经制定了一个广泛的保护计划。帮助柬埔寨保护吴哥窟的国际行动始于 1993 年,联合国教科文组织在日本东京举行保护吴哥窟遗址政府间国际会议,通过了《东京宣言》,建立了保护遗址的国际协调委员会,先后有 10 多个国家包括法国、印度、日本等参与了对吴哥的维修保护行动,主要解决的是文物古迹的修复、非法挖掘、排雷等问题。中国政府也曾派遣工程技术人员参与这一重大的文物保护国际行动。

在国际组织之间的合作下,有效监管保护遗址。鉴于目前对保护吴哥遗址工程所作出的成绩,于 2004 年 7 月 4 日在苏州召开的第 28 届世界遗产大会上,世界遗产委员会将柬埔寨的吴哥古迹从《濒危世界遗产名录》中解除。

美国黄石国家公园(Yellowstone National Park)位于美国西北部怀俄明、蒙大拿和爱达荷三州交界处,是美国建立最早的,也是目前世界上最大的国家公园。黄石国家公园建立于 1872 年,是世界上第一个也是历史最悠久的国家公园。它广博的天然森林中有世界上最大的间歇泉集中地带(占全球总数的三分之二)集中都在这里。这些地热奇观是世界上最大的活火山存在的证据之一。它上一次喷发形成的火山口范围差不多相当于整个公园面积的一半。大黄石生态系统是地球上保留得最大且最完好的温带生态系统之一,而黄石国家公园正是这个生态系统的核心。

美国黄石国家公园于 1978 年被列入《世界遗产名录》,而在 1995 年它被列入了《濒危世界遗产名录》。这个公园面临着各种威胁:金属矿开采计划、整年不断的旅游活动、污水和废物的污染以及外来鲑鱼的非法引进。1996 年 9 月,在克林顿总统的直接干涉下,政府出资 6 500 万美元收回了紧靠着黄石公园的一块土地,这块土地是指定用来开采金矿的。此外,违规引入非本地物种、伐木、火灾、筑路、采矿、游人压力和新的居民聚集点持续侵犯着公园周围敏感的荒野和重要的野生动物生存环境。为了恢复黄石的自然环境,政府和民间组织及个人都投入了大量人力、物力、财力,做了大量的工作。在 2003 年召开的第 27 届世界遗产委员会会议上,黄石国家公园从《濒危世界遗产名录》上被解除。

鉴于保护工作卓有成效,联合国教科文组织世界遗产委员会在 2007 年新西兰基督城举行的第 31 届世界大会上宣布:将贝宁的阿波美王宫(Royal Palaces of Abomey)、尼泊尔的加德满都谷地(Kathmandu Valley)、美国的大沼泽地国家公园(Everglades National Park)和洪都拉斯的雷奥普拉塔诺生物圈保护区(Río Plátano Biosphere Reserve)从《濒危世界遗产名录》上解除。世界遗产委员会在本次会议上将伊拉克的萨马拉考古城(Samarra Archaelogical City)、厄瓜多尔的加拉帕戈斯群岛(Galápagos Islands)和塞内加尔的尼奥科罗-科巴国家公园(Niokolo - Koba National Park)列入《濒危世界遗产名录》。

由于阿塞拜疆的巴库围城及城内的希尔凡沙宫殿和少女塔(Walled City of Baku with the Shirvanshah's Palace and Maiden Tower)保护状况改善,2009 年在西班牙塞维利亚召开的第 33 界世界遗产大会上世界遗产委员会将其从联合国教科文组织《濒危世界遗产名录》上解除。在本次大会上,世界遗产委员会将伯利兹堡礁保护区(Belize Barrier Reef Reserve System)、哥伦比亚的洛斯卡蒂奥斯国家公园(Los Katios National Park)和格鲁吉亚的姆茨赫塔历史建筑(Historical Monuments of Mtskheta)列入《濒危世界遗产名录》。在本次大会上,世界遗产委员会决定将德国的德累斯顿易北河谷(Dresden Elbe Valley)从《世界遗产名录》中除名,原因是在这一文化景观的核心区修建了一座四车道桥梁,这就意味着此处遗产的真实性和完整性受到了威胁。在 2010 年第 34 届世界遗产大会上,世界遗产委员会已将加拉帕戈斯群岛(Galápagos Islands)从《濒危世界遗产名录》上解除。在 2011 年第 35 届世界遗产大会上,印度的马纳斯野生生物保护区(Manas Wildlife Sanctuary)从《濒危世界遗产名录》上解除。

第三节 目前的濒危世界遗产

截止到 2011 年 6 月 19 日至 6 月 29 日在法国巴黎召开的第 35 届世界遗产大会,经过本届大会审议和更新后的濒危世界遗产总数为 35 项,即非洲 15 项、亚洲 12 项、美洲 7 项、欧洲 1 项。

一、亚洲

贾姆尖塔及其周围的考古遗址
Minaret and Archaeological Remains of Jam

阿富汗 65m 高的贾姆尖塔(Minaret of Jam),其历史可追溯于公元 12 世纪。贾姆尖塔塔外砌烧制精巧的砖石,顶部饰有蓝色釉面的琉璃瓦铭刻,建筑工艺高超,装饰精美,代表了该地区建筑和艺术的最高水平。贾姆尖地处阿富汗古尔省(Ghur Province)中心,依山傍水,环境优美。该处世界遗产还包括附近的考古遗址。

2002 年,贾姆尖塔及其周围的考古遗址作为文化遗产被列入《世界遗产名录》。贾姆尖塔成为非法挖掘和掠夺的目标,由于缺乏法律保护和有效的管理,贾姆尖塔还面临着河水渗入的危险,现已轻微倾斜,阿富汗政府计划修建的一条公路将从遗址中间穿过。为此,在 2002 年 6 月 27 日的世界遗产委员会第 26 届会议上将其列入《濒危世界遗产名录》。

巴米扬山谷文化景观和考古遗址
Cultural Landscape and Archaeological Remains of the Bamiyan Valley

阿富汗巴米扬山谷文化景观和考古遗址是1世纪到13世纪古代巴克特里亚(Bakhtria)文化和宗教发展的杰出代表,在这片保护区内,汇集了大量佛教寺院、庙宇、圣地以及防御建筑。雕刻在一片绝壁之上的两尊巨大的巴米扬大佛已在2001年3月被阿富汗塔利班(Taliban)武装动用大炮、炸药以及火箭筒等战争武器摧毁,变成一片废墟,成为人类文明的悲剧。由于经历了战事及2001年那次震惊世人的故意爆破的摧毁,现在所有的遗迹都处于极其易碎的状态。主要的危险来自佛像剩余部分的随时坍塌,更进一步的危险来自洞穴内的壁画剥落以及非法挖掘与盗抢文物行为。目前,遗产地缺乏有效管理,监测系统仍不到位。

巴米扬山谷文化景观和考古遗址于2003年7月5日世界遗产委员会第27届会议上作为文化遗产被列入《世界遗产名录》,同时也被列入《濒危世界遗产名录》。

巴姆及其文化景观
Bam and its Cultural Landscape

巴姆位于伊朗高原南部边缘的一个沙漠环境。巴姆曾是丝绸和棉花贸易的会聚地,其历史可以追溯至公元前6—4世纪,在7—11世纪达到其全盛期。巴姆城堡是采用地方技术用泥层建造的防御式中世纪城镇中最具代表性的典范。巴姆丰富的考古遗址遭受了地震的严重破坏。遗址的主要古迹是在防御城堡区内,包括38个瞭望塔、管辖区和8或9世纪的伊斯兰教寺院的历史城镇。考古学家们已经在考古区和周边地区发现了这个地区历史的新证据,包括古村落和灌溉系统的遗址,其历史可以追溯至帕提亚-古希腊时期(Parthian - Hellenistic period),即公元前2世纪。

2003年12月的一场地震使遗产地遭到破坏。此外,综合管理计划缺乏。巴姆文化景观于2004年7月2日在世界遗产委员会第28届会议上作为文化遗产列入《世界遗产名录》,同时也被列入《濒危世界遗产名录》。

亚述
Ashur (Qal'at Sherqat)

伊拉克的亚述古城位于美索不达米亚北部底格里斯河(Tigris River)的特殊地带上。城市的历史可以追溯到公元前3000年。公元前14世纪到公元前9世纪,它是亚述帝国的第一个都城,同时也是进行国际贸易的场所。这个城市曾遭到巴比伦人的摧毁,但在公元1世纪和2世纪的帕提亚人时期,它又得以重建。被提名为世界遗产之前,由于一项大型水坝工程,亚述古城面临淹没的威胁。

2003年,亚述古城作为文化遗产被列入《世界遗产名录》。当这处遗产在美伊战争前被提名的时候,萨达姆的大坝计划就威胁着这处遗产,部分遗产将被水库淹没。虽然这个大坝计划中断了,但世界遗产委员会觉得将来还有可能建造大坝,加上缺乏必要的保护和管理,以及国家处于战争状态。2003年7月5日,世界遗产委员会第27届会议上将其列入《濒危世界遗产名录》。

萨迈拉考古城

Samarra Archaeological City

这处遗产地位于伊拉克巴格达北部130km的底格里斯河两岸，曾是9世纪阿巴思德(Abbasid)王朝的伊斯兰都城。遗址从北到南长为41.5km，宽4～8km。在9世纪，这里为数众多的建筑物中最有影响的是大清真寺(Great Mosque)和螺旋尖塔(Spiral Minaret)。

为了保护伊拉克这一古城遗址，同时鉴于那里的战乱状态，世界遗产委员会于2007年6月29日的世界遗产委员会第31届会议上将萨迈拉考古城作为文化遗产被列入《世界遗产名录》，同时将其列入《濒危世界遗产名录》。

拉合尔古堡和夏拉玛尔花园

Fort and Shalamar Gardens in Lahore

拉合尔古堡和夏拉玛尔花园位于巴基斯坦拉合尔，是辉煌的莫卧儿王朝文明时期的杰作。古堡包括大理石宫殿和清真寺。夏拉玛花园建在拉合尔城附近，在优雅的公园中，建有亭台楼阁、瀑布和池塘。夏拉玛花园是由沙·贾汗(Shah Jahan)皇帝下令修建的。

1981年，拉合尔古堡和夏拉玛尔花园作为文化遗产被列入《世界遗产名录》。1999年6月，由于拓宽一条南部与花园接壤的道路，毁坏了为花园喷泉提供水的储水池。目前，公园还面临城市压力、立法不完善、资金短缺等问题。2000年12月2日，世界遗产委员会第24届会议上将这处遗产列入《濒危世界遗产名录》。

耶路撒冷旧城及其城墙

Old City of Jerusalem and its Walls

耶路撒冷作为犹太教、基督教和伊斯兰教三大宗教的圣城，具有极高的象征意义。在它220个历史建筑物中，建于7世纪的岩石圆顶寺显得特别醒目，该建筑装饰有许多美丽的几何图案和植物图案。三大宗教都认为耶路撒冷是亚伯拉罕的殉难地。圣墓教堂的耶稣复活圆形建筑物保存有耶稣的墓地。著名的阿克萨清真寺、圣石萨赫莱清真寺等，都是世界建筑史上辉煌的杰作。

1981年，耶路撒冷旧城及其城墙作为文化遗产被列入《世界遗产名录》，但是无序的城市发展、观光旅游、缺乏必要的维护，导致城市建筑物老化。1982年12月17日，世界遗产委员会第6届会议上将这处遗产列入《濒危世界遗产名录》。

菲律宾科尔迪莱拉的水稻梯田

Rice Terraces of the Philippine Cordilleras

2 000年以来，当地土著部落人民为了谋生而在裸露的伊富高省高原山地上沿着山脉等高线开垦出的土地——高原稻田。几个世纪以来，伊富高部落人民为了防止土壤流失，不辞辛劳地用一块块的岩石垒成一道道的梯田,被称之为"通往天堂的天梯"。这里的梯田已成为一道表现人类与环境之间和谐的非常美丽的景观。

1995 年,菲律宾科尔迪莱拉的水稻梯田作为文化遗产被列入《世界遗产名录》。目前,由于人们离开了遗址区域,大约 25%～30%的梯田荒芜了,部分灌溉系统也被损毁。2001 年 12 月 16 日,世界遗产委员会第 25 届会议上将其列入《濒危世界遗产名录》。

扎比德历史城镇
Historic Town of Zabid

也门历史古城扎比德的建筑以其杰出的城市规划成为一处闻名遐迩的考古和历史遗址。在 13—15 世纪,它曾是也门的首都。扎比德以伊斯兰大学而著称。

1993 年,扎比德历史城镇作为文化遗产被列入《世界遗产名录》。因 40%的古城房屋被混凝土建筑代替,其他的古建筑和露天剧场也被严重毁坏,缺乏修复和保护。2000 年 12 月 2 日,世界遗产委员会第 24 届会议上将其列入《濒危世界遗产名录》。

姆茨赫塔历史建筑
Historical Monuments of Mtskheta

格鲁吉亚的姆茨赫塔历史建筑位于姆茨赫塔市(City of Mtskheta),是中世纪宗教建筑的杰出典范,包括一些著名的教堂、修道院等。1994 年,姆茨赫塔历史建筑作为文化遗产被世界遗产委员会列入《世界遗产名录》。

由于遗产地缺乏综合管理计划,一些重要宗教建筑的真实性正在受到威胁。2009 年 6 月 28 日,世界遗产委员会在第 33 届会议上将姆茨赫塔历史建筑列入《濒危世界遗产名录》。

巴格拉特大教堂和格拉特修道院
Bagrati Cathedral and Gelati Monastery

巴格拉特大教堂是以统一后的格鲁吉亚第一位国王巴格拉特三世命名的,于 10 世纪末开始建造,11 世纪初竣工,尽管部分建筑在 1691 年遭土耳其人摧毁,但其遗址仍保存在库塔伊西市中心。格拉特修道院的一些主体建筑物建于 12 世纪和 17 世纪。大教堂和修道院代表了格鲁吉亚中世纪建筑风格的繁盛时期。

1994 年,巴格拉特大教堂和格拉特修道院作为文化遗产被世界遗产委员会列入《世界遗产名录》。世界遗产委员会认为,目前涉及这一遗产地的一项改建工程将会破坏其完整性,强烈建议停止该工程。2010 年 7 月 29 日,世界遗产委员会在第 34 届会议上将巴格拉特大教堂和格拉特修道院列入《濒危世界遗产名录》。

苏门答腊热带雨林遗产
Tropical Rainforest Heritage of Sumatra

印度尼西亚的苏门答腊热带雨林占地 250 万 hm^2，由 3 个国家公园组成，保护区拥有极其丰富的野生动、植物，以丰富的有花植物和珍稀动物为特征，包括一些地方性物种和濒危物种。

2004 年，苏门答腊热带雨林遗产作为自然遗产被世界遗产委员会列入《世界遗产名录》。近年来，这处世界遗产地因偷猎、非法采伐、农业占地及穿越遗产地修建公路等问题面临威胁。2011 年 6 月 22 日，世界遗产委员会在第 35 届会议上将其列入《濒危世界遗产名录》。

二、欧洲

科索沃中世纪建筑
Medieval Monuments in Kosovo

科索沃中世纪建筑于 2006 年作为塞尔维亚科索沃中世纪的主要建筑物，反映了 13—17 世纪在巴尔干半岛各国发展起来的拜占庭-罗马风格的基督教文化。这些建筑都留有许多壁画，教堂内的浮雕也别具特色，它们的美学价值都是显而易见的。这些艺术品在几个世纪中历经战火，很多被毁，又有许多新的建筑出现。

2004 年，这处遗址作为文化遗产被世界遗产委员会列入《世界遗产名录》，由于该国的政治局势动荡、遗产保护和管理不完善，2006 年 7 月 11 日，世界遗产委员会第 30 届会议上将其列入《濒危世界遗产名录》。

三、非洲

马诺沃-贡达-圣弗洛里斯国家公园
Manovo - Gounda St Floris National Park

中非的马诺沃-贡达-圣弗洛里斯国家公园拥有大量的植物群和动物群。广阔热带大草原上栖息着许多野生动物，包括黑犀牛(black rhinoceroses)、大象、猎豹(cheetahs)、豹(leopards)、野狗、红面瞪羚(red - fronted gazelles)和野牛(buffalo)，还在北部漫滩发现了不同品种的水鸟。

1988 年，马诺沃-贡达-圣弗洛里斯国家公园作为自然遗产被列入《世界遗产名录》。非法放牧、偷猎等对这一公园造成了巨大的破坏，偷猎者大约破坏了公园内 80% 的野生动物。1997 年 12 月 6 日，世界遗产委员会第 21 届会议上将其列入《濒危世界遗产名录》。

科莫埃国家公园
Comoé National Park

科特迪瓦(Côte d'Ivoire)的科莫埃国家公园位于东北部，是西非最大的自然保护区之一，以植物多样性为特征。科莫埃河流经这里，使得公园中生长着灌木草原和繁茂的雨林。

1983 年，科莫埃国家公园作为自然遗产被列入《世界遗产名录》。由于国内政局不稳定，偷猎野生动物行为猖獗,偷猎者又引起了火灾,大型家畜过度放牧,缺乏有效管理等,2003 年 7 月 5 日,世界遗产委员会第 27 届会议上将其列入《濒危世界遗产名录》。

宁巴山自然保护区
Mount Nimba Strict Nature Reserve

宁巴山自然保护区为科特迪瓦和几内亚两国共有,坐落于几内亚和科特迪瓦之间的宁巴山,周围为一片热带草原,山坡被浓密的森林所覆盖。这里拥有特别丰富的动植物群,其中一些为地方性物种,如胎生蟾蜍(viviparous toad)、黑猩猩(chimpanzees)等。

目前面临的问题:

(1)开矿(Mining);

(2)难民涌入(Influx of refugees);

(3)农业侵占(Agricultural encroachment);

(4)伐木(Deforestation);

(5)偷猎(Poaching);

(6)管理能力薄弱(Weak management capacity);

(7)资源匮乏(Lack of resources)

(8)缺乏与境外合作(Lack of transboundary cooperation)。

宁巴山自然保护区于 1981 年作为自然遗产被列入《世界遗产名录》,1982 年扩展。1992 年 12 月 14 日,世界遗产委员会第 16 届会议上将宁巴山自然保护区列入《濒危世界遗产名录》。宁巴山自然保护区被列入濒危世界遗产,主要的原因是提议对铁矿进行开采,并得到了批准,大批难民涌进几内亚,闯入保护区内或保护区周边地区。

维龙加国家公园
Virunga National Park

维龙加国家公园位于刚果民主共和国东北部,与卢旺达和乌干达接壤,占地 790 000hm^2,地貌多种多样,从沼泽地到海拔 5 000m 以上的鲁文佐里山(Rwenzori),从熔岩平原到火山山坡处的大草原。这里是山地大猩猩的栖息地,并且有约 20 000 头河马生活在这一地区的河畔地带,还有野牛、羚羊、疣猪(warthogs)、大象、豹、狮子等栖息在公园中。此外,来自西伯利亚的候鸟也在这里过冬。

1979 年,维龙加国家公园作为自然遗产被联合国教科文组织列入《世界遗产名录》。1992 年由于毗邻的卢旺达发生内战,大批难民涌入此地,砍伐林木,进行偷猎活动,给这一地区造成极大破坏。这里的守护者经常得不到薪水,导致公园的巡逻常处于停止状态。1994 年 12 月 17 日,世界遗产委员会第 18 届会议上将维龙加国家公园列入《濒危世界遗产名录》。

加兰巴国家公园

Garamba National Park

刚果民主共和国加兰巴国家公园拥有广阔的热带草原、草地和林地，森林沿着河岸和沼泽低地生长。公园里拥有许多野生生物，包括大型哺乳动物如大象、长颈鹿、河马、白犀牛(white rhinoceros)等。

1980年，加兰巴国家公园作为自然遗产被列入《世界遗产名录》。由于国内武装冲突和政治不稳定，缺乏有效管理和保护，1960年公园里的白犀牛数量大约为1 000头，但因为防不胜防的偷猎，白犀牛逐年减少，最后只剩下30头多白犀牛。该公园1984—1992年间白犀牛的数量急剧减少，因而被列入《濒危世界遗产名录》。在世界遗产委员会、国际自然资源保护同盟、世界野生动物基金会、法兰克福动物协会以及专家们的努力下，白犀牛的数量得以恢复。1992年，加兰巴国家公园的名字从濒危名单中消除。不过，随后的国内动乱使公园的基础设施被掠夺，一些野生动物被猎杀，于是在1996年的世界遗产委员会第20届会议上又将其列入《濒危世界遗产名录》。

卡胡兹-别加国家公园

Kahuzi - Biega National Park

刚果民主共和国的卡胡兹-别加国家公园以大片原始热带森林和壮观的死火山Kahuzi火山和Biega火山而著称，公园里还有种类繁多、数量丰富的动物群。大约250只山地大猩猩生活在海拔2 100～2 400m的地带。

1980年，卡胡兹-别加国家公园作为自然遗产被列入《世界遗产名录》。这处遗址因为国内武装冲突和政治不稳定、难民的大量涌入而受到很大影响，严重的乱砍滥伐、偷猎、开矿、设备被掠夺和破坏。1997年12月6日，世界遗产委员会第21届会议上将其列入《濒危世界遗产名录》。

霍加皮野生生物保护区

Okapi Wildlife Reserve

刚果民主共和国的霍加皮野生生物保护区占据了东北部的伊图里(Ituri)森林大约五分之一的面积。保护区内栖息着灵长类的濒危物种、鸟类和大约5 000只霍加皮(一种哺乳类织蹄目长银鹿科)。生物自然保护区的植物形态各异，种类繁多。保护区还有让人心旷神怡的景致，包括伊图里河(Ituri)和埃普卢(Epulu)河上游的瀑布。

1996年，霍加皮野生生物保护区作为自然遗产被列入《世界遗产名录》。由于武装冲突导致了公园设备遭遇掠夺，野生动物被捕杀，许多物种已逃离了这个地区。此外，当地居民建设不断扩张，农业活动也在不断扩大。1997年12月6日，世界遗产委员会第21届会议上将其列入《濒危世界遗产名录》。

萨龙加国家公园
Salonga National Park

刚果民主共和国的萨龙加国家公园是非洲最大的热带雨林保护区,位于扎伊尔河流域的中心盆地。这一公园处于与外界隔离的状态,只能通过水路进入。萨龙加国家公园是当地许多濒危物种的栖息地,如矮黑猩猩(dwarf chimpanzee)、扎伊尔孔雀(Zaire peacock)、森林象(forest elephant)等。

1984 年,萨龙加国家公园作为自然遗产被列入《世界遗产名录》。由于武装冲突和形形色色的偷猎行为使得公园里的野生动物急剧减少,森林大火造成的生态破坏以及人为伐木等使公园受到破坏。此外,公园没有足够的管理设施,缺乏受过专门培训的管理人员。1999 年 11 月 30 日,世界遗产委员会第 23 届会议上将其列入《濒危世界遗产名录》。

阿布米纳
Abu Mena

阿布米那遗址位于埃及马里尤特沙漠(Mariut desert)之中。在这座早期的基督教圣城中有许多建筑物,包括教堂、洗礼池、修道院、公共建筑物、街道、住宅、工场等,它们是建在一位殉教者——亚历山大的米那斯的坟墓之上。米纳斯(Menas)死于公元 296 年。

1979 年,埃及阿布米那遗址作为文化遗产被列入《世界遗产名录》。由于遗址的地面沉降,地下水上升,使大量建筑物倒塌。2001 年 12 月 16 日,世界遗产委员会第 25 届会议上将其列入《濒危世界遗产名录》。

塞米恩国家公园
Simien National Park

埃塞俄比亚的塞米恩国家公园以其峰峦叠起的山峰、深邃的峡谷和高约 1 500m 的悬崖峭壁而著称,构成了世界上最壮观的自然景观。这一公园也是杰拉达狒狒(Gelada baboon)、塞米恩狐狸(Simien fox)、瓦利亚野生山羊(Walia ibex)等稀有动物的栖息地。

1978 年,塞米恩国家公园作为自然遗产被列入《世界遗产名录》。由于人类捕杀,野生动物瓦利亚野生山羊、塞米恩狐狸和其他大型哺乳动物种群急剧减少。此外,由于道路建设和遗址内的人口增加,公园内部基础设施被破坏殆尽,管理活动因经费短缺受到严重制约,土壤侵蚀和生态系统改变加剧。1996 年 12 月 7 日,世界遗产委员会第 20 届会议上将塞米恩国家公园列入《濒危世界遗产名录》。

阿伊尔和泰内雷自然保护区
Air and Ténéré Natural Reserves

尼日尔的阿伊尔和泰内雷自然保护区是非洲最大的一个保护区,占地约 770 万 hm^2。保护区包括阿伊尔火山岩体。保护区以多样化的景观、植物和野生动物而著称。

1991年，阿伊尔和泰内雷自然保护区作为自然遗产被列入《世界遗产名录》。军事冲突和国内骚乱是对这处遗产的主要威胁。1992年12月14日，世界遗产委员会第16届会议上这一保护区被列入《濒危世界遗产名录》。目前，这一遗产地仍然存在管理不当、土壤侵蚀、人口压力等问题。

基尔瓦·基西瓦尼遗址和松戈·姆纳拉遗址
Ruins of Kilwa Kisiwani and Ruins of Songo Mnara

基尔瓦·基西瓦尼遗址和松戈·姆纳拉遗址位于坦桑尼亚的林迪地区（Lindi Region）。两个被早期欧洲探险家称颂的伟大的东非港口遗址坐落在林迪地区海岸附近的两个小岛上。从13世纪到16世纪，基尔瓦的商人从事黄金、白银、珍珠、香料、阿拉伯陶器、波斯土陶器和中国瓷器的贸易。

1981年，基尔瓦·基西瓦尼遗址和松戈·姆纳拉遗址作为文化遗产被列入《世界遗产名录》。由于海水侵蚀、缺乏有效的管理和人口压力，遗址的一些建筑已经倒塌。2004年7月7日，世界遗产委员会第28届会议上将这处遗址列入《濒危世界遗产名录》。

尼奥科罗-科巴国家公园
Niokolo - Koba National Park

塞内加尔的尼奥科罗-科巴国家公园位于冈比亚河（the Gambia river）沿岸的湿地地区，种类繁多的野生动物栖息在茂密的森林和热带草原中，有羚羊、黑猩猩、狮子、豹、大象、鸟类等，还有爬行动物和两栖动物。

1981年，尼奥科罗-科巴国家公园被列入《世界遗产名录》，然而屡禁不止的偷猎活动使保护区的野生动物数量下降；计划兴建水坝以及大批的游客也对当地生物造成严重威胁。2007年6月26日，世界遗产委员会第31届会议上将尼奥科罗-科巴国家公园列入《濒危世界遗产名录》。

卡苏比的布干达王陵
Tombs of Buganda Kings at Kasubi

乌干达，史称“布干达”。公元1000年，布干达已经是一个统一强盛的王国了。卡苏比的布干达王陵位于坎帕拉的小山上，山顶的中心地带是曾经的布干达王国的王宫，建成于1882年，1884年以后成为皇家墓地，埋葬着布干达王国最后4任国王。

2001年，卡苏比的布干达王陵作为文化遗产被列入《世界遗产名录》。2010年3月16日，位于乌干达首都坎帕拉市郊卡苏比的布干达王陵失火，王陵内的主建筑物基本被大火烧毁。2010年7月29日，世界遗产委员会第34届会议上将这处遗址列入《濒危世界遗产名录》。

阿钦安阿纳雨林
Rainforests of the Atsinanan

该雨林由分布在马达加斯加岛东部的6个国家公园组成，那里遍布珍稀和濒危物种。6 000多万年前，马达加斯加与非洲大陆板块分离后，导致这里不同寻常的地质和生物演化，生物多样性丰富，具有许多独特的动植物种群[①]。这里的动植物就在孤立隔绝的状态下完成了进化过程。此外，这里还生活着许多珍稀濒危物种，特别是灵长类动物和狐猴。

2007年，阿钦安阿纳雨林作为自然遗产被世界遗产委员会列入《世界遗产名录》。由于乱砍滥伐和大量狩猎，生活在阿钦安阿纳雨林的狐猴等70多种濒危动物受到威胁。由于政府对遗产地非法的伐木缺乏有效管理，这些遗产地特有的生态系统将不易复原。2010年7月30日，世界遗产委员会第34届会议上将这处遗址列入《濒危世界遗产名录》。

四、美洲

昌昌考古区
Chan Chan Archaelogical Zone

昌昌考古区位于秘鲁西北部太平洋沿岸的沙漠地带。昌昌古城曾是奇穆王国(Chimu Kingdom)的都城，15世纪是其鼎盛时期，不久即被印加帝国吞并。这座巨大古城被划分为9个"城堡"或"宫殿"，城里一些主要的建筑群都是用土砖建造起来的。

1986年，昌昌考古区作为文化遗产被列入《世界遗产名录》；同时，考虑到暴雨和洪水等来自大自然的侵蚀和破坏，1986年11月28日，世界遗产委员会第10届会议上将这一考古区列入《濒危世界遗产名录》。

亨伯斯通和圣劳拉硝石采石场
Humberstone and Santa Laura Saltpeter Works

智利亨伯斯通和圣劳拉硝石采石场遗址位于潘帕(Pampa)沙漠地区，由200多个采矿点组成。从1880年开始，数千矿工在这里开采世界上最大的硝石矿产，长达60多年，为整个美洲和欧洲的农业发展提供必不可少的化肥硝酸钠，也为智利这个国家创造了巨大的财富。

智利硝石采石场遗址由于建筑物的结构极其脆弱，还有来自大风的影响，40年来缺乏必要的修缮，一些建筑物已坍塌。2005年7月15日，这处遗址作为文化遗产在世界遗产委员会第29届会议上被列入《世界遗产名录》，同时被列入《濒危世界遗产名录》。

科罗及港口
Coro and its Port

科罗及港口位于委内瑞拉西北部的法尔孔州，在首都加拉加斯西北约320km处。科罗城

---

①http://en.tixik.com/rainforests-of-the-atsinanana-2354095.htm

区内保存着大量风格独特的历史性建筑物，是当地西班牙和荷兰风格相交融的唯一现存的例证。科罗是最早的殖民地之一，建于1527年，城内有602座历史建筑。

1993年，科罗及港口作为文化遗产被列入《世界遗产名录》。2004年11月至2005年2月间的暴雨给许多历史性建筑物造成严重破坏。此外，新建筑、海滨人行道和通往城区的大门在科里纳(Colina)计划实施，这些均位于该世界遗产地的缓冲区，破坏了城镇规划格局，对遗产地价值有极大冲击。此外，这一遗产地还缺乏完善的管理、规划和保护机制。2005年7月15日，世界遗产委员会在第29届会议上将其列入《濒危世界遗产名录》。

伯利兹堡礁保护区
Belize Barrier - Reef Reserve System

伯利兹沿海地区是一个典型的自然生态系统，构成了北半球最大的堡礁，包括近海环礁、数百个沙洲、美洲红树林、沿海泻湖和港湾。1996年，伯利兹堡礁保护区作为自然遗产被列入《世界遗产名录》。

2009年6月27日，世界遗产委员会在第33届会议上将伯利兹堡礁保护区列入《濒危世界遗产名录》，主要是由于该区域的红树林砍伐和过度开发。委员会要求对该地的开发进行严格控制，同时也要求恢复2008年过期的红树林砍伐禁令。

洛斯卡蒂奥斯国家公园
Los Katíos National Park

洛斯卡蒂奥斯国家公园位于哥伦比亚的西北部，占地72 000hm^2，包括许多低矮的丘陵、森林和湿地。生物多样性丰富，公园已经成为许多濒危动物和一些特有植物的家园。1994年，洛斯卡蒂奥斯国家公园作为自然遗产被世界遗产委员会列入《世界遗产名录》。

这一遗产地主要面临非法树木砍伐、捕鱼和狩猎的威胁。2009年6月27日，世界遗产委员会在第33届会议上将洛斯卡蒂奥斯国家公园列入《濒危世界遗产名录》。

大沼泽地国家公园
Everglades National Park

位于美国佛罗里达州南端的大沼泽地国家公园曾经被比作从腹地流到海洋的青草之河，是众多鸟类、爬行动物和濒危物种海牛(manatee)的栖息地。

1979年，大沼泽地国家公园作为自然遗产被列入《世界遗产名录》。1992年8月24日，安德鲁飓风极大地改变了佛罗里达海湾及其生态系统，破坏了公园中供参观的中心地带。此外，由于周边城市建设、化肥污染、公园内鸟类数量减少、鱼和野生动物的汞中毒，以及防洪措施造成的水位下降等多种原因，大沼泽地国家公园在1993年12月11日的世界遗产委员会第17届会议上被列入《濒危世界遗产名录》。2007年，世界遗产委员会第31届会议上将大沼泽地国家公园由《濒危世界遗产名录》中解除。由于城市发展、公园水生态系统不断恶化、水生生物大量死亡等原因，2010年7月30日，世界遗产委员会第34届会议上将其再次列入《濒危世界遗产名录》。

雷奥普拉塔诺生物圈保护区
Río Plátano Biosphere Reserve

洪都拉斯的雷奥普拉塔诺生物圈保护区是中美洲少数几个湿热带雨林保护区之一。保护区内有数量丰富、种类繁多的植物和野生动物。1982 年,洪都拉斯的雷奥普拉塔诺生物圈保护区作为自然遗产被列入《世界遗产名录》。该遗址曾于 1996—2007 年间被列入《世界濒危遗产名录》。由于非法采伐和偷猎等因素,2011 年 6 月 22 日,世界遗产委员会第 35 届会议上将其再次列入《濒危世界遗产名录》。

濒危世界遗产名录①
The List of World Heritage in Danger

阿富汗(Afghanistan):贾姆尖塔及其周围的考古遗址 Minaret and Archaeological Remains of Jam

阿富汗(Afghanistan):巴米扬山谷文化景观和考古遗址 Cultural Landscape and Archaeological Remains of the Bamiyan Valley

伯利兹(Belize):伯利兹堡礁保护区 Belize Barrier Reef Reserve Syste

中非(Central African Republic):马诺沃-贡达-圣弗洛里斯国家公园 Manovo - Gounda St Floris National Park

智利(Chile):亨伯斯通和圣劳拉硝石采石场 Humberstone and Santa Laura Saltpeter Works

哥伦比亚(Colombia):洛斯卡蒂奥斯国家公园 Los Katíos National Park

科特迪瓦(Côte d'Ivoire):科莫埃国家公园 Comoé National Park

科特迪瓦(Côte d'Ivoire):宁巴山自然保护区 Mount Nimba Strict Nature Reserve(与几内亚共有)

刚果民主共和国(Democratic Republic of the Congo):维龙加国家公园 Virunga National Park

刚果民主共和国(Democratic Republic of the Congo):加兰巴国家公园 Garamba National Park

刚果民主共和国(Democratic Republic of the Congo):卡胡兹-别加国家公园 Kahuzi - Biega National Park

刚果民主共和国(Democratic Republic of the Congo):霍加皮野生生物保护区 Okapi Wildlife Reserve

刚果民主共和国(Democratic Republic of the Congo):萨龙加国家公园 Salonga National Park

埃及(Egypt):阿布米纳 Abu Mena

埃塞俄比亚(Ethiopia):塞米恩国家公园 Simien National Park

格鲁吉亚(Georgia):姆茨赫塔历史建筑 Historical Monuments of Mtskheta

格鲁吉亚(Georgia):巴格拉特大教堂和格拉特修道院 Bagrati Cathedral and Gelati Monastery

几内亚 Guinea):宁巴山自然保护区 Mount Nimba Strict Nature Reserve(与科特迪瓦共有)

洪都拉斯(Honduras):雷奥普拉塔诺生物圈保护区 RíoPlátano Biosphere Reserve

印度尼西亚(Indonesia):苏门答腊热带雨林遗产 Tropical Rainforest Heritage of Sumatra

伊朗 Iran (Islamic Republic of):巴姆及其文化景观 Bam and Cutural Landscape

伊拉克(Iraq): 亚述 Ashur (Qal'at Sherqat)

伊拉克(Iraq):萨马拉考古城 Samarra Archaeological city

耶路撒冷 Jerusalem (Site proposed by Jordan):耶路撒冷旧城及其城墙 Old City of Jerusalem and its Walls

①http://whc.unesco.org/en/danger/

马达加斯加(Madagascar):阿钦安阿纳雨林 Rainforests of the Atsinanana
尼日尔(Niger):阿伊尔和泰内雷自然保护区 Air and Ténéré Natural Reserves
巴基斯坦(Pakistan):拉合尔古堡和夏拉玛尔花园 Fort and Shalamar Gardens in Lahore
秘鲁(Peru):昌昌考古区 Chan Chan Archaelogical Zone
菲律宾(Philippines):菲律宾科尔迪莱拉的水稻梯田 Rice Terraces of the Philippine Cordilleras
塞内加尔(Senegal):尼奥科罗-科巴国家公园 Niokolo-Koba National Park
塞尔维亚(Serbia):科索沃中世纪建筑 Medieval Monuments in Kosovo
乌干达(Uganda):卡苏比的布干达王陵 Tombs of Buganda Kings at Kasubi
坦桑尼亚(United Republic of Tanzania):基尔瓦·基西瓦尼遗址和松戈·玛纳拉遗址 Ruins of Kilwa Kisiwani and Ruins of Songo Mnara
美国(United States of America):大沼泽地国家公园 Everglades National Park
委内瑞拉(Venezuela):科罗及港口 Coro and its Port
也门(Yemen):扎比德历史古城 Historic Town of Zabid

第八章　非物质文化遗产

进入20世纪80年代以来,非物质文化遗产的保护问题开始逐步引起世界各国的普遍关注,联合国教科文组织对文化遗产作了进一步划分,即物质遗产(Tangible Heritage)和非物质遗产(Intangible Heritage)。

联合国教科文组织公布的《人类非物质文化遗产代表作名录》:2001年第一批19项,2003年第二批28项,2005年第三批43项,2009年第四批76项,2010年第五批51项,2011年第六批19项。截止到2011年,全球被列入《人类非物质文化遗产代表作名录》的非物质文化遗产已达232项;此外,还包括急需保护的非物质文化遗产名录27项和被认为最能体现公约的非物质文化遗产保护计划、项目和活动8项。

第一节　非物质文化遗产的产生和定义

1972年11月联合国教科文组织在巴黎通过了《保护世界文化和自然遗产公约》(以下简称《公约》),《公约》将对人类的整体有特殊意义的文物古迹、风景名胜及自然风光和文化及自然景观列入世界遗产名录。但是,这个公约不适用于非物质文化遗产。因此,在1972年《公约》获得通过之后,一部分会员国提出在联合国教科文组织内制订有关民间传统文化非物质遗产各个方面的国际标准文件。因此,在1989年11月联合国教科文组织第25届大会上通过了关于民间传统文化保护的建议。

1982年,联合国教科文组织设立了专家委员会和非物质遗产部门(Section for the Non-physical Heritage)用以保护民间传统文化。

1989年11月,联合国教科文组织第25届大会上通过了《关于保护民间传统文化的建议》(以下简称《建议》)(*Recommendation on the Safeguarding of Traditional Culture and Folklore*)。本建议案要求各会员国充分意识到大量包含丰富的文化特性和各地民族文化渊源的口头遗产正面临消失的危险,应当采取法律手段和一切必要措施,对那些容易受到严重威胁的遗产施行保护,同时,告诫遗产国政府及遗产的拥有者,重视遗产的重要价值,拟定保护措施。《建议》在最后的一章关于促进国际合作的条文中指出,会员国要对那些民众或社团的具有象征性精神价值的非物质遗产给予更大的关注。

1997年11月联合国教科文组织在第29次全体会议上通过了关于《人类口头与非物质遗产代表作条例》(*The Proclamation of Masterpieces of the Oral and Intangible Heritage of Humanity*)的决议。联合国教科文组织执委会第154次会议指出:由于"口头遗产"和"非物质遗产"是不可分的,因此在以后的鉴别中,在"口头遗产"的后面加上"非物质"的限定。执委会在第155次会议上制定了关于由联合国教科文组织宣布为人类口头及非物质遗产杰出作品的评审规则,规则中关于"口头及非物质遗产"的定义和目的如下。

(1)定义：传统的民间文化是指来自某一文化社区的全部创作，这些创作以传统为依据、由某一群体或一些个体所表达并被认为是符合社区期望的，作为其文化和社会特性的表达形式、准则和价值，通过模仿或其他方式口头相传。它的形式包括：语言、文学、音乐、舞蹈、游戏、神话、礼仪、习惯、手工艺、建筑艺术及其他艺术。除此之外，还包括传统形式的联络和信息。

(2)目的：号召各国政府、非政府组织和地方社区采取行动对那些被认为是民间集体保管和记忆的口头及非物质遗产进行鉴别、保护和利用，只有这样，才能保证这些文化特异性永存不灭。

由此，"人类口头与非物质遗产代表作"(Masterpieces of Oral and Intangible Heritage of Humanity)的概念被确认。

2001年11月2日，在巴黎联合国教科文组织大会第31届会议上通过了《世界文化多样性宣言》(以下简称《宣言》)(*Universal Declaration on Cultural Diversity*)。《宣言》中第一条指出："文化在不同的时代和不同的地方具有各种不同的表现形式。这种多样性的具体表现是构成人类的各群体和各社会的特性所具有的独特性和多样化。文化多样性是交流、革新和创作的源泉，对于人类来讲就象生物多样性对维持生物平衡那样必不可少。从这个意义上讲，文化多样性是人类共同的财产，应当从当代人和子孙后代的利益考虑予以承认和肯定。"

2003年10月，联合国教科文组织又通过了《保护非物质文化遗产公约》(*Convention for the Safeguarding of the Intangible Cultural Heritage*)。在本公约第31条指出："委员会应把在本公约生效前宣布为'人类口述和非物质遗产代表作'的遗产纳入《人类非物质文化遗产代表作名录》。"

本公约的宗旨如下：

①保护非物质文化遗产；

②尊重有关社区、群体和个人的非物质文化遗产；

③在地方、国家和国际一级提高对非物质文化遗产及其相互鉴赏的重要性的意识；

④开展国际合作及提供国际援助。

在本公约中将"非物质文化遗产"定义为：指被各社区、群体，有时是个人，视为其文化遗产组成部分的各种实践、观念表述、表现形式、知识和技能及相关的工具、实物、手工艺品和文化场所。

"非物质文化遗产"包括以下方面的内容：

①口头传统和表现形式，包括作为非物质文化遗产媒介的语言；

②表演艺术；

③社会实践、礼仪、节庆；

④有关自然界和宇宙的知识和实践；

⑤传统手工艺。

第二节　非物质文化遗产概述

昆曲
Kun Qu Opera

昆曲也叫“昆山腔”、“昆剧”，是戏曲剧种最古老的一种，昆曲形成的历史，可谓源远流长，它起源于元朝末年的昆山地区(今属于江苏)，昆曲成了明代中叶至清代中叶影响最大的声腔剧种，至今已有600多年的历史，是现今中国乃至世界现存最古老的具有悠久传统的戏曲形态。

昆曲行腔优美，以缠绵婉转、柔曼悠远见长，在演唱技巧上注重声音的控制、节奏速度的顿挫和咬字吐音。场面伴奏乐曲齐全，以声若游丝的笛为主奏乐器，使昆曲音乐以婉丽妩媚、一唱三叹著称。

昆曲的起源最初仅是民间清曲小唱，到明嘉靖年间，戏剧家魏良辅对昆山腔进行改革，使唱腔更加委婉、细腻而动听，其弟子梁辰鱼谱写的第一部昆腔传奇《浣纱记》轰动朝野，从此流传浙江各地并远至北京。大量文人雅士为其撰写剧本，明代汤显祖的《牡丹亭》、清代洪昇的《长生殿》、孔尚任的《桃花扇》传唱至今。至清朝乾隆年间，昆曲的发展进入了全盛时期。至今浙江、上海、南京、北京还有独立的昆曲剧团继续演出。

古琴音乐
The Guqin and its Music

古琴，亦称瑶琴、玉琴、七弦琴，是中国最古老且富有民族色彩的弹拨乐器，至今已有3 000多年历史。西周时期已广为流传，《诗经·关雎》有“窈窕淑女，琴瑟友之”等记载。春秋战国时期，琴的演奏形式以独奏为主，而此时的乐队则多以打击乐器和管乐器为主奏，弹拨乐器的发展仍是初级阶段。汉魏六朝是古琴艺术发展的重要时期，其中有大量的器乐曲问世，著名的古琴曲《广陵散》则是本时期的代表作品。唐代是古琴艺术的鼎盛时期，由于经济的繁荣，社会的稳定，古琴艺术得到了空前的发展。宋、元时期的古琴音乐发展显著，琴坛上出现了欣欣向荣的景象，是古琴流派产生的重要时期。

古琴在“琴、棋、书、画”中占首位。古琴艺术追求意境美、人格美，体现了中国古代哲学的文化特征。古琴形成的独特的文化记忆，对中国文化史、艺术史乃至中国人的精神、气度、品格、行为产生了持久而广泛的影响，它是中国文化的杰出代表。古琴不仅是一种演奏音乐的乐器，而且有着丰富深厚的文化内涵和很高的审美价值，在中国音乐史中的乐器领域里，古琴所承载的文化底蕴可谓是得天独厚、无与伦比。

古琴艺术在中国音乐史、美学史、社会文化史、思想史等方面具有广泛影响，是中国古代精神文化在音乐方面的主要代表之一。

新疆维吾尔木卡姆
The Uyghur Mugham of Xinjiang

新疆维吾尔木卡姆是集"歌、舞、乐"于一体的大型综合艺术形式，流传于新疆维吾尔族居住区。"木卡姆"一词原指"大型套曲"，还有"法则、规则、曲调、乐曲、散板序(唱)奏"等多种含义。但在维吾尔人的特定文化语境中，"木卡姆"已成为包容文学、音乐、舞蹈、说唱、戏剧乃至民族认同、宗教信仰等各种艺术成分和文化意义的词语。"木卡姆"是一种维吾尔族古典音乐曲牌的音译名称，有"古典音乐"的含意，融音乐、文学、舞蹈和民俗表演为一体。"新疆维吾尔木卡姆艺术"以"十二木卡姆"为代表，包括"刀郎木卡姆"、"吐鲁番木卡姆"和"哈密木卡姆"。"十二木卡姆"每套均包括"琼乃额曼"(系列叙咏歌曲、器乐曲、歌舞曲)、"达斯坦"(系列叙事歌曲、器乐曲)、"麦西热甫"(歌舞曲)三大部分，伴奏乐器多达16种。演唱内容包括哲人箴言、文人诗作、先知告诫、民间故事、地方传说，更有普通百姓对美好爱情的赞美和追求，还有对艰虞苦境的生命的叹息，是反映维吾尔人民生活和社会风貌的百科全书。

新疆维吾尔木卡姆艺术在文化、历史、社会、哲学、审美等方面具有很高的科学价值。维吾尔木卡姆作为东西方乐舞文化交流的结晶，记录和印证了不同人群乐舞文化之间相互传播、交融的历史。

新疆维吾尔木卡姆

蒙古族长调民歌
Urtiin Duu - Traditional Folk Long Song

"蒙古族长调民歌"作为一种古老的文化形式，早在蒙古族形成时期就已经存在。蒙古民歌分为长调和短调。长调字少腔长、高亢悠远、舒缓自由，宜于叙事，又长于抒情。长调民歌由马头琴伴奏更具草原文化的韵味。长调一般为上、下各两句歌词，演唱者根据生活积累和对自然的感悟来发挥，演唱的节律各不相同。长调歌词绝大多数内容是描写草原、骏马、牛羊、蓝天、白云、江河、湖泊等。蒙古族长调民歌与草原和蒙古民族游牧生活方式息息相关，是蒙古民族生产生活和精神性格的标志性展示。同时它也是一种跨国境分布的文化。中国的内蒙古自治区和蒙古国是蒙古族长调民歌最主要的文化分布区。

蒙古族长调民歌

长调民歌是反映蒙古族游牧生活的牧歌式体裁,因地区不同而风格各异。锡林郭勒草原的长调民歌,声音嘹亮悠长,流行有《小黄马》、《走马》等;呼伦贝尔草原的长调民歌则热情奔放,有《辽阔草原》、《盗马姑娘》等;阿拉善地区的民歌节奏缓慢,流行有《富饶辽阔的阿拉善》、《辞行》等;科尔沁草原的民歌以抒情为主,流行的有《思乡曲》、《威风矫健的马》等;昭乌达草原民歌流行的有《翠玲》、《孟阳》等。长调民歌在一些长音的演唱上,可以根据演唱者的情绪自由延长,从旋律风格及唱腔上具有辽阔、豪爽、粗犷的草原民歌特色。

2005 年 11 月 25 日,中国和蒙古国共同将"蒙古族长调民歌"成功申报为"人类非物质文化遗产代表作"。

端午节
The Dragon Boat Festival

端午节是中国的传统节日,节期在农历五月初五,迄今已有 2 500 余年历史。端午节,又称端阳节、午日节、五月节、五日节、艾节、端五、重午、午日、夏节。我国民间为纪念端午节而举行各种活动,如悬钟馗像、挂菖蒲、赛龙舟、吃粽子、饮雄黄酒等。由驱毒避邪的节令习俗衍生出各地丰富多彩的祭祀、游艺、保健等民间活动,各种活动因地域差别而略有不同,尤以湖北省秭归县、黄石市更具典型性。端午节是蕴涵独特民族精神和丰富文化内涵的传统节日,对中国民俗生活有重大影响。端午节的来历诸说纷出,尤以纪念屈原说影响最为广泛。由于屈原的人格伟大、诗艺超群,人们也愿意把这一纪念日归之于他。

2009 年 9 月 30 日在阿联酋首都阿布扎比召开的联合国教科文组织保护非物质文化遗产政府间委员会会议上,中国端午节成功入选《世界人类非物质文化遗产代表作名录》。

中国剪纸
Chinese Paper - cut

民间剪纸是我国民间美术形式之一,有着悠久的历史。剪纸,又叫刻纸、窗花或剪画。区别在于创作时,有的用剪子,有的用刻刀,虽然工具有别,但创作出来的艺术作品基本相同,因此人们统称为剪纸。剪纸是一种镂空艺术,其在视觉上给人以透空的感觉和艺术享受。中国剪纸是用剪刀或刻刀在纸上剪刻花纹,用于装点生活或配合其他民俗活动的一种民间艺术,用特定的表现语言,传达出传统文化的内涵和本质。民间剪纸都来源于生活,剪纸的创作者把他们对生活、对自然的认识、感悟以剪纸这种特殊的艺术形式表现出来,是他们内心情感的一种表达,因此,这种艺术表达重在表现神似,而不是表现形似。同时,受剪纸工艺的限制不宜采取完全写实的手法，只能采用突出表现对象轮廓特征的手法，运用变形、夸张，以突出表现对象的特征。因此夸张和变形成为剪纸中最常用的表达语言之一。

南京云锦织造技艺
The Craftsmanship of Nanjing Yunjin Brocade

南京云锦是我国优秀传统文化的杰出代表，因其绚丽多姿、美如天上云霞而得名。南京云锦已有1 590年历史（王宝林，2008）。南京云锦的图案继承了唐代花纹造型的敦厚饱满、宋代构图的秀美雅致、明代纹样变化的概括简练，结合织物材料的性能、工艺制作的特点，以及实用的具体要求等，融合形成了云锦图案特有的装饰效果和独特的艺术风格（王宝林，2008）。南京云锦织造技艺存续着中国皇家织造的传统，是中国织锦技艺最高水平的代表。它将“通经断纬”等核心技术运用在构造复杂的大型织机上，由上下两人手工操作，用蚕丝线、黄金线和孔雀羽线等材料织出华贵织物，如龙袍。南京云锦织造技艺有着完整的体系，是人类非凡创造力的见证。云锦图案的配色，主调鲜明强烈，具有一种庄重、典丽、明快、轩昂的气势。南京云锦技艺精绝、色彩艳丽、晕色和谐、奇异变幻、自然天成，文化艺术蕴义博大精深。它具有鲜明的中国吉祥文化的深厚底蕴。如今，因灿若云霞而得名的南京云锦，依然作为中国传统织造技艺的经典，用于高端织物的织造，为民众所喜爱。

西安鼓乐
Xi'an Wind and Percussion Ensemble

西安鼓乐是千百年来流传在西安（古长安）及周边地区的民间大型鼓乐，起源于隋唐，历经宋、元、明、清，至今仍然保持着相当完整的曲目、谱式、结构、乐器及演奏形式，是迄今为止在我国境内发现并保存最完整的大型民间乐种之一。西安鼓乐，也称长安古乐、西安古乐，脱胎于唐代燕乐，后融于宫廷音乐，并逐渐流入民间。西安鼓乐至今保存着最传统的鼓乐演奏形式、结构、乐器、曲牌及谱式。西安鼓乐由多种音乐因素组成，其中包括民间音乐、宫廷音乐、戏曲音乐、曲艺音乐、宗教音乐等。乐曲结构庞大、风格典雅，是中国传统器乐文化的典型代表，对研究中国古代音乐有着极高的学术价值。

伊富高人哈德哈德圣歌
The Hudhud Chants of the Ifugao

菲律宾的伊富高人哈德哈德圣歌吟诵这种形式早在公元前7世纪就有了。哈德哈德包括200多首圣歌，每首圣歌由40个篇章组成，如果要把这样一部完整的圣歌全部吟诵一遍，需要几天的时间。吟诵圣歌是一种很古老的传统。伊富高人在播种、收获稻谷、葬礼或其他仪式上都会举行隆重的仪式，吟诵哈德哈德圣歌。圣歌的语言几乎无法形成对应的文字，很少用文字来进行记录，其传承主要靠的是口传心授。圣歌以领唱、合唱的形式表现出来，所有的圣歌通篇只有一个曲调，歌词中大量使用反复、象征、明喻和暗喻等修辞手法。

柬埔寨皇家芭蕾
The Royal Ballet of Cambodia

柬埔寨皇家芭蕾的表演有着优雅的手势和细腻的技巧,极富美感。柬埔寨舞蹈分为两大类,即古典舞蹈和民间舞蹈。古典舞蹈亦称宫廷舞蹈,它体现了高棉人的灵魂和文化。柬埔寨在历史上深受婆罗门教与佛教的影响,因此,它的古典舞蹈也带有浓厚的宗教色彩。古典舞蹈有两大特点:第一个特点是象征性。古典舞蹈舞姿典雅,动作优美,静中有动,动中寓静,静动自如,宽舒洒脱,通过每一个带有明确象征意义的姿势,用类似祈祷般的安静、平缓的节奏表达人物的痛苦、喜悦、愤怒、疑惑等各种复杂的内心活动。第二个特点是用歌唱来说明剧情的发展。在民族乐队的伴奏下,歌唱演员随着舞蹈演员臂膀、手、脚的各种动作,用歌词来解释舞蹈的含义和显示舞蹈的不同进程。

皇家芭蕾

马头琴传统音乐
The Traditional Music of the Morin Khuur

马头琴是蒙古民族的拉弦乐器,因琴头雕有马头而得名。它历史久远,源于奚琴,13世纪初便在蒙古民族中广泛流传。马头琴为独奏乐器,也可用于器乐合奏、说唱、民歌、舞蹈伴奏或参加民族乐队演奏。由于流传地区不同,马头琴的名称、造型(有正梯形、倒梯形,还有六方形或八方形的)、音色和演奏方法也各异。马头琴由共鸣箱、琴杆、琴头、弦轴、琴弦、弓子等部分组成,全长100cm左右,琴箱两面都蒙皮膜,琴箱框板用硬质木板制作,上下两板开有装入琴杆的孔眼。马头琴多为演奏者自制自用。演奏马头琴一般采用坐势,将琴箱夹于两腿中间,琴杆偏向左侧,左手虎口稍张开,拇指微扶琴杆。指法有颤指、滑音、双音、拨弦、揉弦和泛音等技巧。马头琴所演奏的乐曲,具有深沉、粗犷、激昂的特点,体现了蒙古民族的生产、生活和草原风情。马头琴的琴声优美动听,是适合演奏蒙古古代长调

马头琴演奏

的最好的乐器，它能够准确地表达出蒙古人的生活，如辽阔的草原、呼啸的狂风、悲伤的心情、奔腾的马蹄声、欢乐的牧歌等。

歌舞伎
Kabuki Theatre

歌舞伎是日本传统的戏剧表演形式，形成于17世纪的伊豆时期(Edo period)，在城市居民中相当流行。起初，男女演员都有，但后来禁止了女演员的表演。这一限制保留至今，所以现在所有的歌舞伎表演都是男演员。歌舞伎表演的多是有关历史事件和恋爱关系中道德冲突的题材。歌舞伎的重要特点包括独特的音乐、服饰、舞台设置和道具，以及保留剧目、说白和表演风格，比如“mie”，即演员用一个特殊的姿势塑造人物的性格特征；“Keshÿ”，即特殊的扮相。今天，歌舞伎成了日本最广泛流行的传统戏剧表演形式。

西西里木偶戏
Opera dei Pupi，Sicilian Puppet Theatre

意大利西西里木偶戏产生于19世纪早期的意大利西西里岛，它主要表现的是宏伟的史诗、英雄的传奇故事，除了表演一些传统的历史题材的史诗故事之外，艺人们还根据诗歌、浪漫传奇或流行的歌剧以及一些来源于生活的基本的故事情节，用精雕细刻的偶人和道具进行即席创作，对白也都是即席编创。艺人专门请手工精湛的工匠设计木偶形象，采用数十年流传下来的制作方法，经过雕刻、着色等繁复的制作过程，制作出来的木偶精美异常，看上去让人赏心悦目。

波罗的海歌舞庆典
The Baltic Song and Dance Celebrations

在爱沙尼亚、拉脱维亚和立陶宛，波罗的海歌舞表演庆典是大规模的节日活动。歌舞表演一般持续数天，场面宏大，人数众多，参加的歌手和舞者可达4万人。在爱沙尼亚、拉脱维亚和立陶宛反映出多种音乐的传统。唱诗班和音乐团体于18世纪首先在爱沙尼亚变得制度化，随后，唱诗班唱歌在整个乡村和城市展开，并不断普及。波罗的海歌舞庆典于1869年在爱沙尼亚率先开始，而后1873年是在拉脱维亚，立陶宛于1924年举行了首次庆典。波罗的海歌舞表演庆典作为认定波罗的海文化身份的方法，民间的歌舞表演及其庆祝活动至今仍在继续。

塞梅斯基的文化空间和口头文化
The Cultural Space and Oral Culture of the Semeiskie

塞梅斯基是俄罗斯一个古老的民族，长期居住在西伯利亚特兰斯贝加尔地区(Transbaikal region)，在与世隔绝的偏远地区，人们至今仍然固守着从中世纪沿袭下来的传统的生活方式，保留了自己的传统文化，形成了独特的群体，这一群体其总数约20万人。在他们的现有生活方式中，展示了16—17世纪俄罗斯的民俗文化和风土人情，如传统的民居、手工艺、服饰、礼仪、音乐、舞蹈、典礼、谚语、箴言和宗教信仰。塞梅斯基文化中令人印象最深刻的是他们独特的合唱乐队、家庭聚会和公共节日,乐队都要演唱传统歌曲,这些歌曲都是产生于中世纪的古老的俄罗斯教会音乐。从 20 世纪 30 年代以来,一些乡村唱诗班的演出就已经开始了,直到现在仍经久不衰。

十字架工艺及其象征意义
Cross - crafting and its Symbolism

立陶宛的十字架可以追溯到 15 世纪,传统的木制十字架手工制作工艺反映了当地的文化特性、信仰和礼仪。十字架工艺作为一种受欢迎的传统方式,表达了人们的历史、艺术、社会和民族价值观。十字架一般的高度为 1～5m 之间,以木头为材质,上面雕刻有典型的花纹和几何图形,并在显著位置雕刻有基督或圣徒塑像。十字架往往置于路旁、村口、建筑物附近、墓地等,与天主教仪式和庆祝丰收有关,祈祷和祝福时十字架往往被视为是神圣无比的。另外,十字架也是自由独立的象征。

巴亥瑞康卡乌的圆圈桑巴舞
The Samba of Roda of the Recôncavo of Bahia

圆圈桑巴舞是巴西诸多桑巴舞中的一种,是将音乐、舞蹈、编舞、诗歌和节日活动融为一体的桑巴舞。所有参与者围成圆圈,是圆圈桑巴舞的主要特点之一,通常,舞者为妇女,盛行于宗教仪式等场合。它于 17 世纪出现在巴亥州的瑞康卡乌地区,起源于当地非洲奴隶的舞蹈和文化习俗。而后,葡萄牙文化的因素,如语言、诗歌的特殊形式、乐器等,融人进来并改变了节奏和编舞。虽然外来影响不少,但圆圈桑巴舞基本保持了非裔巴西人的音乐形态,并成为这一地区流行文化的见证。

巴兰基亚狂欢节
The Carnival of Barranquilla

巴兰基亚(Barranquilla)是哥伦比亚最大的海港城市,位于马格达雷那河河口左岸 15km 处的加勒比海岸,建于 1629 年,是哥伦比亚主要工业城市之一。巴兰基亚狂欢节一年一度。狂欢节期间,盛装的游行队伍走上街头,舞蹈、音乐、彩车、美女使这座海滨城市充满了色彩和欢乐。巴兰基亚狂欢节是加勒比沿岸地区最重要的节日之一,狂欢节成为一个在巴兰基亚的所有种族社区均受欢迎的壮观的庆祝典礼。

萨培拉人的口头遗产与文化现象
The Oral Heritage and Cultural Manifestations of the Zápara People

4 个多世纪以来,萨培拉人生活在分属于厄瓜多尔和秘鲁两个国家的亚马逊丛林中。萨培拉人居住的亚马逊河流域地区,在地球上以生物多样性而著称。萨培拉人通过语言、宗教仪式、神话、艺术以及传统医药表达他们与生活环境的密切关系，发展了他们的口头文化，使萨培拉人的独特的文化延续至今。目前，萨培拉人的独特的文化已经面临着极大的威胁。据2001年的统计数据，现有的萨培拉人口还不到300人，其中200人居住在厄瓜多尔，100人居住在秘鲁。然而，更为严峻的是，目前只有5位70岁以上的老人在使用萨培拉语言(Zápara language)。

扎非曼尼里的木雕工艺
The Woodcrafting Knowledge of the Zafimaniry

扎非曼尼里人仍保留了独特的木雕工艺文化。今天，在扎非曼尼里，大约有2 500人生活在大约100个小村庄里，这些村落分布在这一地区的高地之中。扎非曼尼里的工匠利用当地的木材施展他们的知识和技能，使木雕工艺传统得到了发扬。在扎非曼尼里随处可见精美的木制建筑、雕刻和装饰。全部木制的墙、窗子构架、房梁、家具和精心制作的装饰品，无疑都是扎非曼尼里木雕工艺最精彩的组成部分。这些木制建筑以传统的榫眼和凸榫关节进行集合连接，不使用一枚钉子、绞链或者其他金属硬件。更令人叫绝的是扎非曼尼里工匠的木雕创造性：没有两个主题是雷同的。

人类非物质文化遗产代表作名录
Representative List of the Intangible Cultural Heritage of Humanity

2001年5月18日公布的第一批人类非物质文化遗产代表作名录，19项

伯里兹 Belize

加利弗那语言、舞蹈和音乐 Language, Dance and Music of the Garifuna(与危地马拉、洪都拉斯和尼加拉瓜共有)

贝宁 Benin

杰莱德口头遗产 The Oral Heritage of Gelede(与尼日利亚和多哥共有)

玻利维亚 Bolivia

奥鲁罗狂欢节 The Carnival of Oruro

中国 China

昆曲 KunQu Opera

科特迪瓦 Côte dIvoire

塔格巴纳人的横吹喇叭音乐 The Gbofe of Afounkaha—the Music of the Transverse Trumps of the Tagbana Community

多米尼加 Dominican Republic

维拉·麦拉康果斯圣灵兄弟会文化空间 The Cultural Space of the Brotherhood of the Holy Spirit of the Congos of Villa Mella

厄瓜多尔 Ecuador

萨培拉人的口头遗产与文化现象 The Oral Heritage and Cultural Manifestations of the Zápara People(与秘鲁共有)

格鲁吉亚 Georgia

格鲁吉亚复调演唱 Georgian Polyphonic Singing

危地马拉 Guatemala

加利弗那语言、舞蹈和音乐 Language, Dance and Music of the Garifuna(与伯里兹、洪都拉斯和尼加拉瓜共有)

几内亚 Guinea

苏苏-巴拉文化空间 The Cultural Space of Sosso - Bala

洪都拉斯 Honduras

加利弗那语言、舞蹈和音乐 Language, Dance and Music of the Garifuna(与伯里兹、危地马拉和尼加拉瓜共有)

印度 India

库提亚达姆梵剧 Kutiyattam, Sanskrit Theatre

意大利 Italy

西西里木偶戏 Opera dei Pupi, Sicilian Puppet Theatre

日本 Japan

能剧 Nôgaku Theatre

拉脱维亚 Latvia

十字架工艺及其象征意义 Cross - crafting and its Symbolism(与立陶宛共有)

立陶宛 Lithuania

十字架工艺及其象征意义 Cross - crafting and its Symbolism(与拉脱维亚共有)

摩洛哥 Morocco

德迦玛·艾尔法纳广场的文化空间 The Cultural Space of Jemaa el - Fna Square

尼加拉瓜 Nicaragua

加利弗那语言、舞蹈和音乐 Language, Dance and Music of the Garifuna(与伯里兹、危地马拉和洪都拉斯共有)

尼日利亚 Nigeria

杰莱德口头遗产 The Oral Heritage of Gelede(与贝宁和多哥共有)

秘鲁 Peru

萨培拉人的口头遗产与文化现象 The Oral Heritage and Cultural Manifestations of the Zápara People(与厄瓜多尔共有)

菲律宾 Philippines

伊富高人哈德哈德圣歌 The Hudhud Chants of the Ifugao

韩国 Republic of Korea

宗庙皇家祭祖仪式及其音乐 The Royal Ancestral Ritual in the Jongmyo Shrine and its Music

俄罗斯 Russian Federation

塞梅斯基的文化空间和口头文化 The Cultural Space and Oral Culture of the Semeiskie

西班牙 Spain

埃尔切的神秘剧 The Mystery Play of Elche

多哥 Togo

杰莱德口头遗产 The Oral Heritage of Gelede(与贝宁和尼日利亚共有)

乌兹别克斯坦 Uzbekistan

博恩逊地区的文化空间 The Cultural Space of the Boysun District

2003 年 11 月 7 日公布的第二批人类非物质文化遗产代表作名录,28 项

阿塞拜疆 Azerbaijan

阿塞拜疆木卡姆 The Azerbaijani Mugham

比利时 Belgium

班什的狂欢节 The Carnival of Binche

玻利维亚 Bolivia

安第斯卡拉瓦亚的宇宙信仰形式 The Andean Cosmovision of the Kallawaya

巴西 Brazil

瓦加皮口头和图形表达形式 Oral and Graphic Expressions of the Wajapi

中非共和国 Central African Republic

中非阿卡俾格米人的复调歌曲 The Polyphonic Singing of the Aka Pygmies of Central Africa

柬埔寨 Cambodia

柬埔寨皇家芭蕾 The Royal Ballet of Cambodia

中国 China

古琴音乐 The Guqin and its Music

哥伦比亚 Colombia

巴兰基亚狂欢节 The Carnival of Barranquilla

古巴 Cuba

法兰西鼓乐 La Tumba Francesa

埃及 Egypt

艾尔希拉-艾尔黑拉里亚史诗 The Al－Sirah Al－Hilaliyyah Epic

爱沙尼亚 Estonia

基努文化空间 The Kihnu Cultural Space

波罗的海歌舞庆典 The Baltic Song and Dance Celebrations(与拉脱维亚和立陶宛共有)

印度 India

吠陀传统颂歌 The Tradition of Vedic Chanting

印度尼西亚 Indonesia

哇扬木偶戏 The Wayang Puppet Theatre

伊拉克 Iraq

伊拉克木卡姆音乐 The Iraqi Mugham

牙买加 Jamaica

摩尔镇的马隆人遗产 The Maroon Heritage of Moore Town

日本 Japan

净琉璃文乐木偶戏 Ningyo Johruri Bunraku Puppet Theatre

吉尔吉斯斯坦 Kyrgyzstan

阿肯弹唱艺术与吉尔吉斯史诗传统艺人 The Art of Akyns，Kyrgyz Epic Tellers

拉脱维亚 Latvia

波罗的海歌舞庆典 The Baltic Song and Dance Celebrations(与爱沙尼亚和立陶宛共有)

立陶宛 Lithuania

波罗的海歌舞庆典 The Baltic Song and Dance Celebrations(与爱沙尼亚和拉脱维亚共有)

马达加斯加 Madagascar

扎非曼尼里的木雕工艺 The Woodcrafting Knowledge of the Zafimaniry

墨西哥 Mexico

土著亡灵节 The Indigenous Festivity dedicated to the Dead

蒙古 Mongolia

马头琴传统音乐 The Traditional Music of the Morin Khuur

韩国 Republic of Korea

盘索里史诗说唱 The Pansori Epic Chant

塔吉克斯坦 Tajikistan

沙什马贡音乐 Shashmaqom Music(与乌兹别克斯坦共有)

汤加 Tonga

拉卡拉卡——说唱舞蹈 Lakalaka，Sung Speeches with Choreographed Movements

土耳其 Turkey

麦达赫艺术——公共说书人 The Arts of the Meddah，Public Storytellers

乌兹别克斯坦 Uzbekistan

沙什马贡音乐 Shashmaqom Music(与塔吉克斯坦共有)

瓦努阿图 Vanuatu

瓦努阿图沙画 Vanuatu Sand Drawings

越南 Vietnam

雅乐——越南宫廷音乐 Nha Nhac,Vietnamese Court Music

也门 Yemen

萨那歌曲 The Song of Sana'a

2005年11月25日公布的第三批人类非物质文化遗产代表作名录,43项

阿尔巴尼亚 Albania

阿尔巴尼亚民间低声部复调音乐 Albanian Folk Iso - polyphony

阿尔及利亚 Algeria

古拉拉地区阿赫里 The Ahellil of Gourara

亚美尼亚 Armenia

杏木双簧管音乐 The Duduk and its Music

孟加拉 Bangladesh

保勒演唱艺术 Baul Songs

比利时 Belgium

比利时和法国巨人和巨龙游行 Processional Giants and Dragons in Belgium and France(与法国共有)

不丹 Bhutan

德拉麦茨的鼓乐面具舞 The Mask Dance of the Drums from Drametse

巴西 Brazil

巴亥瑞康卡乌的圆圈桑巴舞 The Samba of Roda of the Recôncavo of Bahia

保加利亚 Bulgaria

比斯萃萨的巴比——肖普鲁克地区古老的复调音乐、舞蹈和仪式习俗 The Bistritsa Babi - Archaic Polyphony，Dances and Rituals from the Shoplouk Region

柬埔寨 Cambodia

斯贝克托姆——高棉皮影戏 Sbek Thom，Khmer Shadow Theatre

中国 China

新疆维吾尔木卡姆 The Uyghur Mugham of Xinjiang

蒙古族长调民歌 Urtiin Duu - Traditional Folk Long Song(与蒙古国共有)

哥伦比亚 Colombia

圣巴西里奥帕伦克文化空间 The Cultural Space of Palenque de San Basilio

哥斯达黎加 Costa Rica

哥斯达黎加的牧牛传统和牛车 Oxherding and Oxcart Traditions in Costa Rica

捷克 Czech Republic

斯洛伐克新兵舞 Slovácký Verbuňk, Recruit Dances

多米尼加 Dominican Republic

库库鲁舞蹈戏剧 Cocolo Dance Drama Tradition

法国 France

比利时和法国巨人和巨龙游行 Processional Giants and Dragons in Belgium and France(与比利时共有)

冈比亚 Gambia

坎科冉,曼丁成人礼 The Kankurang, Manding Initiatory Rite(与塞内加尔共有)

危地马拉 Guatemala

瑞宾瑙-艾基舞剧 The Rabinal Achí Dance Drama Tradition

印度 India

拉姆里拉——《罗摩衍那》的传统表演 Ramlila - the Traditional Performance of the Ramayana

印度尼西亚 Indonesia

印度尼西亚佩剑 Indonesian Keris

意大利 Italy

撒丁岛牧歌 Canto a Tenore, Sardinian Pastoral Songs

日本 Japan

歌舞伎 Kabuki Theatre

约旦 Jordan

佩特拉和维地拉姆的贝都人文化空间 The Cultural Space of the Bedu in Petra and Wadi Rum

马拉维 Malawi

维布扎康复舞蹈仪式 The Vimbuza Healing Dance

古勒·沃姆库鲁 The Gule Wamkulu(与莫桑比克和赞比亚共有)

马来西亚 Malaysia

马克·扬戏剧 Mak Yong Theatre

马里 Mali

亚饶和戴高文化空间 The Cultural Space of the Yaaral and Degal

蒙古 Mongolia

蒙古族长调民歌 Urtiin Duu - Traditional Folk Long Song(与中国共有)

摩洛哥 Morocco

坦坦地区的木赛姆牧民大会 The Moussem of Tan - Tan

莫桑比克 Mozambique

朝比木琴音乐 The Chopi Timbila

古勒·沃姆库鲁 The Gule Wamkulu(与马拉维和赞比亚共有)

尼加拉瓜 Nicaragua

艾尔·圭根斯讽刺剧 El Güegüense

尼日利亚 Nigeria

艾法预言体系 The Ifa Divination System

巴勒斯坦 Palestine

巴勒斯坦希卡耶说书 The Palestinian Hikaye

秘鲁 Peru

塔奎勒岛及其纺织工艺 Taquile and its Textile Art

菲律宾 Philippines

兰瑙湖玛冉瑙人的达冉根史诗唱述 The Darangen Epic of the Maranao People of Lake Lanao

韩国 Republic of Korea

江陵端午祭 The Gangneung Danoje Festival

罗马尼亚 Romania

卡鲁斯仪式 The Căluş Ritual

俄罗斯 Russian Federation

欧隆克——雅库特英雄叙事诗 The Olonkho, Yakut Heroic Epos

塞内加尔 Senegal

坎科冉,曼丁成人礼 The Kankurang, Manding Initiatory Rite(与冈比亚共有)

斯洛伐克 Slovakia

伏佳拉及其音乐 The Fujara and its Music

西班牙 Spain

帕特姆流行节日 The Patum of Berga

土耳其 Turkey

托钵僧舞蹈仪式 The Mevlevi Sema Ceremony

乌干达 Uganda

乌干达树皮衣制作 Barkcloth Making in Uganda

越南 Vietnam

铜锣文化空间 The Space of Gong Culture

赞比亚 Zambia

迈基石化装舞会 The Makishi Masquerade

古勒·沃姆库鲁 The Gule Wamkulu(与马拉维和莫桑比克共有)

津巴布韦 Zimbabwe

姆班德耶路撒勒玛舞 The Mbende Jerusarema Dance

2009年9月30日公布的第四批人类非物质文化遗产代表作名录,76项

阿根廷 Argentina

探戈 The Tango(与乌拉圭共有)

阿塞拜疆 Azerbaijan

阿塞拜疆游吟诗人音乐艺术 The Art of Azerbaijani Ashiq

诺鲁兹 Novruz(Nowrouz, Nooruz, Navruz, Nauroz, Nevruz)(与印度、伊朗、吉尔吉斯斯坦、乌兹别克斯坦、巴基斯坦和土耳其共有)

比利时 Belgium

布鲁日的圣血游行 Procession of the Holy Blood in Bruges

保加利亚 Bulgaria

蹈火舞仪式——保加利村庄的圣-康斯坦丁和圣-海伦娜节 Nestinarstvo, messages from the past: the Panagyr of Saints Constantine and Helena in the Village of Bulgari

中国 China

雕版印刷技艺 China Engraved Block Printing Technique

中国书法 Chinese Calligraphy

中国剪纸 Chinese Paper - cut

中国传统木结构营造技艺 Chinese Traditional Architectural Craftsmanship for Timber - framed Structures

中国朝鲜族农乐舞 Farmers' Dance of China's Korean Ethnic Group

格萨(斯)尔 Gesar Epic Tradition

侗族大歌 Grand Song of the Dong Ethnic Group

花儿 Hua'er

玛纳斯 Manas

蒙古族歌唱艺术呼麦 Mongolian Art of Singing：Khoomei

南音 Nanyin

热贡艺术 Regong Arts

中国传统桑蚕丝织技艺 Sericulture and Silk Craftsmanship of China

端午节 The Dragon Boat Festival

妈祖信俗 The Mazu Belief and Customs

中国篆刻 The Art of Chinese Seal Engraving

南京云锦织造技艺 The Craftsmanship of Nanjing Yunjin Brocade

龙泉青瓷传统烧制技艺 The Traditional Firing Technology of Longquan Celadon

宣纸传统制作技艺 The Traditional Handicrafts of Making Xuan Paper

藏戏 Tibetan Opera

西安鼓乐 Xi'an Wind and Percussion Ensemble

粤剧 Cantonese Opera

哥伦比亚 Colombia

黑人白人狂欢节 Carnaval de Negros y Blancos

波帕扬的圣周游行 Holy Week Processions in Popayán

克罗地亚 Croatia

卡斯塔夫地区年度狂欢节鸣钟人游行盛会 Annual Carnival Bell Ringers' Pageant from the Kastav Area

克罗地亚的花边制作 Lacemaking in Croatia

赫瓦尔岛的“跟随十字架”游行 Procession Za Krizen (“following the cross”) on the Island of Hvar

格里亚尼的里耶里耶/克拉耶斯(王后)的春季游行 Spring Procession of Ljelje/Kraljice (queens) from Gorjani

杜布罗夫尼克的守护神——圣布莱斯节 The Festivity of Saint Blaise, The Patron of Dubrovnik

哈瓦斯科-扎国基的儿童木质玩具的传统制作 Traditional Manufacturing of Children's Wooden Toys in Hrvatsko Zagorje

伊斯特尼亚风格的双声部歌唱和演奏 Two - part Singing and Playing in the Istrian Scale

塞普路斯 Cyprus

莱夫卡拉花边 Lefkara Laces or Lefkaritika

爱沙尼亚 Estonia

塞托多声部合唱 Seto Leelo, Seto Polyphonic Singing Tradition

法国 France

奥布松挂毯 Aubusson Tapestry

玛洛亚 Maloya

法国的木构架划线放样传统工艺 The Scribing Tradition in French Timber Framing

匈牙利 Hungary

莫哈奇的冬末面具狂欢节习俗 Busó Festivities at Mohács：Masked End - of - winter Carnival Custom

印度 India

拉曼:印度喜马拉雅地区加瓦尔的宗教节日和仪式戏剧表演 Ramman: Religious Festival and Ritual Theatre of the Garhwal Himalayas, India

诺鲁兹:Novruz(Nowrouz, Nooruz, Navruz, Nauroz, Nevruz)(与阿塞拜疆、伊朗、吉尔吉斯斯坦、乌兹别克斯坦、巴基斯坦和土耳其共有)

印度尼西亚 Indonesia

印度尼西亚的蜡染印花工艺 Indonesian Batik

伊朗 Iran (Islamic Republic of)

伊朗的拉笛夫音乐 The Radif of Iranian Music

诺鲁兹 Novruz(Nowrouz, Nooruz, Navruz, Nauroz, Nevruz)(与阿塞拜疆、印度、吉尔吉斯斯坦、乌兹别克斯坦、巴基斯坦和土耳其共有)

日本 Japan

秋保的插秧舞 Akiu no Taue Odori

女孩舞蹈节 Chakkirako

题目立 Daimokutate

大日堂舞乐 Dainichido Bugaku

雅乐 Gagaku

早池峰神乐 Hayachine Kagura

日立风流物 Hitachi Furyumono

甑岛来访神 Koshikijima no Toshidon

新潟县鱼沼地区苎麻布织造工艺 Ojiya - chijimi, Echigo - jofu: Techniques of Making Ramie Fabric in Uonuma Region, Niigata Prefecture

奥能登的田神祭 Oku - noto no Aenokoto

石州半纸-岛根县石见地区的造纸术 Sekishu - Banshi: Papermaking in the Iwami Region of Shimane Prefecture

阿伊努人的传统舞蹈 Traditional Ainu Dance

京都祇园节日彩车庆典 Yamahoko, the Float Ceremony of the Kyoto Gion festival

吉尔吉斯斯坦 Kyrgyzstan

诺鲁兹 Novruz(Nowrouz, Nooruz, Navruz, Nauroz, Nevruz)(与阿塞拜疆、印度、伊朗、乌兹别克斯坦、巴基斯坦和土耳其共有)

马里 Mali

在库鲁坎-弗噶宣布的《曼德宪章》The Manden Charter, Proclaimed in Kurukan Fuga

康加巴的圣屋卡玛布隆屋顶落成仪式 The Septennial Reroofing Ceremony of the Kamablon, Sacred House of Kangaba

墨西哥 Mexico

托利曼的奥托米-希希美卡斯民族的纪念地和生活传统伯纳尔巨石,圣地的守护者 Places of Memory and Living Traditions of the Otomí - Chichimecas People of Tolimán: the Peña de Bernal, Guardian of a Sacred Territory

飞人典礼 Ritual Ceremony of the Voladores

尼日利亚 Nigeria

伊耶勒面具舞 Ijele Masquerade

巴基斯坦 Pakistan

诺鲁兹 Novruz(Nowrouz, Nooruz, Navruz, Nauroz, Nevruz)(与阿塞拜疆、印度、伊朗、吉尔吉斯斯坦、

乌兹别克斯坦和土耳其共有）

韩国 Republic of Korea

处容舞 Cheoyongmu

羌羌水月来 Ganggangsullae

济州七美瑞岛的永登仪式 Jeju Chilmeoridang Yeongdeunggut

绳索舞 Namsadang Nori

灵山斋 Yeongsanjae

罗马尼亚 Romania

德诺依娜 Doina

西班牙 Spain

西班牙地中海海岸的灌溉者法庭：穆尔西亚平原贤人委员会和巴伦西亚平原水法庭 Irrigators' Tribunals of the Spanish Mediterranean Coast：the Council of Wise Men of the Plain of Murcia and the Water Tribunal of the Plain of Valencia

戈梅拉岛（加纳利群岛）的哨语 Whistled Language of the Island of La Gomera (Canary Islands), the Silbo Gomero

土耳其 Turkey

卡拉格兹 Karagöz

吟游诗歌传统 Âşklk (minstrelsy) tradition

诺鲁兹 Novruz(Nowrouz, Nooruz, Navruz, Nauroz, Nevruz)（与阿塞拜疆、印度、伊朗、吉尔吉斯斯坦、乌兹别克斯坦和巴基斯坦共有）

乌拉圭 Uruguay

冈东贝及其社会文化空间：一种社会活动 The Candombe and its Socio - cultural Space：a Community Practice

探戈 The Tango（与阿根廷共有）

乌兹别克斯坦 Uzbekistan

卡塔阿苏拉 Katta Ashula

诺鲁兹 Novruz(Nowrouz, Nooruz, Navruz, Nauroz, Nevruz)（与阿塞拜疆、印度、伊朗、吉尔吉斯斯坦、巴基斯坦和土耳其共有）

越南 Vietnam

北宁官贺民歌 Quan Ho Bac Ninh Folk Songs

2010 年 11 月 16 日公布的第五批人类非物质文化遗产代表作名录，47 项

亚美尼亚 Armenia

亚美尼亚十字架石艺术：十字石的象征与工艺 Armenian Cross - stones Art. Symbolism and Craftsmanship of Khachkars

阿塞拜疆 Azerbaijan

阿塞拜疆地毯编织传统技艺 The Traditional Art of Azerbaijani Carpet Weaving in the Republic of Azerbaijan

比利时 Belgium

阿尔斯特狂欢节 Aalst Carnival

豪特姆年市，圣利芬斯一豪特姆年度冬季集市及牲畜市场 Houtem Jaarmarkt, Annual Winter Fair and Iivestock Market at Sint Lievens Houtem

克拉克林根与格拉兹伯根，赫拉尔德斯贝尔亨冬末火与面包节 Krakelingen and Tonnekensbrand, End - of - winter Bread and Fire Feast at Geraardsbergen

中国 China

中医针灸 Acupuncture and Moxibustion of Traditional Chinese Medicine

京剧 Peking Opera

哥伦比亚 Colombia

哥伦比亚南太平洋区的马林巴音乐与传统吟唱 Marimba Music and Traditional Chants from Colombia's South Pacific Region

瓦尤社区"话事人"执行的规范体系 The Wayuu Normative System Applied by the Pütchipü'üi (palabrero)

克罗地亚 Croatia

克罗地亚北部的姜饼制作技艺 Gingerbread Craft from Northern Croatia

锡尼城(Sinj)锡尼斯卡圆环(Sinjska Alka)骑士竞赛 The Sinjska Alka, a Knights' Tournament in Sinj

捷克 Czech Republic

赫林奈科地区村庄的挨家串户的忏悔节假面游行 Shrovetide Door - to - door Processions and Masks in the Villages of the Hlinecko Area

法国 France

手工业行会，按行业进行知识传承并保持身份认同的网络 Compagnonnage, Network for On - the - job Transmission of Knowledge and Identities

阿朗松的针织花边技艺 The Craftsmanship of Alençon Needle Lace - Making

法国美食大餐 The Gastronomic Meal of the French

印度 India

查乌舞 Chhau Dance

拉贾斯坦邦卡贝利亚民间歌舞 Kalbelia Folk Songs and Dances of Rajasthan

喀拉拉邦穆迪耶图仪式戏剧与舞蹈剧 Mudiyettu Ritual Theatre and Dance Drama of Kerala

印度尼西亚 Indonesia

印度尼西亚昂格隆 Indonesian Angklung

伊朗 Iran (Islamic Republic of)

呼罗珊的巴克谢西音乐 The Music of the Bakhshis of Khorasan

帕勒瓦尼和祖卡内仪式 The Pahlevani and Zoorkhanei Rituals

塔兹耶仪式戏剧艺术 The Ritual Dramatic Art of Ta'a zyeh Iran

法尔斯地毯编织传统技艺 Traditional Skills of Carpet Weaving in Fars

卡山地毯编织传统技艺 Traditional Skills of Carpet Weaving in Kashan

日本 Japan

冲绳传统音乐戏剧 Kumiodori Traditional Okinawan Musical Theatre

结城丝绸生产工艺 Yuki - tsumugi Silk Fabric Production Technique

立陶宛 Lithuania

苏塔廷内斯，立陶宛的多调歌曲 Sutartins, Lithuanian Multipart Songs

卢森堡 Luxembourg

埃希特纳赫的跳步游行 The Hopping Procession of Echternach

墨西哥 Mexico

恰帕德科尔索城一月传统盛会中的帕拉奇克舞 Parachicos in the Traditional January Feast of Chiapa de Corzo

皮卢瓜，普热佩贾人的传统歌曲 Pirekua，Traditional Song of the P'urhépecha

传统的墨西哥烹饪——世代相传、不断发展的社区文化，米却肯州范例 Traditional Mexican Cuisine - ancestral，Ongoing Community Culture，the Michoacán Paradigm

蒙古 Mongolia

蒙古的传统艺术呼麦 The Mongolian Traditional Art of Khöömei

蒙古的传统节日那达慕 Naadam，Mongolian Traditional Festival

阿曼 Oman

阿巴尔，阿曼佐法尔山谷的音乐和舞蹈 Al - Bar'ah，Music and Dance of Oman Dhofari Valleys

秘鲁 Peru

米驼村的仪式舞蹈"华空纳达"Huaconada，Ritual Dance of Mito

剪刀舞 The Scissors Dance

韩国 Republic of Korea

大木匠与传统的木结构建筑艺术 Daemokjang，Traditional Wooden Architecture

"歌曲"，乐队伴奏的歌曲组曲 Gagok，Lyric Song Cycles Accompanied by an Orchestra

西班牙 Spain

马略卡的西比尔咏唱 The Chant of the Sybil on Majorca

弗拉明戈 Flamenco

叠人塔 Human Towers

地中海饮食 The Mediterranean Diet(与希腊、意大利和摩洛哥共有)

土耳其 Turkey

克尔克普那尔传统涂油摔跤节 Kirkpinar Oil Wrestling Festival

塞玛贺，阿里维-贝查兹教派的仪式 Semah，Alevi - Bektaşi Ritual

传统的索贝会 Traditional Sohbet Meetings

越南 Vietnam

扶董庙与硕苗的天王节 Gióng Festival of Phù Dông and Sóc Temples

阿拉伯联合酋长国 United Arab Emirates

猎鹰训练术 Falconry(与比利时、捷克、法国、韩国、蒙古、摩洛哥、卡塔尔、沙特阿拉伯、西班牙和叙利亚共有)

急需保护的非物质文化遗产名录①

The List of Intangible Cultural Heritage in Need of Urgent Safeguarding

2009 年

白俄罗斯 Belarus

圣诞沙皇仪式 Rite of the Kalyady Tsars (Christmas Tsars)

中国 China

羌族农历新年 Qiang New Year Festival

黎族传统纺染织绣技艺 Traditional Li Textile Techniques：Spinning，Dyeing，Weaving and Embroidering

中国传统木拱桥营造技艺 Traditional Design and Practices for Building Chinese Wooden Arch Bridges

法国 France

Paghjella 歌曲—科西嘉的世俗式、礼拜式口头传统 The Cantu in Paghjella—a Secular and Liturgical Oral

①http://whc.unesco.org/en/danger/

Tradition of Corsica

肯尼亚 Kenya

米吉肯达圣林卡亚居住区的传统和习俗 Traditions and Practices Associated to the Kayas in the Sacred Forests of the Mijikenda

拉脱维亚 Latvia

Suiti 文化空间 Suiti Cultural Space

马里 Mali

桑科蒙:桑科的集体捕鱼仪式 The Sanké mon: Collective Fishing Rite of the Sanké

蒙古 Mongolia

蒙古 Biyelgee 舞—蒙古传统民间舞蹈 Mongol Biyelgee—Mongolian Traditional Folk Dance

蒙古图利:蒙古史诗 Mongol Tuuli: Mongolian Epic

潮尔传统音乐 Traditional Music of the Tsuur

越南 Vietnam

歌筹 Ca trù singing

2010 年

中国 China

麦西来甫 Meshrep

中国帆船水密舱壁制作技艺 The Watertight Bulkhead Technology of Chinese Junks

中国木版活字印刷术 Wooden Movable Type Printing of China

克罗地亚 Croatia

奥耶康吉演唱 Ojkanje Singing

被认为最能体现公约的非物质文化遗产保护计划、项目和活动

Programmes, projects and activities for the safequarding of intangible cultural heritage considered to best reflect the principles and objectives of the Convention

2009 年

玻利维亚 Bolivia

保护玻利维亚、智利和秘鲁艾马拉人社会的非物质文化遗产 Safeguarding Intangible Cultural Heritage of Aymara Communities in Bolivia, Chile and Peru(与智利和秘鲁共有)

印度尼西亚 Indonesia

印度尼西亚北加浪岸的蜡染布博物馆——小学、初高中、职业学校和工艺学校的非物质文化遗产教育和培训 Education and Training in Indonesian Batik Intangible Cultural Heritage for Elementary, Junior, Senior, Vocational School and Polytechnic Students, in Collaboration with the Batik Museum in Pekalongan

西班牙 Spain

传统文化中心——普索尔教育计划的学校博物馆 Centre for Traditional Culture—School Museum of Pusol Pedagogic Project

(注:2011 年 11 月 27 日公布的第六批人类非物质文化遗产代表作名录 19 项,急需保护的非物质文化遗产名录 11 项,被认为最能体现公约的非物质文化遗产保护计划、项目和活动名录 5 项)

第九章　世界遗产的保护、管理和可持续发展

世界遗产是人类历史、文化与文明的象征，保护世界遗产是每个公民的义务，而激发他们爱护遗产的前提条件是普及文化与自然遗产知识，让大家了解人类文明的结晶。世界遗产是不可再生的珍稀资源，保护好独一无二的世界遗产，是人类共同的责任。世界遗产资源的保护、管理和开发应从中国的国情出发，遵循立足保护、科学规划、合理开发、永续利用的原则。科学地保护和开发世界遗产的科学、教育、文化和旅游资源，是带动地区和国家的文化、经济和旅游业可持续发展的战略目标。

第一节　世界遗产的保护

中国政府对文化和自然遗产的保护一贯十分重视，并积极支持和参与联合国教科文组织和世界遗产委员会关于保护世界文化和自然遗产的活动。早在1985年11月，第六届全国人民代表大会常务委员会第十三次会议就批准加入了《保护世界文化和自然遗产公约》，成为该《公约》的缔约国。

2002年，文化部、国家文物局、国家计划经济委员会、财政部、教育部、建设部、国土资源部、国家环保总局、国家林业局联合发布《关于加强和改善世界遗产保护管理工作的意见》，指出我国世界遗产保护事业面临的问题和困难，正确处理世界遗产保护与利用的关系，进一步加强对世界遗产的保护管理工作。明确规定，一切开发、利用和管理工作，首先要把遗产的保护和保存放在第一位，应以遗产的保护和保存为前提，以有利于遗产的保护和保存为根本。

2005年12月22日，国务院正式下发《关于加强文化遗产保护的通知》（以下简称《通知》），国务院专门成立了由15个部委组成的全国文化遗产保护领导小组。国务院颁发这个《通知》，标志着中国文化遗产保护事业进入新的历史阶段。2005年3月26日，国务院办公厅下发了《关于加强我国非物质文化遗产保护工作的意见》。2006年，由文化部颁布的《世界文化遗产保护管理办法》、国家文物局颁布的《中国世界文化遗产监测巡视管理办法》和《中国世界文化遗产专家咨询管理办法》相继出台。2010年，中华人民共和国住房和城乡建设部发布《关于进一步加强世界遗产保护管理工作的通知》。2011年2月25日，《中华人民共和国非物质文化遗产法》在第十一届全国人民代表大会常务委员会第十九次会议通过，并于2011年6月1日起施行。

近年来，我国地方政府相继出台保护世界遗产的相关法规，如《湖南省武陵源世界自然遗产保护条例》、《四川省世界遗产保护条例》、《云南省三江并流世界自然遗产地保护条例》、《江西省三清山风景名胜区管理条例》、《昆明市石林风景名胜区保护条例》、《重庆市武隆喀斯特世界自然遗产保护办法》等。这些法规的颁布和实施在一定程度上改变当前我国世界遗产工作中存在的“重申报、轻管理，重开发、轻保护”的倾向，对于存在“建设性破坏”和过度开发的现象

起到积极的作用。世界遗产的保护,一是强调真实性,二是强调完整性。

《公约》第五条明确指出:为保证、保护、保存和展出本国领土内的文化和自然遗产采取积极有效的措施,本公约各缔约国应视本国具体情况尽力做到以下几点:

(1)通过一项旨在使文化和自然遗产在社会生活中起一定作用并把遗产保护工作纳入全面规划计划的总政策。

(2)如本国内尚未建立负责文化和自然遗产的保护、保存和展出的机构,则建立一个或几个此类机构,配备适当的工作人员和为履行其职能所需的手段。

(3)发展科学和技术研究,并制订出能够抵抗威胁本国文化或自然遗产的危险的实际方法。

(4)采取为确定、保护、保存、展出和恢复这类遗产所需的适当的法律、科学、技术、行政和财政措施。

(5)促进建立或发展有关保护、保存和展出文化和自然遗产的国家或地区培训中心,并鼓励这方面的科学研究。

世界遗产不只是一种荣誉,或是旅游金字招牌,更是对遗产保护的郑重承诺。在商品经济的冲击下,我国的世界遗产目前正面临着旅游业的超载和错位开发的严重威胁。许多人将世界遗产当作招财进宝的"金字招牌",申遗成功后,就认为获得了国际通行证,急功近利地进行过度的旅游开发。我国世界遗产被破坏的现象很严重,尤其是旅游对于我国世界遗产的冲击。当前中国的世界遗产保护事业面临着不少问题和困难,主要表现在法制建设有待加强,保护资金不足,专业人才缺乏,重大项目决策程序不够完善,以及开发利用过度、忽视保护等现象。

对于在世界遗产保护方面存在的问题,中国政府已经开始着手解决。近年来,中国的文化部、财政部、建设部等有关部门联合出台了一项规定,要求各地方政府在对世界遗产进行开发、利用和管理时,都必须首先把遗产的保护和保存放在第一位。此外,中国有关人士还向中国的立法机关提交议案,希望制定《世界遗产保护法》。

周口店北京人遗址(Peking Man Site at Zhoukoudian)加固保护工程于2004年7月22日正式启动。此次修缮是1921年著名瑞典地质学家安特生和奥地利古生物学家丹斯基在周口店进行小规模的发掘以及1929年开始系统发掘并发现震惊中外的北京人头盖骨化石以来周口店北京人遗址的首次修缮。2003年10月,中科院专家开始对遗址进行为期1个多月的全方位地质调查,这是周口店被确立为世界文化遗产后进行的首次大规模地质病害调查。这次调查中发现共有21处危险隐患,其中特别危险的隐患有8处。除山顶洞外,还有第四发掘点、猿人洞和鸽子堂洞顶都存在着塌方的危险。另外,专家们还发现存在岩石松动、山体有滑落的迹象。专家们认为,造成这些危险隐患的原因是多方面的:首先是地震、爆破和火车震动的影响,这些震动有可能造成岩石从较陡的斜坡滑落,产生塌方。遗址旁边采石厂的爆破作业,对遗址保护非常不利。龙骨山下的铁路,过往列车产生的震动也可能是危害遗址的因素。其次,考古挖掘中操作不当、过量的开发,使得坡度过大或者洞顶过薄,致使洞顶塌方、斜坡滑落。此外,长期的风化作用对岩石的侵蚀也会对遗址产生破坏。

据悉,周口店北京人遗址加固保护工程共涉及遗址核心区内6处安全隐患,包括鸽子堂、猿人洞、第三发掘点、第四发掘点和第十二化石发掘点等,其中鸽子堂是此次修缮的重点,集中了此次修缮60%的工作量。此外,政府相关部门还将对周口店北京人遗址的科研教育体系规划、道路交通规划、生态环境保护规划、景观规划等全方位地实施保护措施,还将扩大遗址范围和遗址博物馆。

2006年6月,历经两年时间,经过多次论证,《周口店北京人遗址保护总体规划》已获得国家文物局批准。这部规划是该遗址有史以来第一部保护性法规,规划的时间从2005年至2020年。有了规划后,周口店遗址的保护范围将由0.24km^{2}扩大到4.8km^2,重点保护区面积增加近七成;保护范围内现有超过6m高的建筑将被逐步拆除,今后新建的建筑不得超过6m;周口店遗址博物馆将迁出保护区重建。保护范围扩大后,基本囊括除了田园洞外的周口店地区的所有化石点。建筑控制地带内将不得出现带有污染的企业,如水泥厂、矿山企业、化工厂等。遗址周围将设立保护界桩,起到永久保护遗址的作用。目前4.8km^{2}的保护区内有大量的居民住宅、工矿企业、建筑物,遗址附近铁路运输也对遗址造成了严重的破坏性影响,根据保护规划,将对保护区内现有建筑、村镇居民点、工业厂矿、堆场、仓储等进行撤除,加大遗址周边环境整治力度。

在文物工作方面,20世纪50—60年代的重点是对故宫博物院旧藏的清宫文物重新清点核对,登记造册,进行鉴别、分类和建档。近50年来,累计修复的院藏文物及其他博物馆所藏有关文物11万余件。北京故宫的百年大修工程已于2002年启动,是自1911年以来规模最大的修缮工程。故宫维修将分3个阶段:第一阶段是从2002年10月到2005年10月之前,计划完成对故宫午门、钦安殿和中轴线周围庑房的维修;第二阶段是从2005年11月到2008年奥运之前,完成对故宫中轴线主殿如太和殿、乾清宫以及东西六宫的维修;第三阶段是从2008年到2020年,完成故宫内所有维修工程。

"站在故宫三大殿(太和殿、中和殿、保和殿)的平台上,往四周眺望时,应该看不到任何破坏景观的高层建筑"。这是联合国教科文组织世界遗产委员会对北京故宫保护缓冲区实现效果的要求。根据联合国教科文组织的要求,北京市规划局和北京市文物局初步划定了故宫保护缓冲区方案。缓冲区的划定和实施将以最大限度地保护故宫周围的历史面貌为目标。缓冲区内将严格保持传统风貌,缓冲区内现有的胡同、四合院将受到严格保护,街巷格局与故宫的传统风貌相协调,保护历史的真实性。为了最大限度地使新建筑与故宫周围历史文化风貌保持一致,故宫保护缓冲区的新建筑需要在高度、体量、色调、风格、尺度、样式、色彩等方面有严格限制。此外,故宫已初步制定出一整套的应急方案以期将客流量控制在允许范围内,其中包括在长假高峰日限制进入故宫的旅游团队数量,对局部景点在紧急情况下关闭,狭窄路段单向分流、旅游路线适当调整等措施。

1997年,平遥古城(Ancient City of Ping Yao)作为文化遗产被联合国教科文组织世界遗产委员会列入《世界遗产名录》。平遥古城位于山西省中部,是中国目前唯一保存下来的明清时代县城原型,现存的古城总面积为2.25km^2,城墙、街道、民居、店铺、寺庙等建筑,向人们展示了明清时期文化、社会、经济、建筑等发展的历史风貌。城中有始建于北魏的城墙,最早的金融票号旧址,体现古代县城礼序程式的街市格局,展现浓厚地方风格的3 700多座民居。平遥民居基本保持原有格局,布局严谨,轴线明确,左右对称。现在城内的大部分寺庙建筑和县衙署、100多条街巷,形式与格局大体未变,都保留了原来的历史形态,街道两旁的店铺多为17—19世纪的建筑。1998年11月30日山西省第九届人民代表大会常务委员会第六次会议通过《山西省平遥古城保护条例》,本条例自1999年4月1日起施行。本条例第一章第六条明确提出:"平遥古城保护应遵循'永久保存、永续利用'的原则,实行统筹规划,分级管理。平遥古城保护应注重对具有地方特色的传统文化的保护、挖掘与发展。"第二章第十一条:"平遥古城保护按照全面保护、突出重点的方针,实行分区、分级保护,保护范围划分为绝对保护区,一、二、三级保护区,一、二级建设控制地带和一、二、三级保护街巷。"

2004 年 10 月 17 日,举世闻名的平遥古城的南门东侧外墙突然发生墙体坍塌,坍塌范围长 17m。平遥古城墙是我国仅存的保存完整的古代县级城墙,周长为 6 157.7m,墙身素土夯实,外包砖石,城墙高 10m。据悉,古城墙属于自然坍塌。为了确保对世界遗产进行有效的和持久的保护,在预测和监督世界遗产遗址的保护状况方面是非常重要的。为使世界文化遗产平遥古城得到有效保护,平遥县政府出台优惠政策鼓励城内居民迁出老城,古城内人口压力得到了有效缓解。这一举措有利于平遥古城的景区建设和保护。

莫高窟(Mogao Caves)作为文化遗产于 1987 年被联合国教科文组织列入《世界遗产名录》。莫高窟面临着许多保护的难题,莫高窟第 85 窟是公元 9 世纪发掘的一个大型洞窟,其中的壁画出现起甲、脱落、空鼓、霉变、酥碱等病害。据敦煌研究院的专家分析,引起壁画病害最活跃的因素是水。大气降水引起洞窟内空气湿度急剧升高,大气降水沿岩体裂隙向洞窟渗入。专家们已经制定出对第 85 窟的相应保护规划和措施。这些规划和措施是在洞窟前设置防水墙,阻止水分向洞窟方向渗入,制作阻挡空气对流的密封门,对空鼓壁画进行灌浆材料与工艺的筛选试验,进行酥碱和起甲壁画修复材料与工艺的筛选试验,以维持壁画的稳定状态。此外,由国家文物局批准立项对莫高窟北区的加固工程于 2004 年 10 月 28 日正式开工。工程内容主要涉及岩体加固、裂隙灌浆、崖体防风化处理、洞窟设施建设等。为了保护莫高窟的旅游环境,从 2000 年起,敦煌研究院就对前来参观的游客实行窟内分流,还在洞窟内装上了玻璃屏风,避免游客直接接触壁画和雕塑,并修建了博物馆、陈列馆以及网上数字化系统,以此分流游客或缩短他们在洞窟内的逗留时间。莫高窟还将最先进的计算机图形图像技术用于举世闻名的敦煌壁画,运用这种技术可以从任意视点、任意视角观察洞窟的真正三维立体图像。樊锦诗(2006)认为:"敦煌石窟壁画彩塑的数字化,不仅永久保存了文物信息,还可为敦煌学研究提供更准确、详细的石窟文物信息资料,同时还可制作虚拟洞窟供游客参观,为缓解游客压力,保护壁画文物提供了技术保障。"莫高窟已经建立了"四位一体"的监测体系,即莫高窟大环境监测、文物本体监测、安全防范监测、游客调查与监测。

1999 年,大足石刻(Dazu Rock Carvings)作为文化遗产被联合国教科文组织世界遗产委员会列入《世界遗产名录》。大足石刻位于重庆市的大足等县境内。大足石刻风化、岩石脱落、渗漏水、微生物侵蚀残损现象严重,大气环境污染是重要原因。空气中的二氧化硫、二氧化氮、酸雨对石刻构成了极大威胁。近年来,文物工作者致力对大足石刻的保护研究,包括石窟监测、水文地质调查、防风化研究、酸雨防治、岩体稳定性调查研究、灌浆加固材料研究等。

1987 年,秦始皇陵(Mausoleum of the First Qin Emperor)作为文化遗产被联合国教科文组织世界遗产委员会列入《世界遗产名录》。为了加强秦始皇陵的保护,保持秦始皇陵的历史风貌和自然环境的真实性、完整性、协调性,根据《中华人民共和国文物保护法》和有关法律、行政法规,结合秦始皇陵保护工作实际,陕西省人民代表大会常务委员会颁布的《陕西省秦始皇陵保护条例》已于 2005 年 7 月 30 日经陕西省第十届人民代表大会常务委员会第二十次会议通过,自 2005 年 10 月 1 日起施行。条例中明确指出:"秦始皇陵保护坚持保护为主、抢救第一、合理利用、加强管理的方针,正确处理文物保护与当地社会经济发展、人民群众生产生活的关系。"出土的陶俑保护是一大难题,近年来,文物保护人员利用现代科技,在抗皱缩和加固两个方面都取得了突破性进展,找到了有效的彩绘保护法:一为抗皱剂聚乙二醇(PEG200)和加固剂(聚氨酯乳液)联合处理法,一是单体材料渗透、电子束辐照固化的保护方法。

1994 年,拉萨布达拉宫(Historic Ensemble of the Potala Palace, Lhasa)作为文化遗产被联合国教科文组织世界遗产委员会列入《世界遗产名录》。为了治理遗产的周边环境,市政府拆除了布达拉宫附近的游乐场,清理挤占的附属建筑,对大昭寺周围环境进行整治,拆除了与历史风貌不相协调的超高违章建筑多处。2002 年 6 月 26 日,西藏布达拉宫、罗布林卡、萨迦寺三大重点文物保护维修工程开工。青藏铁路于 2006 年 7 月 1 日开通后,每年进藏的游客人数大大增加,布达拉宫作为进藏游客的首选参观地点,必须面对日益增多的游客和建筑本身承重能力之间的矛盾。目前,面对蜂拥而至的游客,布达拉宫采取"限客"措施,以限制日益庞大的旅游人群对遗产地构成的超负荷威胁。然而,这与青藏铁路每天给拉萨带来 3 000～4 000 名游客的数字间存在相当大的差距。如何解决遗产保护和旅游的关系,西藏有关部门态度明确:在保护与旅游开发之间,保护无疑应该重于开发。

皖南古村落——西递和宏村(Ancient Villages in Southern Anhui Xidi and Hongcun)作为文化遗产于 2000 年被联合国教科文组织世界遗产委员会列入《世界遗产名录》,标志着皖南古村落已成为全人类共享的宝贵财富。这意味着中国的古村落不仅是弥足珍贵的文化遗产,也逐渐成为国内外旅游者向往的旅游目的地。古村落集人文、历史、建筑、民俗多种文化于一体,具有很高的历史、艺术和科学价值。

皖南古村落的保护管理自 20 世纪 80 年代中期开始步入正轨。黟县西递最早成立了村级的古民居管理机构和旅游公司。近年来,黟县县委、县政府坚持"保护第一、科学规划、合理开发、永续利用"的原则,在制定西递、宏村古民居保护规划的基础上,充分利用得天独厚的旅游资源优势,加快发展以古民居为显著特色的人文旅游,探索出了一条通过发展旅游保护古民居建筑的成功之路,取得了保护与发展经济的良性循环,有效地保护了古村落的真实性和完整性。为了加强对皖南古民居的保护,安徽省第八届人民代表大会常务委员会第三十三次会议于 1997 年 9 月 21 日通过《安徽省皖南古民居保护条例》,自 1998 年 1 月 1 日起施行。皖南古村落在保护的前提下,逐步开发传统建筑文化、徽商文化、民俗文化、饮食文化等资源,带动了地方旅游经济的发展,同时保护了古村落,形成保护与发展的良性循环。

1987 年,泰山(Mount Taishan)作为世界文化和自然双重遗产被联合国教科文组织世界遗产委员列入《世界遗产名录》。泰山索道包括泰山中天门索道、后石坞索道和桃花源索道。泰山索道改建工程引起一些专家和学者的质疑和呼吁:保护泰山,拆除中天门至岱顶索道!要求尽快拆除原有的构筑物,恢复岱顶植被,保护泰山这一世界遗产地的真实性和完整性。

1990 年,黄山(Mount Huangshan)作为文化和自然双重遗产被联合国教科文组织世界遗产委员列入《世界遗产名录》。在发展黄山旅游业之初,便确立了"保护第一"的原则和指导思想。从 1982 年起,相关部门为适应保护、发展的需要,编制实施了《黄山风景名胜区总体规划》。2002 年又重新修编了《黄山风景名胜区总体规划》。黄山风景区客运索道也是颇具争议的,在核心区内有玉屏、云谷和太平 3 条客运索道,在核心区建索道,不仅会破坏原有自然景观的真实性和完整性,也会对景区的生物构成威胁。

1992 年,武陵源风景名胜区(Wulingyuan Scenic and Historic Interest Area)作为自然遗产被联合国教科文组织世界遗产委员列入《世界遗产名录》。前些年,由于在景区内修建了很多宾馆,联合国教科文组织提出黄牌警告,武陵源管理部门为清理景区内建筑付出了 3.5 亿元的代价。百龙观光电梯位于武陵源风景区,观光电梯全长 326m,完全建在垂直的悬崖峭壁上,被称为世界最高和速度最快的双层观光电梯。专家认为:在保护区内凿隧道、打竖井、立钢架,是与保护的宗旨背道而驰的,突兀而起的钢架和房屋与周边的峰林风景不协调。

在意大利被列入世界文化遗产的历史名城相当多,如罗马历史中心、威尼斯及其潟湖、那不勒斯历史中心、佛罗伦萨历史中心、维罗纳市、锡耶纳历史中心、皮恩察市历史中心、圣吉米尼亚诺历史中心、维琴察市和威尼托区帕拉蒂奥式别墅群、乌尔比诺历史中心、费拉拉(文艺复兴时期的城市)等。意大利是拥有世界遗产最多的国家。意大利以其悠久历史和丰富文化内涵的名胜古迹而闻名于世。意大利政府对历史文化名城、名胜古迹、历史文物倍加保护,堪称全世界的典范。

1991 年,巴黎塞纳河畔(Paris, Banks of the Seine)作为文化遗产被联合国教科文组织世界遗产委员会列入《世界遗产名录》。法国巴黎是一个生机勃勃充满活力的都市,具有两千多年历史,是世界上最美丽、最浪漫和最有魅力的城市之一。巴黎,艺术之城,时尚之都,是充满活力、前卫和个性的大都市,是古典高雅与现代时尚完美的结晶。巴黎位于风光秀丽的塞纳河两岸,一向以美丽而著称,有"梦幻之都"之美誉。巴黎有数以百计的博物馆和美术馆、众多的名胜古迹、美丽的园林、全世界最伟大的博物馆——卢浮宫、世界最大的凯旋门、世界最高的铁塔——埃菲尔铁塔。巴黎保存了 90%以上的老区,而现代化城区则位于巴黎市区西北的拉·德芳斯(La Défense),这里耸立着许多现代化高层建筑,大拱门(新凯旋门)(Grande Arche)就位于此。由于巴黎的历史中心得以完整保护下来,使得这座历史文化名城成为举世瞩目的世界文化遗产。

希腊的德尔斐考古遗址(Archaeological Site of Delphi)于 1987 年提名被列入世界遗产时,在遗址附近一个建造铝厂的计划正在实施。为了保护遗址,希腊政府放弃这一计划,另选其他地方建厂,使得这处考古遗址成功进入《世界遗产名录》。

吴哥(Angkor)是东南亚最重要的考古学遗址之一,占地面积约 400 多平方公里,包括林地。吴哥考古公园含有从 9 世纪到 15 世纪高棉王朝各个都城的辉煌遗迹。从公元 9 世纪初高棉王朝开国皇帝阇耶跋摩二世(Jayavarman Ⅱ)开始到 15 世纪,王朝陆续在当地建造宫殿和寺庙,使那里成为高棉人的宗教和精神中心。吴哥各种建筑遗迹 600 多处,主要包括吴哥窟和吴哥城,现在保存下来的古建筑遗址还有 40 余处。吴哥窟即吴哥寺,又称"小吴哥",是柬埔寨的三大圣庙之一,世界上最大的寺庙建筑群之一。吴哥遗址曾面临长期的战争和政局的动荡威胁,遗址内文物不断遭受自然侵蚀和人为掠夺,雕刻被猖獗走私,缺乏保护资金。国际社会对吴哥遗址保护之尽心,使吴哥遗址保护成为当今世界上最大的保护工程。

1992 年,世界遗产委员会将吴哥遗址同时列入《世界遗产名录》和《濒危世界遗产名录》。长年战乱中,遗址不断面临严重抢夺、盗卖文物等威胁。联合国教科文组织对这一遗址及其周边已经制订了一个广泛的保护计划,帮助柬埔寨保护吴哥窟的国际行动始于 1993 年,联合国教科文组织在日本东京举行保护吴哥窟遗址政府间国际会议,通过了《东京宣言》,建立了保护遗址的国际协调委员会,先后有 10 多个国家包括法国、印度、日本等参与了对吴哥的维修保护行动,主要解决的是文物古迹的修复、非法挖掘、排雷等问题。中国政府也曾派遣工程技术人员参与这一重大的文物保护国际行动。在国际组织之间的合作下,有效监管保护遗址取得成功。鉴于目前对保护吴哥遗址工程所作出的成绩,2004 年 7 月在苏州召开的第 28 届世界遗产委员会会议上,世界遗产委员会将吴哥从《濒危世界遗产名录》中解除。

韦泽尔峡谷洞穴群(Decorated Grottoes of the Vézère Valley)位于法国西南部韦泽尔峡

谷,包括147个史前遗址和25个绘有史前壁画的洞窟,可追溯到旧石器时代,是最重要的史前人类文化遗址之一。在这些洞窟中,于1940年发现的拉斯科洞窟(Lascaux Cave)岩画最为著名,描绘的动物形态各异、栩栩如生、色彩丰富,令人叹为观止。1940年12月,拉斯科洞窟被法国当局设为重点文物保护对象。此时,有关部门为了防止大批游人涌入,在洞口设立了保护栏杆。1948年,拉斯科洞窟正式对公众开放。随之而来的是大量的游人涌入洞窟,对洞窟壁画构成了威胁,洞壁出现了冷凝水滴,经研究是过量的二氧化碳引起的。后来,有关部门在洞窟内安装了空调机和空气滤清机,使洞内温度保持在14℃左右,有效地解决了冷凝水滴问题。专家们对洞窟内出现的霉菌斑和壁画脱落进行了有效保护,保持窟内温度、湿度以及二氧化碳含量的稳定,防止洞内壁画发生化学反应而遭到侵蚀。法国的韦泽尔峡谷洞穴群作为文化遗产于1979年被联合国教科文组织世界遗产委员列入《世界遗产名录》。

1979年,底比斯古城及其墓地(Ancient Thebes with its Necropolis)作为文化遗产被联合国教科文组织世界遗产委员列入《世界遗产名录》。卢克索(Luxor)是埃及中南部城市,位于开罗以南670多公里处的尼罗河畔,坐落在古埃及中王国和新王国的都城底比斯遗址上,古时称底比斯,是中王国和新王国时代的埃及首都。这一世界遗产包括卡尔纳克神庙(Karnak Temple)、卢克索神庙(Luxor Temple)、帝王谷(The Valley of the Kings)、王后谷(The Valley of the Queens)、哈采普苏特女王神庙(Temple of Hatshepsut(Deir el-Bahari))等。目前遗产地受到的威胁有:地下水位上升、洪水的危险(帝王谷和王后谷)、缺乏一个明确的遗产地和缓冲区的保护界线、缺乏一个综合的管理计划、失控的城市发展、尼罗河西岸古尔纳村的破坏。不断上涨的尼罗河水正在威胁卢克索神庙和卡尔纳克神庙。由于该地区附近的农田习惯粗放式灌溉,尼罗河水水位上涨,加上最近10年来,建筑盐碱化程度加深,卢克索拥有几千年历史的神庙群正被不断侵蚀。帝王谷中的岩石质地不一,陵墓的修建需要穿过多层不同质地的石灰岩,这使得现在的文物保护工作者和当时的陵墓设计师面临着相同的问题,修建计划因此需要不断的修改,最严重的问题是页岩层,这种材料遇水会膨胀,将毁坏陵墓。

随着人们对遗产价值的认识和理解的不断深入,特别是由于环境变化和不可持续的经济增长方式的影响造成了文化和自然遗产破坏的日益加剧,遗产保护问题已经成为国际社会和学术界关注的热点之一(李文华等,2006)。张忍顺等(2006)认为,自然遗产地的保护范围势必须由点向线,建立遗产绿色廊道将成为世界自然遗产事业发展的长期战略。

目前,世界遗产地的保护状况不容乐观,在全球范围内许多世界遗产地在受到人类活动的冲击和自然灾害的威胁。

美国黄石国家公园(Yellowstone National Park)于1978年被列入《世界遗产名录》,而在1995年它被列入了《濒危世界遗产名录》。这个公园面临着各种威胁:整年不断的旅游活动、污水和废物的污染以及外来鲑鱼的非法引进。违规引入外来物种、伐木、筑路、采矿、游人压力和新的居民聚集点持续侵犯着公园周围敏感的荒野和重要的野生动物生境。克林顿政府于1996年以6 500万美元收购了计划采矿的私人土地,有效地解除将要开采金矿对黄石国家公园的威胁。在2003年召开的第27届世界遗产委员会会议上,黄石国家公园从《濒危世界遗产名录》上被解除。

加拉帕戈斯群岛位于厄瓜多尔西部的加拉帕戈斯省。美丽的加拉帕戈斯群岛由19个岛屿、众多的小岛和岩礁组成,连绵约1 000km,是世界上著名的海洋生态系统。1978年,加拉帕戈斯群岛(Galápagos Islands)符合世界自然遗产全部4条遴选标准而被联合国教科文组织世界遗产委员会列入《世界遗产名录》。由于人类过度捕捞和外来动植物物种破坏,致使该岛上的生态平衡遭到严重破坏。因此,世界遗产委员会曾谨慎考虑将它作为濒危遗产列入《濒危世界遗产名录》,但是,厄瓜多尔政府于1997年请求暂缓列入,允许厄瓜多尔政府立即采取有效措施改变这种状况。1998年,厄瓜多尔政府制定了《加拉帕戈斯群岛特别法》(*Special Galapagos Law*),政府加强了对该群岛和周围水域的保护,避免了将其列入《濒危世界遗产名录》。然而,近年来保护区外来物种入侵、非法渔业、人口增长、大批游客涌入、商业建筑剧增对遗产地构成了威胁。2007年6月26日,世界遗产委员会在第31届会议上将加拉帕戈斯群岛列入《濒危世界遗产名录》。3年过去了,在厄瓜多尔政府的不懈努力下,群岛环境状况得以根本好转,在2010年召开的第34届世界遗产委员会会议上,将加拉帕戈斯群岛从《濒危世界遗产名录》中解除。

1981年,大堡礁(Great Barrier Reef)作为自然遗产被联合国教科文组织世界遗产委员会列入《世界遗产名录》。据报道,受全球气候变暖影响,澳大利亚大堡礁的珊瑚面临着严重灾难。澳大利亚研究人员一份最新的调查报告显示,到2050年,大堡礁大部分的珊瑚都将不复存在,如果情况持续恶化,到2100年,这个世界上最大的珊瑚体系将彻底崩溃。

1996年,俄罗斯的贝加尔湖(Lake Baikal)作为自然遗产被联合国教科文组织世界遗产委员会列入《世界遗产名录》。1966年,当地政府在贝加尔湖南岸修建一座纸浆造纸厂,因其废水污染湖水环境,引起科学家和作家的强烈抗议。1971年,政府通过并实施一项保护湖水不受污染的法令。2006年4月26日,俄罗斯联邦总统普京宣布,将穿过贝加尔湖北部的西伯利亚油田至太平洋西岸的输油管道改线,以免对世界自然遗产贝加尔湖构成潜在的污染威胁。这条横跨西伯利亚的管道改线后,有利于保护世界自然遗产贝加尔湖。

1979年,美国的大沼泽地国家公园(Everglades National Park)作为自然遗产被联合国教科文组织世界遗产委员会列入《世界遗产名录》。1993年12月,大沼泽地国家公园被列入《濒危世界遗产名录》,以便提醒人们要对湿地环境所遭遇的种种威胁予以更加密切的关注,这块湿地一再受到上游水管理的影响。现在,公园栖息的鸟类仅是20世纪初发现的鸟类种类的5%。后来,鉴于保护工作卓有成效,美国的大沼泽地国家公园在第31届世界遗产委员会会议上从《濒危世界遗产名录》中解除。然而,2010年7月25日至8月3日在巴西首都巴西利亚召开的第34届世界遗产委员会会议上再次将其列入《濒危世界遗产名录》。

非洲的刚果民主共和国现有5处世界遗产:维龙加国家公园、卡胡兹-别加国家公园、加兰巴国家公园、萨龙加国家公园和霍加皮野生生物保护区,包括4个国家公园和一个野生生物保护区,其中维龙加、卡胡兹-别加和萨龙加3个国家公园生存着热带雨林特有的大猩猩。战火带来的生态环境的极度恶化,使世代栖息在国家公园的大猩猩时刻面临绝迹的厄运。连绵不断的战争,基础设施被掠夺,一些野生动物被猎杀,已导致这一国家的5处自然遗产地被列入《濒危世界遗产名录》。

阿拉伯羚羊保护区(Arabian Oryx Sanctuary)于1994年作为自然遗产被列入《世界遗产名录》。该地区是濒危阿拉伯羚羊唯一的栖息地,也是波斑鸨等其他几种珍稀动物的栖息地。据统计,1996年阿拉伯羚羊数量为450只,由于保护区面积减少和偷猎,阿拉伯羚羊数量锐减,现在只有大约65只。由于阿曼将"阿拉伯羚羊保护区"面积缩减了90%,这一保护区已名存实亡,失去了世界遗产的普遍价值,不再符合世界遗产的标准。世界遗产委员会于2007年6月28日在新西兰基督城举行的第31届世界遗产大会上将阿曼的阿拉伯羚羊保护区从《世界遗产名录》中除名。这是世界遗产委员会首次将已列入《世界遗产名录》的世界遗产除名。

2011 年 7 月 24 日，联合国教科文组织国际自然与文化遗产空间技术中心（HIST）在北京成立。未来这个中心将在世界遗产地的监测、保护和管理方面，为联合国教科文组织及成员国提供技术支持。这是联合国教科文组织（UNESCO）在全球设立的第一个基于空间技术的世界遗产研究与培训机构，利用空间信息技术开展自然与文化遗产的监测和保护工作，是一个全新的跨学科领域，必将在推动世界遗产保护等方面发挥积极作用。联合国教科文组织国际自然与文化遗产空间技术中心研究方向主要有 4 个方面：开发世界遗产科技平台；通过卫星遥感、航空遥感技术为遗产地建模存档；通过空间技术监测和评估世界遗产；通过空间技术监测受气候变化影响的遗产地。

第二节 世界遗产的管理

为了进一步加强保护与管理世界遗产，取得各国政府的重视与支持，联合国教科文组织 1972 年在巴黎总部举行的第 17 届大会通过了《公约》，强调文化和自然遗产具有“突出的普遍价值”，是人类共同的财富。这些共同遗产的保护不仅与个别国家有关，而且与全人类相关。

与发达国家相比，中国对世界遗产的申报和保护工作起步较晚，在公众教育、资金投入、科学管理等方面尚有一定差距。中国是一个历史悠久的国家，众多的世界文化和自然遗产是中华民族悠久历史的见证和现代文明的象征。

随着缔约国遗产保护意识的提高和各级政府对遗产保护教育力度的增强，缔约国的很多遗产都得到了有效保护。但是，也有很多遗产因为战争、自然灾害、过度旅游、环境污染、资金匮乏和知识技能短缺等原因而遭到永久性的破坏，对世界遗产的多样性构成巨大威胁。保护好文化和自然遗产的最终目的是为了人类的发展，是现在和未来国家社会、经济、科学和文化生活的一部分。开发世界遗产教育资源应利用、保护、保存和展示文化与自然遗产所涉及的各个研究领域所取得的科学和技术进步方面的成果。世界遗产不仅可以大大推动旅游产业，带动地区经济的发展，而且也可以将世界遗产教育作为多学科交叉的教学和科研基地。

在世界遗产管理方面，要加强从事世界遗产管理人才的培养。人才培养与开发是一项增强遗产管理能力的长期措施。目前我国对世界遗产知识和世界遗产管理缺乏认识，还没有形成一个科学和有效的管理机制。我国许多世界遗产地的管理模式仍按传统的运行机制，不同性质的遗产分属不同部门管理。文化遗产的管理归国家文物局负责，自然遗产的管理归建设部负责，同时建设部、文化部、国土资源部、林业部、环境保护部、国家旅游局等许多部门在遗产地也都有各自的管理范围（孙克勤，2011a）。因此启动响应的遗产教育是认识和保护世界遗产的重要途径（孙克勤，2009c）。目前我国高等院校中，设立这项专业的还不多见。中国的教育主管部门应当借鉴发达国家的经验，在教学专业设置、人才培养、资金投入等方面加大重视程度，与世界上发达国家先进的管理方法接轨，在思想、方法、技术和可持续发展中探索一条适合中国世界遗产的教育模式。通过世界遗产教育，保护和开发世界遗产所具有科学价值、历史价值、社会文化价值、教育价值、美学价值和旅游价值的资源（孙克勤，2011a）。

中国作为一个历史悠久、文化灿烂的国家，拥有众多的名胜古迹——雄伟的古代建筑、壮观的名山奇峰、纵横交错的河流，文化遗产与自然遗产资源丰富。随着社会文明程度的提高，人们对世界遗产的保护意识正在增强；但是，随着旅游业的迅猛发展，过度的城市现代化建设和商业化开发,使得文化和自然遗产正在遭受前所未有的破坏。在市场经济机制下,随着城市化进程的加快,以"发展经济"为由,盲目追求利益的最大化,许多历史文物和名胜古迹被毁坏的事件时有发生,不少历史文化名城遭到严重破坏。在城市现代化建设进程中,不能只顾追求经济利益,只重开发,不重保护,拆历史文物,建仿古景观,致使许多具有历史文化价值的名胜古迹遭到破坏。不少地方政府、旅游开发商和旅游经营管理部门,竭力加大基础设施建设的投资,热衷于在景区内大兴土木,筑路修桥,架设缆车索道,兴建娱乐设施,大建现代人文景观,致使一些自然景区被"人工化"、"城市化"和"商业化"。伴随着旅游业的发展,游客、车辆、物资等大量涌入旅游地,旅游区出现了水质恶化、大气污染、土地板结、岩石(山体)坍塌等现象。我国的世界遗产正面临着旅游业过度开发的严重威胁,景区内"人满为患",空中索道、宾馆、饭店、度假村等也借旅游开发之名纷纷进入遗产地,所有这一切对遗产造成了极大威胁,对旅游环境构成了严重威胁。

中国世界遗产面临的问题是保护世界遗产的法制不健全,缺乏专业管理人才,经费匮乏等。此外,有些地方部门重申报、轻管理,重开发、轻保护。地区遗产保护与旅游开发存在尖锐的矛盾,众多的名胜古迹和自然保护区亟需统一归口管理和科学决策。遗产应由国家直接管理,遗产保护的立法更是当务之急。保护与利用是遗产保护中的最主要矛盾,保护世界遗产不排斥对其合理开发利用。管理者的自身定位将直接影响到遗产保护的最终效果,科学管理、立足保护、适度开发是遗产管理体系的基本框架。

目前,我国的一些世界遗产地建立了以景区卫星遥感监测、景区容量监测等尖端科技监管系统为代表的科技监管体系,实现了对遗产地土地利用、建设工程、生态环境、火警突发、自然灾害、游览秩序等保护管理工作的动态监测,大幅提升了遗产保护管理水平和工作效率,提高了遗产地现代化、科技化、信息化、数字化的管理水平,为保护旅游环境开创了新局面。

遗产保护作为一项系统工程,需要政府部门、管理部门、当地居民和旅游者共同参与,建立健全旅游环境保护的法律制度和管理制度,提高人们的遗产地环境保护意识,增加对遗产地保护经费的投入,加强对遗产地环境保护方面的科学研究,实施世界遗产可持续发展战略。世界遗产的战略性管理应是以可持续理论协调遗产保护与开发的关系,借鉴国际遗产管理的先进思想、方法和技术对遗产地进行科学管理(孙克勤,2011c)。

殷墟位于我国河南省安阳市,是中国第一个有文献记载并为考古发掘所证实的商代都城遗址。在这里先后出土了数量惊人的甲骨文、青铜器、玉器、陶器、骨器等精美文物,全面、系统地展现出 3 300 年前中国商代都城的风貌,为这一人类文明史上重要历史阶段的存在提供了坚实证据。安阳殷墟是 1961 年国务院公布的第一批全国重点文物保护单位。《河南省安阳殷墟保护管理条例》已经于 2001 年 9 月 29 日河南省第九届人民代表大会常务委员会第二十四次会议审议通过,于 2001 年 10 月 10 日起施行。2006 年 7 月 13 日,殷墟正式被联合国教科文组织列入《世界文化遗产名录》。

殷墟遗产地的管理遵循了国家"保护为主,抢救第一,合理利用,加强管理"的文物工作方针和"不改变文物原状"的原则。安阳地方政府先后对王陵遗址、宫殿宗庙遗址采取地下封存、地表植被展示或部分揭露展示的方法进行了有效保护。近年来,为了科学有效地保护殷墟遗址,安阳市政府先后成立了安阳市文物管理局、殷墟王陵遗址管理处等机构,建立健全了遗址文物信息和文物保护管理工作的信息资料档案库,为殷墟的保护与研究提供了依据和便利,使殷墟遗址的科学保护管理工作逐步走向了正轨。

1994 年，武当山古建筑群（Ancient Building Complex in the Wudang Mountains）作为文化遗产被联合国教科文组织世界遗产委员会列入《世界遗产名录》。2003 年 1 月 19 日，湖北省武当山古建筑群遇真宫遭遇大火，遇真宫主殿化为灰烬。地方政府积极采取了一系列有效措施，实施武当山文物消防安防工程，投入 1 500 多万元在主要文物景点增设消防池、灭火器、消防枪、消防栓，安装电视监控报警设施和避雷设施，组建了专业消防大队，对每一处文物保护单位划定保护范围，设置保护标志，将景区可移动和不可移动的文物全部进行数字化，输入数据库实行电子档案管理。

1992 年，九寨沟风景名胜区（Jiuzhaigou Valley Scenic and Historic Interest Area）作为自然遗产被联合国教科文组织世界遗产委员会列入《世界遗产名录》。2004 年初，"数字九寨沟"通过建设部专家委员会评审。这意味着，通过数字化建设，景区不仅能对各景点进行实时监控，进行旅客科学分流，风景区管理局、旅行社和游客还可以在任何时候、任何地方通过互联网了解到任意时刻的购票数。这些举措有效地提高了景区科学化管理水平，还创新了景区资源保护与旅游产业良性发展的互动机制，有效解决了景区资源保护与产业发展的矛盾。

九寨沟还建立了智能化监控系统，在重要景点、道路险要路段、防火高危区等共 90 多个点位进行实时监控；监管信息系统，利用卫星遥感影像对景区内的土地利用、建设工程、生态环境和景区总体规划执行情况，特别是核心景区开发建设等情况进行动态监测。九寨沟是在保护中实施适度开发，在开发中实现有效保护。

1999 年，武夷山（Mount Wuyi）作为文化和自然双重遗产被联合国教科文组织世界遗产委员会列入《世界遗产名录》。《福建省武夷山景区保护管理办法》明确提出："武夷山景区风景名胜资源的保护管理应当遵循严格保护、统一管理、合理开发、永续利用的原则。"

武夷山成立了世界遗产保护委员会，聘请国内著名世界遗产专家为顾问，设立世界遗产监测中心，使对世界遗产的保护管理更趋制度化。武夷山在核心景点天游峰和九曲溪等处建立了自动气象观测站、大气质量观测站、自动水文监测站，利用卫星遥感影像图，对遗产地范围内的动态情况进行了监测分析。

2006 年 2 月，武夷山成立世界遗产监测中心，开始对遗产地的大气、水质、生物、噪声、古迹等进行监测，并把遗产地的各种技术数据发布到网络上，游人等可随时了解武夷山的自然环境、自然景观、文化遗存、旅游指南、法律法规、管理服务、遗产监测、遗产动态等，为保护武夷山"双遗产"筑起一道科学平台。

1981 年，卡卡杜国家公园（Kakadu National Park）作为文化和自然双重遗产被联合国教科文组织世界遗产委员会列入《世界遗产名录》。卡卡杜国家公园是澳大利亚国家公园和野生生物管理局直接管理的第一个国家公园，也是澳大利亚第一个由土著居民参与管理的国家公园。根据 1975 年通过的《国家公园与野生生物保护法》（National Parks and Wildlife Conservation Act），该区域于 1979 年被划为国家公园。卡卡杜国家公园规模巨大，关系复杂。为均衡各个团体利益，公园从 1989 年 7 月 26 日开始，设立了国家公园管理委员会对公园进行联合管理。公园的长期管理规划确保了卡卡杜公园的环境和文化遗产不会由于过度观光旅游、矿产资源开发或其他人类活动而退化。卡卡杜国家公园管理计划的宗旨是：澳大利亚土著居民和澳大利亚联邦政府国家公园管理行政当局协同努力，将其变成具有最高管理标准的文化和自然遗产。本管理计划承诺：尊重澳大利亚土著居民的所有权益，保护国家公园内的文化和自然遗产。这些遗产具有地区、国家和国际的重要意义。卡卡杜国家公园致力于开展土著文化艺术、生物多样性、休闲和旅游业的发展。

第三节　世界遗产与可持续发展

可持续发展(Sustainable Development)是既能满足当代人的需求,又不对后代满足其自身需求的能力构成危害的发展。这个定义里包含了可持续发展的公平原则、可持续原则、共同性原则,它是一种正确的发展观。可持续发展是一个涉及社会、文化、技术、经济和自然环境等的综合概念。国际世界遗产发展趋势与进展有以下几方面:

1. 保护公约

1972年11月联合国教科文组织在巴黎通过了《保护世界文化和自然遗产公约》(*Convention Concerning the Protection of the World Cultural and Natural Heritage*)。

2. 遗产名录

1978年,联合国教科文组织世界遗产委员会公布了第一批共12项世界遗产,从此在全球范围内世界遗产保护进入一个多元化的新时期。

3. 全球战略

1994年,世界遗产委员会发布了《全球战略》(*Global Strategy*)(*Global Strategy for a Representative, Balanced and Credible World Heritage List*),旨在建立起一个具有代表性的、平衡的、可信的《世界遗产名录》。它的目标是保证这个名录反映具有突出普遍的价值的世界文化和自然遗产的多样性。

4. 申遗趋势

世界遗产的平衡性发展已成为国际关注的焦点,世界遗产委员会大力提倡、鼓励遗产品类的丰富多样化。平衡性包括地区平衡、国家遗产增长数量的平衡、遗产种类的平衡。在世界文化遗产中,工业遗产、农业遗产、廊道遗产、文化线路、文化景观、线性文化遗产、跨国项目等成为国际世界遗产领域提倡并重点支持的项目,此外,近现代建筑等逐渐进入世界遗产的视野之中,成为新的趋势。

5. 遗产保护

2007年,在第31届世界遗产大会上世界遗产委员会将阿曼的阿拉伯羚羊保护区(Arabian Oryx Sanctuary)从《世界遗产名录》中除名。2009年,在第33界世界遗产大会上世界遗产委员会将德国的德累斯顿易北河谷(Dresden Elbe Valley)从《世界遗产名录》中除名,从此,改变了《世界遗产名录》只增不减的状况,彰显了世界遗产委员会对世界遗产保护和管理的决心和力度。

保护世界文化与自然遗产的最终目的是为了人类的发展,是现在和未来社会、科学、经济和文化生活的一部分。开发世界遗产教育资源应利用保护和展示文化与自然遗产所涉及的各个研究领域所取得的科学和技术进步方面的成果(孙克勤,2005)。世界遗产不仅可以带动地区的旅游、经济、社会和环境效益的发展,更是科研和教育的基地,是探究人类智慧、文明轨迹和自然奥秘的知识源泉。世界遗产的主要价值体现在科学、教育、文化、旅游等方面,利用世界遗产进行科学考察和传播历史文化知识是其价值的真正体现。遗产可持续发展多元化目标具体体现在如下几个方面(孙克勤,2008a)。

(1)科学目标:世界文化遗产具有艺术创新、科学发现和技术发明等特点,是人类智慧的结晶。自然遗产对于研究生命起源、地球科学、生态系统、生物多样性以及人类与自然和谐可持续发展具有重要的意义。

(2)教育目标:世界遗产是社会科学和自然科学取之不尽用之不竭的知识源泉,开发其教育功能将会极大地丰富各学科的教学资源。

(3)文化目标:作为文化遗产的世界遗产反映出文化多元性,体现在风格各异的历史名城、古村落、建筑、园林、文物、名胜古迹、皇家陵寝、考古遗址、工业遗产、农业遗址等。这些优秀的世界文化遗产体现了人类的创造力和智慧的结晶,是人类文明与进步的象征。世界遗产促进了人类全球性文化交流。

(4)旅游目标:世界遗产旅游不仅可以大大推动旅游产业,而且可以带动国家和地区经济的发展。空前高涨的世界遗产旅游已给旅游业带来了前所未有的经济效益,遗产旅游在旅游业中将起着越来越重要的作用,它必将推动全球旅游业的快速发展。

Drost(1996)对世界遗产地的可持续旅游进行了研究。世界遗产地对游客产生的吸引力是其他旅游地所无法比拟的(陶伟,2001)。吴必虎等(2002)认为,我国潜在的旅游客源市场对世界遗产地有较高的偏好。世界遗产的品牌效应已受到越来越多的重视,世界遗产成为了中国旅游中的热点与精品(罗佳明,2004)。世界遗产不仅可以大大推动旅游产业,带动地区经济的发展,而且也可以将世界遗产教育作为多学科交叉的教学和科研基地(孙克勤,2004)。梁学成(2006)认为,目前世界上多数国家或地区主要是通过遗产旅游的方式来实现遗产资源向公众的展示功能,遗产旅游已成为这些国家或地区旅游产业发展的名牌产品。世界遗产旅游作为可持续发展的一种旅游形式不仅最大限度地满足人们寻幽访古和感受自然的渴望,而且还促进了全球性文化交流(孙克勤,2007)。遗产旅游作为特色旅游,具有社会、文化、科学和经济意义。自1997年丽江古城申遗成功之后,丽江这座名不见经传的小城名声大振,来自世界各地的游人络绎不绝,"世界遗产"这一文化品牌给丽江带来了巨大的经济效益。每年数百万游人给古城带来巨大的商机,许多外地人入驻丽江古城经营开店,使原有的古朴的街区多了些商业的味道。为保护古城居民的居住活动,控制和规范古城的商业活动,合理控制游客数量,当地政府将与古城氛围不协调的商业场所迁出古城。

近年来,古城的风貌已得到地方政府最大限度的保护,所有的营业活动均受到严格的控制和指导。作为一个多民族的聚居地,古城局部与原来形态和结构相背离的附加物或是"新建筑"正被逐渐拆除或整改,以保证古城本身所具有的艺术和历史价值能得以充分发扬。2001年10月15日至18日,在丽江召开的"联合国教科文组织亚太地区文化遗产管理第五届年会"上,联合国官员和与会代表对丽江古城管理与旅游业的开发进行了实地考察,充分肯定了《中国丽江古城保护行动计划》,即旅游开发与文化遗产管理"丽江模式",认为"丽江模式"为世界文化遗产管理与旅游业开发提供了典范。丽江古城日益受到国内外游客的青睐,这里已成为中外游人主要的旅游目的地之一。

澳门素有"东方蒙地卡罗"、"不夜城"、"购物天堂"之称。澳门是一座国际性的旅游城市,名胜古迹众多,博彩行业兴旺,中西文化荟萃。2005年,澳门历史中心被世界遗产委员会列入《世界遗产名录》后,澳门旅游局推出了"2006澳门世界遗产年",丰富了旅游内涵,提升了文化品位,树立了城市新形象。这不仅体现了澳门旅游业实施多元化的发展战略,而且还推动了世界遗产可持续发展。澳门的世界遗产已成为澳门旅游文化可持续发展的宝贵资源,给澳门的旅游业带来一个新的发展契机,增添了新的活力,树立了城市新形象,推动了遗产旅游可持续发展(孙克勤,2009a)。

巴西的首都巴西利亚(Brasilia)作为世界文化遗产于 1987 年被联合国教科文组织列入《世界遗产名录》,堪称世界遗产可持续发展的典范。在世界遗产名录中,被列入的世界历史名城就有 100 多座,然而巴西首都巴西利亚却是一座年轻的现代化城市。这是一座仅用几年的时间在一片荒原上建造起来的新首都,城里不见古迹遗址,也没有大都市的繁华与喧闹,但其充满现代理念的城市格局、构思新颖别致的建筑以及寓意丰富的艺术雕塑,融合了世界古今建筑艺术之精华,使这座新都蜚声世界,成为众多璀璨辉煌的世界文化遗产中最年轻的一个。这一事实说明,保护历史城市、规划新都市都是非常重要的。巴西利亚是一座唯一列入世界遗产的现代化都市,城市的设计和规划充分体现了人类的创新精神和丰富的想象力,堪称现代城市建设的典范,是城市规划史上的里程碑,体现了人类创造力和智慧的可持续发展。

澳大利亚的悉尼歌剧院(Sydney Opera House)以其独特的造型闻名于世,是悉尼乃至澳大利亚的标志。悉尼歌剧院于 2007 年作为文化遗产被世界遗产委员会列入《世界遗产名录》。悉尼歌剧院作为 20 世纪现代建筑被列入《世界遗产名录》,体现了现代人的创新精神。悉尼歌剧院堪称现代建筑的典范,这表明世界遗产并不仅限于历史建筑,现代建筑只要符合世界遗产的遴选标准,同样是可以被列入《世界遗产名录》的。

人类的历史与地球的历史紧密相连。自然遗产本身就是各种生物物种和自然生态系统的自然资源的宝库。自然遗产对于研究生命起源、地球科学、生态系统、生物多样性以及人类与自然和谐和可持续发展具有重要的意义。

云南三江并流保护区(Three Parallel Rivers of Yunnan Protected Areas)以其独特的地质构造、生物多样性、神奇的自然景观、丰富的自然资源而著称。云南三江并流保护区申报世界自然遗产成功以来,其巨大的科学价值、环境价值和经济价值越来越受到关注。云南省政府要求对三江并流保护区保护管理工作,要站在可持续发展的高度,处理好自然遗产地资源保护与开发的关系,遵循“保护是前提,发展促保护”的原则,加紧进行立法工作和技术管理机构的建设。云南省政府和三江并流保护区所在地的迪庆州、丽江市、怒江州三地已经建立起三江并流保护区世界自然遗产管理机构,按照“严格保护、统一管理、合理开发、永续利用”的方针,进一步完善行政管理和技术管理机制,对三江并流保护区世界自然遗产地实现有效保护与合理利用,建立符合遗产资源良性发展的管理体制是可持续发展的需要。云南三江并流保护区集地球演化、生态、生物多样性等为一体,具有极高的科学研究价值,对这一保护区资源的有效保护、合理开发和永续利用是世界遗产可持续发展的重要举措。

四川大熊猫栖息地(Sichuan Giant Panda Sanctuaries)是保持生物多样性和生态完整性的重要区域。这里生活着全世界 30%以上的野生大熊猫,是全球最大和最完整的大熊猫栖息地。有关专家认为,栖息地的整体保护将有助于改善大熊猫栖息地“破碎化”、“岛屿化”现象,扩充大熊猫的基因库,确保生态系统的真实性和完整性。多年以来,四川省十分重视大熊猫栖息地的保护工作,相继实施了中国保护大熊猫及其栖息地工程,大熊猫的栖息地面积扩大了三成多,使大熊猫在栖息地和自然保护区内得到了很好的保护。

加拉帕戈斯群岛上的生物以其具有的独特生物进化而闻名于世。著名生物学家达尔文于 1835 年曾到这里考察,岛上的生物多样性激发了他撰写《物种起源》这一旷世巨著。一个多世纪以来，加拉帕戈斯群岛生物多样性和生物进化方面的研究为国际生物学界所关注，这里已建起了生物考察站。加拉帕戈斯群岛生物资源的可持续利用和生态系统的可持续研究是自然遗产突出的科学价值的体现。加拉帕戈斯群岛(Galápagos Islands)符合世界自然遗产全部遴选标准，于1978年被联合国教科文组织世界遗产委员会列入《世界遗产名录》。

长久以来，美国大峡谷国家公园一直是令游客心驰神往的地方，每年吸引着500万游客前往欣赏大自然的鬼斧神功，认识地球亿万年的神奇变化。大峡谷的地质学意义——保存完好并充分暴露的岩层，记录了北美大陆早期几乎全部的地质历史，尤其是沿崖壁出露着从前寒武纪到新生代的各个时期的岩系，它的水平岩层可以追溯到20亿年前的地质历史时期，并含有不同地质年代的生物化石，被称为"活的地质史教科书"。凭借丰富的地质奇观和绚丽的自然风光，如今，大峡谷已成为全球最受欢迎的旅游胜地之一。1979年，大峡谷国家公园(Grand Canyon National Park)作为自然遗产被联合国教科文组织世界遗产委员会列入《世界遗产名录》。

美国的黄石国家公园(Yellowstone National Park)以其丰富的动植物、地热资源、间歇泉景观等闻名于世。黄石国家公园的旅游活动包括科考、露营、钓鱼、泛舟、野生动物观察等。如今，年平均游客量高达300万人次。游人到黄石国家公园不仅仅是游览参观，他们渴望了解更多的知识，以更好地贴近自然，丰富自己的生活。

加拿大的格罗莫讷国家公园(Gros Morne National Park)展现了一个大陆漂移演变的罕见例证，包括深部的洋壳和裸露地表的地幔岩石。格罗莫讷国家公园不仅有奇特而绚丽的自然风光，而且拥有许许多多特殊的地质现象，这些地质现象为大陆漂移学说和板块构造学说提供了宝贵的证据。瑞士的萨多纳地质构造带(Swiss Tectonic Arena Sardona)展示了欧非大陆板块相互冲撞的记录，是见证地质构造的最好例证之一。澳大利亚的麦夸里岛(Macquarie Island)是唯一的一处从海洋深处逐渐升出海平面的岛屿，这里的地质景观是板块运动最好的见证。

加拿大落基山脉公园(Canadian Rocky Mountain Parks)中的库特奈国家公园中寒武统的伯吉斯页岩动物群，该动物群距今约5.15亿年，是当时世界上最早的脊索动物，被认为是寒武纪生物大爆发最具代表性的动物化石。加拿大的艾伯塔省恐龙公园(Dinosaur Provincial Park)拥有许多极为重要的称之为"爬行动物时代"的化石。在这里发现的35种恐龙化石，可以追溯到7 500万年前。这里已成为探索7 500万年前世界的知识窗口，了解史前生物恐龙奥秘之地。

济州火山岛和熔岩洞位于韩国的济州岛[①]，地理坐标为北纬33°28′08″，东经126°43′13″，核心区9 475.20hm^2，缓冲区9 370.80hm^2。济州火山岛和熔岩洞，包括"汉拿山天然保护区"、"城山日出峰"和"拒文岳熔岩洞窟系"。济州岛是一座典型的火山岛，岛中央是通过火山爆发而形成的海拔1 950m的韩国最高峰——汉拿山[②]。山顶上有约25 000年前因火山爆发而形成的火山口，周围有360多个因火山爆发形成的小火山锥(Kim，2008)。此外，济州岛还有120多个熔岩洞(Kim，2008)。济州火山岛的年代可追溯至1.2Ma，以玄武质熔岩流为特征[③]。汉

①http://whc.unesco.org/en/list/1264

②http://whc.unesco.org/archive/advisory_body_evaluation/1264.pdf

③http://whc.unesco.org/archive/advisory_body_evaluation/1264.pdf

拿山以瀑布、形态各异的岩石和火山口湖泊而闻名。济州火山岛和熔岩洞不仅美丽绝伦,而且见证了地球的发展和演化过程(孙克勤,2011)。

这座拥有奇特自然景观和传统文化之美的岛屿,因其为数众多的丘陵、滨海、瀑布、悬崖和熔岩吸引着世界各地的游人。济州岛是韩国最大的岛屿,风光优美,景色宜人,有"韩国的夏威夷"和"蜜月岛"之美誉,吸引着成千上万的海内外游客前往观光。济州岛旅游局首先通过日本和中国等国的电视台、广播、旅行社加大济州岛旅游观光的宣传力度,并在许多国家设立济州岛派出机构来统一筹划济州岛旅游宣传,邀请各国记者到济州岛观光体验;此外,济州岛还向成功吸引游客到济州岛旅游的旅行社提供资金支持和人头奖励。济州国际机场有飞往中国北京、上海和日本东京、大阪、名古屋、福冈等地的国际航线。济州岛的国际化少不了中央政府的政策支持。韩国国会早在2001年12月就通过了《济州岛开发特别法》修改案,扩大免签入境国家范围,将以济州机场、济州港为中心的区域指定为"无关税"自由贸易区,整个济州岛成为"无签证"、"无关税"地区。济州对中国大陆居民实行免签政策。长久以来,济州岛因其美丽的自然环境而成为密月旅行的首选之地。如今,这里又增建了世界级的国际会议中心,优美的环境和完备的设施使这里成为召开国际会议的最佳场所。济州岛是一座旅游业非常发达的岛屿,在这里,不仅可以与大自然进行亲密接触,而且还可以享受到各种高档的运动和娱乐设施。2007年,济州火山岛和熔岩洞(Jeju Volcanic Island and Lava Tubes)作为自然遗产被联合国教科文组织世界遗产委员会列入《世界遗产名录》。

乌布苏(乌威斯努尔)盆地 (Uvs Nuur Basin)是蒙古与俄罗斯共有的一处世界自然遗产。乌布苏湖的闭合盐湖系统,由于其独特的气候和水文条件对于国际科学研究具有重要意义。鉴于乌布苏湖独特的地球物理和生物特征,乌布苏盆地已被选定作为国际地圈生物圈计划(IGBP:International Geosphere - Biosphere Programm),用于作为研究全球气候变暖现象的观测点。

南非的弗里德堡陨石(Vredefort Dome)是陨石撞击结构或陨石坑的具有代表性的景观,可以追溯到20.23亿年前,是迄今为止地球上发现的最古老的陨石坑。它的半径为190km,也是面积最大和撞击最深的陨石坑①。南非的弗里德堡陨石坑是地球上发现的最古老的陨石坑,具有很高的科研价值。弗里德堡陨石坑丰富了地球科学的研究内容,为探索地球和其他星球的演化提供了证据。人们通过参观弗里德堡陨石坑,真正感受到"宇宙世界"对地球产生的影响。

丹麦的伊路利萨特冰湾(Ilulissat Icefjord)是世界上最活跃的冰山。人们对这条冰湾的研究超过250年,冰湾有利于我们对气候变化和冰川学的了解。在这里,游人有机会目睹壮观的裂冰现象,体验自然的原始的伟大力量,还可以在这里进行冰川远足,参观"冰峡湾",或乘坐狗拉雪橇,乘船游览冰川……。据有关报道,"全球变暖给日渐升温的生态旅游又添新葩,那就是气候变化之旅。参加这类旅行的人就是要找出那些全球变暖趋势已开始产生明显影响的地方,所以极地旅游不可避免地成为最新的旅游热点,冰川消融引发极地旅游热。"

美国的夏威夷火山国家公园(Hawaii Volcanoes National Park)建立于1916年,这里成为人们游览的胜地,平均每年都有大约250万人到此观光游览。由于活火山的不断活动,夏威夷大岛一直在扩张中。在夏威夷火山国家公园境内,有两座火山:冒纳罗亚火山(Mauna Loa)和

---

①http://whc.unesco.org/en/list/1162

基拉韦厄火山(Kilauea),其奇幻的烟雾和喷涌的岩浆带给人们深深的震撼。游客可以在火山观察站参观火山口,随处可见熔浆流过的遗迹,亲眼目睹沧海桑田的变化。

美国的猛犸洞穴国家公园(Mammoth Cave National Park)位于肯塔基州,是喀斯特地貌的典型代表。猛玛洞穴国家公园建于1941年,这里的活动项目包括徒步游、探险、钓鱼、骑马、泛舟游等,特别是景区内的"钙华之旅(Travertine Tour)"和"洞穴之旅(Cave Tour)"让游人真正领略到地球科学的奥秘。

乞力马扎罗国家公园(Kilimanjaro National Park)位于非洲坦桑尼亚的乞力马扎罗地区,素有"非洲屋脊"之称,高5 895m,是非洲的最高点。它扑朔迷离,变化多端,是吸引着全世界游客探险猎奇的好去处。

联合国教科文组织一直十分重视世界遗产教育问题,在《保护世界文化和自然遗产公约》"教育计划"第27条中明确提出 :"本公约缔约国应通过一切适当手段,特别是教育和宣传计划,努力增强本国人民对本公约第1条和第2条中确定的文化和自然遗产的赞赏和尊重。"2004年7月,第28届世界遗产委员会会议在我国苏州召开,参加"世界遗产·中国论坛"的与会代表共同讨论通过了《世界遗产青少年教育苏州宣言》,作为实现世界遗产青少年教育集体行动的纲领,其目标是:"让全世界所有青少年均接受世界遗产教育,确立保护世界遗产的意识,自觉担负起保护世界遗产的责任。"这一宣言极大地推动了我国的世界遗产教育的发展,世界遗产教育正在逐渐成为高校教育的一项重要内容。

在学校开设"世界遗产课程",普及世界文化与自然遗产知识,启动相应的教育机制是认识和保护世界遗产的重要途径(孙克勤,2004)。贺云翱认为,对中国的大学来说,"世界遗产教育"是个崭新的课题,因为"世界遗产"包括"文化遗产"和"自然遗产",其本身就是一门新的跨学科的知识体系,有关其课程设置、学科及学术资源整合、教材编写、教师知识结构的转型、教学方法、教学目的等还都处于探索之中(贺云翱,2007)。近十年来,在我国许多大学开设了"世界遗产"相关课程。据不完全统计,这些大学是北京大学、中国政法大学、中国地质大学(北京)、北京理工大学、北京林业大学、首都师范大学、南京大学、浙江大学、吉林大学、武汉大学、中山大学、陕西师范大学、浙江工商大学、杭州师范大学、湖北大学、郑州大学、河南工业大学、哈尔滨师范大学、重庆文理学院、暨南大学等。2008年,《世界文化与自然遗产概论》课程首次被列入北京学院路地区16所高校"教学共同体",已于同年春季学期开课。近年来,如北京大学、北京科技大学、北京师范大学、中国地质大学(北京)、北京林业大学、中央民族大学、北京理工大学、天津大学、山东大学、吉林大学、西安交通大学、西北大学、西安建筑科技大学、南京大学、东南大学、复旦大学、同济大学、武汉大学、四川大学、重庆大学、中山大学、山东大学、河南大学、郑州大学、广西师范大学等许多高校也开始招收与文化和自然遗产保护相关研究方向的硕士生和博士生。许多大学还相继设立了遗产保护的专门研究机构。此外,"亚太地区世界遗产培训和研究中心"于2008年在北京、上海和苏州三地同步挂牌。目前国内已出版的有关世界遗产方面的教材有:《世界遗产概论》(刘红婴和王健民,2003)、《世界遗产》(晁华山,2004)、《世界文化与自然遗产概论》(孙克勤,2005)、《世界自然与文化遗产》(郭万平,2006)、《世界遗产学》(孙克勤,2008)、《世界遗产教程》(刘新静,2010)等。这些教材无疑对于我国的世界遗产教育起到推动作用。世界遗产保护战略在向多元化、全面化和综合化发展,启动相应的世界遗产教育是世界遗产可持续发展的必然趋势。

世界遗产作为文化—自然—社会复合系统,保护和利用其资源具有经济效益、环境效益和社会效益。保护世界遗产并不排斥对其合理利用,对世界遗产资源的开发不应是对资源的消耗,而是对资源的可持续利用,开发其科学、文化和旅游资源,带动国家和地区的文化、经济和旅游业的可持续发展,从而使世界遗产资源走向保护与开发良性循环的轨道。世界遗产的管理、保护和开发应从中国的国情出发,遵循立足保护、科学规划、合理开发和永续利用的原则,使世界遗产"保护与开发"协同发展。

第十章　世界遗产地保护案例分析

世界遗产地目前面临的问题可归结为自然因素和人为因素。本章对3处国内外世界遗产地保护案例进行了分析，指出了世界遗产地存在的问题，包括自然灾害和人为因素，并提出相关保护对策。

第一节　云南三江并流保护区保护案例

云南三江并流保护区（Three Parallel Rivers of Yunnan Protected Areas）位于云南省西北部境内，因怒江（下游为缅甸的萨尔温江）、澜沧江（下游为境外的湄公河）和金沙江（下游为长江）在云南省西北部自北向南并行170余公里，故名“三江并流”。三江并流保护区包括云南丽江地区、迪庆藏族自治州和怒江傈僳族自治州，由高黎贡山、白马（白茫）-梅里雪山、哈巴雪山、千湖山、红山、云岭、老君山、老窝山八大片区组成，地理坐标北纬27°53′42″，东经98°24′23″，核心区939 441 hm^2，缓冲区758 977$hm^2$①。2003年，云南三江并流保护区作为自然遗产符合自然遗产的全部遴选标准（4条）被联合国教科文组织世界遗产委员会列入《世界遗产名录》。

一、存在问题

目前，威胁三江并流保护区的主要因素包括自然因素和人为因素。自然因素：地质灾害和生态危机，包括地震、泥石流、滑坡、温室效应、气候变暖、雪线上升、冰川消融、土地荒漠化、水土流失、湿地退化、水资源短缺等。人为因素：人类活动、开山筑路、建筑施工、水电开发、采矿、旅游开发等。

1. 地质灾害

包括地震、滑坡、泥石流等。地处三江并流保护区的怒江地区处于我国主要地震带上，是地震多发地区，且有频度高、强度大、震源浅、分布广的特点。此外，三江并流区内山峦起伏、江河纵横，新构造运动非常强烈，是地质灾害频发地区之一，主要的地质灾害表现为地震、崩塌、滑坡、泥石流等。

2. 生态危机

由于全球气候变暖导致环境变化加剧。生态环境脆弱，冰川消融，湿地退化，水土流失加剧，草场退化现象普遍，由于珍稀野生动植物栖息环境受到地质灾害、气候变化和人类活动的影响，许多野生动物适宜的生境范围越来越小，使其“生境破碎化”。

---

①http://whc.unesco.org/en/list/1083

梅里雪山卡格博峰下的明永冰川，目前正以每年50m左右的速度后退。从1999年下半年起，明永冰川的前沿从海拔2 660m的地方向上缩进了约200m，厚度从原来的300m以上变成了150m(郭菊馨等，2006)。玉龙雪山也很难看到以往冰雪覆盖的壮观景色了。湖泊水位下降，水域面积缩小。30年来，“碧塔海”湖泊水位下降近3m，水域面积减少，蓄水量减少(郭菊馨等，2006)。三江并流区水土流失严重，据统计仅就迪庆州水土流失的面积已达到4 890 km^2(郭菊馨等，2006)。从怒江流域生态现状看，生态系统面临着严重退化的威胁。20世纪50年代怒江州的森林覆盖率达53%，由于过度开垦土地和砍伐树木，致使现在怒江两岸高程1 500m以下的原始森林已荡然无存，1 500～2 000m之间的植被也破坏严重(董哲仁，2006)。据1999年详查，仅怒江傈僳族自治州的水土流失面积就达3 933km^2，占全州面积的26.75%(董哲仁，2006)。

3. 水电开发

怒江水电开发对当地的生态系统和环境保护有负面影响，但对当地的经济发展起到促进作用。联合国教科文组织世界遗产委员会对三江并流世界遗产地给予了高度关注，在遗产地开发水电站会直接影响世界自然遗产的真实性和完整性。近年来，水利工程建设可能对中国的自然遗产地带来的威胁已经成为国际组织和舆论关注的焦点之一。水利工程建设直接破坏了生态和水文系统，对自然遗产地的价值带来毁灭性损害(周年兴等，2008)。

4. 开采矿产

三江并流保护区境内蕴藏着丰富的矿产资源，有锡、铅、锌、铜、钨、金、银、云母、绿柱石、水晶石、大理石等有色金属和非金属矿种。在保护区内非法采矿会对遗产地构成威胁。

5. 基本建设

开山筑路、建筑施工、修建旅游设施等，导致景区日趋破碎化，对遗产地的真实性和完整性构成威胁。

6. 旅游开发

玉龙雪山有3条索道：大索道、牦牛坪索道(中索道)、云杉坪索道(小索道)。索道对自然景观构成了破坏，而且也对野生动物构成了威胁。另外，一个用沙石修筑可容纳1 200余人的360°全视角露天蓝月谷剧场竟然修建在海拔3 100m的玉龙雪山上，号称世界上最高的实景演出剧场，极大地影响了遗产地的真实性和完整性。如果相关部门不加以有效管理，这种自然景区“人工化”、“商业化”、“城市化”趋势势必会向三江并流遗产地的核心区蔓延。

7. 人才匮乏

遗产地缺乏专业的管理人才，现有的管理人员其知识结构难以胜任日趋发展的信息化、智能化和数字化的遗产管理工作。

外来物种入侵是世界自然遗产地管理的普遍问题和最棘手的问题之一(周年兴等，2008)。三江并流地区矿产、水力、森林等资源丰富，随着这一地区旅游知名度的提升，旅游资源的开发力度越来越大，人类经济活动对其影响也越来越显著，易导致泥石流、滑坡、崩塌、水土流失、岩漠化等地质灾害的发生(谢洪忠和杨世瑜，2003)。此外，三江并流世界自然遗产地的许多管理制度和管理方式亟需改进和完善，遗产监测体系不够完善，大气、水文、地质、防火等方面监测点较少；监测的数据收集整理分析还不够完善，没有形成完整的监测网络；缺乏训练有素的遗产决策层和管理层人员梯队。

世界自然保护联盟和世界遗产委员会曾指出,三江并流世界自然遗产地所面临的主要威胁包括:正在规划的水电开发,被改划边界以适应开矿、建大坝等经济发展需求,以及旅游业的发展。

二、保护对策

云南省三江并流世界自然遗产地保护条例(2005年5月27日云南省第十届人民代表大会常务委员会第十六次会议通过),自2005年7月1日起施行[①],其中第四条明确提出:“三江并流遗产地的保护和利用应当履行《保护世界文化和自然遗产公约》,遵循科学规划、有效保护、统一管理、合理利用的原则,坚持可持续发展战略,建立健全生态补偿机制。”第十三条还提出:“三江并流遗产地中的自然保护区分为核心区、缓冲区和实验区。核心区禁止任何单位和个人擅自进入;缓冲区经有关行政主管部门批准可以进入从事科学研究或者观测活动;实验区可以进入从事科学试验、教学实习、参观考察、旅游以及驯化、繁殖珍稀、濒危野生动植物等活动。”

本书对三江并流世界遗产地提出如下保护对策(孙克勤,2010a):

(1)完善遗产地的科学管理机制,加强法规体系建设,培养遗产地专业管理人才,进一步完善行政管理和技术管理机制,开展数字化管理建设,加强国际交流与合作等相关工作,加强遗产保护的科学研究;

(2)分区(核心区和缓冲区)保护,保护生态平衡、森林植被、生物多样性、湿地、地质遗迹、自然景观和人文景观;

(3)建立自然灾害监测系统,在自然保护区建立监测中心,完善数字化监测系统,对遗产地的自然环境和生态环境进行有效保护,对地震、洪灾、泥石流、滑坡、大气、水质等进行监测、分析和处理;建立对林业有害生物治理的对策和加强病虫害防治,完善森林防灾、减灾和控灾机制;

(4)控制遗产地核心区内人口增长,由于人口的增长,不可避免地带来更多的环境问题、水资源问题、土地资源问题和能源问题,将会增加环境负荷,破坏生态平衡;

(5)开展生物多样性和生态系统保护工作,制定生物多样性保护的规范和标准,开展生物多样性保护的监测和信息系统建设,保持和维护原有生物种群、结构及其功能特征,防止外来物种入侵;

(6)有序开展遗产地的科考旅游、生态旅游和文化旅游;生态旅游是一种可持续发展的绿色产业,在自然保护区开展适度的生态旅游,通过生态旅游积累资金,从而增加自然保护方面的投入,促进地方经济的发展和人民生活水平的提高;

(7)三江并流遗产地是多民族居住区,保护区内拥有丰富多彩的地方民俗文化传统和许多国家级非物质文化遗产,应将保护地方传统文化视为保护遗产地的一个重要组成部分。

云南三江并流保护区以其独特的地质构造、生物多样性、神奇的自然景观、丰富的自然资源而著称。云南三江并流保护区申报世界自然遗产成功以来,其巨大的科学价值、环境价值和经济价值越来越受到关注。云南省政府和三江并流保护区所在地的迪庆州、丽江市、怒江州三

---

①http://law.baidu.com/pages/chinalawinfo/1684/21/93893928a2c0e0432a10e81062c335f9_0.html

地已经建立起三江并流保护区世界自然遗产管理机构,按照“严格保护、统一管理、合理开发、永续利用”的方针,进一步完善行政管理和技术管理机制,对三江并流保护区世界自然遗产地实现有效保护与合理利用,建立符合遗产资源良性发展的管理体制是可持续发展的需要。云南三江并流保护区集地球演化、生态、生物多样性等为一体,具有极高的科学研究价值,对这一保护区资源的有效保护、合理开发和永续利用是世界遗产可持续发展的重要举措。

第二节 中国南方喀斯特保护案例

2007 年,中国南方喀斯特作为自然遗产被联合国教科文组织世界遗产委员会列入《世界遗产名录》。中国南方喀斯特包括云南石林、贵州荔波和重庆武隆喀斯特,总面积 146 016 hm^2,占整个中国喀斯特面积的 55%。

中国喀斯特具有面积大、地质演化复杂、地貌多样、生物多样性丰富等特点。中国南方喀斯特主要可分为 3 个区域:云南石林喀斯特、贵州荔波喀斯特和重庆武隆喀斯特,以石林的剑状、锥状和塔状喀斯特,荔波的森林喀斯特,武隆的天生桥、天坑、溶洞为代表。这一区域集中了中国最具代表性的喀斯特地形地貌区域,以“雄、奇、险、秀、幽、奥、旷”而著称。

云南石林是世界上唯一保存和展示分别形成于早二叠世、晚白垩世—古新世、始新世—渐新世、中新世—现今 4 个时期石林喀斯特的地区(梁永宁,2007)。贵州荔波喀斯特有寒武纪—三叠纪碳酸盐岩沉积超过 8 000m,晚古生代以来复杂的地质演化形成了典型和最具代表性的锥状喀斯特地貌(梁永宁,2007)。武隆喀斯特完整地展示了整个峡谷喀斯特的演化系统,包括天生桥、天坑、溶洞、地缝、峡谷等,体现了峡谷喀斯特的演化过程。

中国南方喀斯特不仅具有奇特的地质景观,而且动植物资源也非常丰富。据联合国教科文组织世界遗产委员会评估报告(IUCN Evaluation Report),云南石林喀斯特有植物 889 种,哺乳动物 42 种,鸟类 87 种,爬行动物和两栖动物 44 种,鱼类 12 种。贵州荔波喀斯特有植物 1 532种,哺乳动物 59 种,鸟类 137 种,爬行动物和两栖动物 75 种,鱼类 43 种。重庆武隆喀斯特有植物 558 种,哺乳动物 46 种,鸟类 174 种,爬行动物和两栖动物 48 种,鱼类 64 种[①]。

一、存在问题

遗产地目前面临的问题可归结为自然因素和人为因素。随着旅游业的迅猛发展,过度的城市现代化建设和商业化开发,使得文化和自然遗产地正在遭受前所未有的破坏。我国的世界遗产地目前正面临着旅游业的超载和错位开发,遗产地“商业化”、“人工化”和“城市化”愈演愈烈,严重威胁了世界遗产地的真实性和完整性。

1. 管理体制问题

世界遗产地的管理模式仍按传统的运行机制,管理体制多层次,缺乏统一归口管理和科学决策,还没有形成一个科学和有效的管理机制。景区内缺乏具有世界遗产知识结构的科学管理人才。此外,自然灾害预测系统和数字化管理系统还有待完善。

---

①http://whc.unesco.org/archive/advisory_body_evaluation/1248.pdf

2. 旅游业发展

遗产地内开山筑路、建筑施工、修建旅游设施等，导致景区日趋破碎化，生态环境破坏，干扰了野生动植物的生境。云南石林景区修建了高标准游道，观光车在核心区川流不息，仿佛是行驶在城市花园。重庆武隆的天生三桥景区和龙水峡地缝景区分别修建了观光电梯，对遗产地的真实性和完整性构成了威胁。关于武隆喀斯特遗产地附近仙女山规划中的“武隆旅游支线机场”建设问题，将会影响自然遗产景观和环境保护。此外，由于遗产地基础设施和旅游服务设施的不完善，游客超载对遗产地的保护也是一个的威胁。世界遗产景区门票不断调价，门票价格太高，限制了相当一部分低收入人群参观的权利。世界遗产是人类共同的财富，不应以控制人数和保护环境为由抬高门票价格，应制定一个适应公众消费能力的门票价格。

3. 生态系统退化

我国西南岩溶地区生态脆弱的地质原因，主要是可溶岩尤其是纯碳酸盐岩造壤能力低，营养元素匮乏，以及在长期强烈岩溶作用下产生的地表地下双层空间结构。前者导致土壤贫瘠，加上人类不适当的土地利用引起水土流失，产生石漠化(袁道先，1996)。中国西南喀斯特山区位于世界三大连片喀斯特发育区之一的东亚片区中心，喀斯特地貌广泛发育，地形条件复杂，生态环境脆弱，土壤侵蚀退化严重(赵中秋等，2006)。贵州省喀斯特石漠化面积已达50 000km^2，广西达47 000km^2，并且每年以以2 500 km^{2}的速度在不断扩展(王世杰，2003)。喀斯特石漠化加速了生态环境恶化，主要表现为水土流失、河道淤积和自然灾害频繁，常导致土地丧失和非地带性干旱(黄秋昊等，2007)。

4. 地质灾害

遗产地的地质灾害主要为地震、泥石流、滑坡、崩塌、塌陷等。喀斯特地区以石灰岩为主，岩石节理裂隙发育、风化作用强烈、覆盖层厚薄不一、山区河流切割较强烈，易发生地质灾害。本区由中低山和岩溶盆地组成，山势高峻，地形切割强烈，岩石风化节理裂隙发育，局部地段风化层较厚，工程地质环境条件复杂，易发生地质灾害。

5. 气候灾害

气候灾害主要是洪水、旱灾、冰雹等。喀斯特地区的旱灾和洪涝灾害最为普遍，特别是喀斯特盆地和洼地，常因排水不畅而发生洪涝灾害。

6. 生物栖息地的威胁

近年来，由于人类活动的干扰，我国西南部石灰岩地区的植被受到了很大破坏，加之石灰岩地区生态系统本身的脆弱性，对当地的野生动物的生存构成了严重的威胁(舒晓莲等，2009)。人们毁林开荒、修路建房、过度放牧等使物种失去了适宜的栖息环境，加剧了生境的破碎化。

7. 保护经费匮乏

一些世界遗产地需要一系列的综合整治，如贵州荔波关闭或撤除煤矿、冶炼和电力等企业，不仅减少了财政收入，还让政府背上了沉重的债务，当地村民需要生存，地方经济需要发展，旅游业的不断升温，遗产地的保护面临的压力越来越大。遗产地由于缺乏专项保护基金，使其保护面临困境。

二、保护对策

1. 完善科学管理体制

制定《世界遗产保护法》,加强法规体系建设,进一步完善行政管理和技术管理机制,开展数字化管理建设,加强国际交流与合作等相关工作,加强遗产保护的科学研究,引进人才,培训员工,提高管理人员的科学管理水平。

2. 发挥世界遗产的功能

世界遗产不仅可以带动地区的旅游、经济、社会和环境效益的发展,更是科研和教育的基地,是探究人类智慧、文明轨迹和自然奥秘的知识源泉。世界遗产的主要价值体现在科学、教育、文化、旅游等方面,利用世界遗产进行科学考察和传播历史文化知识是其价值的真正体现。

3. 分区保护

分区(核心区和缓冲区)保护世界遗产地的生态平衡、森林植被、生物多样性、地质遗迹、自然景观和人文景观。喀斯特地区多为少数民族居住区,保护区内拥有丰富多彩的地方民俗文化传统和许多国家级非物质文化遗产,应将保护地方传统文化视为保护遗产地的一个重要组成部分。

4. 建立自然灾害监测系统

在遗产地建立预测预警应急指挥系统,建立监测中心,完善数字化监测系统,对遗产地的自然环境和生态环境进行有效保护,对地震、洪灾、泥石流、滑坡、大气、水质等进行监测、分析和处理,完善防灾、减灾和控灾机制。

5. 开展生物多样性保护工作

制定生物多样性保护的规范和标准,开展生物多样性保护的监测和信息系统建设,保持和维护原有生物种群、结构及其功能特征,防止外来物种入侵。

6. 适度开展旅游活动

有序开发遗产地的遗产旅游、生态旅游、科考旅游和文化旅游,通过旅游活动积累资金,从而增加遗产地保护方面的投入,使世界遗产地可持续发展,促进地方经济的发展和人民生活水平的提高。

7. 设立世界遗产地保护专项资金

本基金的来源可以是政府财政投入、遗产地经营收入、社会和个人捐赠等,用于遗产地保护、管理人员培训、科学研究、学术交流、宣传教育等。

中国南方喀斯特世界自然遗产地面临的主要问题是管理模式仍按传统的运行机制,管理体制多层次,缺乏统一归口管理和科学决策,还没有形成一个科学和有效的管理机制;遗产地法制不健全,缺乏专业管理人才,保护基金匮乏、旅游业过度开发等;自然灾害监测和预测系统还有待进一步完善。遗产保护与开发是遗产保护中最主要的矛盾,保护世界遗产不排斥对其合理开发利用(孙克勤,2008)。科学管理、立足保护、适度开发是遗产管理体系的基本框架,世界遗产的管理应在思想、方法、技术和可持续发展中探索一条适合中国世界遗产地的科学管理模式(孙克勤,2010b)。

第三节　吴哥保护案例

一、吴哥(Angkor)概况

吴哥(Angkor)出自梵语“nagara”,意为“城市或首都”(city or capital),是9—15世纪高棉王国(Khmer Empire)的都城。吴哥位于柬埔寨暹粒省境内洞里萨湖(Tonle Sap, Lake Sap)北面,地理坐标为北纬13°26′,东经103°50′。吴哥以其古老、宏大、神圣和深邃而著称于世,它是高棉人的精神中心和宗教中心,也是世人向往的旅游胜地。柬埔寨的吴哥与中国的万里长城、埃及的金字塔、印度尼西亚的婆罗浮屠并列为古代东方四大奇迹。1992年,吴哥作为文化遗产被联合国教科文组织世界遗产委员会列入《世界遗产名录》。

从9世纪初高棉王国开国皇帝阇耶跋摩二世(Jayavarman Ⅱ)开始到15世纪,吴哥王朝陆续在当地建造宫殿和寺庙。吴哥主要包括吴哥城(Angkor Thom)、吴哥窟(Angkor Wat)等600多处印度教和佛教建筑风格的古遗址,现在保存下来的主要的古建筑遗址还有40余处。吴哥古建筑的基本形式是“塔殿”和“庙山”。“塔殿”吴哥古建筑的主体,有单塔、双塔、三塔、四塔、五塔、六塔等不同组合。“庙山”是高台建筑与塔殿结合的一种建筑形式,外观呈截顶金字塔形,主体是筑在一个石砌台基上的一至五座尖塔,台基分为三、五、七层,两面或四面筑有台阶(姜怀英,2006)。

在吴哥遗址东南部约10km处还分布着著名的罗洛斯遗址(Roluos),包括普力科寺(Preah Kô)、巴孔寺(Bakong)和洛雷寺(Lolei)3处重要的建筑群。这些建于9世纪晚期的建筑群是了解早期吴哥文化最重要的历史遗迹。

二、保护历史和现状

吴哥曾先后多次遭洗劫和破坏。1177年占婆人侵入柬埔寨时,吴哥遭受了劫掠。1431年暹罗(泰族)军队的入侵,攻陷了吴哥,吴哥遭到了严重破坏,王朝被迫迁都金边。20世纪80年代越军入侵,吴哥曾再遭洗劫。20世纪90年代,柬埔寨实施开放政策后,游客剧增,艺术品失窃情况更为严重。20世纪90年代执政的柬埔寨王国政府采取一系列措施,加强与一些国际组织的合作,并鼓励外国机构和专家参加吴哥地区的保护和开发工作,寻求国际援助修复古迹。吴哥遗址保护已成为当今世界上最大的保护工程。

吴哥考古公园(Angkor Archaeological Park)作为东南亚第一个国家公园建于1925年(Wager,1995)。自1431年暹罗军队攻占并洗劫了吴哥,该城废弃,一直到20世纪初法国远东学院(Ecole Française de 1'Extrême Orient)(EFEO)接管吴哥管理工作,吴哥的保护工作才正式开始。近代对吴哥的保护大体可分为3个阶段:

1. 1907—1931年

吴哥保护机构(Angkor Conservation Office)成立于1907年,主要从事对寺庙建筑的保护工作(Wager,1995)。这一阶段,法国远东学院开始对吴哥古迹进行为期数十年的精心细致的修复工程。修复工程包括几个方面的工作:清除植被、积土、白蚁以及稳定地基和加固建筑物。吴哥建筑中最初使用的很多木制梁柱由于不堪潮湿气候和白蚁的侵蚀,已变得摇摇欲坠,施工人员采用钢筋混凝土来取代这些最原始的木制梁柱。

2. 1931—1972 年

法国远东学院第二任院长亨利·马奇尔(Henri Marchal)对吴哥古迹进行了抢救性保护,创造性地提出了采用"原物重建法"修复吴哥古迹。所谓"原物重建法"就是可以用建筑物本身的材料,依据建筑结构予以重建或修复的方法(刘江和姜怀英,2006)。这一阶段由法国远东学院主持修复了女王宫(Banteay Srei)、涅磐宫(Neak Pean)、班提色玛寺(Banteay Samre)、托玛侬神庙(Thommanon)、豆蔻寺(Prasat Kravan)等(刘江和姜怀英,2006)。这一阶段对吴哥古迹的保护工作一直持续到 1972 年。20 世纪 70 年代由于柬埔寨政局动荡和战争导致吴哥古迹的保护工作中断。

3. 1989 至今

国际社会对吴哥遗址保护之尽心,使吴哥遗址保护成为当今世界上最大的保护工程。1992 年 12 月 14 日的联合国教科文组织世界遗产委员会第 18 届会议上将吴哥(Angkor)同时列入《世界遗产名录》和《濒危世界遗产名录》。1993 年 10 月,联合国教科文组织在日本举行了首届"吴哥历史遗址保护和发展政府间国际会议"(Intergovernmental Conference on the Safeguarding and Development of the Historic Site of Angkor),通过了《东京宣言》,建立了保护遗址的国际协调委员会。10 年间,一些国家共捐款 5 000 万美元,用于恢复吴哥窟遗址的各项建筑和扫除周围的地雷。1995 年,柬埔寨政府设立了"吴哥和暹粒地区保护和管理机构"(Authority for Protection and Management of Angkor and the Region of Siem Reap),负责吴哥和暹粒地区的所有古迹并管理参与维修的外国机构。2003 年,吴哥环境管理体系机构(The Angkor Environmental Management System Unit)(EMS Unit)和吴哥生物多样性保护中心(The Angkor Centre for Conservation of Biodiversity)(ACCB)相继建立。针对遗址内文物不断遭受人为掠夺和盗窃,柬埔寨内政部在暹粒省成立一支特别警察部队,专门负责加强吴哥古迹的保护工作,加强与国际刑警和相关国际组织的合作,共同打击盗窃文物事件和追查散落在世界各地的文物。

联合国教科文组织对这一遗址及其周边制订了一个广泛的保护计划,保护吴哥遗址的国际援助行动始于 1993 年,先后有 10 多个国家包括法国、印度、日本、美国、德国、瑞士、意大利、印度尼西亚等参与了对吴哥的维修保护行动,如法国参与修复巴芳寺(Bapuon),日本参与修复巴戎寺(Bayon)、吴哥窟(Angkor Wat)等,中国参与修复周萨神庙(Chau Say Tevoda),美国参与修复圣剑寺(Preah Khan)、巴肯山(Phnom Bakheng)、吴哥窟(Angkor Wat)等,印度参与修复塔普伦寺(Ta Prohm),印度尼西亚参与修复皇宫(Royal Palace),意大利参与修复比粒寺(Pre Rup),瑞士参与修复女王宫(Banteay Srei),德国参与修复普力科寺(神牛寺)(Preah Ko)等。

据报道,德国专家在吴哥寺石刻艺术品的保护工作中,其研究水平处于领先地位,无论是在加固材料的选择、病害的检查和加固方法等方面都得到国际社会的认可。他们在吴哥寺风化岩石的加固工程中主要使用的是硅酸乙脂类的材料。在吴哥古迹的保护工程中,许多国家非常重视建筑物变形的观测工作,例如日本修复巴戎寺北藏经殿和十二塔庙之前,对这两座建筑的变形情况进行过较长时间的观测,观测的结论是建筑的变形逐年加大,有倒塌的危险。意大利对吴哥寺回廊变形的观测结果是裂缝的宽度随地下水的降低而不断加宽,进而说明吴哥地区地下水的下降将成为破坏吴哥古迹的一大杀手。

中国工作队于 1997 年开始对吴哥古迹进行考察并选定修复周萨神庙。中国专家经过细

修复中的巴戎寺

施工现场

致研究，根据周萨神庙的具体情况并结合中国的文物保护工程的模式，提出了“抢险加固、遗址保护、重点修复”的 12 字方针。中国工作队根据这些建筑的残损特点，选择了柬方和 ICC（国际协调委员会 the International Coordination Committee）专家认同的“原物重建法”等不同的保护方法分别进行维修，并坚持尽可能多地使用原构件，将倒塌建筑周围散落的近 5 000 余块塌落的构件大部分回归了原位，受到柬埔寨政府和各国同行们的一致称道。周萨神庙的保护修复工程顺利完成。

修复中的周萨神庙

周萨神庙维修工地

目前对吴哥古迹的保护与修复主要采取抢险加固、原址保护和原物重建法。近年来，许多专家和学者对吴哥遗址的保护和管理进行了相关的研究。Uchidaet 等（1999）分析了吴哥建筑物砂岩材料的受损原因。Banno 等（2008）对巴戎寺进行了数字化等方面的研究。Maedaet 等（2008）基于微震动测量（micro - tremor measurements）建立了模型，用于对巴戎寺的石塔进行研究。Gaughan 等（2009）对吴哥地区的旅游、森林和土地状况进行了调查和分析。Kummu（2009）对吴哥地区水资源管理进行了分析。

1992 年，世界遗产委员会第 16 届世界遗产大会上将吴哥遗址同时列入《世界遗产名录》和《濒危世界遗产名录》。在国际组织之间的合作下，有效监管保护遗址取得成功。鉴于对保护吴哥遗址工程所作出的成绩，于 2004 年 7 月在苏州召开的第 28 届世界遗产委员会会议上，世界遗产委员会将吴哥从《濒危世界遗产名录》中解除。

三、存在问题

千百年来吴哥遗址一直经历自然作用的破坏，包括雨水侵蚀、岩石风化、植被破坏、环境变化等。此外，吴哥遗址还曾面临这个国家长期的战争和政局的动荡威胁，遗址内文物不断遭受人为掠夺，雕刻被猖獗走私。遗址缺乏有效的保护和管理，缺乏保护资金，过度旅游开发和失控的城市发展也对其产生潜在威胁。

1. 自然因素

(1)雨水侵蚀：雨水泛滥对众多古建筑地基的冲击侵蚀加快了这些古建筑的坍塌。水侵入岩石所形成的表面张力作用对吴哥主要建筑材料起到很大破坏作用。许多精美的石雕由于遭到不同程度的风化和剥蚀，再经雨水不断冲刷而损毁。

(2)岩石风化：这是吴哥古迹保护中的另一个突出问题，许多精美的雕刻都已经风化破碎。

(3)植被破坏：不使用任何黏合剂是吴哥建筑举世闻名的特征之一，而这个特征却也给植物在岩石中扎根提供了便利，因此植被侵害也成了保护古迹的难题之一，如塔普伦寺和圣剑寺的古建筑在古树的缠绕下，摇摇欲坠。塔普伦寺整座寺庙被巨大的树木层层围住，古树庞大的根系如巨爪一样盘根错节在寺庙的墙壁上，一些墙壁已经不堪负荷而坍塌，更多的是树根直接伸进寺庙的石缝中，盘绕在梁柱、屋檐和门窗上，紧紧地束缚住神庙，穿透力极强的根茎使建筑构件错位和结构变形，破坏了建筑物的稳定性。

Uchida 等(1999)认为岩石表面的浮雕被频繁地破坏归因于藻类(algae)和地衣(lichens)的作用。

(4)环境变化：吴哥古迹遗址地处热带森林中，近年来由于人类活动、大气污染、森林采伐，使得森林面积减少，造成空气湿度降低和地下水位下降，使原有生态环境发生改变。此外，地下水和潮湿环境对建筑构件在一定程度上也构成了破坏。

其他潜在的问题还包括气候变化、酸雨、温室效应、地质灾害、水资源危机等。

2. 人为因素

(1)管理体系：吴哥世界遗产地目前仍缺乏完善的管理体制，主要体现在吴哥古迹修复中的国际合作模式、修复标准、修复技术、工程质量标准等方面的协调。此外，管理部门应意识到暹粒市城市发展、过度的旅游开发、基础设施建设给遗产地带来的潜在威胁。

(2)文物偷盗：从吴哥发现至今，数百年来文物偷盗猖獗已经到了令人发指的地步，上个世纪 80 年代越军入侵后，吴哥曾遭到有组织的洗劫，90 年代实施开放政策后，游客剧增，艺术品失窃情况更为严重，其中尤其是 1993 年，竟然接二连三地发生了武装袭警抢劫文物馆艺术珍品的事件。

(3)非法伐木：人类非法伐木导致丛林中出现大片的裸露地带，破坏了生态平衡，对吴哥古迹遗址构成了威胁。

(4)修复方法：对吴哥的修复项目中许多不得当的方法也对吴哥古建筑造成了不可忽视的破坏作用，包括用水清洗和用硬刷清理建筑物表面污垢，特别是采用化学材料对岩石构件表面污垢的清洗。在吴哥建筑修复中大量使用钢筋混凝土也遭到专家们的质疑。

(5)旅游开发：旅游开发对环境的负面影响主要表现在对遗产地的景观、生态、土壤、大气、水体、动植物的破坏和干扰。遗产地内盲目地、过多地兴建各种旅游服务设施，明显改变了原有的自然和人文景观。过度的商业开发和蜂拥而至的游客正在对吴哥遗产地保护造成威胁。

(6)城市发展，暹粒市失控的城市发展，如机场、公路、桥梁、宾馆、饭店、商业区、高尔夫球场和娱乐场所正在逼近吴哥考古遗址，对遗产地构成了威胁。此外，国外“文化侵入”对当地的传统文化也构成了威胁。

值得指出的是，由于本区旅游人数的不断增加，来自污染、筑路、森林火灾和基础设施建设发展的威胁将会增加。

四、保护对策

(1)完善管理体系。建立和完善保护法规，加强对吴哥文物古迹的科学管理和有效保护，推进遗产地管理法制化、规范化和程序化的进程，对现有文物进行编录，建立文物古迹保护档案，逐渐完善遗产地的环境保护设施，加强生态环境监测、管理与利用。

(2)建立和完善国际合作模式。在国际社会的援助下，柬埔寨应在吴哥古迹修复方面逐渐培养自己的工程技术人员，使吴哥世界遗产地的保护走向可持续发展的良性循环。

(3)划定明确的缓冲区。对核心区、缓冲区等实施分级保护。

(4)保护生态环境。吴哥考古遗址地处热带森林，在保护森林生态环境和维持生态平衡的前提下，加强生物多样性保护的管理工作，建立生物多样性保护的法律和法规，制定生物多样性保护的规范和标准，开展生物多样性保护的监测和信息系统建设。

(5)控制城市发展。暹粒市的城市发展和过度发展旅游已对吴哥世界遗产地构成了威胁。当地政府部门应控制城市发展，特别是影响环境保护的一些施工项目不宜实施。暹粒市的北面毗邻吴哥遗址，东面是罗洛斯遗址(Roluos)，城市发展应限制向北和向东扩展。同时，当地政府还应保护当地的传统文化，使其与吴哥世界文化遗产协调发展。

(6)适度开发旅游。开展遗产旅游、考古旅游、生态旅游和文化旅游，通过旅游积累资金，从而增加遗产地保护方面的投入，促进地方经济发展。

吴哥发展旅游给柬埔寨带来了可观经济利润的同时，势必也会给吴哥的保护带来新的冲击。随着每年来吴哥旅游人数的迅速增长，旅游开发对遗产地的保护构成了极大的威胁。暹粒市城市建设发展也在逐渐逼近吴哥世界遗产地，对遗产地的文化和自然景观带来了潜在的冲击。在修复吴哥古建筑方面不能仅仅依靠国际援助，柬埔寨政府应立足培训本国的专家和技术人员，对吴哥世界遗产地进行可持续保护。在遗产地开展适度旅游，增加资金积累，从而增加遗产地保护方面的资金投入，促进地方经济的发展和人民生活水平的提高。因此，政府相关部门制订和实施一个综合的旅游发展规划是非常重要的。此外，暹粒市的城市发展规划应与吴哥世界遗产地协调发展，保护遗产地的真实性和完整性(孙克勤，2009b)。

附录 1

保护世界文化和自然遗产公约①

(联合国教育、科学及文化组织大会第十七届会议于1972年11月16日在巴黎通过)

联合国教育、科学及文化组织大会于1972年10月17日至11月21日在巴黎举行的第十七届会议,注意到文化遗产和自然遗产越来越受到破坏的威胁,一方面因年久腐变所致,同时变化中的社会和经济条件使情况恶化,造成更加难以对付的损害和破坏现象;

考虑到任何文化或自然遗产的损坏或丢失都有使全世界遗产枯竭的有害影响;

考虑到国家一级保护这类遗产的工作往往不很完善,原因在于这项工作需要大量手段,而列为保护对象的财产的所在国却不具备充足的经济、科学和技术力量;

回顾《组织法》的规定,本组织将通过保存和维护世界遗产和建议有关国家订立必要的国际公约来维护、增进和传播知识;

考虑到现有关于文化和自然遗产的国际公约、建议和决议表明,保护不论属于哪国人民的这类罕见且无法替代的财产,对全世界人民都很重要;

考虑到部分文化或自然遗产具有突出的重要性,因而需作为全人类世界遗产的一部分加以保护;

考虑到鉴于威胁这类遗产的新危险的规模和严重性,整个国际社会有责任通过提供集体性援助来参与保护具有突出普遍价值的文化和自然遗产,这种援助尽管不能代替有关国家采取的行动,但将成为它的有效补充;

考虑到为此有必要通过采用公约形式的新规定,以便为集体保护具有突出普遍价值的文化和自然遗产建立一个根据现代科学方法制定的永久性的有效制度。

在大会第十六届会议上,曾决定就此问题制订一项国际公约。于1972年11月16日通过本公约。

Ⅰ 文化和自然遗产的定义

第一条 在本公约中,以下各项为"文化遗产":

文物:从历史、艺术或科学角度看,具有突出普遍价值的建筑物、碑雕和碑画、具有考古性质成分或结构、铭文、窟洞以及联合体;

建筑群:从历史、艺术或科学角度看,在建筑式样、分布均匀或与环境景色结合方面,具有突出普遍价值的单立或连接的建筑群;

遗址:从历史、审美、人种学或人类学角度看,具有突出普遍价值的人类工程或自然与人的

① http://whc.unesco.org/en/conventiontext/

联合工程以及考古遗址等地方。

第二条　在本公约中，以下各项为“自然遗产”：

从审美或科学角度看，具有突出普遍价值的由物质和生物结构或这类结构群组成的自然面貌；

从科学或保护角度看，具有突出普遍价值的地质和自然地理结构以及明确划为受威胁的动物和植物生境区；

从科学、保护或自然美角度看，具有突出普遍价值的天然名胜或明确划分的自然区域。

第三条　本公约缔约国均可自行确定和划分上面第1条和第2条中提及的、本国领土内的文化和自然财产。

Ⅱ　文化和自然遗产的国家保护和国际保护

第四条　本公约缔约国均承认，保证第1条和第2条中提及的、本国领土内的文化和自然遗产的确定、保护、保存、展出和遗传后代，主要是有关国家的责任。该国将为此目的竭尽全力，最大限度地利用本国资源，必要时利用所能获得的国际援助和合作，特别是财政、艺术、科学及技术方面的援助和合作。

第五条　为保证、保护、保存和展出本国领土内的文化和自然遗产采取积极有效的措施，本公约各缔约国应视本国具体情况尽力做到以下几点：

1.通过一项旨在使文化和自然遗产在社会生活中起一定作用并把遗产保护工作纳入全面规划计划的总政策；

2.如本国内尚未建立负责文化和自然遗产的保护、保存和展出的机构，则建立一个或几个此类机构，配备适当的工作人员和为履行其职能所需的手段；

3.发展科学和技术研究，并制订出能够抵抗威胁本国文化或自然遗产的危险的实际方法；

4.采取为确定、保护、保存、展出和恢复这类遗产所需的适当的法律、科学、技术、行政和财政措施；

5.促进建立或发展有关保护、保存和展出文化和自然遗产的国家或地区培训中心，并鼓励这方面的科学研究。

第六条

1.本公约缔约国，在充分尊重第1条和第2条中提及的文化和自然遗产的所在国的主权，并不使国家立法规定的财产权受到损害的同时，承认这类遗产是世界遗产的一部分，因此，整个国际社会有责任合作予以保护。

2.缔约国根据本公约的规定，应有关国家的要求帮助该国确定、保护、保存和展出第11条第2段和第4段中提及的文化和自然遗产。

3.本公约各缔约国不得故意采取任何可能直接或间接损害本公约其他缔约国领土的第1条和第2条中提及的文化和自然遗产的措施。

第七条

在本公约中，世界文化和自然遗产的国际保护应被理解为建立一个旨在支持本公约缔约国保存和确定这类遗产的国际合作和援助系统。

Ⅲ　保护世界文化和自然遗产政府间委员会

第八条

1.在联合国教育、科学及文化组织内，要建立一个保护具有突出的普遍价值的文化和自然遗产政府间委员会,称为“世界遗产委员会”。委员会由联合国教育、科学及文化组织大会常会期间召集的本公约缔约国大会选出的15个缔约国组成。委员会成员国的数目将在至少40个缔约国实施本公约之后的大会常委会之日起增至21个。

2.委员会委员的选举须保证均衡地代表世界的不同地区和不同文化。

3.国际文物保护与修复研究中心(罗马中心)的一名代表、国际古迹遗址理事会的一名代表以及国际自然及资源保护联盟的一名代表可以咨询者身份出席委员会的会议,此外,应联合国教育、科学及文化组织大会常委会期间举行大会的本公约缔约国提出的要求,其他具有类似目标的政府或非政府组织的代表亦可以咨询者身份出席委员会的会议。

第九条

1.世界遗产委员会成员国的任期自当选之应届大会常会结束时起至应届大会后第三次常委会闭幕时止。

2.但是,第一次选举时指定的委员中,有三分之一的委员的任期放于当选应届大会后第一次常会闭幕时截止;同时指定的委员中,另有三分之一的委员的任期应于当选之应届大会后第二次常会闭幕时截止。这些委员由联合国教育、科学及文化组织大会主席在第一次选举后抽签决定。

3.委员会成员国应选派在文化或自然遗产方面有资历的人员担任代表。

第十条

1.世界遗产委员会应通过其议事规则。

2.委员会可随时邀请公共或私立组织或个人参加其会议,以就具体问题进行磋商。

3.委员会可设立它认为可履行其职能所需的咨询机构。

第十一条

1.本公约各缔约国应尽力向世界遗产委员会递交一份关于本国领土内适于列入本条第2段所述《世界遗产名录》的、组成文化和自然遗产的财产的清单。这份清单应看作是齐全的,它应包括有关财产的所在地及其意义的文献资料。

2.根据缔约国按照第1段规定递交的清单,委员会应制订、更新和出版一份《世界遗产名录》,其中所列的均为本公约第1条和第2条确定的文化遗产和自然遗产的组成部分,也是委员会按照自己制订的标准认为是具有突出普遍价值的财产。一份最新目录应至少每两年分发一次。

3.把一项财产列入《世界遗产名录》需征得有关国家同意。当几个国家对某一领土的主权或管辖权均提出要求时,将该领土内的一项财产列入《世界遗产名录》不得损害争端各方的权利。

4.委员会应在必要时制订、更新和出版一份《濒危世界遗产名录》,其中所列财产均为载于《世界遗产名录》之中、需要采取重大活动加以保护并为根据本公约要求给予援助的财产。《濒危世界遗产名录》应载有这类活动的费用概算,并只可包括文化和自然遗产中受到下述严重的特殊危险威胁的财产,这些危险是:蜕变加剧、大规模公共或私人工程、城市或旅游业迅速发展计划造成的消失威胁;土地的使用变动或易主造成的破坏;未知原因造成的重大变化;随意摈弃;武装冲突的爆发或威胁;灾害和灾变;严重火灾、地震、山崩;火山爆发;水位变动、洪水和海啸等。委员会在紧急需要时可随时在《濒危世界遗产名录》中增列新的条目并立即予以发表。

5.委员会应确定属于文化或自然遗产的财产可被列入本条第2段和第4段中提及的目录所依据的标准。

6. 委员会在拒绝一项要求列入本条第 2 段和第 4 段中提及的目录之一的申请之前，应与有关文化或自然财产所在缔约国磋商。

7. 委员会经与有关国家商定，应协调和鼓励为拟订本条第 2 段和第 4 段中提及的目录所需进行的研究。

第十二条

未被列入第 11 条第 2 段和第 4 段提及的两个目录的属于文化或自然遗产的财产，决非意味着在列入这些目录的目的之外的其他领域不具有突出普遍价值。

第十三条

1. 世界遗产委员会应接收并研究本公约缔约国就已经列入或可能适于列入第 11 条第 2 段和 4 段中提及的目录的本国领土内成为文化或自然遗产的财产要求国际援助而递交的申请。这种申请的目的可能是保证这类财产得到保护、保存、展出或恢复。

2. 本条第 1 段中提及的国际援助申请还可能涉及鉴定哪些财产属于第 1 条和第 2 条所确定的文化或自然遗产，当初步调查表明此项调查值得进行下去。

3. 委员会应就对这些申请所需采取的行动作出决定，必要时应确定其援助的性质和程度，并授权以它的名义与有关政府作出必要的安排。

4. 委员会应制订其活动的优先顺序，并在进行这项工作时应考虑到需予以保护的财产对世界文化和自然遗产各具的重要性、对最能代表一种自然环境或世界各国人民的才华和历史的财产给予国际援助的必要性、所需开展工作的迫切性、拥有受到威胁的财产的国家现有的资源，特别是这些国家利用本国资源保护这类财产的能力大小。

5. 委员会应制订、更新和发表已给予国际援助的财产目录。

6. 委员会应就本公约第 15 条下设立的基金的资金使用问题作出决定。委员会应设法增加这类资金，并为此目的采取一切有益的措施。

7. 委员会应与拥有与本公约目标相似的目标的国际和国家级政府组织和非政府组织合作。委员会为实施其计划和项目，可约请这类组织，特别是国际文物保护与修复研究中心(罗马中心)、国际古迹遗址理事会和国际自然及自然资源保护联盟，并可约请公共和私立机构与个人。

8. 委员会的决定应经出席及参加表决的委员的三分之二多数通过。委员会委员的多数构成法定人数。

第十四条

1. 世界遗产委员会应由联合国教育、科学及文化组织总干事任命组成的一个秘书处协助工作。

2. 联合国教育、科学及文化组织总干事应尽可能充分利用国际文物保护与修复研究中心(罗马中心)、国际古迹遗址理事全和国际自然及自然资源保护联盟在各自职权范围内提供的服务，以为委员会准备文件资料，制订委员会会议议程，并负责执行委员会的决定。

IV 保护世界文化和自然遗产基金

第十五条

1. 现设立一项保护具有突出的普遍价值的世界文化和自然遗产基金，称为“世界遗产基金”。

2. 根据联合国教育、科学及文化组织《财务条例》的规定，此项基金应构成一项信托基金。

3. 基金的资金来源应包括：

(1)本公约缔约国义务捐款和自愿捐款；

(2)下列方面可能提供的捐款、赠款和遗赠：

(i)其他国家;

(ii)联合国教育、科学及文化组织、联合国系统的其他组织(特别是联合国开发计划署)或其他政府间组织;

(iii)公共或私立机构或个人;

(3)基金款项所得利息;

(4)募捐的资金和为本基金组织的活动的所得收入;

(5)世界遗产委员会拟订的基金条例所认可的所有其他资金。

4.对基金的捐款和向委员会提供的其他形式的援助只能用于委员会限定的目的。委员会可接受仅用于某个计划或项目的捐款,但以委员会业已决定实施该计划或项目为条件,对基金的捐款不得带有政治条件。

第十六条

1.在不影响任何自愿补充捐款的情况下,本公约缔约国每两年定期向世界遗产基金纳款,本公约缔约国大会应在联合国教育、科学及文化组织大会届会期间开会确定适用于所有缔约国的一个统一的纳款额百分比,缔约国大会关于此问题的决定,需由未作本条第2段中所述声明的、出席及参加表决的缔约国的多数通过。本公约缔约国的义务纳款在任何情况下都不得超过对联合国教育、科学及文化组织正常预算缴款的百分之一。

2.然而,本公约第31条或第32条中提及的国家均可在交存批准书、接受书或加入书时声明不受本条第1段的约束。

3.已作本条第2段中所述声明的本公约缔约国可随时通过通知联合国教育、科学及文化组织总干事收回所作声明。然而,收回声明之举在紧接的一届本公约缔约国大会之日以前不得影响该国的义务纳款。

4.为使委员会得以有效地规划其活动,已作本条第2段中所述声明的本公约缔约国应至少每两年定期纳款,纳款不得少于它们如受本条第1段规定约束所须交纳的款额。

5.凡拖延交付当年和前一日历年的义务纳款或自愿捐款的本公约缔约国不能当选为世界遗产委员会成员,但此项规定不适用于第一次选举。属于上述情况但已当选委员会成员的缔约国的任期应在本公约第8条第1段规定的选举之时截止。

第十七条　本公约缔约国应考虑或鼓励设立旨在为保护本公约第1条和第2条中所确定的文化和自然遗产募捐的国家、公共及私立基金会或协会。

第十八条　本公约缔约国应对在联合国教育、科学及文化组织赞助下为世界遗产基金所组织的国际募款运动给予援助。它们应为第15条第3段中提及的机构为此目的所进行的募款活动提供便利。

Ⅴ　国际援助的条件和安排

第十九条　凡本公约缔约国均可要求对本国领土内组成具有突出普遍价值的文化或自然遗产之财产给予国际援助。它在递交申请时还应按照第21条规定所拥有的有助于委员会作出决定的文件资料。

第二十条　除第13条第2段、第22条(3)分段和第23条所述情况外,本公约规定提供的国际援助仅限于世界遗产委员会已决定或可能决定列入第11条第2段和第4段中所述目录的文化和自然遗产的财产。

第二十一条

1.世界遗产委员会应制定对向它提交的国际援助申请的审议程序,并应确定申请应包括的内容,即打算开展的活动、必要的工程、工程的预计费用和紧急程度以及申请国的资源不能满足所有开支的原因所在。这类申请须尽可能附有专家报告。

2.对因遭受灾难或自然灾害而提出的申请,由于可能需要开展紧急工作,委员会应立即给予优先审议,委员会应掌握一笔应急储备金。

3.委员会在作出决定之前,应进行它认为必要的研究和磋商。

第二十二条　世界遗产委员会提供的援助可采取下述形式:

1.研究在保护、保存、展出和恢复本公约第11条第2段和第4段所确定的文化和自然遗产方面所产生的艺术、科学和技术性问题;

2.提供专家、技术人员和熟练工人,以保证正确地进行已批准的工作;

3.在各级培训文化和自然遗产的鉴定、保护、保存、展出和恢复方面的工作人员和专家;

4.提供有关国家不具备或无法获得的设备;

5.提供可长期偿还的低息或无息贷款;

6.在例外和特殊情况下提供无偿补助金。

第二十三条　世界遗产委员会还可向培训文化和自然遗产的鉴定、保护、保存、展出和恢复方面的各级工作人员和专家的国家或地区中心提供国际援助。

第二十四条　在提供大规模的国际援助之前,应先进行周密的科学、经济和技术研究。这些研究应考虑采用保护、保存、展出和恢复自然和文化遗产方面最先进的技术,并应与本公约的目标相一致。这些研究还应探讨合理利用有关国家现有资源的手段。

第二十五条　原则上,国际社会只担负必要工程的部分费用。除非本国资源不许可,受益于国际援助的国家承担的费用应构成用于各项计划或项目的资金的主要份额。

第二十六条　世界遗产委员会和受援国应在他们签订的协定中确定享有根据本公约规定提供的国际援助的计划或项目的实施条件。应由接受这类国际援助的国家负责按照协定制定的条件对如此维护的财产继续加以保护、保存和展出。

Ⅵ　教育计划

第二十七条

1.本公约缔约国应通过一切适当手段,特别是教育和宣传计划,努力增强本国人民对本公约第1条和第2条中确定的文化和自然遗产的赞赏和尊重。

2.缔约国应使公众广泛了解对这类遗产造成威胁的危险和根据本公约进行的活动。

第二十八条　接受根据本公约提供的国际援助的缔约国应采取适当措施,使人们了解接受援助的财产的重要性和国际援助所发挥的作用。

Ⅶ　报告

第二十九条

1.本公约缔约国在按照联合国教育、科学及文化组织大会确定的日期和方式向该组织大会递交的报告中,应提供有关它们为实行本公约所通过的法律和行政规定和采取的其他行动的情况,并详述在这方面获得的经验。

2.应提请世界遗产委员会注意这些报告。

3.委员会应在联合国教育、科学及文化组织大会的每届常委会上递交一份关于其活动的报告。

Ⅶ 最后条款

第三十条 本公约以阿拉伯文、英文、法文、俄文和西班牙文拟订,五种文本同一标准。

第三十一条

1. 本公约应由联合国教育、科学及文化组织会员国根据各自的宪法程序予以批准或接受。

2. 批准书或接受书应交存联合国教育、科学及文化组织总干事。

第三十二条

1. 所有非联合国教育、科学及文化组织会员的国家,经该组织大会邀请均可加入本公约。

2. 向联合国教育、科学及文化组织总干事交存一份加入书后,加入方才有效。

第三十三条 本公约须在第二十份批准书、接受书或加入书交存之日的三个月之后生效,但这仅涉及在该日或之前交存各自批准书、接受书或加入书的国家。就任何其他国家而言,本公约应在这些国家交存其批准书、接受书或加入书的三个月之后生效。

第三十四条 下述规定应用于拥有联邦制或非单一立宪制的本公约缔约国:

1. 关于在联邦或中央立法机构的法律管辖下实施的本公约规定,联邦或中央政府的义务应与非联邦国家的缔约国的义务相同;

2. 关于在无须按照联邦立宪制采取立法措施的联邦各个国家、地区、省或州法律管辖下实施的本公约规定,联邦政府应将这些规定连同其关于予以通过的建议一并通告各个国家、地区、省或州的主管当局。

第三十五条

1. 本公约缔约国均可通告废除本公约。

2. 废约通告应以一份书面文件交存联合国教育、科学及文化组织的总干事。

3. 公约的废除应在接到废约通告书一年后生效,废约在生效日之前不得影响退约国承担的财政义务。

第三十六条

联合国教育、科学及文化组织总干事应将第 31 条和第 32 条规定交存的所有批准书、接受书和加入书和第 35 条规定的废约等事通告本组织会员国、第 32 条中提及的非本组织会员的国家以及联合国。

第三十七条

1. 本公约可由联合国教育、科学及文化组织的大会修订。但任何修订只对将成为修订的公约缔约国具有约束力。

2. 如大会通过一项全部或部分修订本公约的新公约,除非新公约另有规定,本公约应从新的修订公约生效之日起停止批准、接受或加入。

第三十八条 按照《联合国宪章》第 102 条,本公约须应联合国教育、科学及文化组织总干事的要求在联合国秘书处登记。

1972 年 11 月 23 日订于巴黎,两个正式文本均有大会第十七届会议主席和联合国教育、科学及文化组织总干事的签字,由联合国教育、科学及文化组织存档,并将证明无误之副本发送第 31 条和第 32 条述之所有国家以及联合国。

前文系联合国教育、科学及文化组织大会在巴黎举行的,于 1972 年 11 月 21 日宣布闭幕的第十七届会议通过的《公约》正式文本。

1972 年 11 月 23 日签字,以昭信守。

附录 2

保护非物质文化遗产公约①

巴黎,2003 年 10 月 17 日

联合国教育、科学及文化组织(以下简称教科文组织)大会于 2003 年 9 月 29 日至 10 月 17 日在巴黎举行的第三十二届会议,参照现有的国际人权文书,尤其是 1948 年的《世界人权宣言》以及 1966 年的《经济、社会、文化权利国际公约》和《公民及政治权利国际公约》;考虑到 1989 年的《关于保护民间创作建议书》、2001 年的《教科文组织世界文化多样性宣言》和 2002 年第三次文化部长圆桌会议通过的《伊斯坦布尔宣言》强调非物质文化遗产的重要性,它是文化多样性的熔炉,又是可持续发展的保证;考虑到非物质文化遗产与物质文化遗产和自然遗产之间的内在相互依存关系,承认全球化和社会变革进程除了为各群体之间开展新的对话创造条件的同时,也与不容忍现象一样,使非物质文化遗产面临损坏、消失和破坏的严重威胁,在缺乏保护资源的情况下,这种威胁尤为严重;意识到保护人类非物质文化遗产是普遍的意愿和共同关心的事项;承认各社区,尤其是原住居民、各群体,有时是个人,在非物质文化遗产的创作、保护、延续和再创造方面发挥着重要作用,从而为丰富文化多样性和人类的创造性做出贡献;注意到教科文组织在制定保护文化遗产的准则性文件,尤其是 1972 年的《保护世界文化和自然遗产公约》方面所做的具有深远意义的工作;还注意到迄今尚无有约束力的保护非物质文化遗产的多边文件;考虑到国际上现有的关于文化遗产和自然遗产的协定、建议书和决议需要有非物质文化遗产方面的新规定有效地予以充实和补充;考虑到必须提高人们,尤其是年轻一代对非物质文化遗产及其保护的重要意义的认识;考虑到国际社会应当本着互助合作的精神与本公约缔约国一起为保护此类遗产做出贡献;以及教科文组织有关非物质文化遗产的各项计划,尤其是"宣布人类口头遗产和非物质遗产代表作"计划;认为非物质文化遗产是密切人与人之间的关系以及他们之间进行交流和了解的要素,它的作用是不可估量的;于 2003 年 10 月 17 日通过本公约。

I 总则

第 1 条 本公约的宗旨

本公约的宗旨如下:

(a)保护非物质文化遗产;

(b)尊重有关社区、群体和个人的非物质文化遗产;

(c)在地方、国家和国际一级提高对非物质文化遗产及其相互鉴赏的重要性的意识;

(d)开展国际合作及提供国际援助。

第 2 条 定义

在本公约中:

1."非物质文化遗产"指被各社区、群体,有时是个人,视为其文化遗产组成部分的各种实

①http://www.unesco.org/culture/ich/index.php? pg=00022

践、观念表述、表现形式、知识和技能及相关的工具、实物、手工艺品和文化场所。这种非物质文化遗产世代相传,在各社区和群体适应周围环境以及与自然和历史的互动中,被不断地再创造,为这些社区和群体提供认同感和持续感,从而增强对文化多样性和人类创造力的尊重。在本公约中,只考虑符合现有的国际人权文件,各社区、群体和个人之间相互尊重的需要和顺应可持续发展的非物质文化遗产。

2.按上述第1段的定义,“非物质文化遗产”包括以下方面:

(a)口头传统和表现形式,包括作为非物质文化遗产媒介的语言;

(b)表演艺术;

(c)社会实践、礼仪、节庆;

(d)有关自然界和宇宙的知识和实践;

(e)传统手工艺。

3.“保护”指确保非物质文化遗产生命力的各种措施,包括这种遗产各个方面的确认、立档、研究、保存、保护、宣传、弘扬、传承(主要通过正规和非正规教育)和振兴。

4.“缔约国”指受本公约约束且本公约在它们之间也通用的国家。

5.本公约经必要修改对根据第33条所述之条件成为其缔约方之领土也适用。在此意义上,“缔约国”亦指这些领土。

第3条 与其他国际文书的关系

本公约的任何条款均不得解释为:

(a)改变与任一非物质文化遗产直接相关的世界遗产,根据1972年《保护世界文化和自然遗产公约》所享有的地位或降低其受保护的程度;

(b)影响缔约国从其作为缔约方的任何有关知识产权或使用生物和生态资源的国际文书所获得的权利和所负有的义务。

II 公约的有关机关

第4条 缔约国大会

1.兹建立缔约国大会,下称“大会”。大会为本公约的最高权力机关。

2.大会每两年举行一次常会。如若它作出此类决定或政府间保护非物质文化遗产委员会或至少三分之一的缔约国提出要求,可举行特别会议。

3.大会应通过自己的议事规则。

第5条 政府间保护非物质文化遗产委员会

1.兹在教科文组织内设立政府间保护非物质文化遗产委员会,下称“委员会”。在本公约依照第34条的规定生效之后,委员会由参加大会之缔约国选出的18个缔约国的代表组成。

2.在本公约缔约国的数目达到50个之后,委员会委员国的数目将增至24个。

第6条 委员会委员国的选举和任期

1.委员会委员国的选举应符合公平的地理分配和轮换原则。

2.委员会委员国由本公约缔约国大会选出,任期4年。

3.但第一次选举当选的半数委员会委员国的任期为两年。这些国家在第一次选举后抽签指定。

4.大会每两年对半数委员会委员国进行换届。

5.大会还应选出填补空缺席位所需的委员会委员国。

6. 委员会委员国不得连选连任两届。

7. 委员会委员国应选派在非物质文化遗产各领域有造诣的人士为其代表。

第7条 委员会的职能

在不妨碍本公约赋予委员会的其他职权的情况下，其职能如下：

(a)宣传公约的目标，鼓励并监督其实施情况；

(b)就好的做法和保护非物质文化遗产的措施提出建议；

(c)按照第25条的规定，拟订利用基金资金的计划并提交大会批准；

(d)按照第25条的规定，努力寻求增加其资金的方式方法，并为此采取必要的措施；

(e)拟订实施公约的业务指南并提交大会批准；

(f)根据第29条的规定，审议缔约国的报告并将报告综述提交大会；

(g)根据委员会制定的、大会批准的客观遴选标准，审议缔约国提出的申请并就以下事项作出决定：

(i)列入第16、第17和第18条述及的名录和提名；

(ii)按照第22条的规定提供国际援助。

第8条 委员会的工作方法

1. 委员会对大会负责。它向大会报告自己的所有活动和决定。

2. 委员会以其委员的三分之二多数通过自己的议事规则。

3. 委员会可设立其认为对执行任务所需的临时特设咨询机构。

4. 委员会可邀请在非物质文化遗产各领域确有专长的任何公营或私营机构以及任何自然人参加会议，就任何具体的问题向其请教。

第9条 咨询组织的认证

1. 委员会应建议大会认证在非物质文化遗产领域确有专长的非政府组织具有向委员会提供咨询意见的能力。

2. 委员会还应向大会就此认证的标准和方式提出建议。

第10条 秘书处

1. 委员会由教科文组织秘书处协助。

2. 秘书处起草大会和委员会文件及其会议的议程草案和确保其决定的执行。

III 在国家一级保护非物质文化遗产

第11条 缔约国的作用

各缔约国应该：

(a)采取必要措施确保其领土上的非物质文化遗产受到保护；

(b)在第2条第3段提及的保护措施内，由各社区、群体和有关非政府组织参与，确认和确定其领土上的各种非物质文化遗产。

第12条 清单

1. 为了使其领土上的非物质文化遗产得到确认以便加以保护，各缔约国应根据自己的国情拟定一份或数份关于这类遗产的清单，并应定期加以更新。

2. 各缔约国在按第29条的规定定期向委员会提交报告时，应提供有关这些清单的情况。

第13条 其他保护措施

为了确保其领土上的非物质文化遗产得到保护、弘扬和展示，各缔约国应努力做到：

(a)制定一项总的政策,使非物质文化遗产在社会中发挥应有的作用,并将这种遗产的保护纳入规划工作;

(b)指定或建立一个或数个保护其领土上的非物质文化遗产的机构;

(c)鼓励开展有效保护非物质文化遗产,特别是濒危非物质文化遗产的科学、技术和艺术研究以及方法研究;

(d)采取适当的法律、技术、行政和财政措施,以便:

(i)促进建立或加强培训管理非物质文化遗产的机构以及通过为这种遗产提供活动和表现的场所和空间,促进这种遗产的传承;

(ii)确保对非物质文化遗产的享用,同时对享用这种遗产的特殊方面的习俗做法予以尊重;

(iii)建立非物质文化遗产文献机构并创造条件促进对它的利用。

第 14 条　教育、宣传和能力培养

各缔约国应竭力采取种种必要的手段,以便:

(a)使非物质文化遗产在社会中得到确认、尊重和弘扬,主要通过:

(i)向公众,尤其是向青年进行宣传和传播信息的教育计划;

(ii)有关社区和群体的具体的教育和培训计划;

(iii)保护非物质文化遗产,尤其是管理和科研方面的能力培养活动;

(iv)非正规的知识传播手段。

(b)不断向公众宣传对这种遗产造成的威胁以及根据本公约所开展的活动;

(c)促进保护表现非物质文化遗产所需的自然场所和纪念地点的教育。

第 15 条　社区、群体和个人的参与

缔约国在开展保护非物质文化遗产活动时,应努力确保创造、保养和传承这种遗产的社区、群体,有时是个人的最大限度的参与,并吸收他们积极地参与有关的管理。

Ⅳ　在国际一级保护非物质文化遗产

第 16 条　人类非物质文化遗产代表作名录

1.为了扩大非物质文化遗产的影响,提高对其重要意义的认识和从尊重文化多样性的角度促进对话,委员会应根据有关缔约国的提名编辑、更新和公布人类非物质文化遗产代表作名录。

2.委员会拟订有关编辑、更新和公布此代表作名录的标准并提交大会批准。

第 17 条　急需保护的非物质文化遗产名录

1.为了采取适当的保护措施,委员会编辑、更新和公布急需保护的非物质文化遗产名录,并根据有关缔约国的要求将此类遗产列入该名录。

2.委员会拟订有关编辑、更新和公布此名录的标准并提交大会批准。

3.委员会在极其紧急的情况(其具体标准由大会根据委员会的建议加以批准)下,可与有关缔约国协商将有关的遗产列入第 1 段所提之名录。

第 18 条　保护非物质文化遗产的计划、项目和活动

1.在缔约国提名的基础上,委员会根据其制定的、大会批准的标准,兼顾发展中国家的特殊需要,定期遴选并宣传其认为最能体现本公约原则和目标的国家、分地区或地区保护非物质文化遗产的计划、项目和活动。

2. 委员会接受、审议和批准缔约国提交的关于要求国际援助拟订此类提名的申请。

3. 委员会按照它确定的方式，配合这些计划、项目和活动的实施，随时推广有关经验。

V　国际合作与援助

第 19 条　合作

1. 在本公约中，国际合作主要是交流信息和经验，采取共同的行动，以及建立援助缔约国保护非物质文化遗产工作的机制。

2. 在不违背国家法律规定及其习惯法和习俗的情况下，缔约国承认保护非物质文化遗产符合人类的整体利益，保证为此目的在双边、分地区、地区和国际各级开展合作。

第 20 条　国际援助的目的

可为如下目的提供国际援助：

(a)保护列入《急需保护的非物质文化遗产名录》的遗产；

(b)按照第 11 条和第 12 条的精神编制清单；

(c)支持在国家、分地区和地区开展的保护非物质文化遗产的计划、项目和活动；

(d)委员会认为必要的其他一切目的。

第 21 条　国际援助的形式

第 7 条的业务指南和第 24 条所指的协定对委员会向缔约国提供援助作了规定，可采取的形式如下：

(a)对保护这种遗产的各个方面进行研究；

(b)提供专家和专业人员；

(c)培训各类所需人员；

(d)制订准则性措施或其他措施；

(e)基础设施的建立和营运；

(f)提供设备和技能；

(g)其他财政和技术援助形式，包括在必要时提供低息贷款和捐助。

第 22 条　国际援助的条件

1. 委员会确定审议国际援助申请的程序和具体规定申请的内容，包括打算采取的措施、必需开展的工作及预计的费用。

2. 如遇紧急情况，委员会应对有关援助申请优先审议。

3. 委员会在作出决定之前，应进行其认为必要的研究和咨询。

第 23 条　国际援助的申请

1. 各缔约国可向委员会递交国际援助的申请，保护在其领土上的非物质文化遗产。

2. 此类申请亦可由两个或数个缔约国共同提出。

3. 申请应包含第 22 条第 1 段规定的所有资料和所有必要的文件。

第 24 条　受援缔约国的任务

1. 根据本公约的规定，国际援助应依据受援缔约国与委员会之间签署的协定来提供。

2. 受援缔约国通常应在自己力所能及的范围内分担国际所援助的保护措施的费用。

3. 受援缔约国应向委员会报告关于使用所提供的保护非物质文化遗产援助的情况。

VI　非物质文化遗产基金

第 25 条　基金的性质和资金来源

1. 兹建立一项“保护非物质文化遗产基金”,下称“基金”。

2. 根据教科文组织《财务条例》的规定,此项基金为信托基金。

3. 基金的资金来源包括:

(a)缔约国的纳款;

(b)教科文组织大会为此所拨的资金;

(c)以下各方可能提供的捐款、赠款或遗赠:

(i)其他国家;

(ii)联合国系统各组织和各署(特别是联合国开发计划署)以及其他国际组织;

(iii)公营或私营机构或个人;

(d)基金的资金所得的利息;

(e)为本基金募集的资金和开展活动之所得;

(f)委员会制定的基金条例所许可的所有其他资金。

4. 委员会对资金的使用视大会的方针来决定。

5. 委员会可接受用于某些项目的一般或特定目的的捐款及其他形式的援助,只要这些项目已获委员会的批准。

6. 对基金的捐款不得附带任何与本公约所追求之目标不相符的政治、经济或其他条件。

第 26 条 缔约国对基金的纳款

1. 在不妨碍任何自愿补充捐款的情况下,本公约缔约国至少每两年向基金纳一次款,其金额由大会根据适用于所有国家的统一的纳款额百分比加以确定。缔约国大会关于此问题的决定由出席会议并参加表决,但未作本条第 2 段中所述声明的缔约国的多数通过。在任何情况下,此纳款都不得超过缔约国对教科文组织正常预算纳款的百分之一。

2. 但是,本公约第 32 条或第 33 条中所指的任何国家均可在交存批准书、接受书、赞同书或加入书时声明不受本条第 1 段规定的约束。

3. 已作本条第 2 段所述声明的本公约缔约国应努力通知联合国教育、科学及文化组织总干事收回所作声明。但是,收回声明之举不得影响该国在紧接着的下一届大会开幕之日前应缴的纳款。

4. 为使委员会能够有效地规划其工作,已作本条第 2 段所述声明的本公约缔约国至少应每两年定期纳一次款,纳款额应尽可能接近它们按本条第 1 段规定应交的数额。

5. 凡拖欠当年和前一日历年的义务纳款或自愿捐款的本公约缔约国不能当选为委员会委员,但此项规定不适用于第一次选举。已当选为委员会委员的缔约国的任期应在本公约第 6 条规定的选举之时终止。

第 27 条 基金的自愿补充捐款

除了第 26 条所规定的纳款,希望提供自愿捐款的缔约国应及时通知委员会以使其能对相应的活动作出规划。

第 28 条 国际筹资运动

缔约国应尽力支持在教科文组织领导下为该基金发起的国际筹资运动。

VII 报告

第 29 条 缔约国的报告

缔约国应按照委员会确定的方式和周期向其报告它们为实施本公约而通过的法律、规章条例或采取的其他措施的情况。

第 30 条　委员会的报告

1. 委员会应在其开展的活动和第 29 条提及的缔约国报告的基础上，向每届大会提交报告。

2. 该报告应提交教科文组织大会。

VIII　过渡条款

第 31 条　与宣布人类口头和非物质遗产代表作的关系

1. 委员会应把在本公约生效前宣布为“人类口头和非物质遗产代表作”的遗产纳入《人类非物质文化遗产代表作名录》。

2. 把这些遗产纳入《人类非物质文化遗产代表作名录》绝不是预设按第 16 条第 2 段将确定的今后列入遗产的标准。

3. 在本公约生效后，将不再宣布其他任何人类口头和非物质遗产代表作。

IX　最后条款

第 32 条　批准、接受或核准

1. 本公约须由教科文组织会员国根据各自的宪法程序予以批准、接受或核准。

2. 批准书、接受书或核准书应交存教科文组织总干事。

第 33 条　加入

1. 所有非教科文组织会员国的国家，经本组织大会邀请，均可加入本公约。

2. 没有完全独立，但根据联合国大会第 1514(XV)号决议被联合国承认为充分享有内部自治，并且有权处理本公约范围内的事宜，包括有权就这些事宜签署协议的地区也可加入本公约。

3. 加入书应交存教科文组织总干事。

第 34 条　生效

本公约在第三十份批准书、接受书、核准书或加入书交存之日起的三个月后生效，但只涉及在该日或该日之前交存批准书、接受书、核准书或加入书的国家。对其他缔约国来说，本公约则在这些国家的批准书、接受书、核准书或加入书交存之日起的三个月之后生效。

第 35 条　联邦制或非统一立宪制

对实行联邦制或非统一立宪制的缔约国实行下述规定：

(a)在联邦或中央立法机构的法律管辖下实施本公约各项条款的国家的联邦或中央政府的义务与非联邦国家的缔约国的义务相同；

(b)在构成联邦，但按照联邦立宪制无须采取立法手段的各个州、成员国、省或行政区的法律管辖下实施本公约的各项条款时，联邦政府应将这些条款连同其建议一并通知各个州、成员国、省或行政区的主管当局。

第 36 条　退出

1. 各缔约国均可宣布退出本公约。

2. 退约应以书面退约书的形式通知教科文组织总干事。

3. 退约在接到退约书十二个月之后生效。在退约生效日之前不得影响退约国承担的财政义务。

第 37 条　保管人的职责

教科文组织总干事作为本公约的保管人,应将第 32 条和第 33 条规定交存的所有批准书、接受书、核准书或加入书和第 36 条规定的退约书的情况通告本组织各会员国、第 33 条提到的非本组织会员国的国家和联合国。

第 38 条　修订

1. 任何缔约国均可书面通知总干事,对本公约提出修订建议。总干事应将此通知转发给所有缔约国。如在通知发出之日起六个月之内,至少有一半的缔约国回复赞成此要求,总干事应将此建议提交下一届大会讨论,决定是否通过。

2. 对本公约的修订须经出席并参加表决的缔约国三分之二多数票通过。

3. 对本公约的修订一旦通过,应提交缔约国批准、接受、核准或加入。

4. 对于那些已批准、接受、核准或加入修订的缔约国来说,本公约的修订在三分之二的缔约国交存本条第 3 段所提及的文书之日起三个月之后生效。此后,对任何批准、接受、核准或加入修订的缔约国来说,在其交存批准书、接受书、核准书或加入书之日起三个月之后,本公约的修订即生效。

5. 第 3 和第 4 段所确定的程序对有关委员会委员国数目的第 5 条的修订不适用。此类修订一经通过即生效。

6. 在修订依照本条第 4 段的规定生效之后成为本公约缔约国的国家如无表示异议,应:

(a)被视为修订的本公约的缔约方;

(b)但在与不受这些修订约束的任何缔约国的关系中,仍被视为未经修订之公约的缔约方。

第 39 条　有效文本

本公约用英文、阿拉伯文、中文、西班牙文、法文和俄文拟定,六种文本具有同等效力。

第 40 条　备案

根据《联合国宪章》第 102 条的规定,本公约应按教科文组织总干事的要求交联合国秘书处备案。

附录 3

世界遗产名录
World Heritage List[1]

截止到2011年第35届世界遗产委员会会议，全球共有936项世界遗产被联合国教科文组织世界遗产委员会列入《世界遗产名录》，其中包括725项文化遗产、183项自然遗产和28项混合遗产。这些世界遗产分布在153个缔约国中。下列名录按英文字母顺序排序，每处遗产名单前附以批准年代，各遗产名单后的“C”表示文化遗产，“N”代表自然遗产，“C，N”为文化与自然双重遗产（混合遗产）。

阿富汗 Afghanistan

2002 贾姆尖塔及其周围的考古遗址 Minaret and Archaeological Remains of Jam (C)

2003 巴米扬山谷文化景观和考古遗址 Cultural Landscape and Archaeological Remains of the Bamiyan Valley (C)

阿尔巴尼亚 Albania

1992,1999 布特林特 Butrint(C)

2005,2008 培拉特和吉诺卡斯特历史中心 Historic Centres of Berat and Gjirokastra(C)

阿尔及利亚 Algeria

1980 贝尼·哈迈德城堡 Al Qal'a of Beni Hammad(C)

1982 杰米拉 Djémila(C)

1982 阿杰尔的塔西利 Tassili n'Ajjer(C，N)

1982 提姆加德 Timgad(C)

1982 姆扎卜山谷 M'Zab Valley(C)

1982 蒂帕萨 Tipasa(C)

1992 阿尔及尔的卡斯巴哈 Kasbah of Algiers(C)

安道尔 Andorra

2004 马德留-配拉菲塔-克拉罗尔峡谷 Madriu - Perafita - Claror Valley(C)

阿根廷 Argentina

1981 罗斯冰川国家公园 Los Glaciares(N)

1983,1984 瓜拉尼耶稣会传教区 Jesuit Missions of the Guaranis：San Ignacio Mini，Santa Ana，Nuestra Señora de Loreto and Santa Maria Mayor (Argentina)，Ruins of Sao Miguel das Missoes (Brazil)(C)(与巴西共有)

1984 伊瓜苏国家公园 Iguazu National Park(N)

---

[1] http://whc.unesco.org/en/list

1999 瓦尔德斯半岛 Penísula Valdés(N)
1999 里约嫔图纳斯的洛斯马诺斯岩画 Cueva de las Manos, Río Pinturas(C)
2000 伊沙瓜拉斯托-塔拉姆佩雅自然公园 Ischigualasto / Talampaya Natural Parks(N)
2000 科尔多巴耶稣会牧场和街区 Jesuit Block and Estancias of Códoba(C)
2003 塔夫拉达·德乌玛瓦卡 Quebrada de Humahuaca(C)

亚美尼亚 Armenia

1996,2000 哈格帕特修道院 Monasteries of Haghpat and Sanahin(C)
2000 吉哈德修道院和上游阿扎特河谷 Monastery of Geghard and the Upper Azat Valley(C)
2000 埃奇米阿津大教堂、教堂和兹瓦尔特诺茨考古遗址 Cathedral and Churches of Echmiatsin and the Archaeological Site of Zvartnots(C)

澳大利亚 Australia

1981,1987,1992 卡卡杜国家公园 Kakadu National Park(C, N)
1981 威蓝德拉湖区 Willandra Lakes Region(C, N)
1981 大堡礁 Great Barrier Reef(N)
1982 豪勋爵群岛 Lord Howe Island Group(N)
1982,1989 塔斯马尼亚荒原 Tasmanian Wilderness(C, N)
1986,1994 澳大利亚冈瓦纳雨林 Gondwana Rainforests of Australia(N)
1987,1994 乌卢鲁-卡塔曲塔国家公园 Uluru - Kata Tjuta National Park(C, N)
1988 昆士兰湿热带 Wet Tropics of Queensland(N)
1991 澳大利亚西部鲨鱼湾 Shark Bay, Western Australia(N)
1992 弗雷泽岛 Fraser Island(N)
1994 澳大利亚哺乳动物化石遗址(里弗斯利/纳拉库特) Australian Fossil Mammal Sites (Riversleigh/Naracote)(N)
1997 麦夸里岛 Macquarie Island(N)
1997 赫德和麦克唐纳群岛 Heard and McDonald Islands(N)
2000 大蓝山地自然保护区 Greater Blue Mountains Area(N)
2003 普尔努鲁鲁国家公园 Purnululu National Park(N)
2004 皇家展览馆和卡尔顿园林 Royal Exhibition Building and Carlton Gardens(C)
2007 悉尼歌剧院 Sydney Opera House(C)
2010 澳大利亚监狱遗址 Australian Convict Sites(C)
2011 宁格罗海岸 Ningaloo Coast(N)

奥地利 Austria

1996 萨尔茨堡市历史中心 Historic Centre of the City of Salzburg(C)
1996 申布伦宫殿和花园 Palace and Gardens of Schönbrunn(C)
1997 哈尔施塔特-达赫施泰/因萨尔茨卡默古特文化景观 Hallstatt - Dachstein / Salzkammergut Cultural Landscape(C)
1998 塞梅林铁路 Semmering Railway(C)
1999 格拉茨市历史中心 City of Graz Historic Centre(C)
2000 瓦豪文化景观 Wachau Cultural Landscape(C)
2001 费尔特-新锡德尔文化景观 Fertö/Neusiedlersee Cultural Landscape(C)(与匈牙利共有)

2001 维也纳历史中心 Historic Centre of Vienna(C)

2011 阿尔卑斯周围的史前湖岸木桩建筑 Prehistoric Pile dwellings around the Alps(C)(与法国、德国、意大利、斯洛文尼亚和瑞士共有)

阿塞拜疆 Azerbaijan

2000 巴库围墙城及城内的希尔凡沙宫殿和少女塔 Walled City of Baku with the Shirvanshah's Palace and Maiden Tower(C)

2007 戈布斯坦岩石艺术文化景观 Gobustan Rock Art Cultural Landscape(C)

巴林 Bahrain

2005 巴林-卡拉特古港口和迪尔蒙首都 Qal'at al - Bahrain - Ancient Harbour and Capital of Dilmun(C)

孟加拉 Bangladesh

1985 巴哈尔布尔的佛教毗诃罗遗址 Ruins of the Buddhist Vihara at Paharpur(C)

1985 巴格哈特的古清真寺之城 Historic Mosque City of Bagerhat(C)

1997 孙德尔本斯 The Sundarbans(N)

巴巴多斯 Barbados

2011 历史城市布里奇敦和要塞 Historic Bridgetown and its Garrison(C)

白俄罗斯 Belarus

1979,1992 别洛韦日-比亚沃韦扎森林 Belovezhskaya Pushcha - Bialowieza Forest(N)(与波兰共有)

2000 米尔城堡 Mir Castle Complex(C)

2005 奈斯维的拉济维乌家族建筑、住宅和文化复合体 Architectural, Residential and Cultural Complex of the Radziwill Family at Nesvizh(C)

2005 斯特鲁维地理探测弧线 Struve Geodetic Arc(C)(10国共有)

比利时 Belgium

1998 路维勒和鲁尔克斯主运河上的4座水闸及其环境 The Four Lifts on the Canal du Centre and their Environs, La Louvière and Le Roeulx (Hainault)(C)

1998 佛兰德的比津修道院 Flemish Béguinages(C)

1998 布鲁塞尔大广场 La Grand - Place, Brussels(C)

1999,2005 比利时和法国钟楼 Belfries of Belgium and France(C)

2000 斯皮耶纳(蒙斯)的新石器时代的燧石矿 Neolithic Flint Mines at Spiennes (Mons)(C)

2000 图尔奈的圣母大教堂 Notre - Dame Cathedral in Tournai(C)

2000 布鲁日历史中心 Historic Centre of Brugge(C)

2000 建筑师维克多·奥太设计的主要城镇住宅 (布鲁塞尔) Major Town Houses of the Architect Victor Horta (Brussels) (C)

2005 帕拉丁工场-博物馆综合体 Plantin Moretus House Workshops Museum Complex(C)

2009 斯托克莱公馆 Stoclet House(C)

伯利兹 Belize

1996 伯利兹堡礁保护区 Belize Barrier - Reef Reserve System(N)

贝宁 Benin

1985　阿波美王宫 Royal Palaces of Abomey(C)

玻利维亚 Bolivia

1987　波托西城 City of Potosi(C)
1990　奇基托斯耶稣传教区 Jesuit Missions of the Chiquitos(C)
1991　历史名城苏克雷 Historic City of Sucre(C)
1998　萨迈帕塔考古遗址 Fuerte de Samaipata(C)
2000　诺尔・坎普夫・墨尔加多国家公园 Noel Kempff Mercado National Park(N)
2000　蒂瓦纳库文化、精神和政治中心 Tiwanaku: Spiritual and Political Centre of the Tiwanaku Culture(C)

波斯尼亚和黑塞哥维那　Bosnia and Herzegovina

2005　莫斯塔尔老城的老桥区 Old Bridge Area of the Old City of Mostar(C)
2007　维塞格拉德的迈赫迈德・巴沙・索科罗维奇桥 Mehmed Paša Sokolović Bridge in Višegrad(C)

博茨瓦纳 Botswana

2001　措迪罗(岩画) Tsodilo(C)

巴西 Brazil

1980　欧鲁普雷图历史城镇 Historic Town of Ouro Preto(C)
1982　奥林达历史中心 Historic Centre of the Town of Olinda(C)
1983,1984　瓜拉尼耶稣会传教区 Jesuit Missions of the Guaranis: San Ignacio Mini, Santa Ana, Nuestra Señora de Loreto and Santa Maria Mayor (Argentina), Ruins of Sao Miguel das Missoes (Brazil) (C)(与阿根廷共有)
1985　巴伊亚州萨尔瓦多历史中心 Historic Centre of Salvador de Bahia(C)
1985　孔贡哈斯的仁慈耶稣圣殿 Sanctuary of Bom Jesus do Congonhas(C)
1986　伊瓜苏国家公园 Iguassu National Park(N)
1987　巴西利亚 Brasilia(C)
1991　卡皮瓦拉山国家公园　Serra da Capivara National Park(C)
1997　圣路易斯历史中心 Historic Centre of São Luis(C)
1999　大西洋沿岸东南部森林保护区 Atlantic Forest Southeast Reserves(N)
1999　大西洋沿岸的森林保护区 Discovery Coast Atlantic Forest Reserves(N)
1999　迪亚曼蒂纳城历史中心 Historic Centre of the Town of Diamantina(C)
2000,2003　亚马逊河中心保护区 Central Amazon Conservation Complex(N)
2000　潘塔奈尔保护区 Pantanal Conservation Area (N)
2001　塞拉多保护区:查帕达・多斯・维阿迪里奥斯和埃玛斯国家公园 Cerrado Protected Areas: Chapada dos Veadeiros and Emas National Parks(N)
2001　巴西大西洋群岛:费尔纳多・迪・努荣达和阿托尔・达斯・罗卡斯保护区 Brazilian Atlantic Islands: Fernando de Noronha and Atol das Rocas Reserves(N)
2001　戈亚斯城历史中心 Historic Centre of the Town of Goiás(C)
2010　圣克里斯托旺的圣弗朗西斯科广场 São Francisco Square in the Town of São Cristóvão(C)

保加利亚 Bulgaria

1979 马达腊骑士浮雕 Madara Rider(C)

1979 伊凡诺沃岩洞教堂 Rock - Hewn Churches of Ivanovo(C)

1979 博亚纳教堂 Boyana Church(C)

1979 卡赞利克的色雷斯人古墓 Thracian Tomb of Kazanlak(C)

1983 内塞巴尔古城 Ancient City of Nessebar(C)

1983,2010 皮林国家公园 Pirin National Park(N)

1983 里拉修道院 Rila Monastery(C)

1983 斯雷巴尔纳自然保护区 Srebarna Nature Reserve(N)

1985 斯韦什塔里的色雷斯人墓 Thracian Tomb of Sveshtari(C)

布基纳法索 Burkina Faso

2009 洛罗派尼遗址 The Ruins of Loropéni(C)

柬埔寨 Cambodia

1992 吴哥 Angkor Wat(C)

2008 柏威夏寺 Temple of Preah Vihear(C)

喀麦隆 Cameroon

1987 德贾动物保护区 Dja Faunal Reserve(N)

加拿大 Canada

1978 纳汉尼国家公园 Nahanni National Park(N)

1978 安斯梅多国家历史遗址 L'Anse aux Meadows National Historic Site(C)

1979 艾伯塔省恐龙公园 Dinosaur Provincial Park(N)

1979,1992,1994 克卢恩、朗格尔-圣埃利亚斯、冰川湾、塔臣施尼-阿克塞克 Kluane/Wrangell - St. Elias/Glacier Bay/Tatshenshini - Alsek(N)(与美国共有)

1981 美洲野牛涧 Head - Smashed - In Buffalo Jump(C)

1981 安东尼岛 Sgang Gwaay (Anthony Island) (C)

1983 伍德布法罗国家公园 Wood Buffalo National Park(N)

1984,1990 加拿大落基山脉公园 Canadian Rocky Mountain Parks(N)

1985 魁北克历史区 Historic District of Québec(C)

1987 格罗莫讷国家公园 Gros Morne National Park(N)

1995 瓦特顿冰川国际和平公园 Waterton Glacier International Peace Park (N) (与美国共有)

1995 卢嫩堡古城 Old Town Lunenburg(C)

1999 米瓜莎国家公园 Miguasha National Park(N)

2007 丽多运河 Rideau Canal(C)

2008 乔金斯化石崖壁 Joggins Fossil Cliffs(N)

佛得角 Cape Verde

2009 大里贝拉历史中心 Cidade Velha, Historic Centre of Ribeira Grande(C)

中非 Central African Republic

1988 马诺沃-贡达-圣弗洛里斯国家公园 Manovo - Gounda St Floris National Park(N)

智利 Chile

1995 拉帕奴伊国家公园 Rapa Nui National Park(C)

2000 奇洛埃教堂 Churches of Chiloé(C)

2003 港口城市瓦尔帕莱索的历史区 Historic Quarter of the Seaport City of Valparaíso(C)

2005 亨伯斯通和圣劳拉硝石采石场 Humberstone and Santa Laura Saltpeter Works(C)

2006 苏埃尔铜矿城 Sewell Mining Town(C)

中国 China

1987,2004 北京和沈阳明清故宫 Imperial Palaces of the Ming and Qing Dynasties in Beijing and Shenyang (C)

1987 秦始皇陵 Mausoleum of the First Qin Emperor(C)

1987 周口店北京人遗址 Peking Man Site at Zhoukoudian(C)

1987 长城 The Great Wall(C)

1987 莫高窟 Mogao Caves(C)

1987 泰山 Mount Taishan(C, N)

1990 黄山 Mount Huangshan(C, N)

1992 九寨沟风景名胜区 Jiuzhaigou Valley Scenic and Historic Interest Area(N)

1992 武陵源风景名胜区 Wulingyuan Scenic and Historic Interest Area(N)

1992 黄龙风景名胜区 Huanglong Scenic and Historic Interest Area(N)

1994 武当山古建筑群 Ancient Building Complex in the Wudang Mountains(C)

1994 曲阜孔庙、孔府和孔林 Temple and Cemetery of Confucius and the Kong Family Mansion in Qufu(C)

1994 承德避暑山庄及周围寺庙 Mountain Resort and its Outlying Temples, Chengde(C)

1994,2000,2001 拉萨布达拉宫 Historic Ensemble of the Potala Palace, Lhasa(C)

1996 峨眉山和乐山大佛 Mount Emei Scenic Area, including Leshan Giant Buddha Scenic Area(C, N)

1996 庐山国家公园 Lushan National Park(C)

1997 丽江古城 Old Town of Lijiang(C)

1997,2000 苏州古典园林 Classical Gardens of Suzhou(C)

1997 平遥古城 Ancient City of Ping Yao(C)

1998 北京颐和园 Summer Palace, an Imperial Garden in Beijing(C)

1998 北京天坛 Temple of Heaven: an Imperial Sacrificial Altar in Beijing(C)

1999 大足石刻 Dazu Rock Carvings(C)

1999 武夷山 Mount Wuyi(C, N)

2000 青城山和都江堰灌溉系统 Mount Qingcheng and the Dujiangyan Irrigation System(C)

2000,2003,2004 明清皇家陵寝 Imperial Tombs of the Ming and Qing Dynasties(C)

2000 龙门石窟 Longmen Grottoes(C)

2000 皖南古村落——西递和宏村 Ancient Villages in Southern Anhui - Xidi and Hongcun(C)

2001 云冈石窟 Yungang Grottoes(C)

2003 云南三江并流保护区 Three Parallel Rivers of Yunnan Protected Areas(N)

2004 高句丽王城、王陵和贵族墓葬 Capital Cities and Tombs of the Ancient Koguryo Kingdom(C)

2005 澳门历史中心 Historic Centre of Macao(C)

2006 四川大熊猫栖息地 Sichuan Giant Panda Sanctuaries(N)
2006 殷墟 Yin Xu(C)
2007 开平碉楼和村落 Kaiping Diaolou and Villages(C)
2007 中国南方喀斯特 South China Karst(N)
2008 福建土楼 Fujian Tulou(C)
2008 三清山国家公园 Mount Sanqingshan National Park(N)
2009 五台山 Mount Wutai(C)
2010 中国丹霞 China Danxia(N)
2010 登封"天地之中"历史建筑群 Historic Monuments of Dengfeng in "The Centre of Heaven and Earth"(C)
2011 杭州西湖文化景观 West Lake Cultural Landscape of Hangzhou(C)

哥伦比亚 Colombia

1984 卡塔赫纳港口、城堡和古迹群 Port, Fortresses and Group of Monuments, Cartagena(C)
1994 洛斯卡蒂奥斯国家公园 Los Katios National Park(N)
1995 圣奥古斯汀考古公园 San Agustín Archeological Park(C)
1995 铁拉登特罗国家考古公园 National Archeological Park of Tierradentro(C)
1995 圣克鲁斯·德·蒙波斯历史中心 Historic Centre of Santa Cruz de Mompox(C)
2006 玻罗动物群和植物群保护区 Malpelo Fauna and Flora Sanctuary(N)
2011 哥伦比亚咖啡文化景观 Coffee Cultural Landscape of Colombia(C)

哥斯达黎加 Costa Rica

1983,1990 塔拉曼卡山脉-阿米斯塔德自然保护区/阿米斯塔德国家公园 Talamanca Range - La Amistad Reserves / La Amistad National Park(N)(与巴拿马共有)
1997,2002 科科斯岛国家公园 Cocos Island National Park(N)
1999,2004 瓜纳卡斯特自然保护区 Area de Conservación Guancaste(N)

科特迪瓦 Côte d'Ivoire

1981,1982 宁巴山自然保护区 Mount Nimba Strict Nature Reserve(N)(与几内亚共有)
1982 塔伊国家公园 Taï National Park(N)
1983 科莫埃国家公园 Comoé National Park(N)

克罗地亚 Croatia

1979 斯普利特历史遗迹及戴克里先宫殿 Historical Complex of Split with the Palace of Diocletian(C)
1979,2000 普里特维采湖国家公园 Plitvice Lakes National Park(N)
1979,1994 杜布罗夫尼克旧城 Old City of Dubrovnik(C)
1997 波雷奇历史中心的尤弗拉西苏斯大教堂建筑群 Episcopal Complex of the Euphrasian Basilica in the Historic Centre of Poreč (C)
1997 特罗吉尔历史城市 Historic City of Trogir(C)
2000 西贝尼克的圣詹姆斯教堂 The Cathedral of St. James in Sibenik(C)
2008 史塔瑞格拉德平原 Stari Grad Plain(C)

古巴 Cuba

1982 哈瓦那旧城及其防御工事 Old Havana and its Fortifications(C)

1988 特立尼达和洛斯因赫尼奥斯山谷 Trinidad and the Valley de los Ingenios(C)

1997 古巴圣地亚哥的圣·佩德罗-德·拉·罗卡堡 San Pedro de la Roca Castle, Santiago de Cuba(C)

1999 维纳勒斯山谷 Viñales Valley(C)

1999 格拉玛的德桑巴尔科国家公园 Desembarco del Granma National Park(N)

2000 古巴东南部最早的咖啡种植园考古景观 Archaeological Landscape of the First Coffee Plantations in the Southeast of Cuba(C)

2001 阿里杰罗德胡波尔德国家公园 Alejandro de Humboldt National Park(N)

2005 西恩富戈斯历史城区 Urban Historic Centre of Cienfuegos(C)

2008 卡马圭历史中心 Historic Centre of Camagüey(C)

塞普路斯 Cyprus

1980 帕福斯 Paphos(C)

1985,2001 特罗多斯地区的彩绘教堂 Painted Churches in the Troodos Region(C)

1998 乔洛科提亚 Choirokoitia(C)

捷克 Czech Republic

1992 克鲁姆洛夫历史中心 Historic Centre of Český Krumlov(C)

1992 泰尔契历史中心 Historic Centre of Telĉ(C)

1992 布拉格历史中心 Historic Centre of Prague(C)

1994 泽列纳-霍拉的内波穆克圣约翰朝圣教堂 Pilgrimage Church of St John of Nepomuk at Zelená Hora (C)

1995 库特纳·霍拉城历史中心及在塞德莱茨的圣巴拉巴教堂和圣母大教堂 Kutná Hora: Historical Town Centre with the Church of St Barbara and the Cathedral of Our Lady at Sedlec(C)

1996 莱德尼斯和瓦尔梯斯文化景观 Lednice - Valtice Cultural Landscape(C)

1998 克罗麦里兹花园和城堡 Gardens and Castle at Kroměříž(C)

1998 霍拉肖维采古老村落 Holašovice Historical Village Reservation(C)

1999 利托米什尔城堡 Litomyšl Castle(C)

2000 奥洛穆茨的三位一体圣柱 Holy Trinity Column in Olomouc(C)

2001 布尔诺的图根哈特别墅 Tugendhat Villa in Brno(C)

2003 特莱比克的犹太人居住区与圣普罗科皮乌斯教堂 Jewish Quarter and St Procopius' Basilica in Třebíč (C)

朝鲜 Democratic People's Republic of Korea

2004 高句丽墓葬群 Complex of Koguryo Tombs(C)

刚果民主共和国 Democratic Republic of the Congo

1979 维龙加国家公园 Virunga National Park(N)

1980 卡胡兹-别加国家公园 Kahuzi - Biega National Park(N)

1980 加兰巴国家公园 Garamba National Park(N)

1984 萨龙加国家公园 Salonga National Park(N)

1996 霍加皮野生生物保护区 Okapi Wildlife Reserve(N)

丹麦 Denmark

1994 耶林土墩、石碑及教堂遗址 Jelling Mounds, Runic Stones and Church(C)
1995 罗斯基勒大教堂 Roskilde Cathedral(C)
2000 科隆伯格城堡 Kronborg Castle(C)
2004 伊路利萨特冰湾 Ilulissat Icefjord(N)

多米尼克 Dominica

1997 莫尔纳·特鲁瓦·斯皮通斯国家公园 Morne Trois Pitons National Park(N)

多米尼加共和国 Dominican Republic

1990 圣多明各的殖民城市 Colonial City of Santo Domingo(C)

厄瓜多尔 Ecuador

1978 基多城 City of Quito(C)
1978,2001 加拉帕戈斯群岛 Galápagos Islands(N)
1983 桑盖国家公园 Sangay National Park(N)
1999 昆卡洛斯里奥斯的圣安娜历史中心 Historic Centre of Santa Ana de los Ríos de Cuenca(C)

埃及 Egypt

1979 开罗古城 Historic Cairo(C)
1979 孟菲斯及其墓地——吉萨至达舒尔金字塔地带 Memphis and its Necropolis - the Pyramid Fields from Giza to Dahshur(C)
1979 底比斯古城及其墓地 Ancient Thebes with its Necropolis(C)
1979 阿布·辛拜勒至菲莱的努比亚遗址 Nubian Monuments from Abu Simbel to Philae(C)
1979 阿布米那 Abu Mena(C)
2002 圣凯瑟琳地区 Saint Catherine Area(C)
2005 鲸鱼峡谷 Wadi Al - Hitan (Whale Valley) (N)

萨尔瓦多 El Salvador

1993 霍亚·德·塞伦考古遗址 Joya de Cerén Archaeoloical Site(C)

爱沙尼亚 Estonia

1997 塔林历史中心 Historic Centre (Old Town) of Tallinn(C)
2005 斯特鲁维地理探测弧线 Struve Geodetic Arc(C)(10 国共有)

埃塞俄比亚 Ethiopia

1978 拉利贝拉岩石教堂 Rock - Hewn Churches, Lalibela(C)
1978 塞米恩国家公园 Simien National Park(N)
1979 贡德尔地区的法西尔·盖比 Fasil Ghebbi, Gondar Region(C)
1980 奥莫下游河谷 Lower Valley of the Omo(C)
1980 阿瓦什下游河谷 Lower Valley of the Awash(C)
1980 蒂亚 Tiya(C)

1980 阿克苏姆 Aksum(C)

2006 哈勒尔——防御性历史城镇 Harar Jugol, the Fortified Historic Town(C)

2011 孔索文化景观 Konso Cultural Landscape(C)

芬兰 Finland

1991 苏奥曼斯纳城堡 Fortress of Suomenlinna(C)

1991 劳马老城 Old Rauma(C)

1994 佩泰耶韦西古教堂 Petäjävesi Old Church(C)

1996 韦尔拉木材加工厂 Verla Groundwood and Board Mill(C)

1999 萨玛拉敦玛凯青铜时代埋葬遗址 Bronze Age Burial Site of Sammallahdenmäki(C)

2000,2006 克瓦尔肯群岛高地海岸 Kvarken Archipelago / High Coast(N)(与瑞典共有)

2005 斯特鲁维地理探测弧线 Struve Geodetic Arc(C)(10 国共有)

法国 France

1979 凡尔赛宫及其园林 Palace and Park of Versailles(C)

1979 圣米歇尔山及其海湾 Mont Saint Michel and its Bay(C)

1979 韦兹莱的教堂和山丘 Vézelay, Church and Hill(C)

1979 沙特尔大教堂 Chartres Cathedral(C)

1979 韦泽尔峡谷史前遗址和洞穴群 Prehistoric Sites and Decorated Caves of the Vézère Valley(C)

1981 奥朗日古罗马剧院和凯旋门 Roman Theatre and its Surroundings and the "Triumphal Arch" of Orange (C)

1981 亚眠大教堂 Amiens Cathedral(C)

1981 丰特奈西多会修道院 Cistercian Abbey of Fontenay(C)

1981 枫丹白露宫及其花园 Palace and Park of Fontainebleau(C)

1981 阿尔勒城的古罗马和罗马式建筑 Roman and Romanesque Monuments of Arles(C)

1982, 2009 沙林斯-莱巴辛的大盐场至阿尔克-塞南皇家盐场 From the Great Saltworks of Salins - les - Bains to the Royal Saltworks of Arc - et - Senans, the production of open - pan salt(C)

1983 南锡的斯坦尼斯拉斯广场、卡里耶尔广场和阿里昂斯广场 Place Stanislas, Place de la Carrière and Place d'Alliance in Nancy(C)

1983 圣塞文-梭尔-加尔坦佩教堂 Abbey Church of Saint Savin sur Gartempe(C)

1983 波尔托湾:皮亚纳一卡兰切斯、基罗拉塔湾、斯康多拉保护区 Gulf of Porto: Calanche of Piana, Gulf of Girolata, Scandola Reserve(N)

1985 加尔桥 Pont du Gard (Roman Aqueduct)(C)

1988 斯特拉斯堡——大岛 Strasbourg—Grandeîle(C)

1991 兰斯的圣母大教堂、前圣雷米修道院和 T 形宫殿 Cathedral of Notre - Dame, Former Abbey of Saint - Remi and Palace of Tau, Reims(C)

1991 巴黎塞纳河畔 Paris, Banks of the Seine(C)

1992 布尔日大教堂 Bourges Cathedral(C)

1995 阿维尼翁历史中心 Historic Centre of Avignon(C)

1996 南方运河 Canal du Midi(C)

1997 卡尔卡松历史防御城市 Historic Fortified City of Carcassonne(C)

1997,1999 比利牛斯-佩尔杜山 Pyrénées - Mont Perdu(C, N)(与西班牙共有)

1998 里昂历史区 Historic Site of Lyons(C)

1998 法兰西孔波斯特拉圣地亚哥朝圣之路 Routes of Santiago de Compostela in France(C)
1999 圣艾米伦辖区 Jurisdiction of Saint - Emilion(C)
1999,2005 比利时和法国钟楼 Belfries of Belgium and France(C)
2000 卢瓦尔河畔的叙利和沙洛呐之间的卢瓦尔河谷 The Loire Valley between Sully - sur - Loire and Chalonnes(C)
2001 中世纪贸易集镇——普罗旺斯 Provins, Town of Medieval Fairs(C)
2005 奥古斯特·佩雷重建的港市 Le Havre, the City Rebuilt by Auguste Perret(C)
2007 波尔多——月亮港 Bordeaux, Port de la Lune(C)
2008 沃邦防御工事 Fortifications of Vauban(C)
2008 新喀里多尼亚泻湖:珊瑚礁多样性及相关生态系统 Lagoons of New Caledonia: Reef Diversity and Associated Ecosystems(N)
2010 阿尔比市的主教旧城 Episcopal City of Albi(C)
2010 留尼汪岛的山峰,冰斗和峭壁 Pitons, cirques and remparts of Reunion Island(N)
2011 喀斯和塞文——地中海农牧文化景观 The Causses and the Cévennes, Mediterranean agro - pastoral Cultural Landscape(C)
2011 阿尔卑斯周围的史前湖岸木桩建筑 Prehistoric Pile dwellings around the Alps(C)(与德国、意大利、斯洛文尼亚和瑞士共有)

加蓬 Gabon

2007 洛佩-奥坎德生态系统和文化遗迹景观 Ecosystem and Relict Cultural Landscape of Lopé - Okanda (C, N)

冈比亚 Gambia

2003 詹姆士岛及相关遗址 James Island and Related Sites(C)
2006 塞内冈比亚石圈 Stone Circles of Senegambia(C)

格鲁吉亚 Georgia

1994 姆茨赫塔历史建筑 Historical Monuments of Mtskheta(C)
1994 巴格拉特大教堂和格拉特修道院 Bagrati Cathedral and Gelati Monastery(C)
1996 上苏瓦奈提 Upper Svaneti(C)

德国 Germany

1978 亚琛大教堂 Aachen Cathedral(C)
1981 维尔茨堡宫、宫廷花园和宅邸广场 Würzburg Residence with the Court Gardens and Residence Square (C)
1981 施佩耶尔大教堂 Speyer Cathedral(C)
1983 维斯朝圣教堂 Pilgrimage Church of Wies(C)
1984 布吕尔的奥古斯都堡和法尔肯卢斯特城堡 Castles of Augustusburg and Falkenlust at Brühl(C)
1985 希尔德斯海姆的圣玛利亚大教堂和圣米迦洛教堂 St. Mary's Cathedral and St. Michael's Church at Hildesheim(C)
1986 特里尔的古罗马建筑、圣彼得大教堂和圣玛丽亚教堂 Roman Monuments, Cathedral of St. Peter and Church of Our Lady in Trier(C)
1987 吕贝克汉萨同盟之城 Hanseatic City of Lübeck(C)

1987,2005,2008 罗马帝国边界 Frontiers of the Roman Empire(C)(与英国共有)

1990,1992,1999 波兹坦与柏林的宫殿与庭院 Palaces and Parks of Potsdam and Berlin(C)

1991 洛尔施修道院和古教堂 Abbey and Altenmünster of Lorsch(C)

1992,2010 赖迈尔斯堡矿、戈斯拉尔历史城镇和上哈尔茨山的水资源管理系统 Mines of Rammelsberg, Historic Town of Goslar and Upper Harz Water Management System (C)

1993 班贝格城镇 Town of Bamberg(C)

1993 莫尔布龙修道院 Maulbronn Monastery Complex(C)

1994 弗尔克林根钢铁厂 Völklingen Ironworks(C)

1994 奎德林堡的学院教堂、城堡和古镇 Collegiate Church, Castle, and Old Town of Quedlinburg(C)

1995 麦塞尔化石遗址 Messel Pit Fossil Site(N)

1996 魏玛和德绍的建筑及其遗址 Bauhaus and its Sites in Weimar and Dessau(C)

1996 埃斯莱本和维滕贝格的路德纪念地 Luther Memorials in Eisleben and Wittenberg(C)

1996 科隆大教堂 Cologne Cathedral(C)

1998 古典之城魏玛 Classical Weimar(C)

1999 瓦特堡城堡 Wartburg Castle(C)

1999 柏林的博物馆岛 Museumsinsel (Museum Island), Berlin(C)

2000 德绍-沃利茨园林 Garden Kingdom of Dessau - Wöerlitz(C)

2000 莱谢瑙的修道院岛 Monastic Island of Reichenau(C)

2001 埃森煤矿同盟工业区 Zollverein Coal Mine Industrial Complex in Essen(C)

2002 施特拉尔松德和维斯马历史中心 Historic Centres of Stralsund and Wismar(C)

2002 中上游莱茵河谷 Upper Middle Rhine Valley(C)

2004 马斯科夫公园/马扎科夫斯基公园 Muskauer Park / Park Muzakowski(C)(与波兰共有)

2004 不莱梅市场上的市政厅和罗兰 Town Hall and Roland on the Marketplace of Bremen(C)

2006 雷根斯堡旧城 Old town of Regensburg with Stadtamhof(C)

2007,2011 喀尔巴阡山脉原始山毛榉林和德国古山毛榉林 Primeval Beech Forests of the Carpathians and the Ancient Beech Forests of Germany(N)(与斯洛伐克和乌克兰共有)

2008 柏林现代风格的住宅区 Berlin Modernism Housing Estates(C)

2009 瓦登海 The Wadden Sea(N)(与荷兰共有)

2011 阿尔费尔德法古斯工厂 Fagus Factory in Alfeld(C)

2011 阿尔卑斯周围的史前湖岸木桩建筑 Prehistoric Pile Dwellings around the Alps(C)(与法国、意大利、斯洛文尼亚和瑞士共有)

加纳 Ghana

1979 中西部阿克拉大区的要塞和城堡 Forts and Castles, Volta Greater Accra, Central and Western Regions(C)

1980 阿散蒂传统建筑 Asante Traditional Buildings(C)

希腊 Greece

1986 巴赛的阿波罗·伊壁鸠鲁神庙 Temple of Apollo Epicurius at Bassae(C)

1987 雅典卫城 Acropolis, Athens(C)

1987 德尔斐考古遗址 Archaeological Site of Delphi(C)

1988 埃皮道鲁斯考古遗址 Archaeological Site of Epidaurus(C)

1988 塞萨洛尼基的古基督教和拜占庭遗址 Paleochristian and Byzantine Monuments of Thessalonika(C)

1988 迈泰奥拉 Meteora(C，N)

1988 罗得中世纪古城 Medieval City of Rhodes(C)

1988 阿索斯山 Mount Athos(C，N)

1989 奥林匹亚考古遗址 Archaeological Site of Olympia(C)

1989 米斯特拉斯考古遗址 Archaeological Site of Mystras(C)

1990 达佛尼修道院、霍西俄斯·卢卡斯修道院和希俄斯新修道院 Monasteries of Daphni，Hossios Luckas and Nea Moni of Chios(C)

1990 提洛斯 Delos(C)

1992 萨摩斯岛的毕达哥利翁及赫拉神殿 Pythagoreion and Heraion of Samos(C)

1996 艾加伊(现名韦尔吉纳)考古遗址 Archaeological Site of Aigai (modern name Vergina)(C)

1999 迈锡尼和梯林斯考古遗址 Archaeological Sites of Mycenae and Tiryns(C)

1999 帕特莫斯岛历史中心及“神学家”圣约翰修道院和《启示录》岩洞遗址 Historic Centre (Chorá) with the Monastery of Saint John "the Theologian" and the Cave of the Apocalypse on the Island of Pátmos(C)

2007 科孚古城 Old Town of Corfu(C)

危地马拉 Guatemala

1979 安提瓜危地马拉 Antigua Guatemala(C)

1979 蒂卡尔国家公园 Tikal National Park(C，N)

1981 基里瓜考古公园和玛雅文化遗址 Archaeological Park and Ruins of Quirigua(C)

几内亚 Guinea

1981,1982 宁巴山自然保护区 Mount Nimba Strict Nature Reserve(N)(与科特迪瓦共有)

海地 Haiti

1982 国家历史公园——城堡、斯苏西宫、拉米尔斯堡垒 National History Park - Citadel，Sans Souci，Ramiers(C)

罗马教廷 Holy See

1980，1990 罗马历史中心、城内罗马教廷管辖区和圣保罗教区 Historic Centre of Rome，the Properties of the Holy See in that City Enjoying Extraterritorial Rights and San Paolo Fuori le Mura(C)(与意大利共有)

1984 梵蒂冈 Vatican City(C)

洪都拉斯 Honduras

1980 科潘玛雅遗址 Maya Site of Copan(C)

1982 雷奥普拉塔诺生物圈保护区 Río Plátano Biosphere Reserve(N)

匈牙利 Hungary

1987 霍洛克老村及其周围环境 Old Village of Hollók and its Surroundings(C)

1987,2002 布达佩斯，包括多瑙河沿岸、布达城堡地区和安德拉什大街 Budapest，including the Banks of the Danube，the Buda Castle Quarter and Andrássy Avenue(C)

1995,2000 阿格泰列克岩洞和斯洛伐克喀斯特 Caves of Aggtelek Karst and Slovak Karst(N)(与斯洛伐克共有)

1996 潘诺恩哈尔姆千年修道院及其自然环境 Millenary Benedictine Abbey of Pannonhalma and its Natural Environment(C)
1999 霍尔托巴吉国家公园——普斯兹塔 Hortobágy National Park – the Puszta(C)
2000 佩奇的早期基督教墓地 Early Christian Necropolis of Pécs (Sopianae) (C)
2001 费特奥/新锡德湖文化景观 Fertö / Neusiedlersee Cultural Landscape(C)(与奥地利共有)
2002 托考伊葡萄酒产区历史文化景观 Tokaj Wine Region Historic Cultural Landscape(C)

冰岛 Iceland

2004 平威利尔国家公园 Tingvellir National Park(C)
2008 叙尔特赛岛 Sturtsey(N)

印度 India

1983 阿格拉堡 Agra Fort(C)
1983 阿旃陀石窟 Ajanta Caves(C)
1983 泰姬陵 Taj Mahal(C)
1983 埃洛拉石窟 Ellora Caves(C)
1984 科纳拉克太阳神庙 Sun Temple, Konârak(C)
1984 默哈伯利布勒姆古迹群 Group of Monuments at Mahabalipuram(C)
1985 马纳斯野生生物保护区 Manas Wildlife Sanctuary(N)
1985 加济兰加国家公园 Kaziranga National Park(N)
1985 盖奥拉德奥国家公园 Keoladeo National Park(N)
1986 法塔赫布尔・西格里 Fatehpur Sikri(C)
1986 亨比古迹群 Group of Monuments at Hampi(C)
1986 果阿教堂和修道院 Churches and Convents of Goa(C)
1986 克久拉霍古迹群 Khajuraho Group of Monuments(C)
1987 孙德尔本斯国家公园 Sundarbans National Park(N)
1987,2004 朱拉神庙 Great Living Chola Temples(C)
1987 帕塔达卡尔的石雕群 Group of Monuments at Pattadakal(C)
1987 象岛石窟 Elephanta Caves(C)
1988,2005 楠达德维和花卉山谷国家公园 Nanda Devi and Valley of Flowers National Parks (N)
1989 桑吉佛教古迹 Buddhist Monuments at Sanchi(C)
1993 德里的顾特卜塔 Qutb Minar and its Monuments, Delhi(C)
1993 德里的胡马雍陵 Humayun's Tomb, Delhi(C)
1999,2005,2008 印度山区铁路 Mountain Railways of India(C)
2002 菩提伽耶大觉寺 Mahabodhi Temple Complex at Bodh Gaya(C)
2003 比莫贝卡特石窟 Rock Shelters of Bhimbetka(C)
2004 贾特拉帕蒂・希瓦吉终点站 Chhatrapati Shivaji Terminus (formerly Victoria Terminus) (C)
2004 尚庞-巴瓦加德考古公园 Champaner – Pavagadh Archaeological Park(C)
2007 红堡 The Red Fort Complex(C)
2010 简塔・曼塔天文台 Jantar Mantar Jaipur(C)

印度尼西亚 Indonesia

1991 婆罗浮屠寺庙群 Borobudur Temple Compounds(C)

1991 科莫多国家公园 Komodo National Park(N)
1991 普兰班南寺庙群 Prambanan Temple Compounds(C)
1991 乌戎库隆国家公园 Ujung Kulon National Park(N)
1996 桑吉兰早期人类遗址 Sangiran Early Man Site(C)
1999 洛伦茨国家公园 Lorentz National Park(N)
2004 苏门答腊热带雨林遗产 Tropical Rainforest Heritage of Sumatra(N)

伊朗 Iran (Islamic Republic of)

1979 波斯波利斯 Persepolis(C)
1979 伊斯法罕皇家广场 Meidan Emam, Esfahan(C)
1979 恰高·占比尔 Tchogha Zanbil(C)
2003 塔赫特苏莱曼 Takht-e Soleyman(C)
2004 帕萨尔加德 Pasargadae(C)
2004 巴姆及其文化景观 Bam and its cultural landscape(C)
2005 苏丹尼耶 Soltaniyeh(C)
2006 比索通古迹 Bisotun(C)
2008 伊朗的亚美尼亚庙宇群 Armenian Monastic Ensembles of Iran(C)
2009 舒什塔尔的古代水利系统 Shushtar Historical Hydraulic System(C)
2010 阿尔达比勒市的谢赫萨菲·丁圣殿与哈内加建筑群 Sheikh Safi al-din Khānegāh and Shrine Ensemble in Ardabil(C)
2010 大不里士的历史集市区 Tabriz Historic Bazaar Complex(C)
2011 波斯园林 The Persian Garden(C)

伊拉克 Iraq

1985 哈特拉 Hatra(C)
2003 亚述 Ashur (Qal'at Sherqat)(C)
2007 萨迈拉考古城 Samarra Archaeological City(C)

爱尔兰 Ireland

1993 博因考古遗址 Archaeological Ensemble of the Bend of the Boyne(C)
1996 斯凯利格·迈克尔 Skellig Michael(C)

以色列 Israel

2001 阿克老城 Old City of Acre(C)
2001 马撒达 Masada(C)
2003 特拉维夫的白色之城——现代运动 White City of Tel Aviv—the Modern Movement(C)
2005 圣地——米吉多、哈卓和比尔塞芭 Biblical Tels—Megiddo, Hazor, Beer Sheba(C)
2005 香路——内盖夫的沙漠城 Incense Route—Desert Cities in the Negev(C)
2008 海法和西加利利的巴海圣地 Bahá'i Holy Places in Haifa and the Western Galilee(C)

意大利 Italy

1979 瓦尔卡莫尼卡岩画 Rock Drawings in Valcamonica(C)
1980 圣母玛利亚感恩教堂与达·芬奇的作品《最后的晚餐》Church and Dominican Convent of Santa Maria

delle Grazie with "The Last Supper" by Leonardo da Vinci(C)

1980，1990 罗马历史中心、城内罗马教廷管辖区和圣保罗教区 Historic Centre of Rome，the Properties of the Holy See in that City Enjoying Extraterritorial Rights and San Paolo Fuori le Mura(C)(与梵蒂冈共有)

1982 佛罗伦萨历史中心 Historic Centre of Florence(C)

1987 比萨大教堂广场 Piazza del Duomo，Pisa(C)

1987 威尼斯及其潟湖 Venice and its Lagoon(C)

1990 圣吉米尼亚诺历史中心 Historic Centre of San Gimignano(C)

1993 马泰拉的石窟民居和石头教堂花园 The Sassi and the Park of the Rupestrian Churches of Matera(C)

1994,1996 维琴察市和威尼托区帕拉蒂奥式别墅群 City of Vicenza and the Palladian Villas of the Veneto (C)

1995 阿达克里斯匹 Crespi d'Adda(C)

1995,1999 费拉拉，文艺复兴时期的城市 Ferrara，City of the Renaissance，and its Po Delta(C)

1995 那不勒斯历史中心 Historic Centre of Naples(C)

1995 锡耶纳历史中心 Historic Centre of Siena(C)

1996 拉韦纳早期基督教建筑群 Early Christian Monuments of Ravenna(C)

1996 阿尔贝罗贝洛的民居 The Trulli of Alberobello(C)

1996 皮恩察市历史中心 Historic Centre of the City of Pienza(C)

1996 蒙特城堡 Castel del Monte(C)

1997 巴尔米尼的石造城堡 Su Nuraxi di Barumini(C)

1997 帕多瓦植物园 Botanical Garden (Orto Botanico)，Padua(C)

1997 摩德纳大教堂、市民塔和大广场 Cathedral，Torre Civica and Piazza Grande，Modena(C)

1997 卡萨莱的古罗马别墅 Villa Romana del Casale(C)

1997 卡塞塔 18 世纪王宫 18th Century Royal Palace at Caserta，with the Park，the Aqueduct of Vanvitelli，and the San Leucio Complex(C)

1997 萨沃亚王宫 Residences of the Royal House of Savoy(C)

1997 韦内雷港、五村镇和群岛 Portovenere，Cinque Terre，and the Islands (Palmaria，Tino and Tinetto) (C)

1997 庞贝、赫库兰尼姆和安努兹亚塔考古区 Archaeological Areas of Pompei，Herculaneum and Torre Annunziata(C)

1997 阿格里真托考古区 Archaeological Area of Agrigento(C)

1997 阿玛尔菲海岸 Costiera Amalfitana(C)

1998 阿奎拉考古区和主教教堂 Archaeological Area and the Patriarchal Basilica of Aquileia(C)

1998 乌尔比诺历史中心 Historic Centre of Urbino(C)

1998 齐兰托、迪阿纳峡谷国家公园和佩斯托姆、维利亚考古遗址及帕多拉修道院 Cilento and Vallo di Diano National Park with the Archeological sites of Paestum and Velia，and the Certosa di Padula(C)

1999 阿德里亚纳别墅(蒂沃利) Villa Adriana (Tivoli) (C)

2000 阿西西圣弗兰西斯科教堂和方济各会址 Assisi，the Basilica of San Francesco and Other Franciscan Sites(C)

2000 维罗纳市 City of Verona(C)

2000 伊索莱·约里(埃奥利亚群岛)Isole Eolie (Aeolian Islands) (N)

2001 蒂沃利埃斯特别墅 Villa d'Este，Tivoli(C)

2002 那托瓦拉晚期巴洛克城镇(西西里东南部) Late Baroque Towns of the Val di Noto (South - eastern

Sicily)(C)

2003 皮埃蒙特和伦巴第的撒克利山 Sacri Monti of Piedmont and Lombardy(C)

2003,2010 圣乔治山 Monte San Giorgio(N)

2004 维得斯卡(瓦尔·迪奥西亚) Val d'Orcia(C)

2004 塞尔维托里和塔尔奎尼亚的伊特鲁立亚人公墓 Etruscan Necropolises of Cerveteri and Tarquinia(C)

2005 锡拉库色和潘塔立卡石墓群 Syracuse and the Rocky Necropolis of Pantalica(C)

2006 热那亚的新街和罗利宫殿体系 Genoa: Le Strade Nuove and the system of the Palazzi dei Rolli(C)

2008 曼图亚和萨比奥内塔 Mantua and Sabbioneta(C)

2008 阿尔布拉-伯尔尼纳景观中的雷塔恩铁路 Rhaetian Railway in the Albula / Bernina Landscapes(C)(与瑞士共有)

2009 多落米蒂 The Dolomites(N)

2011 意大利伦巴底——权利之地(公元568—774年)Longobards in Italy. Places of the power (568 - 774 A. D.)(C)

2011 阿尔卑斯周围的史前湖岸木桩建筑 Prehistoric Pile dwellings around the Alps(C)(与法国、德国、斯洛文尼亚和瑞士共有)

日本 Japan

1993 法隆寺地区的佛教建筑 Buddhist Monuments in the Horyu - ji Area(C)

1993 白神山地 Shirakami - Sanchi(N)

1993 屋久岛 Yakushima(N)

1993 姬路城 Himeji - jo(C)

1994 古京都的历史建筑 Historic Monuments of Ancient Kyoto (Kyoto, Uji and Otsu Cities) (C)

1995 白川乡和五箇山的历史村落 Historic Villages of Shirakawa - go and Gokayama(C)

1996 严岛神社 Itsukushima Shinto Shrine (C)

1996 广岛和平纪念碑 Hiroshima Peace Memorial (Genbaku Dome) (C)

1998 古奈良的历史建筑 Historic Monuments of Ancient Nara(C)

1999 日光的神殿与庙宇 Shrines and Temples of Nikko(C)

2000 琉球王国时期的居苏库遗址及其相关遗产 Gusuku Sites and Related Properties of the Kingdom of Ryukyu (C)

2004 纪伊山脉圣地和朝圣之路 Sacred Sites and Pilgrimage Routes in the Kii Mountain Range(C)

2005 知床半岛 Shiretoko(N)

2007 根县石见银矿及其文化景观 Iwami Ginzan Silver Mine and its Cultural Landscape(C)

2011 平泉——象征着佛教净土的庙宇、园林与考古遗址 Hiraizumi—Temples, Gardens and Archaeological Sites Representing the Buddhist Pure Land(C)

2011 小笠原群岛 Ogasawara Islands(N)

耶路撒冷 Jerusalem (Site proposed by Jordan)

1981 耶路撒冷旧城及其城墙 Old City of Jerusalem and its Walls(C)

约旦 Jordan

1995 古塞尔·阿姆拉 Quseir Amra(C)

1985 佩特拉 Petra(C)

2004 乌姆爱尔-赖萨斯 Um er - Rasas (Kastrom Mefa'a) (C)

2011 瓦迪拉姆保护区 Wadi Rum Protected Area(C,N)

哈萨克斯坦 Kazakhstan

2003 考迦·阿赫迈德·雅萨维陵墓 Mausoleum of Khoja Ahmed Yasawi(C)

2004 泰姆格里考古景观岩刻 Petroglyphs within the Archaeological Landscape of Tamgaly(C)

2008 萨利亚喀-哈萨克斯坦北部的草原和湖泊 Saryarka-Steppe and Lakes of Northern Kazakhstan(N)

肯尼亚 Kenya

1997 肯尼亚山国家公园/自然森林 Mount Kenya National Park / Natural Forest(N)

1997,2001 图尔卡纳湖国家公园 Lake Turkana National Parks(N)

2001 拉穆古城 Lamu Old Town(C)

2008 米吉肯达圣林 Sacred Mijikenda Kaya Forests(C)

2011 蒙巴萨的耶稣堡 Fort Jesus, Mombasa(C)

2011 肯尼亚东非大裂谷的湖泊系统 Kenya Lake System in the Great Rift Valley(N)

基里巴斯 Kiribati

2010 菲尼克斯群岛保护区 Phoenix Islands Protected Area(N)

吉尔吉斯斯坦 Kyrgyzstan

2009 苏莱曼圣山 Sulaiman-Too Sacred Mountain(C)

老挝 Lao People's Democratic Republic

1995 琅勃拉邦的城镇 Town of Luang Prabang(C)

2001 占巴塞文化景观中的瓦普及相关古遗址 Vat Phou and Associated Ancient Settlements within the Champasak Cultural Landscape(C)

拉脱维亚 Latvia

1997 里加历史中心 Historic Centre of Riga(C)

2005 斯特鲁维地理探测弧线 Struve Geodetic Arc(C)(10国共有)

黎巴嫩 Lebanon

1984 巴勒贝克 Baalbek(C)

1984 安杰尔 Anjar(C)

1984 提尔城 Tyre(C)

1984 比布鲁斯 Byblos(C)

1998 瓦迪·卡蒂沙(圣谷)和神杉林(霍尔沙·阿兹·埃尔·拉博) Ouadi Qadisha (the Holy Valley) and the Forest of the Cedars of God (Horsh Arz el-Rab) (C)

利比亚 Libyan Arab Jamahiriya

1982 莱普蒂斯·玛格纳考古遗址 Archaeological Site of Leptis Magna(C)

1982 昔兰尼考古遗址 Archaeological Site of Cyrene(C)

1982 萨布拉塔考古遗址 Archaeological Site of Sabratha(C)

1985 塔德尔拉特·阿卡库斯岩画遗址 Rock Art Sites of Tadrart Acacus(C)

1986 加达梅斯老城 Old Town of Ghadamès(C)

立陶宛 Lithuania

1994 维尔纽斯历史中心 Vilnius Historic Centre(C)

2000 库罗尼亚岬 Curonian Spit(C)(与俄罗斯联邦共有)

2004 克拿维考古遗址(克拿维文化保护区) Kernavė Archaeological Site (Cultural Reserve of Kernavė) (C)

2005 斯特鲁维地理探测弧线 Struve Geodetic Arc(C)(10国共有)

卢森堡 Luxembourg

1994 卢森堡市旧城区和防御工事 City of Luxembourg: its Old Quarters and Fortifications(C)

马达加斯加 Madagascar

1990 黥基·德·贝马拉哈自然保护区 Tsingy de Bemaraha Strict Nature Reserve(N)

2001 阿波希曼加王室山岭 Royal Hill of Ambohimanga(C)

2007 阿钦安阿纳雨林 Rainforests of the Atsinanana(N)

马拉维 Malawi

1984 马拉维湖国家公园 Lake Malawi National Park(N)

2006 琼戈尼岩石艺术区 Chongoni Rock Art Area(C)

马来西亚 Malaysia

2000 穆鲁山国家公园 Gunung Mulu National Park(N)

2000 基纳巴卢公园 Kinabalu Park(N)

2008 马六甲海峡的历史城市——马六甲与乔治城 Melaka and George Town, Historic Cities of the Straits of Malacca(C)

马里 Mali

1988 廷巴克图 Timbuktu(C)

1988 杰内古城 Old Towns of Djenné(C)

1989 邦贾加拉悬崖 Cliff of Bandiagara (Land of the Dogons)(C, N)

2004 阿斯基亚陵 Tomb of Askia(C)

马耳他 Malta

1980 哈尔·萨夫列尼地下宫殿 Hal Saflieni Hypogeum(C)

1980,1992 马耳他巨石寺庙 Megalithic Temples of Malta(C)

1980 瓦莱塔城 City of Valletta(C)

马绍尔群岛 Marshall Islands

2010 比基尼环礁 Bikini Atoll(C)

毛里塔尼亚 Mauritania

1989 阿尔金海滩国家公园 Banc d'Arguin National Park(N)

1996 瓦丹、欣盖提、提希特和瓦拉塔古城镇 Ancient Ksour of Ouadane, Chinguetti, Tichitt and Oualata(C)

毛里求斯 Mauritius

2006 阿普拉瓦西·加特 Aapravasi Ghat(C)

2008 莫纳山文化景观 Le Morne Cultural Landscape(C)

墨西哥 Mexico

1987 墨西哥城和霍奇米尔科区历史中心 Historic Centre of Mexico City and Xochimilco(C)

1987 普埃布拉历史中心 Historic Centre of Puebla(C)

1987 帕伦克的前西班牙城市及国家公园 Prehispanic City and National Park of Palenque(C)

1987 瓦哈卡历史中心和蒙特阿尔班考古区 Historic Centre of Oaxaca and Archaeological Site of Monte Albán(C)

1987 先卡安 Sian Ka'an(N)

1987 特奥蒂瓦坎前西班牙城市 Prehispanic City of Teotihuacan(C)

1988 奇琴伊察前西班牙城市 Prehispanic City of Chichen－Itza(C)

1988 瓜纳尤阿托历史城及其周围矿区 Historic Town of Guanajuato and Adjacent Mines(C)

1991 莫雷利亚历史中心 Historic Centre of Morelia(C)

1992 埃尔塔津古城 El Tajin, Prehispanic City(C)

1993 埃尔维采诺鲸鱼禁捕区 Whale Sanctuary of El Vizcaino(N)

1993 扎卡特卡斯历史中心 Historic Centre of Zacatecas(C)

1993 圣弗朗西斯科山脉岩画 Rock Paintings of the Sierra de San Francisco(C)

1994 波波卡特佩特山坡上最早的 16 世纪修道院 Earliest 16th Century Monasteries on the Slopes of Popocatepetl(C)

1996 克雷塔罗历史建筑区 Historic Monuments Zone of Querétaro(C)

1996 乌斯马尔前西班牙城镇 Prehispanic Town of Uxmal(C)

1997 瓜达拉雅拉的卡巴纳斯救济院 Hospicio Cabañas, Guadalajara(C)

1998 特拉科塔尔潘的历史建筑区 Historic Monuments Zone of Tlacotalpan(C)

1998 大卡萨斯的帕奎美考古区 Archeological Zone of Paquimé, Casas Grandes(C)

1999 霍契卡尔科考古遗址区 Archaeological Monuments Zone of Xochicalco(C)

1999 坎佩切的历史要塞重镇 Historic Fortified Town of Campeche(C)

2002 坎佩切卡拉科穆尔的古玛雅城 Ancient Maya City of Calakmul, Campeche(C)

2003 克雷塔罗西耶那戈达的方济会传教区 Franciscan Missions in the Sierra Gorda of Querétaro(C)

2004 路易斯·巴拉干的住宅和工作室 Luis Barragán House and Studio(C)

2005 加利福尼亚湾群岛及保护区 Islands and Protected Areas of the Gulf of California(N)

2006 龙舌兰景观和古代工业设备 Agave Landscape and Ancient Industrial Facilities of Tequila(C)

2007 墨西哥国立自治大学大学城校园 Central University City Campus of the Universidad Nacional Autónoma de México (UNAM) (C)

2008 大蝴蝶生物圈保护区 Monarch Butterfly Biosphere Reserve(N)

2008 圣米格尔防护城镇和阿他托尼科的拿撒勒人耶稣圣殿 Protective town of San Miguel and the Sanctuary of Jesús de Nazareno de Atotonilco(C)

2010 皇家内陆大干线 Camino Real de Tierra Adentro(C)

2010 瓦哈卡州中央谷地的亚古尔与米特拉史前洞穴 Prehistoric Caves of Yagul and Mitla in the Central Valley of Oaxaca(C)

蒙古 Mongolia

2003 乌布苏盆地 Uvs Nuur Basin(N)(与俄罗斯共有)

2004 鄂尔浑峡谷文化景观 Orkhon Valley Cultural Landscape(C)

2011 蒙古阿尔泰山脉的石刻群 Petroglyphic Complexes of the Mongolian Altai(C)

黑山 Montenegro

1979 科托尔自然与文化历史区 Natural and Cultural-historical Region of Kotor(C)

1980，2005 杜米托尔国家公园 Durmitor National Park(N)

摩洛哥 Morocco

1981 非斯的麦地耶 Medina of Fez(C)

1985 马拉喀什的麦地耶 Medina of Marrakesh(C)

1987 阿伊特·本·哈杜村 Ksar of Ait-Ben-Haddou(C)

1996 梅克内斯历史城市 Historic City of Meknes(C)

1997 得土安的麦地耶 Medina of Tétouan (formerly known as Titawin)(C)

1997 沃吕比利斯考古遗址 Archaeological Site of Volubilis(C)

2001 埃萨欧拉的麦地耶 Medina of Essaouira (formerly Mogador)(C)

2004 马扎甘葡萄牙城 Portuguese City of Mazagan (El Jadida)(C)

莫桑比克 Mozambique

1991 莫桑比克岛 Island of Mozambique(C)

纳米比亚 Namibia

2007 特威菲尔泉岩画 Twyfelfontein

尼泊尔 Nepal

1979 加德满都谷地 Kathmandu Valley(C)

1979 萨加玛塔国家公园 Sagarmatha National Park(C)

1984 奇特旺皇家国家公园 Royal Chitwan National Park(N)

1979 佛陀(释迦牟尼)诞生地兰毗尼 Lumbini, the Birthplace of the Lord Buddha(C)

荷兰 Netherlands

1995 斯科兰和周边地区 Schokland and Surroundings(C)

1996 阿姆斯特丹的防线 Defence Line of Amsterdam(C)

1997 金德代克·埃尔斯豪特的风车 Mill Network at Kinderdijk-Elshout(C)

1997 荷兰安得列斯群岛威廉斯塔德历史区、内城和港口 Historic Area of Willemstad, Inner City and Harbour, Netherlands Antilles(C)

1998 迪·弗·沃达蒸汽泵站 Ir. D. F. Woudagemaal (D. F. Wouda Steam Pumping Station)(C)

1999 比姆斯特尔迁田 Droogmakerij de Beemster (Beemster Polder)(C)

2000 里特瓦尔德·施勒德尔的房屋 Rietveld Schröderhuis (Rietveld Schröder House)(C)

2009 瓦登海 The Wadden Sea(N)(与德国共有)

2010 辛格尔运河以内的阿姆斯特丹17世纪同心圆型运河区 Seventeenth-century canal ring area of Amsterdam inside the Singelgracht(C)

新西兰 New Zealand

1990 新西兰西南部蒂瓦希普纳穆 Te Wahipounamu－South West New Zealand(N)
1990,1993 汤加里罗国家公园 Tongariro National Park(C, N)
1998 新西兰次南极区群岛 New Zealand Sub－Antarctic Islands(N)

尼加拉瓜 Nicaragua

2000 莱昂·维尧遗址 Ruins of León Viejo(C)
2011 莱昂大教堂 León Cathedral(C)

尼日尔 Niger

1991 阿伊尔和泰内雷自然保护区 Air and Ténéré Natural Reserves(N)
1996 尼日尔 W 国家公园 W National Park of Niger(N)

尼日利亚 Nigeria

1999 苏库尔文化景观 Sukur Cultural Landscape(C)
2005 奥孙一奥索博神树林 Osun－Osogbo Sacred Grove(C)

挪威 Norway

1979 布吕根 Bryggen(C)
1979 乌尔内斯木构教堂 Urnes Stave Church(C)
1980,2010 勒罗斯矿城及周边地区 Røros Mining Town and the Circumference(C)
1985 阿尔塔岩画 Rock Art of Alta(C)
2004 维加群岛 Vegaøyan－The Vega Archipelago(C)
2005 挪威西峡湾——盖朗厄尔峡湾和纳柔依峡湾 West Norwegian Fjords－Geirangerfjord and Noerøyfjord (N)
2005 斯特鲁维地理探测弧线 Struve Geodetic Arc(C)(10 国共有)

阿曼 Oman

1987 巴赫拉堡 Bahla Fort(C)
1988 巴特、库特姆和艾因考古遗址 Archaeological Sites of Bat, Al－Khutm and Al－Ayn(C)
2000 乳香之路 Land of Frankincense(C)
2006 阿曼阿夫拉季灌溉体系 Aflaj Irrigation Systems of Oman(C)

巴基斯坦 Pakistan

1980 塔克特·伊·巴依佛教遗址和萨尔·依·巴赫洛古城遗址 Buddhist Ruins of Takht－i－Bahi and Neighbouring City Remains at Sahr－i－Bahlol(C)
1980 塔克西拉 Taxila(C)
1980 摩亨朱达罗考古遗址 Archaeological Ruins at Moenjodaro(C)
1981 塔塔城的历史建筑 Historical Monuments at Makli, Thatta(C)
1981 拉合尔古堡和夏拉玛尔花园 Fort and Shalamar Gardens in Lahore(C)
1997 罗赫达斯要塞 Rohtas Fort(C)

巴拿马 Panama

1980 巴拿马加勒比海岸的防御工事——波尔多贝罗-圣洛伦佐 Fortifications on the Caribbean Side of Panama：Portobelo - San Lorenzo(C)

1981 达连国家公园 Darien National Park(N)

1983,1990 塔拉曼卡山-阿米斯塔自然保护区 / 阿米斯塔国家公园 Talamanca Range - La Amistad Reserves / La Amistad National Park(N)(与哥斯达黎加共有)

1997,2003 巴拿马韦爵考古遗址和巴拿马历史区 Archaeological Site of Panamá Viejo and Historic District of Panamá(C)

2005 柯义巴国家公园和海洋保护区 Coiba National Park and its Special Zone of Marine Protection(N)

巴布亚新几内亚 Papua New Guinea

2008 库科早期农业遗址 Kuk Early Agricultural Site(C)

巴拉圭 Paraguay

1993 巴拉那的桑蒂西玛·特立尼达和塔瓦兰格的耶稣会传教区 Jesuit Missions of La Santisima Trinidad de Paraná and Jesús de Tavarangue(C)

秘鲁 Peru

1983 库斯科城 City of Cuzco(C)

1983 马丘比丘历史圣地 Historic Sanctuary of Machu Picchu(C, N)

1985 查文(考古遗址) Chavin (Archaeological Site) (C)

1985 瓦斯卡兰国家公园 Huascarán National Park(N)

1986 昌昌考古区 Chan Chan Archaelogical Zone(C)

1987 玛努国家公园 Manú National Park(N)

1988,1991 利马历史中心 Historic Centre of Lima(C)

1990,1992 里奥阿比塞奥国家公园 Rio Abiseo National Park(C, N)

1994 纳斯卡和朱马纳草原的线条和地画 Lines and Geoglyphs of Nasca and Pampas de Jumana(C)

2000 阿雷基帕历史中心 Historical Centre of the City of Arequipa(C)

2009 卡罗尔-苏沛圣城 Sacred City of Caral - Supe(C)

菲律宾 Philippines

1993,2009 图巴塔哈礁自然公园 Tubbataha Reefs Natural Park(N)

1993 菲律宾巴洛克式教堂群 Baroque Churches of the Philippines(C)

1995 菲律宾科尔迪莱拉的水稻梯田 Rice Terraces of the Philippine Cordilleras(C)

1999 维甘历史城 Historic Town of Vigan(C)

1999 普林塞萨港地下河国家公园 Puerto - Princesa Subterranean River National Park(N)

波兰 Poland

1978 维利奇卡盐矿 Wieliczka Salt Mine(C)

1978 克拉科夫历史中心 Cracow's Historic Centre(C)

1979, 1992 拜拉乌扎斯卡雅·布什卡 / 比阿洛维察森林 Belovezhskaya Pushcha / Bialowieza Forest(N)(与白俄罗斯共有)

1979 奥斯维辛-比克瑙——德国纳粹集中营 (1940—1945) Auschwitz Birkenau German Nazi Concentration and Extermination Camp (1940－1945)(C)
1980 华沙历史中心 Historic Centre of Warsaw(C)
1992 扎莫斯克老城 Old City of Zamośc(C)
1997 托伦中世纪城镇 Medieval Town of Toruń(C)
1997 马尔堡的条顿骑士团城堡 Castle of the Teutonic Order in Malbork(C)
1999 卡尔瓦利亚·泽日多夫斯卡：别致建筑、园林景观和朝圣公园 Kalwaria Zebrzydowska：the Mannerist Architectural and Park Landscape Complex and Pilgrimage Park(C)
2001 亚沃尔和斯维德卡的和平教堂 Churches of Peace in Jawor and Swidnica(C)
2003 南部小波兰的木造教堂 Wooden Churches of Southern Little Poland(C)
2004 马斯科夫公园 / 马扎科夫斯基公园 Muskauer Park / Park Muzakowski(C)(与德国共有)
2006 洛兹拉夫百年厅 Centennial Hall in Wroclaw(C)

葡萄牙 Portugal

1983 里斯本的赫罗尼莫斯修道院和贝伦塔 Monastery of the Hieronymites and Tower of Belém in Lisbon (C)
1983 托马尔基督教修道院 Convent of Christ in Tomar(C)
1983 亚速尔群岛的安格拉·多·赫洛依斯城中心区 Central Zone of the Town of Angra do Heroismo in the Azores(C)
1983 巴塔拉修道院 Monastery of Batalha(C)
1986 埃武拉历史中心 Historic Centre of Évora(C)
1989 阿尔科巴萨修道院 Monastery of Alcobaça(C)
1995 辛特拉的文化景观 Cultural Landscape of Sintra(C)
1996 波尔图历史中心 Historic Centre of Oporto(C)
1998,2010 科阿峡谷和席尔加·维德史前岩画遗址 Prehistoric Rock Art Sites in the Côa Valley and Siega Verde(C)
1999 马德拉岛的阔叶常绿乔木群落 Laurisilva of Madeira(N)
2001 阿尔托都罗葡萄酒产区 Alto Douro Wine Region(C)
2001 圭马莱斯历史中心 Historic Centre of Guimarães(C)
2004 皮克岛葡萄园文化景观 Landscape of the Pico Island Vineyard Culture(C)

韩国 Republic of Korea

1995 宗庙 Jongmyo Shrine(C)
1995 海印寺大藏经板木及板库 Haeinsa Temple Janggyeong Panjeon, the Depositories for the Tripitaka Koreana Woodblocks(C)
1995 庆州石窟庵和佛国寺 Seokguram Grotto and Bulguksa Temple(C)
1997 水原华城 Hwaseong Fortress(C)
1997 昌德宫 Changdeokgung Palace Complex(C)
2000 庆州历史区 Gyeongju Historic Areas(C)
2000 高昌、华森和江华史前墓遗址 Gochang, Hwasun, and Ganghwa Dolmen Sites(C)
2007 济州火山岛和熔岩洞 Jeju Volcanic Island and Lava Tubes(N)
2009 朝鲜王陵 Royal Tombs of the Joseon Dynasty(C)
2010 韩国历史村落:河回村和良洞村 Historic Villages of Korea: Hahoe and Yangdong(C)

摩尔多瓦 Republic of Moldova

2005 斯特鲁维地理探测弧线 Struve Geodetic Arc(C)(10国共有)

罗马尼亚 Romania

1991 多瑙河三角洲 Danube Delta(N)

1993,1999 特拉斯勒瓦尼亚具有要塞教堂的村庄 Villages with Fortified Churches in Transylvania(C)

1993,2010 苏切维察修道院的复活教堂 Church of the Resurrection of Sucevița Monastery(C)

1993 霍雷祖修道院 Monastery of Horezu(C)

1999 奥拉斯迪山的达契安要塞 Dacian Fortresses of the Orastie Mountains(C)

1999 马拉穆莱斯的木结构教堂 Wooden Churches of Maramures(C)

1999 锡吉什瓦拉历史中心 Historic Centre of Sighisoara(C)

俄罗斯 Russian Federation

1990 莫斯科的克里姆林宫和红场 Kremlin and Red Square, Moscow(C)

1990 圣彼得堡历史中心和建筑群 Historic Centre of Saint Petersburg and Related Groups of Monuments (C)

1990 基日岛的木结构教堂 Kizhi Pogost(C)

1992 弗拉基米尔和苏兹达尔白色建筑群 White Monuments of Vladimir and Suzdal(C)

1992 索洛维茨基群岛的文化和历史遗址 Cultural and Historic Ensemble of the Solovetsky Islands(C)

1992 诺夫哥罗德及其周围的历史遗址 Historic Monuments of Novgorod and Surroundings(C)

1993 谢尔吉三位一体大修道院 Architectural Ensemble of the Trinity Sergius Lavra in Sergiev Posad(C)

1994 科洛缅斯科耶的耶稣升天教堂 Church of the Ascension, Kolomenskoye(C)

1995 科米原始森林 Virgin Komi Forests(N)

1996 贝加尔湖 Lake Baikal(N)

1996,2001 堪察加火山 Volcanoes of Kamchatka(N)

1998 阿尔泰山 Golden Mountains of Altai(N)

1999 西高加索山脉 Western Caucasus(N)

2000 库罗尼亚岬 Curonian Spit(C)(与立陶宛共有)

2000 费拉邦多夫修道院遗址群 Ensemble of The Ferrapontov Monastery (C)

2000 喀山克里姆林的历史和建筑复合体 Historic and Architectural Complex of the Kazan Kremlin(C)

2001 中部斯科特阿林 Central Sikhote-Alin(N)

2003 乌布苏盆地 Uvs Nuur Basin(N)(与蒙古共有)

2003 杰尔宾特城堡、古城和要塞建筑 Citadel, Ancient City and Fortress Buildings of Derbent(C)

2004 诺沃德维奇女修道院 Ensemble of the Novodevichy Convent(C)

2004 弗兰格尔岛自然保护区 Natural System of Wrangel Island Reserve(N)

2005 雅罗斯拉夫尔城历史中心 Historical Centre of the City of Yaroslavl(C)

2005 斯特鲁维地理探测弧线 Struve Geodetic Arc(C)(10国共有)

2010 普托拉纳高原 Putorana Plateau(N)

圣基茨和尼维斯 Saint Kitts and Nevis

1999 硫磺山要塞国家公园 Brimstone Hill Fortress National Park(C)

圣卢西亚 Saint Lucia

2004 皮通斯管理区 Pitons Management Area(N)

圣马力诺 San Marino

2008 圣马力诺历史中心和蒂塔诺山 San Marino Historic Centre and Mount Titano(C)

沙特阿拉伯 Saudi Arabia

2008 希杰尔考古遗址(迈达因萨利赫) Al - Hijr Archaeological Site (Madâin Sâlih)(C)

2010 德拉伊耶遗址的阿图赖夫区 At - Turaif District in ad - Dir'iyah(C)

塞内加尔 Senegal

1978 戈雷岛 Island of Gorée(C)

1981 尼奥科罗-科巴国家公园 Niokolo - Koba National Park(N)

1981 朱吉国家鸟类保护区 Djoudj National Bird Sanctuary(N)

2000 圣路易斯岛 Island of Saint Louis(C)

2006 塞内冈比亚石圈 Stone Circles of Senegambia(C)

2011 萨卢姆河三角洲 Saloum Delta(C)

塞尔维亚 Serbia

1979 斯塔里斯和索波查尼 Stari Ras and Sopoćani(C)

1986 斯图德尼察修道院 Studenica Monastery(C)

2004,2006 科索沃中世纪建筑 Medieval Monuments in Kosovo(C)

2007 贾姆济格勒-罗慕利亚的加莱里乌斯宫 Gamzigrad - Romuliana, Palace of Galerius(C)

塞舌尔 Seychelles

1982 阿尔达布拉环礁 Aldabra Atoll(N)

1983 玛依谷地自然保护区 Vallée de Mai Nature Reserve(N)

斯洛伐克 Slovakia

1993 历史名城班斯卡一什佳夫尼察及其工程建筑区 Historic Town of Banská Štiavnica and the Technical Monuments in its Vicinity(C)

1993,2009 雷弗卡、斯皮斯基·赫拉德及其文化遗址 Levoča, Spišský Hrad and the Associated Cultural Monuments(C)

1993 沃尔克林奈克 Vlkolinec(C)

1995,2000 阿格泰莱克喀斯特和斯洛伐克喀斯特溶洞 Caves of Aggtelek Karst and Slovak Karst(N)(与匈牙利共有)

2000 巴尔代约夫镇保护区 Bardejov Town Conservation Reserve(C)

2007,2011 喀尔巴阡山脉原始山毛榉林和德国古山毛榉林 Primeval Beech Forests of the Carpathians and the Ancient Beech Forests of Germany(N)(与德国和乌克兰共有)

2008 喀尔巴阡山区斯洛伐克段的木制教堂 Wooden Churches of the Slovak part of Carpathian Mountain Area (C)

斯洛文尼亚 Slovenia

1986 什科茨扬溶洞 Škocjan Caves(N)

2011 阿尔卑斯周围的史前湖岸木桩建筑 Prehistoric Pile dwellings around the Alps(与法国、德国、意大利和瑞士共有)(C)

所罗门群岛 Solomon Islands

1998 东伦内尔岛 East Rennell(N)

南非 South Africa

1999 罗本岛 Robben Island(C)

1999，2005 斯泰克方丹、斯瓦特克朗、克罗德莱和艾维罗恩古人类化石遗址 Fossil Hominid Sites of Sterkfontein，Swartkrans，Kromdraai，and Environs(C)

1999 大圣卢西亚湿地公园 Greater St. Lucia Wetland Park (iSimangaliso Wetland Park)(N)

2000 尤克哈兰巴 / 德拉肯斯堡公园 uKhahlamba / Drakensberg Park(C，N)

2003 马蓬古布韦文化景观 Mapungubwe Cultural Landscape(C)

2004 开普植物群保护区 Protected Areas of the Cape Floral Region(N)

2005 弗里德堡陨石坑 Vredefort Dome(N)

2007 理查德斯维德文化和植物景观 Richtersveld Cultural and Botanical Landscape(C)

西班牙 Spain

1984 布尔戈斯大教堂 Burgos Cathedral(C)

1984,2005 安托尼·戈第的建筑工程 Works of Antoni Gaudí(C)

1984,1994 格拉纳达的阿尔罕布拉、赫内拉利费和阿贝伊辛 Alhambra，Generalife and Albayzin，Granada (C)

1984,1994 科尔多巴历史中心 Historic Centre of Cordoba(C)

1984 马德里埃斯库里阿尔修道院和遗址 Monastery and Site of the Escurial，Madrid(C)

1985 孔波斯特拉的圣地亚哥(老城)Santiago de Compostela (Old Town) (C)

1985,1998 奥维多的遗迹和阿斯图里亚斯的领域 Monuments of Oviedo and the Kingdom of the Asturias(C)

1985 塞哥维亚旧城及其输水道 Old Town of Segovia and its Aqueduct(C)

1985 阿维拉旧城及城外教堂 Old Town of Ávila with its Extra Muros Churches(C)

1985,2008 西班牙北部的阿尔塔米拉洞窟和旧石器时代洞窟艺术 Cave of Altamira and Paleolithic Cave Art of Northern Spain(C)

1986 加拉霍艾国家公园 Garajonay National Park(N)

1986 卡塞雷斯古镇 Old Town of Cáceres(C)

1986 托莱多历史城市 Historic City of Toledo(C)

1986,2001 阿拉贡的穆迪加建筑 Mudejar Architecture of Aragon(C)

1987 塞维利亚大教堂、阿尔卡萨尔和西印度群岛档案馆 Cathedral，Alcazar and Archivo de Indias in Seville (C)

1988 萨拉曼卡古城 Old City of Salamanca(C)

1991 波布莱特修道院 Poblet Monastery(C)

1993 瓜达卢佩的圣玛利亚皇家修道院 Royal Monastery of Santa Maria de Guadalupe(C)

1993 孔波斯特拉的圣地亚哥朝圣之路 Route of Santiago de Compostela(C)

1993 梅里达考古遗址 Archaeological Ensemble of Mérida(C)

1994 多纳纳国家公园 Doñana National Park(N)

1996 昆卡的历史要塞之城 Historic Walled Town of Cuenca(C)

1996 瓦伦西亚的丝绸交易所 La Lonja de la Seda de Valencia(C)
1997 巴塞罗那的加泰罗尼亚音乐厅及圣保罗医院 The Palau de la Música Catalana and the Hospital de Sant Pau, Barcelona(C)
1997,1999 比利牛斯-佩尔杜山 Pyrénées - Mont Perdu(C, N)(与法国共有)
1997 拉斯梅德拉斯 Las Médulas(C)
1997 圣米兰的尤索和素索修道院 San Millán Yuso and Suso Monasteries(C)
1998 埃纳雷斯堡的阿尔卡拉的大学和历史区 University and Historic Precinct of Alcalá de Henares(C)
1998 伊比利亚半岛地中海盆地的岩画艺术 Rock - Art of the Mediterranean Basin on the Iberian Peninsula (C)
1998,2010 科阿峡谷和席尔加·维德史前岩画遗址 Prehistoric Rock - Art Sites in the Côa Valley and Siega Verde(C)
1999 拉古纳的圣克斯托瓦尔 San Cristóbal de La Laguna(C)
1999 伊维萨岛——生物多样性和文化 Ibiza, Biodiversity and culture(C, N)
2000 阿塔普埃尔卡考古遗址 Archaeological Site of Atapuerca(C)
2000 博伊瓦尔的加泰隆人罗马式教堂建筑 Catalan Romanesque Churches of the Vall de Boí(C)
2000 塔拉科考古遗址 Archaeological Ensemble of Tárraco(C)
2000 卢戈的罗马城墙 Roman Walls of Lugo(C)
2000 埃皮切的帕梅拉尔 Palmeral of Elche(C)
2001 阿兰约兹文化景观 Aranjuez Cultural Landscape(C)
2003 乌韦达和巴埃萨文艺复兴时期的建筑群 Renaissance Monumental Ensembles of Ubeda and Baeza (C)
2006 维兹卡亚桥 Vizcaya Bridge(C)
2007 泰德国家公园 Teide National Park(N)
2009 海克力士塔 Tower of Hercules(C)
2011 特拉蒙塔那山区文化景观 Cultural Landscape of the Serra de Tramuntana(C)

斯里兰卡 Sri Lanka

1982 锡吉里亚古城 Ancient City of Sigiriya(C)
1982 波隆纳鲁沃古城 Ancient City of Polonnaruwa(C)
1982 阿努拉德普勒圣城 Sacred City of Anuradhapura(C)
1988 加勒古城和城堡 Old Town of Galle and its Fortifications(C)
1988 辛哈拉加森林保护区 Sinharaja Forest Reserve(N)
1988 康提圣城 Sacred City of Kandy(C)
1991 丹布勒金寺 Golden Temple of Dambulla(C)
2010 斯里兰卡中央高地 Central Highlands of Sri Lanka(N)

苏丹 Sudan

2003 盖贝尔·巴尔卡尔和纳巴丹地区的遗址 Gebel Barkal and the Sites of the Napatan Region(C)
2011 麦罗埃岛考古遗址 Archaeological Sites of the Island of Meroe(C)

苏里南 Suriname

2000 苏里南中部自然保护区 Central Suriname Nature Reserve(N)
2002 帕拉马里博历史内城 Historic Inner City of Paramaribo(C)

瑞典 Sweden

1991 德罗特宁霍尔摩王室领地 Royal Domain of Drottningholm(C)

1993 恩格尔斯堡钢铁厂 Engelsberg Ironworks(C)

1993 比尔卡和霍夫加登 Birka and Hovgården(C)

1994 塔努姆岩画 Rock Carvings in Tanum(C)

1994 斯科斯累格加登公墓 Skogskyrkogården(C)

1995 维斯比的汉萨同盟城 Hanseatic Town of Visby(C)

1996 拉普尼安地区 Laponian Area(C, N)

1996 鲁莱亚的格默尔斯达德教堂村 Church Village of Gammelstad, Luleå(C)

1998 卡尔斯克鲁纳军港 Naval Port of Karlskrona(C)

2000 南厄兰岛的农业景观 Agricultural Landscape of Southern Oland(C)

2000,2006 克瓦尔肯群岛/高地海岸 Kvarken Archipelago / High Coast(N)(与芬兰共有)

2001 法伦的大铜山矿区 Mining Area of the Great Copper Mountain in Falun(C)

2004 瓦尔贝尔格广播站 Varberg Radio Station(C)

2005 斯特鲁维地理探测弧线 Struve Geodetic Arc(C)(10国共有)

瑞士 Switzerland

1983 米斯泰尔的本笃会圣约翰女修道院 Benedictine Convent of St John at Müstair(C)

1983 圣加尔的修道院 Convent of St Gall(C)

1983 伯尔尼老城 Old City of Berne(C)

2000 贝林佐纳集镇的3个城堡、防御城墙和防御工事 Three Castles, Defensive Wall and Ramparts of the Markettown of Bellinzone(C)

2001,2007 瑞士阿尔卑斯山脉少女峰-阿莱奇峰 Swiss Alps Jungfrau - Aletsch(N)

2003,2010 圣乔治山 Monte San Giorgio(N)

2007 拉沃葡萄园梯田 Lavaux, Vineyard Terraces overlooking the Lake and the Alps(C)

2008 阿尔布拉-伯尔尼纳景观中的雷塔恩铁路 Rhaetian Railway in the Albula / Bernina Landscapes(C)(与意大利共有)

2008 瑞士萨多纳地质构造带 Swiss Tectonic Arena Sardona(N)

2009 拉绍德封 / 勒洛克,制表城镇规划 La Chaux - de - Fonds / Le Locle, watchmaking town planning(C)

2011 阿尔卑斯周围的史前湖岸木桩建筑 Prehistoric Pile dwellings around the Alps(C)(与法国、德国、意大利和斯洛文尼亚共有)

叙利亚 Syrian Arab Republic

1979 大马士革古城 Ancient City of Damascus(C)

1980 帕尔米拉遗址 Site of Palmyra(C)

1980 布斯拉古城 Ancient City of Bosra(C)

1986 阿勒颇古城 Ancient City of Aleppo(C)

2006 萨拉赫丁城堡 Crac des Chevaliers and Qal'at Salah El - Din(C)

2011 叙利亚北部古村落群 Ancient Villages of Northern Syria(C)

塔吉克斯坦 Tajikistan

2010 萨拉子目古城的原型城市遗址 Proto - urban site of Sarazm(C)

泰国 Thailand

1991 大城历史城市 Historic City of Ayutthaya(C)

1991 通艾-会卡肯野生生物保护区 Thungyai - Huai Kha Khaeng Wildlife Sanctuaries(N)

1991 素可泰历史城镇和有关历史城镇 Historic Town of Sukhotai and Associated Historic Towns(C)

1992 班清考古遗址 Ban Chiang Archaeological Site(C)

2005 栋巴耶延一考爱森林 Dong Phayayen - Khao Yai Forest Complex(N)

马其顿 (前南斯拉夫马其顿共和国)The Former Yugoslav Republic of Macedonia

1979，1980 奥赫里德地区自然和文化遗产 Natural and Cultural Heritage of the Ohrid region(C, N)

多哥 Togo

2004 库塔玛库——巴塔玛里巴陆地 Koutammakou，the Land of the Batammariba(C)

突尼斯 Tunisia

1979 迦太基遗址 Site of Carthage(C)

1979 杰姆竞技场 Amphitheatre of El Jem(C)

1979 突尼斯的麦地那 Medina of Tunis(C)

1980 伊其克乌尔国家公园 Ichkeul National Park(N)

1985,1986 喀尔库阿内的迦太基城及其墓地 Punic Town of Kerkuane and its Necropolis(C)

1988 凯鲁万 Kairouan(C)

1998 苏塞的麦地那 Medina of Sousse(C)

1997 杜加 / 土加 Dougga / Thugga(C)

土耳其 Turkey

1985 伊斯坦布尔历史区 Historic Areas of Istanbul(C)

1985 迪夫里吉的大清真寺和医院 Great Mosque and Hospital of Divriği(C)

1985 戈雷梅国家公园和卡帕多西亚石窟遗址 Göreme National Park and the Rock Sites of Cappadocia(C, N)

1986 哈图莎:希泰首都 Hattusha: the Hittite Capital(C)

1987 内姆鲁特达格 Nemrut Dağ(C)

1988 希拉波利斯和帕穆克卡莱 Hierapolis - Pamukkale(C, N)

1988 桑索斯和莱顿遗址 Xanthos - Letoon(C)

1994 萨夫兰博卢城 City of Safranbolu(C)

1998 特洛伊考古遗址 Archaeological Site of Troy(C)

2011 赛里米耶清真寺及其社会性建筑群 Selimiye Mosque and its Social Complex(C)

土库曼斯坦 Turkmenistan

1999 国家历史与文化公园“古梅尔夫”State Historical and Cultural Park “Ancient Merv” (C)

2005 库尼亚一乌尔根奇 Kunya - Urgench(C)

2007 尼萨帕提亚要塞 The Parthian Fortresses of Nisa(C)

乌干达 Uganda

1994 鲁文佐里山脉国家公园 Rwenzori Mountains National Park(N)

1994 布温迪国家公园 Bwindi Impenetrable National Park(N)

2001 卡苏比的布干达王陵 Tombs of Buganda Kings at Kasubi(C)

乌克兰 Ukraine

1990 基辅的圣索非亚大教堂和别切鲁斯卡亚修道院 Kiev: Saint Sophia Cathedral and Related Monastic Buildings, Kiev - Pechersk Lavra(C)

1998 利沃夫历史中心 L'viv - the Ensemble of the Historic Centre(C)

2005 斯特鲁维地理探测弧线 Struve Geodetic Arc(C)(10国共有)

2007,2011 喀尔巴阡山脉原始山毛榉林和德国古山毛榉林 Primeval Beech Forests of the Carpathians and the Ancient Beech Forests of Germany(N)(与德国和斯洛伐克共有)

2011 布科维纳与达尔马提亚的城市民居 Residence of Bukovinian and Dalmatian Metropolitans(C)

阿拉伯联合酋长国 United Arab Emirates

2011 艾恩文化遗址:哈菲特、西里、比达-宾特-沙特以及绿洲 Cultural Sites of Al Ain (Hafit, Hili, Bidaa Bint Saud and Oases Areas)(C)

英国和北爱尔兰 United Kingdom of Great Britain and Northern Ireland

1986 斯塔德利皇家公园和喷泉修道院遗址 Studley Royal Park including the Ruins of Fountains Abbey(C)

1986 巨人之路及其海岸 Giant's Causeway and Causeway Coast(N)

1986, 2004,2005 圣基尔达岛 St. Kilda (N, C)

1986 乔治铁桥区 Ironbridge Gorge(C)

1986 圭内斯郡爱德华国王城堡和城墙 Castles and Town Walls of King Edward in Gwynedd(C)

1986 达勒姆城堡和大教堂 Durham Castle and Cathedral(C)

1986 巨石阵、埃夫伯里和相关遗址 Stonehenge, Avebury and Associated Sites(C)

1987 威斯敏斯特宫、威斯敏斯特大教堂和圣玛格丽特教堂 Westminster Palace, Westminster Abbey and Saint Margaret's Church(C)

1987 布莱尼姆宫 Blenheim Palace(C)

1987 巴斯城 City of Bath(C)

1987,2005,2008 罗马帝国边界 Frontiers of the Roman Empire(C)(与德国共有)

1988 伦敦塔 Tower of London(C)

1988 坎特伯雷大教堂、圣奥古斯丁修道院和圣马丁教堂 Canterbury Cathedral, St Augustine's Abbey, and St Martin's Church(C)

1988 亨德森岛 Henderson Island(N)

1995,2004 戈夫和难达岛 Gough and Inaccessible Islands(N)

1995 爱丁堡的旧城和新城 Old and New Towns of Edinburgh(C)

1997 格林威治沿海地区 Maritime Greenwich(C)

1999 奥克尼新石器时代遗址 Heart of Neolithic Orkney(C)

2000 布莱纳文工业景观 Blaenavon Industrial Landscape(C)

2000 百慕大群岛上的圣乔治历史城镇及相关的要塞 Historic Town of St George and Related Fortifications, Bermuda(C)

2001 德文特河谷工业区 Derwent Valley Mills(C)

2001 新拉纳克 New Lanark(C)

2001 多塞特和东德文海岸 Dorset and East Devon Coast(N)

2001 索尔泰尔小镇 Saltaire(C)
2003 基尤皇家植物园 Royal Botanic Gardens, Kew(C)
2004 利物浦——沿海贸易之城 Liverpool - Maritime Mercantile City(C)
2006 康沃尔和西德文矿区景观 Cornwall and West Devon Mining Landscape(C)
2009 旁特斯沃泰水道桥与运河 Pontcysyllte Aqueduct and Canal(C)

坦桑尼亚 United Republic of Tanzania

1979,2010 恩戈罗恩戈罗自然保护区 Ngorongoro Conservation Area(N,C)
1981 基尔瓦·基西瓦尼遗址和松戈·姆纳拉遗址 Ruins of Kilwa Kisiwani and Ruins of Songo Mnara(C)
1981 塞伦盖蒂国家公园 Serengeti National Park(N)
1982 塞卢斯禁猎区 Selous Game Reserve(N)
1987 乞力马扎罗国家公园 Kilimanjaro National Park(N)
2000 桑给巴尔石头城 Stone Town of Zanzibar(C)
2006 孔多阿岩画遗址 Kondoa Rock Art Sites(C)

美国 United States of America

1978 梅萨弗德国家公园 Mesa Verde National Park(C)
1978 黄石国家公园 Yellowstone National Park(N)
1979 大峡谷国家公园 Grand Canyon National Park(N)
1979 大沼泽地国家公园 Everglades National Park(N)
1979,1992,1994 克卢恩/朗格尔-圣埃利亚斯/冰川湾/塔臣施尼-阿克塞克 Kluane/Wrangell－St. Elias/Glacier Bay/Tatshenshini - Alsek (N)(与加拿大共有)
1979 独立厅 Independence Hall(C)
1980 红杉树国家公园 Redwood National Park(N)
1981 奥林匹克国家公园 Olympic National Park(N)
1981 猛犸洞穴国家公园 Mammoth Cave National Park(N)
1982 卡霍基亚土丘历史遗址 Cahokia Mounds State Historic Site(C)
1983 波多黎各岛的弗塔莱扎城堡和圣胡安历史遗址 La Fortaleza and San Juan Historic Site in Puerto Rico (C)
1983 大雾山国家公园 Great Smoky Mountains National Park(N)
1984 约塞米蒂国家公园 Yosemite National Park(N)
1984 自由女神像 Statue of Liberty(C)
1987 夏洛茨维尔的蒙蒂塞洛和弗吉尼亚大学 Monticello and the University of Virginia in Charlottesville(C)
1987 夏威夷火山国家公园 Hawaii Volcanoes National Park(N)
1987 查科文化国家历史公园 Chaco Culture National Historical Park(C)
1992 陶斯印第安村 Pueblo de Taos(C)
1995 卡尔斯巴德洞穴国家公园 Carlsbad Caverns National Park(N)
1995 瓦特尔顿冰川国际和平公园 Waterton Glacier International Peace Park(N)(与加拿大共有)
2010 帕帕哈瑙莫夸基亚国家海洋保护区 Papahānaumokuākea Marine National Monument. (N, C)

乌拉圭 Uruguay

1995 萨克拉门托殖民城市的历史区 Historic Quarter of the City of Colonia del Sacramento(C)

乌兹别克斯坦 Uzbekistan

1990 伊契安卡拉 Itchan Kala(C)

1993 布哈拉历史中心 Historic Centre of Bukhara(C)

2000 沙克里希亚别兹历史中心 Historic Centre of Shakhrisyabz(C)

2001 撒马尔罕的文化中心 Samarkand Crossroads of Cultures(C)

瓦努阿图 Vanuatu

2008 马塔王酋长领地 Chief Roi Mata's Domain(C)

委内瑞拉 Venezuela

1993 科罗及港口 Coro and its Port(C)

1994 卡奈依马国家公园 Canaima National Park(N)

2000 加拉加斯的修达德大学区 Ciudad Universitaria de Caracas(C)

越南 Viet Nam

1993 顺化古迹群 Complex of Hué Monuments(C)

1994,2000 下龙湾 Ha Long Bay(N)

1999 美山寺庙 My Son Sanctuary(C)

1999 会安古城 Hoi An Ancient Town(C)

2003 丰芽-格邦国家公园 Phong Nha - Ke Bang National Park(N)

2010 河内升龙皇城 Central Sector of the Imperial Citadel of Thang Long - Hanoi(C)

2011 胡朝时期的城堡 Citadel of the Ho Dynasty(C)

也门 Yemen

1982 希巴姆古城 Old Walled City of Shibam(C)

1986 萨那古城 Old City of Sana'a(C)

1993 扎比德历史城镇 Historic Town of Zabid(C)

2008 索科特拉群岛 Socotra Archipelago(N)

赞比亚 Zambia

1989 维多利亚瀑布（莫西奥图尼亚）Mosi - oa - Tunya/Victoria Falls(N)(与津巴布韦共有)

津巴布韦 Zimbabwe

1984 马纳波尔斯国家公园、萨比和切俄雷自然保护区 Mana Pools National Park, Sapi and Chewore Safari Areas(N)

1986 大津巴布韦遗址 Great Zimbabwe National Monument(C)

1986 卡米遗址 Khami Ruins National Monument(C)

1989 维多利亚瀑布（莫西奥图尼亚）Mosi - oa - Tunya/Victoria Falls(N)(与赞比亚共有)

2003 马托博山 Matobo Hills(C)

索 引

(遗产名称按文中先后出现顺序排列)

一、中国的世界遗产

混合遗产(文化与自然双重遗产)

文化景观遗产

二、国外的世界遗产

文化遗产

韩国历史村落:河回村和良洞村 Historic Villages of Korea: Hahoe and Yangdong
霍洛克老村及其周围环境 Old Village of Hollókö and its Surroundings
霍拉肖维采历史村落保护区 Holašovice Historical Village Reservation
陶斯印第安村 Pueblo de Taos
枫丹白露宫及其花园 Palace and Park of Fontainebleau
申布伦宫殿和花园 Palace and Gardens of Schönbrunn
莫斯科的克里姆林宫和红场 Kremlin and Red Square, Moscow
阿格拉堡 Agra Fort
法塔赫布尔·西格里 Fatehpur Sikri
昌德宫 Changdeokgung Palace Complex
布鲁塞尔大广场 Grand Place, Brussels
比萨大教堂广场 Piazza del Duomo, Pisa
基尤皇家植物园 Royal Botanic Gardens, Kew
德绍-沃利茨园林 Garden Kingdom of Dessau - Wörlitz
帕多瓦植物园 Botanical Garden (Orto Botanico), Padua
宗庙 Jongmyo Shrine
婆罗浮屠寺庙群 Borobudur Temple Compounds
亚眠大教堂 Amiens Cathedral
科隆大教堂 Cologne Cathedral
圣母玛利亚感恩教堂与达·芬奇的作品《最后的晚餐》Church and Dominican Convent of Santa Maria delle Grazie with "The Last Supper" by Leonardo da Vinci
德里的胡马雍陵 Humayun's Tomb, Delhi
泰姬陵 Taj Mahal
孟菲斯及其墓地——吉萨至达舒尔金字塔地带 Memphis and its Necropolis - the Pyramid Fields from Giza to Dahshur
底比斯古城及其墓地 Ancient Thebes with its Necropolis
苏奥曼斯纳城堡 Fortress of Suomenlinna
科隆伯格城堡 Kronborg Castle
蒙特城堡 Castel del Monte
伦敦塔 Tower of London
奥莫下游河谷 Lower Valley of the Omo
阿瓦什下游河谷 Lower Valley of the Awash
斯泰克方丹、斯瓦特克朗、克罗德莱和艾维罗恩古人类化石遗址 Fossil Hominid Sites of Sterkfontein, Swartkrans, Kromdraai, and Environs
桑吉兰早期人类遗址 Sangiran Early Man Site
庞贝、赫库兰尼姆和安努兹亚塔考古区 Archaeological Areas of Pompei, Herculaneum and Torre Annunziata
吴哥 Angkor
特洛伊考古遗址 Archaeological Site of Troy
亚述 Ashur (Qal'at Sherqat)
菲律宾科尔迪莱拉的水稻梯田 Rice Terraces of the Philippine Cordilleras
恩格尔斯堡钢铁厂 Engelsberg Ironworks
弗尔克林根钢铁厂 Völklingen Ironworks

自然遗产

堪察加火山 Volcanoes of Kamchatka

伊索莱·约里(埃奥利亚群岛)Isole Eolie (Aeolian Islands)

夏威夷火山国家公园 Hawaii Volcanoes National Park

乞力马扎罗国家公园 Kilimanjaro National Park

桑盖国家公园 Sangay National Park

赫德和麦克唐纳群岛 Heard and McDonald Islands

瑞士阿尔卑斯山脉少女峰-阿莱奇峰 Swiss Alps Jungfrau - Aletsch

罗斯冰川国家公园 Los Glaciares National Park

瓦特顿冰川国际和平公园 Waterton Glacier International Peace Park

维多利亚瀑布(莫西奥图尼亚)Mosi - oa - Tunya / Victoria Falls

伊瓜苏国家公园 Iguazu National Park

加拉帕戈斯群岛 Galapagos Islands

科科斯岛国家公园 Cocos Island National Park

大堡礁 Great Barrier Reef

贝加尔湖 Lake Baikal

伯利兹堡礁保护区 Belize Barrier - Reef Reserve System

大雾山国家公园 Great Smoky Mountains National Park

约塞米蒂国家公园 Yosemite National Park

马纳斯野生生物保护区 Manas Wildlife Sanctuary

盖奥拉德奥国家公园 Keoladeo National Park

豪勋爵群岛 Lord Howe Island Group

澳大利亚冈瓦纳雨林 Gondwan Rainforest of Australia

昆士兰湿热带 Wet Tropics of Queensland

大蓝山地自然保护区 Greater Blue Mountains Area

开普植物群保护区 Protected Areas of the Cape Floral Region

弗兰格尔岛自然保护区 Natural System of Wrangel Island Reserve

苏门答腊热带雨林遗产 Tropical Rainforest Heritage of Sumatra

德贾动物保护区 Dja Faunal Reserve

大圣卢西亚湿地公园 Greater St. Lucia Wetland Park

红杉树国家公园 Redwood National Park

混合遗产(文化与自然双重遗产)

戈雷梅国家公园和卡帕多西亚石窟遗址 Göreme National Park and the Rock Sites of Cappadocia

希拉波利斯和帕姆卡莱 Hierapolis - Pamukkale

瓦迪拉姆保护区 Wadi Rum Protected Area

比利牛斯-佩尔杜山 Pyrénées - Mont Perdu

迈泰奥拉 Meteora

阿索斯山 Mount Athos

伊维萨岛——生物多样性和文化 Ibiza, biodiversity and culture

拉普尼安地区 Laponian Area

奥赫里德地区文化和历史面貌及其自然环境 Ohrid Region with its Cultural and Historical Aspect and its Natural Environment

圣基尔达岛 St. Kilda

文化景观遗产

濒危遗产

卡胡兹-别加国家公园 Kahuzi－Biega National Park
霍加皮野生生物保护区 Okapi Wildlife Reserve
萨龙加国家公园 Salonga National Park
阿布米那 Abu Mena
塞米恩国家公园 Simien National Park
阿伊尔和泰内雷自然保护区 Air and Ténéré Natural Reserves
基尔瓦·基西瓦尼遗址和松戈·姆纳拉遗址 Ruins of Kilwa Kisiwani and Ruins of Songo Mnara
尼奥科罗-科巴国家公园 Niokolo－Koba National Park
卡苏比的布干达王陵 Tombs of Buganda Kings at Kasubi
阿钦安阿纳雨林 Rainforests of the Atsinanan
昌昌考古区 Chan Chan Archaelogical Zone
亨伯斯通和圣劳拉硝石采石场 Humberstone and Santa Laura Saltpeter Works
科罗及港口 Coro and its Port
伯利兹堡礁保护区 Belize Barrier－Reef Reserve System
洛斯卡蒂奥斯国家公园 Los Katíos National Park
大沼泽地国家公园 Everglades National Park
雷奥普拉塔诺生物圈保护区 Río Plátano Biosphere Reserve

三、非物质文化遗产

昆曲 Kun Qu Opera
古琴音乐 The Guqin and its Music
新疆维吾尔木卡姆 The Uyghur Muqam of Xinjiang
蒙古族长调民歌 Urtiin Duu－Traditional Folk Long Song
端午节 The Dragon Boat Festival
中国剪纸 Chinese Paper－cut
南京云锦织造技艺 The Craftsmanship of Nanjing Yunjin Brocade
西安鼓乐 Xi'an Wind and Percussion Ensemble
伊富高人哈德哈德圣歌 The Hudhud Chants of the Ifugao
柬埔寨皇家芭蕾 The Royal Ballet of Cambodia
马头琴传统音乐 The Traditional Music of the Morin Khuur
歌舞伎 Kabuki Theatre
西西里木偶戏 Opera dei Pupi，Sicilian Puppet Theatre
波罗的海歌舞庆典 The Baltic Song and Dance Celebrations
塞梅斯基的文化空间和口头文化 The Cultural Space and Oral Culture of the Semeiskie
十字架工艺及其象征意义 Cross－crafting and its Symbolism
巴亥瑞康卡乌的圆圈桑巴舞 The Samba of Roda of the Recôncavo of Bahia
巴兰基亚狂欢节 The Carnival of Barranquilla
萨培拉人的口头遗产与文化现象 The Oral Heritage and Cultural Manifestations of the Zápara People
扎非曼尼里的木雕工艺 The Woodcrafting Knowledge of the Zafimaniry

参考文献

晁华山. 世界遗产[M]. 北京:北京大学出版社,2004.

董哲仁. 怒江水电开发的生态影响[J]. 生态学报,2006,26(5):1591-1596.

樊锦诗. 依靠科技与法制,做好敦煌石窟的保护管理工作[A]. 见:赵玲编. 遗产保护与避暑山庄[C]. 辽宁:辽宁民族出版社,2006.

赵玲主编:遗产保护与避暑山庄. 沈阳:辽宁民族出版社,2006:110-113.

樊锦涛. 敦煌石窟保护与展示工作中的数字技术应用[J]. 敦煌研究,2009,(6):1-3

郭菊馨,白自英,白波,等. 云南三江并流地区气候变化及其对生态环境的影响[J]. 云南地理环境研究,2006,18(2):48-52.

郭万平. 世界自然与文化遗产[M]. 杭州:浙江大学出版社,2006.

韩锋. 世界遗产文化景观及其国际新动向[J]. 中国园林,2007,23(11):18-21.

韩锋. 文化景观——填补自然和文化之间的空白[J]. 中国园林,2010,26(9):7-11.

贺云翱. 关于中国世界遗产教育问题的思考[J]. 世界遗产,2007,(1):32—35.

黄秋昊,蔡运龙,王秀春. 我国西南部喀斯特地区石漠化研究进展[J]. 自然灾害学报,2007,16(2):106-111.

姜怀英,东方古建筑中的一朵绚丽奇葩:吴哥古迹[J]. 建筑创作,2006,(9):108-115.

李文华,闵庆文,孙业红. 自然与文化遗产保护中几个问题的探讨[J]. 地理研究,2006,25(4):561-569.

梁学成. 对世界遗产的旅游价值分析与开发模式研究[J]. 旅游学刊,2006,21(6):16-22.

梁永宁. 中国南方喀斯特——国内第一个跨省市联合申报的世界自然遗产[J]. 世界遗产,2007,(1):40-45.

刘红婴,王健民. 世界遗产概论[M]. 北京:旅游教育出版社. 2005.

刘江,姜怀英. 吴哥古迹的保护与修复[J]. 中国文物科学研究,2006(4):63-68.

刘新静. 世界遗产教程[M]. 上海:上海交通大学出版社. 2010.

罗佳明. 中国世界遗产管理体系研究[M]. 上海:复旦大学出版社,2004.

舒晓莲,周放,李一琳等. 中国西南部石灰岩地区受威胁动物的现状及保护[J]. 基因组学与应用生物学,2009,28(4):828-834.

孙克勤. 对世界文化与自然遗产教育的探讨[J]. 中国地质教育,2004,(4):99-103.

孙克勤. 世界文化与自然遗产概论[M]. 武汉:中国地质大学出版社,2005.

孙克勤. 维罗纳——永恒的爱情之城[J]. 文化月刊,2005a,(8):58-63.

孙克勤. 风情万种威尼斯[J]. 文化月刊,2005b,(10):52-56.

孙克勤. 魅力四射的佛罗伦萨[J]. 文化月刊,2005c,(11):52-56.

孙克勤. 世界旅游文化[M]. 北京:北京大学出版社,2007.

孙克勤. 世界遗产学[M]. 北京:旅游教育出版社,2008.

孙克勤. 遗产保护与开发[M]. 北京:旅游教育出版社,2008.

孙克勤. 中国的世界遗产保护与可持续发展研究[J]. 中国地质大学学报(社会科学版),2008a,8(3):36-40.

孙克勤. 发展世界遗产旅游——以澳门历史中心为例[J]. 资源与产业,2009a,11(2):85-89.

孙克勤. 柬埔寨吴哥世界遗产地存在的问题和保护对策[J]. 资源与产业,2009b,11(6):124-130.

孙克勤. 世界遗产的教学与实践[J]. 教育与现代化,2009c,(1):24-29.

孙克勤. 世界自然遗产云南三江并流保护区存在的问题和保护对策[J]. 资源与产业,2010a,12(6):118-124.

孙克勤. 中国南方喀斯特世界自然遗产地存在的问题和保护对策[J]. 资源开发与市场,2010b,26(11):1047-1049.

孙克勤. 旅游环境保护学[M]. 北京:旅游教育出版社,2010.

孙克勤. 地质旅游[M]. 北京:地质出版社,2011.

孙克勤. 中国的世界遗产存在的问题与对策[J]. 可持续发展,2011a,1(1):6-13.

孙克勤. 中国的世界遗产教育可持续发展研究[J]. 教育进展,2011b,1(1):29-33.

孙克勤. 中国的世界自然遗产战略管理研究[J]. 中国人口·资源与环境,2011c,21(3):547-550.

孙克勤. 周口店北京人遗址世界遗产资源管理研究[J]. 资源与产业,2012,14(1):69-75.

孙克勤,孙博. 地球漫步——意大利[M]. 北京:中国旅游出版社,2005.

陶伟. 中国"世界遗产"的可持续旅游发展研究[M]. 北京:中国旅游出版社,2001.

王宝林. 云锦[M]. 杭州:浙江人民出版社,2008.

王世杰. 喀斯特石漠化——中国西南最严重的生态地质环境问题[J]. 矿物岩石地球化学通报,2003,(2):120-126.

吴必虎,李咪咪,黄国平. 中国世界遗产地保护与旅游需求关系[J]. 地理研究,2002,21(5):617-626.

谢洪忠,杨世瑜. 三江并流带旅游地质资源环境现状及保护[J]. 资源调查与环境,2003,24(2):131-136.

熊康宁,肖时珍,刘子琦等. "中国南方喀斯特"的世界自然遗产价值对比分析[J]. 中国工程科学,2008,10(4):17-28.

袁道先. 我国西南岩溶石山的环境地质问题[J]. 大自然探索,1996,15(4):21-23.

张忍顺,张祥国,蒋娇芳等. 世界自然遗产事业发展潜势分析[J]. 地理与地理信息科学,2006,22(1):57-61.

张军,蔡玲,高翔,刘茂昌. 对秦兵马俑彩绘保护技术的思考与建议[J]. 文物保护与考古科学,2007,19(1):51-56.

赵中秋,后立胜,蔡运龙. 西南喀斯特地区土壤退化过程与机理探讨[J]. 地学前缘,2006,13(3):185-189.

周年兴,林振山,黄震方,等. 世界自然遗产地面临的威胁及中国的保护对策[J]. 自然资源学报,2008,23(1):25-32.

Aplin G. World Heritage Cultural Landscapes[J]. International of Heritage Studies, 2007, 13(6): 427-446.

Akagawa N, Sirisrisak T. Cultural Landscapes in Asia and the Pacific: Implications of the World Heritage Covention[J]. International of Heritage Studies, 2008, 14(2): 176-191.

Banno A, Masuda T, Oishi T, et al. Flying Laser Range Sensor for Large-scale Site-modeling and Its Applications in Bayon Digital Archival Project[J]. International Journal of Computer Vision, 2008, 78: 207-222

Blangy S, Mehta H. Ecotourism and Ecological Restoration[J]. Journal for Nature Conservation, 2006, 14: 233-236.

Carpiceci, A. C. Art and History of Egypt : 5000 years of Civilization[M]. Florence: Casa Editrice Bonechi, 2008.

Drost A. Developing Sustainable Tourism for World Heritage Sites[J]. Annals of Tourism Research, 1996, 23(2): 479-484.

Freeman M, Jacques C. Ancient Angkor[M]. Bangkok: River Books, 2003.

Gaughan A E, Binford M W, Southworth J. Tourism, Forest Conversion, and Land Transformations in the

Angkor Basin, Cambodia[J]. Applied Geography, 2009, 29: 212 - 223.

Kim, Y. B. Geoheritage of Korea. In: Leman M S, Reedman A Pei C S eds. Geoheritage of East and Southeast Asia[M]. Bangi: LESTARI UKM Publication, 2008:115 - 147.

Kummu M. Water Management in Angkor: Human Impacts on Hydrology and Sediment Transportation[J]. Journal of Environmental Management, 2009, 90: 1413 - 1421.

Maeda T, Sugiura Y, Hirai T. FEM Modeling of the Towers in Bayon Temple in Cambodia Based on Micro - tremor Measurements[J]. Advances in Engineering Software, 2008, 39: 346 - 355.

Taylor K. Cultural Landscapes and Asia: Reconciling International and Southeast Asian Regional Values[J]. Landscape Research, 2009, 34(1): 7 - 31.

Uchida E, Ogawa Y, Maeda N, et al . Deterioration of Stone Materials in the Angkor Monuments, Cambodia [J]. Engineering Geology, 1999, 55: 101 - 112.

Wager J. Developing a Strategy for the Angkor World Heritage Site[J]. Tourism Management, 1995, 16 (7): 515 - 523.